LA MEZQUITA OMEYA DE CÓRDOBA

CÚPULA DEL ISLAM EN AL-ANDALUS

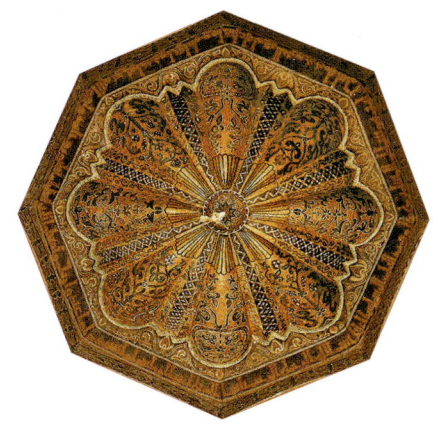

Texto: José Miguel Puerta Vílchez
Fotografía: Juan Agustín Núñez Guarde
Diseño y maquetación: Nairus Bakour

LA MEZQUITA DE CÓRDOBA. CÚPULA DEL ISLAM EN AL-ANDALUS

Texto y autoría: ©José Miguel Puerta Vílchez

Fotografía: Juan Agustín Núñez Guarde
Diseño y maquetación: Nairus Bakour

Imagen de la portada: Cúpula de mosaicos y *mihrab* de al-Hakam

Editor: Ediciones Edilux
con la colaboración de Casa Árabe y Editorial Universidad de Granada

Producción: Ediciones Edilux s.l.
Impresión: Gráficas Andalusí, Granada
Encuadernación: Encuadernaciones Olmedo, Granada

© Edilux S.L.

Depósito legal: GR 1649-2025
ISBN: 978-84-95856-68-5
ISBN: 978-84-338-7687-4

Dibujos y fotografía:
- Dibujos de Miguel Salvatierra: 30, 62, 79
- Fotografía de Juan Agustín Nuñez Guarde.: Imagen de la portada y págs. 27, 32 (arriba) 38 (abajo), 43, 45-46, 52, 54 (abajo), 55 (centro), 59, 61, 62, 63, 66-67, 69, 71, 74, 75, 78, 79, 80, 84, 88, 89, 100, 101, 102, 106 (arriba), 107 (arriba), 108, 109, 110, 111, 117, 118, (arriba), 119, 122-123 (abajo), 126, 128-129, 130, 131, 135, 136,137, 138, 139, 140, 141, 142, 143, 144, 145, 156, 158, 161 (arriba derecha y abajo), 163, 164 (arriba), 168-169, 177 (abajo) 180, 181 (arriba), 182, 183, 186, 189 (arriba).
Agradecemos al Cabildo de la Catedral su colaboración para la realización de estas fotografías.

Destribución de Edilux, telf.: (0034) 958 08 20 00
Correo electrónico: ediciones@edilux.es
www.andaluciabooks.com

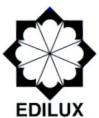

En colaboración con
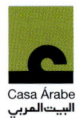

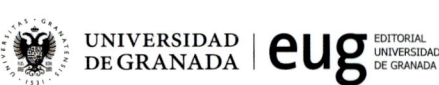

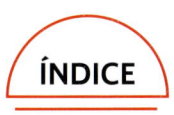

ÍNDICE

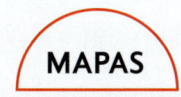

MAPAS

Contacto y cómo llegar a Córdoba

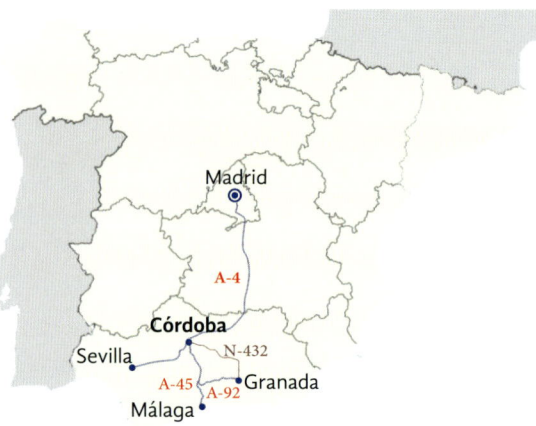

En Córdoba no hay aeropuerto, los dos aeropuerts internacionales más cercanos a la ciudad son el de Madrid y el de Málaga.

- **El AVE**
  La ciudad de Córdoba es una de las paradas más importantes de la línea del AVE entre Madrid, Sevilla y Málaga. El viaje dura desde Madrid una hora y 43 minutos.

- **La autovía A-4**
  Une Madrid, Córdoba y Sevilla.

- **La autovía A-45**
  Une Córdoba y Málaga.

- **La autovía A-92 y después A-45**
  Une Granada y Córdoba; también se puede utilizar la carretera interior nacional N-432.

- **Transporte público**
  Desde la parada «Puerta del Puente», líneas 3 y 12.
- **Taxi**
  Con parada de taxis junto a la Mezquita en la calle Torrijos n. º 6.

Dirección de la Mezquita:
C/ Cardenal Herrero, n.º 1. 14003.

Telf. (0034) 512 470 957

Página web:
www.mezquita-catedraldecordoba.es

Advertencia: La Mezquita de Córdoba no dispone de aparcamiento propio, pero existen otros aparcamientos públicos cercanos.

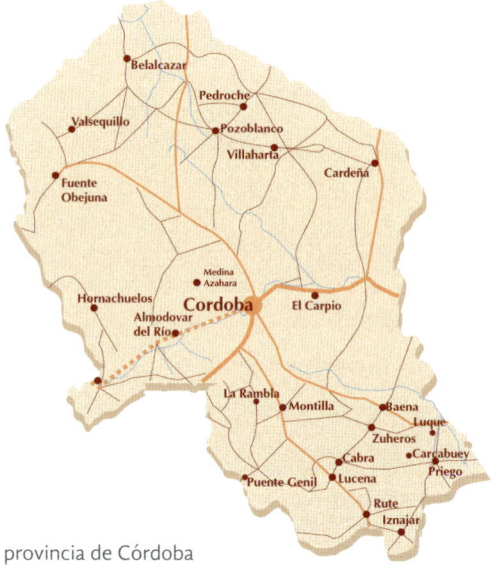

Mapa de la provincia de Córdoba

Información práctica

Horarios:

Abierto todos los días del año.

De marzo a octubre
De lunes a sábado: de 10:00–19:00.
Domingos y días festivos de precepto: 8:30–11:30 y 15:00–18:00.

De noviembre a febrero
De lunes a sábado: de 10:00 a 18:00.
Los domingos y festivos: de 8:30 a 11:30 y de 15:00 a 18:00.

Tipos de visitas:

• Visita de la Mezquita-Catedral.

• Visita del Campanario.

• Visita nocturna «El Alma de Córdoba».

• Otros colectivos.

Adquicisión de entradas

• Para la **visita general** las entradas se adquieren en la ventanilla de venta situada en el Patio de los Naranjos (galería norte junto al Campanario).

• Para la **visita nocturna** «El Alma de Córdoba» pueden adquirirse en la misma ventanilla de venta de entradas general, también a través de la página web de la Mezquita o en los centros comerciales de El Corte Inglés.

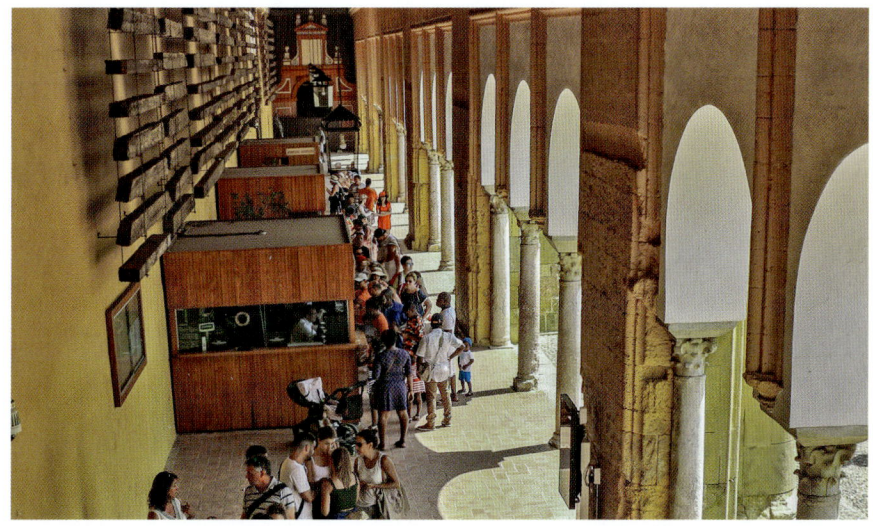

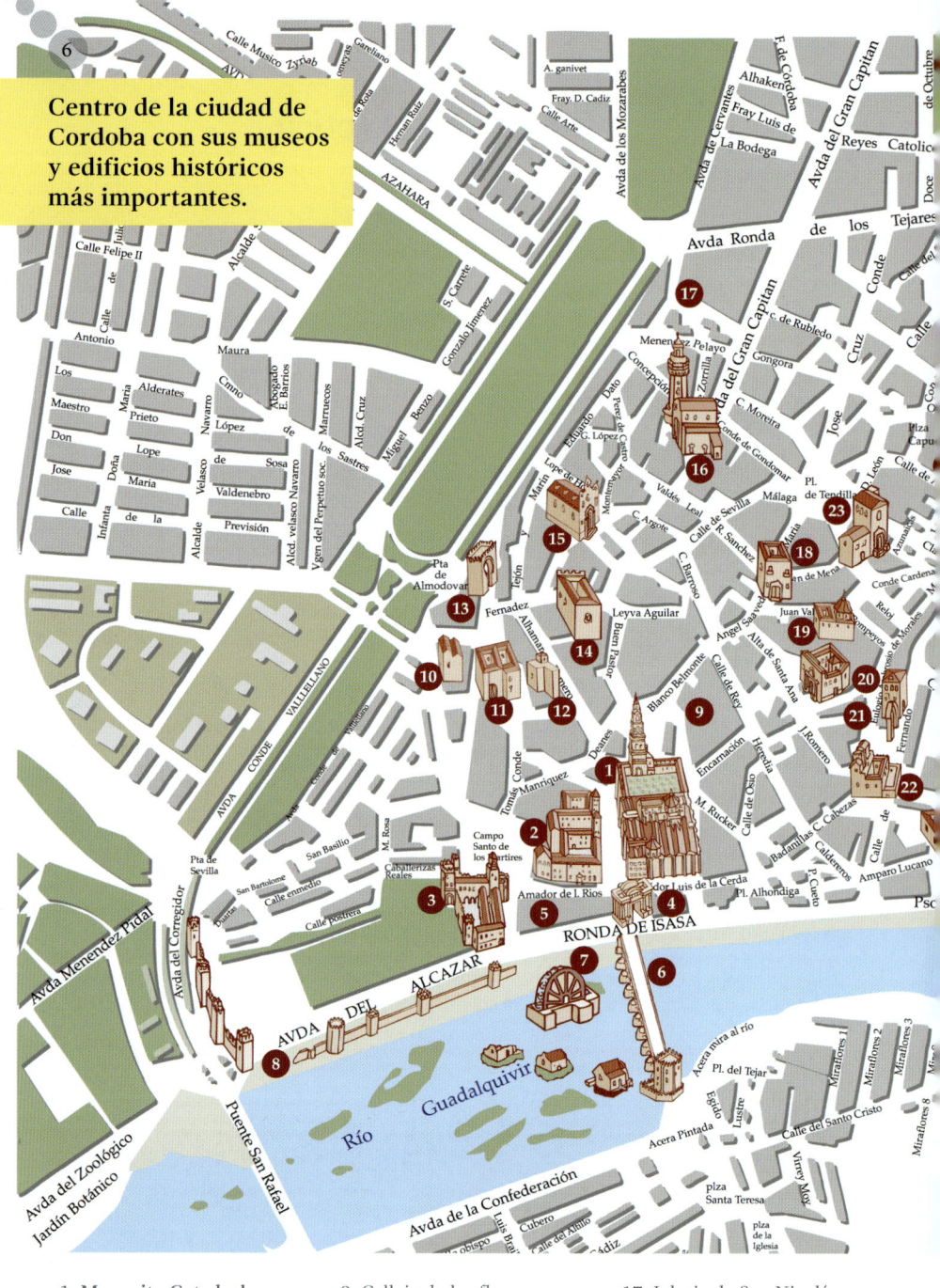

Centro de la ciudad de Cordoba con sus museos y edificios históricos más importantes.

1. **Mezquita Catedral.**
2. Palacio de Congresos y Exposiciones.
3. Alcázar de los Reyes Cristianos.
4. Triunfo de San Rafael.
5. Puerta del Puente.
6. Puente Romano y Torre de la Calahorra.
7. Molinos árabes.
8. Murallas.
9. Calleja de las flores.
10. Museo Taurino y Zoco.
11. Sinagoga.
12. Capilla de San Bartolomé.
13. Puerta de Almodóvar.
14. Casa de las Ceas o del Indiano.
15. Iglesia de la Trinidad.
16. Gobierno militar.
17. Iglesia de San Nicolás de la Villa.
18. Iglesia de San Hipólito.
19. Conservatorio de Música.
20. Iglesia de la Compañía de Jesús.
21. Iglesia de Santa Victoria.
22. Museo Arqueológico.

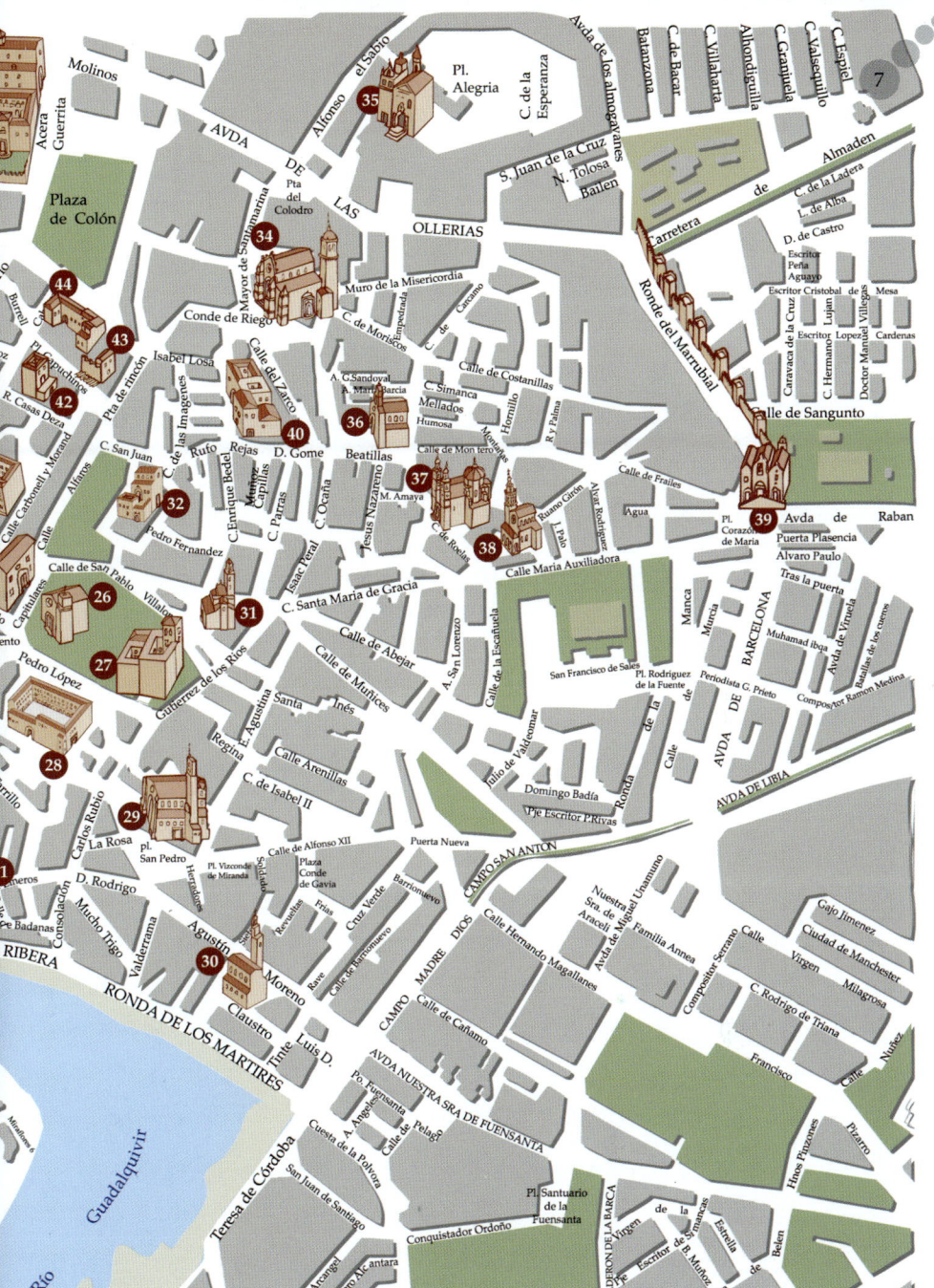

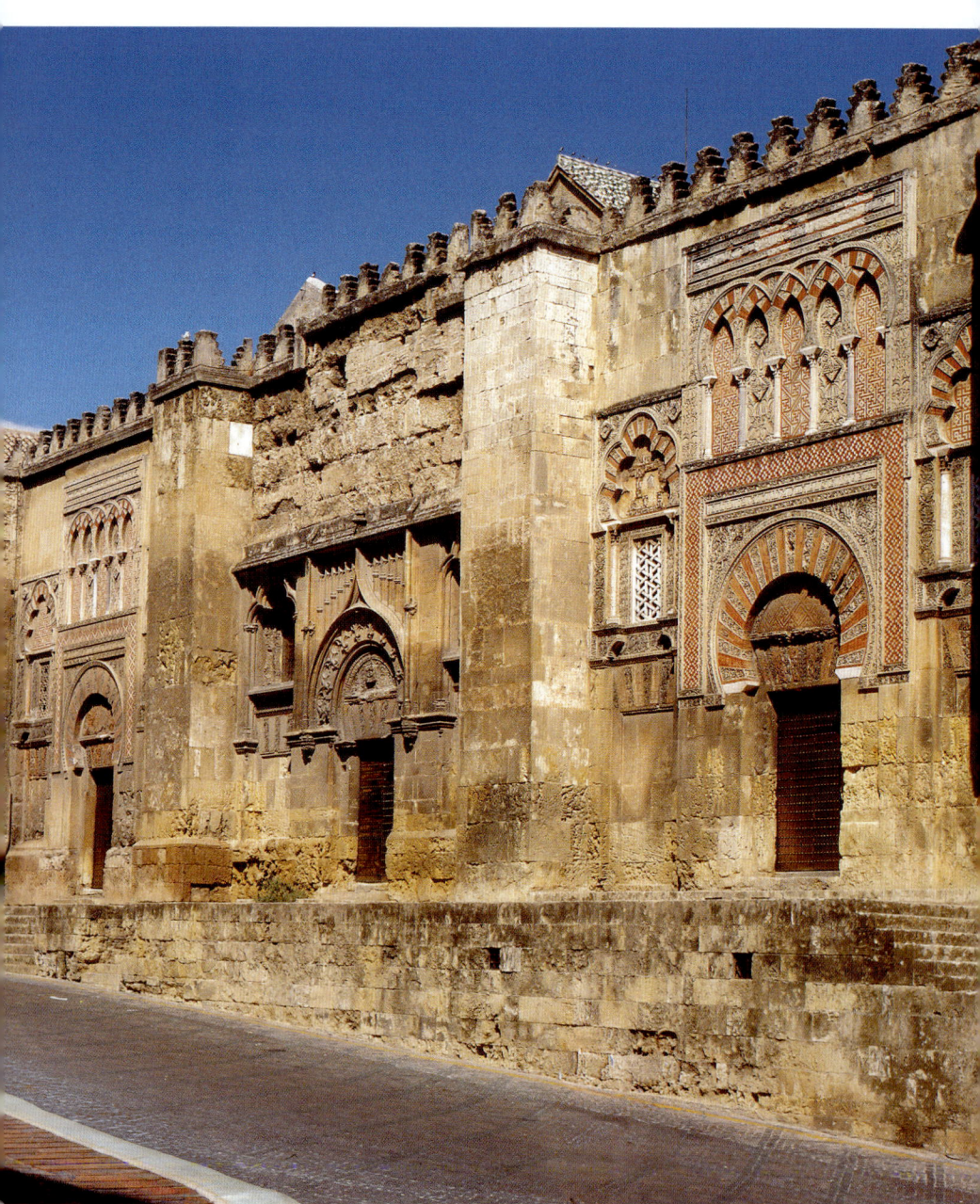

Fachada oriental de la Mezquita de Córdoba.

INTRODUCCIÓN

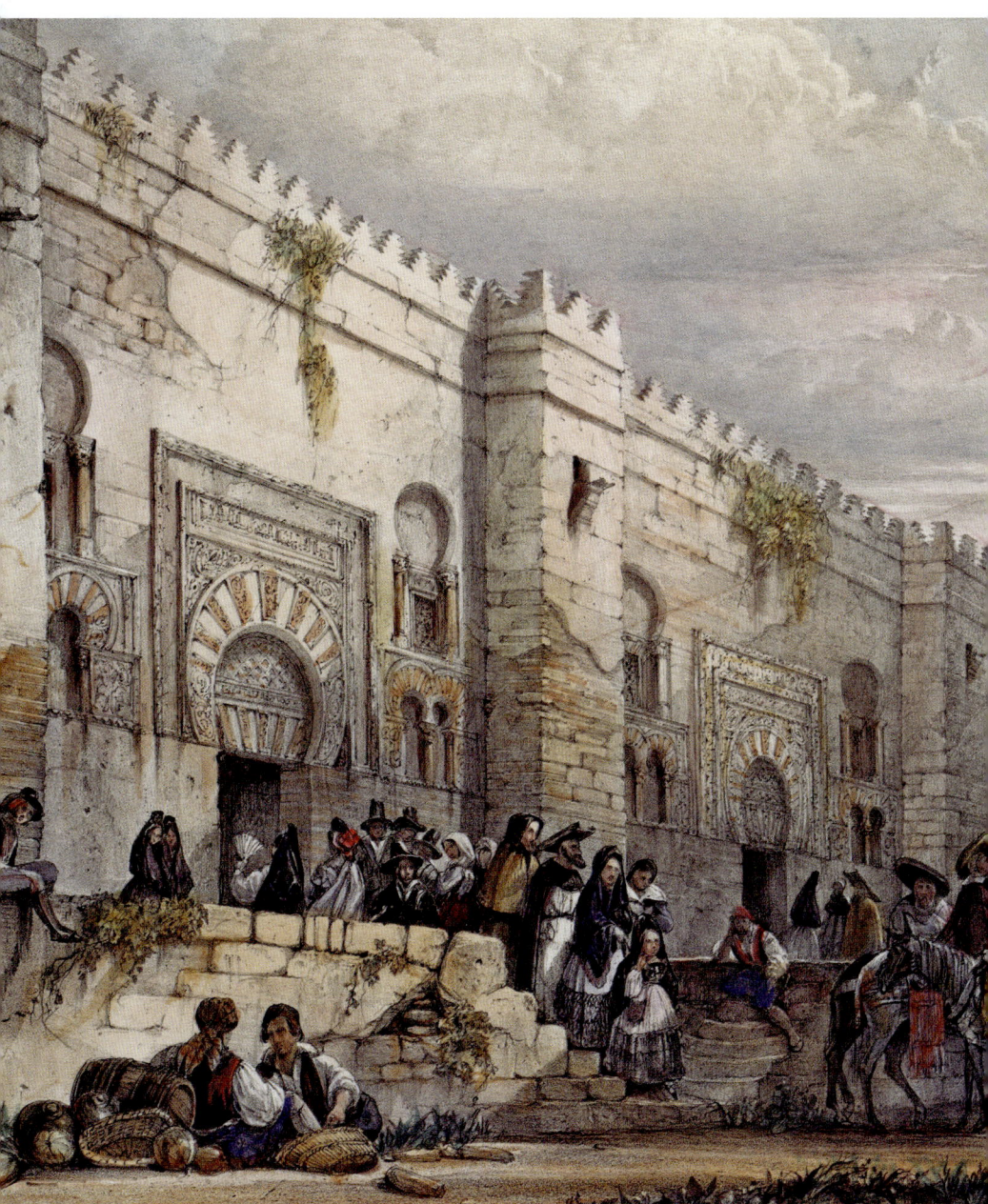

Grabado de Prangey, 1836.

La monumentalidad y el sentido artístico de Córdoba

Aun teniendo en cuenta la relevancia de Córdoba como foco principal, junto con Bagdad, del saber humanista en el islam árabe clásico, a la capital omeya le cabe, sin duda, la distinción de ser un excepcional y activo centro de creación artística, hasta el punto de que su arquitectura y manufacturas se convirtieron en signo esencial del esplendor del arte islámico, llamando la atención de la propia erudición árabe de al-Andalus, primero, y de la hispana y europea, después, lo que se ha incrementado en la contemporaneidad, cuando historiadores del arte, artistas, escritores, coleccionistas, medios de comunicación y público de todas las procedencias continúan admirando la riqueza, monumentalidad y sutileza de sus artes. En el volumen completo que dedicó al-Maqqari (en 1629-1630), dentro de su gran enciclopedia sobre la historia y la literatura andalusíes (*Nafh al-tib*, IV), a la descripción de Córdoba, reuniendo una nutrida antología de los principales cronistas de todas las épocas de al-Andalus (al-Razi, Ibn Bashkuwal, Ibn Sa'id, Ibn Hayyán, Ibn Jaqán, al-Hiyari, Ibn al-Jatib, y otros) o de viajeros que la visitaron, como Ibn Hawqal, así como eruditos y poetas de todo género y condición, compone un impactante y aleccionador palimpsesto que nos detalla, a veces hiperbólicamente, la fisonomía de una esplendorosa ciudad, *maqarr al-mulk* (sede de la soberanía) y *qubbat al-islam* (cúpula del islam), con sus puertas, murallas, abundantes mezquitas, baños, jardines, almunias y palacios, y, de manera pormenorizada, la Mezquita aljama y las ciudades palatinas de al-Zahra' y al-Záhira. Tampoco pasa por alto la guerra civil (*fitna*) que acabó con el Califato y cómo Córdoba fue convertida, por la literatura andalusí y árabe posterior, en símbolo del ocaso y de lo pasajero de cualquier construcción humana. Por fortuna, una significativa muestra de aquella extraordinaria conjunción de «genialidad manual e imaginativa» y el «milagro arquitectónico-artístico» de la Mezquita de Córdoba, sigue aún viva, tanto a escala monumental (muy concentrada en torno a la ciudad de Córdoba) como en el refinado miniaturismo de numerosos objetos suntuarios y populares (muy dispersos por museos españoles, europeos y de otros continentes), y en el elevado grado de autoconsciencia estética mostrado en los escritos y en la exhibición de los nombres y firmas de mecenas, responsables y artífices de las obras.

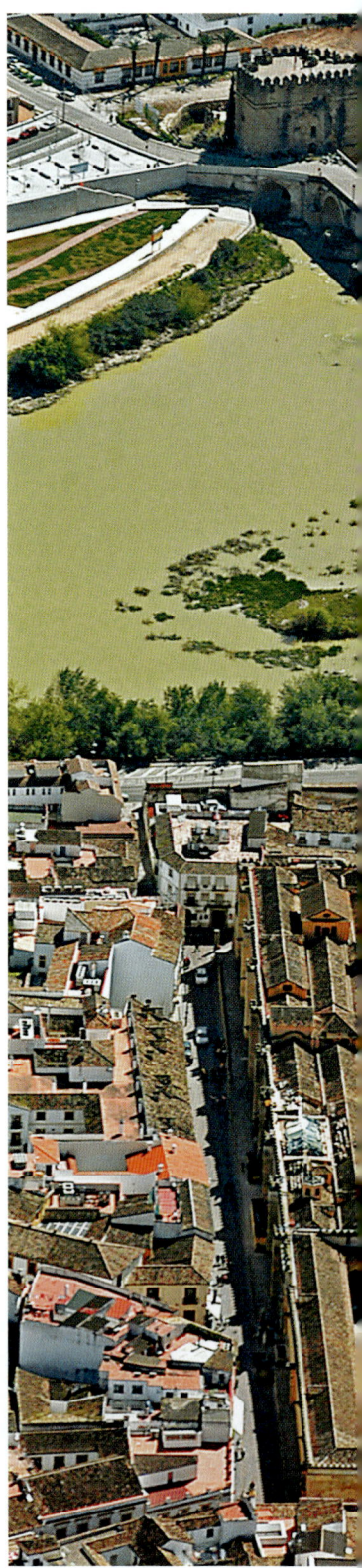

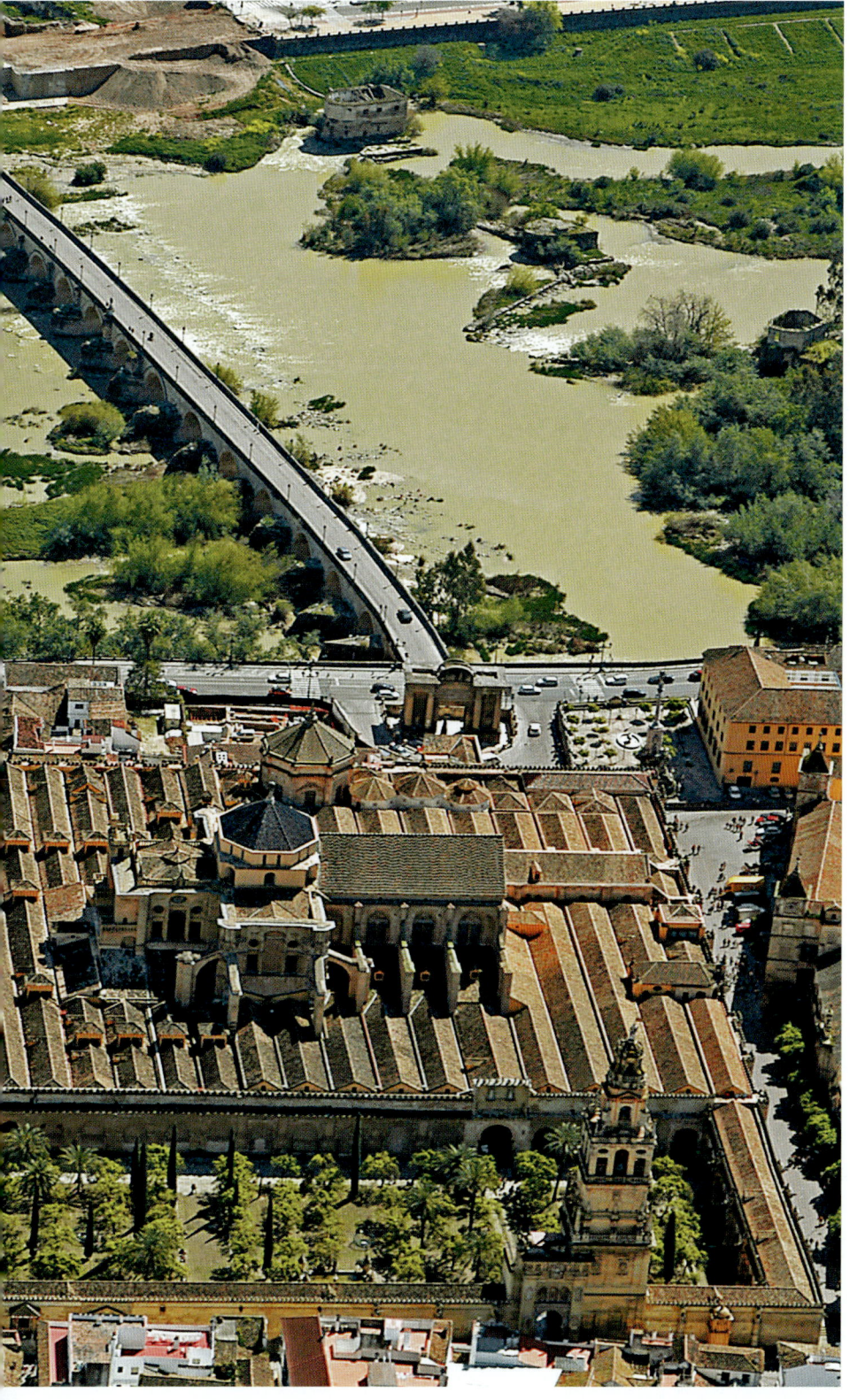

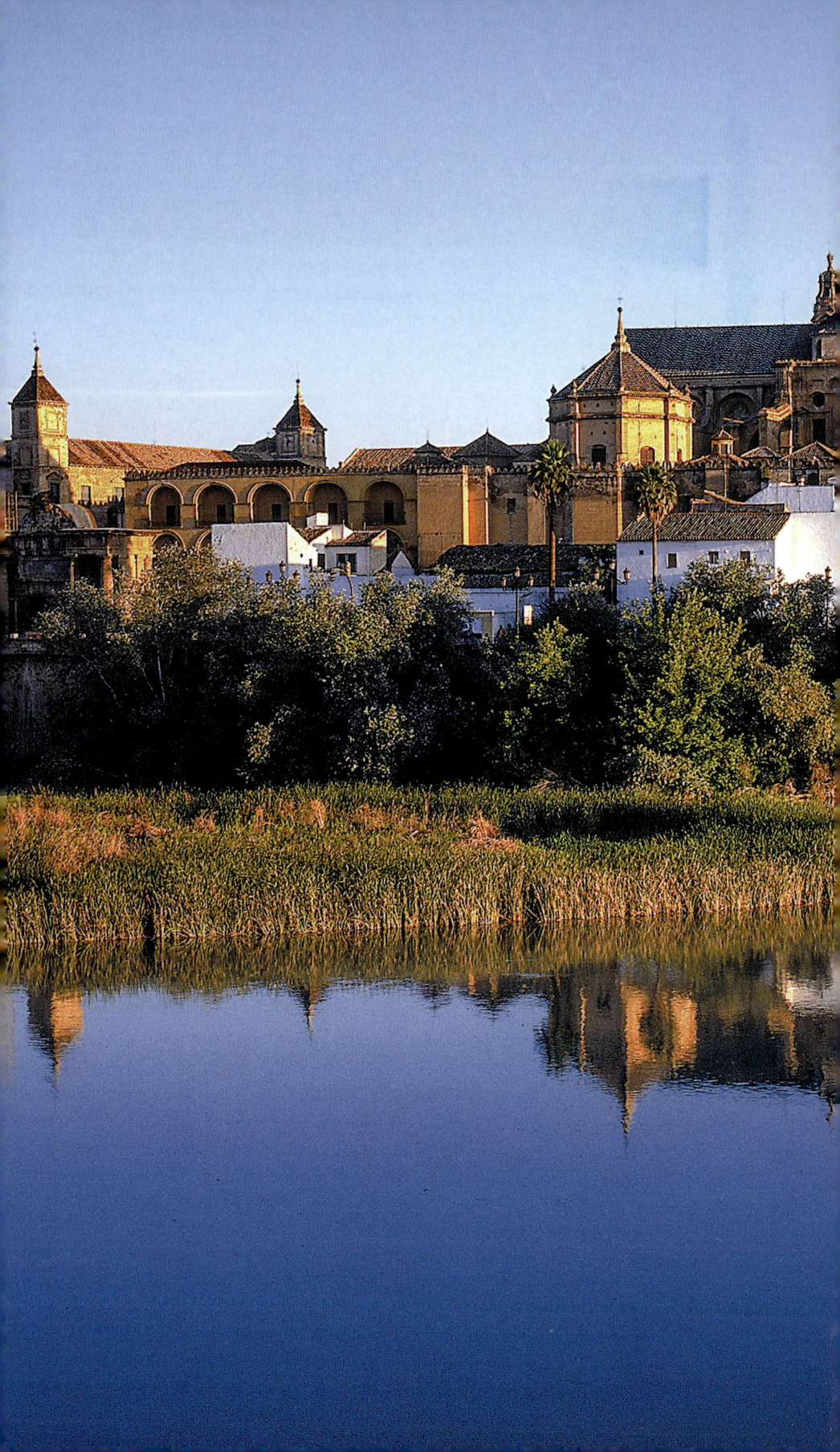

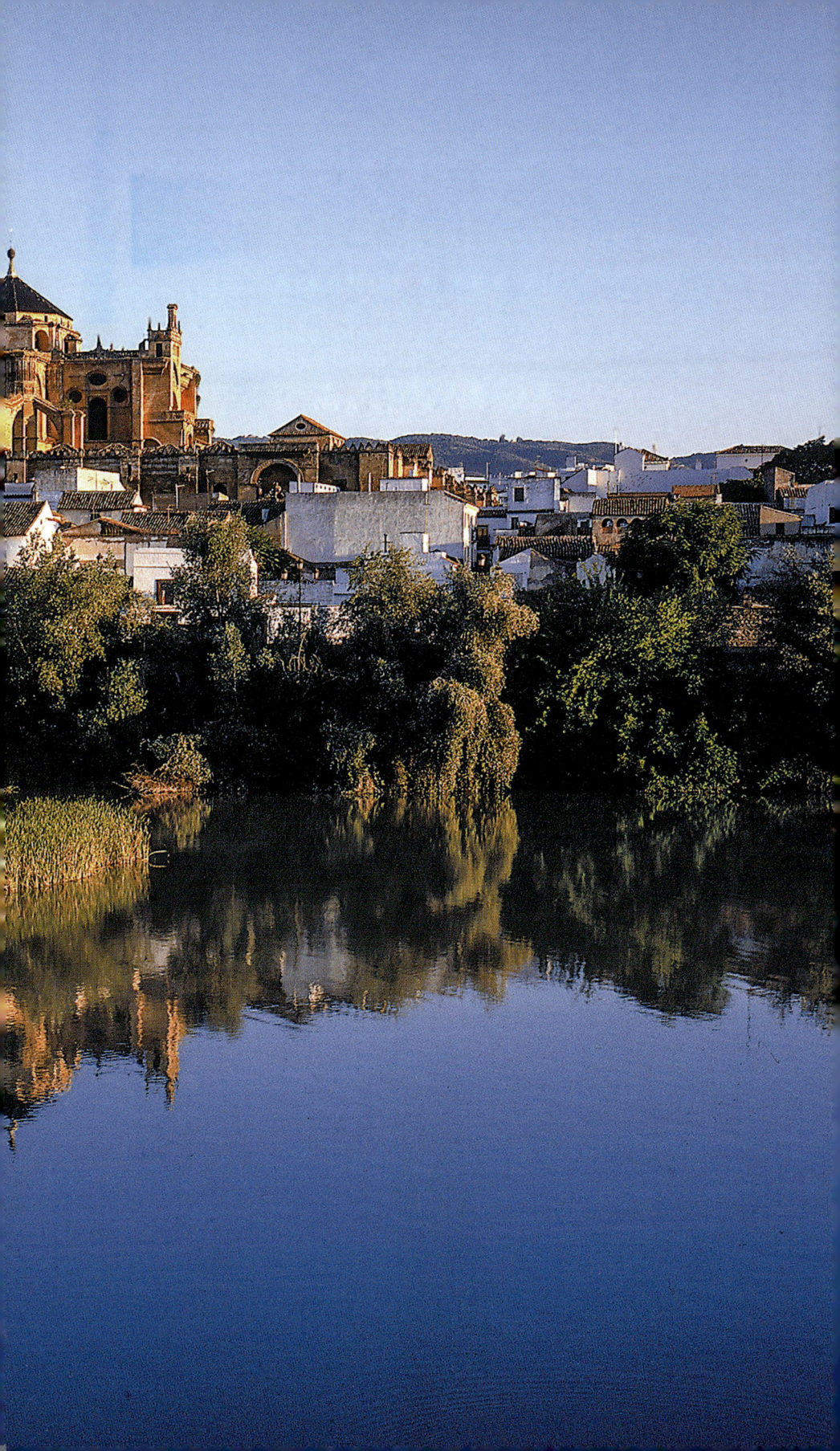

Córdoba y su Mezquita vista por algunos artistas del pasado

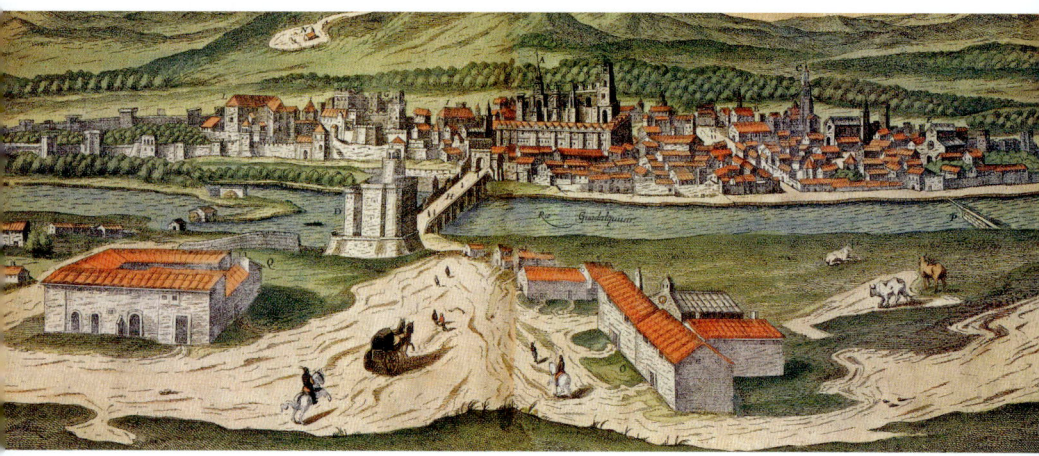

Vista de Córdoba, con Madinat al-Zahra' en la montaña, 1617.

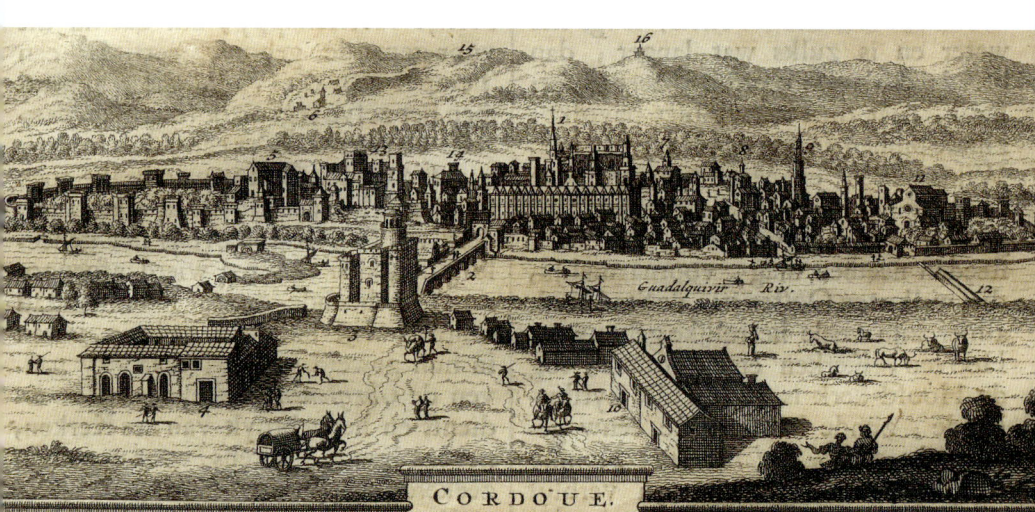

Grabado de Córdoba publicado en un periódico alemán en 1707.

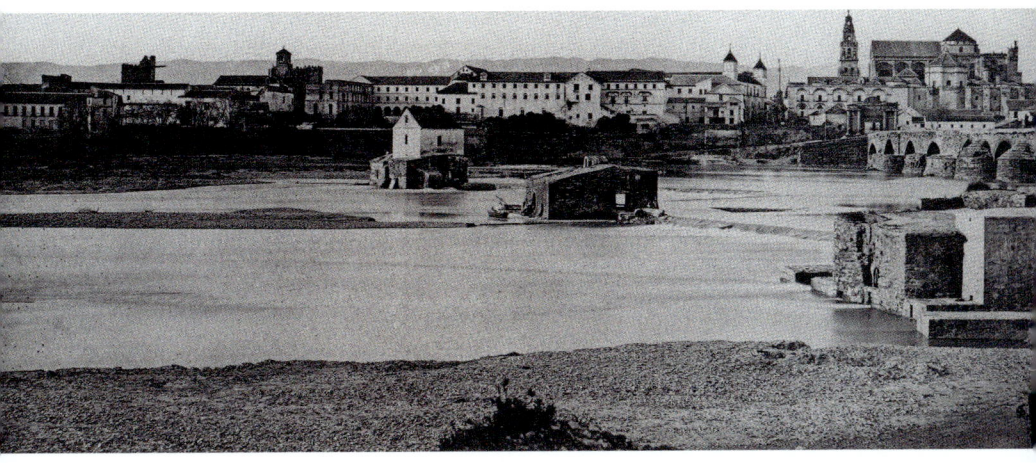

Fotografía del Puente de Alcántara, Laurent, 1866–1867.

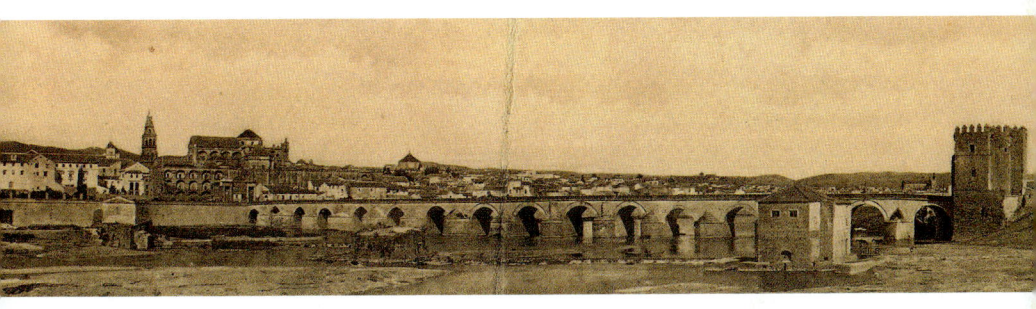

Postal del Puente de Alcántara y la Calahorra, 1905.

AL-ANDALUS

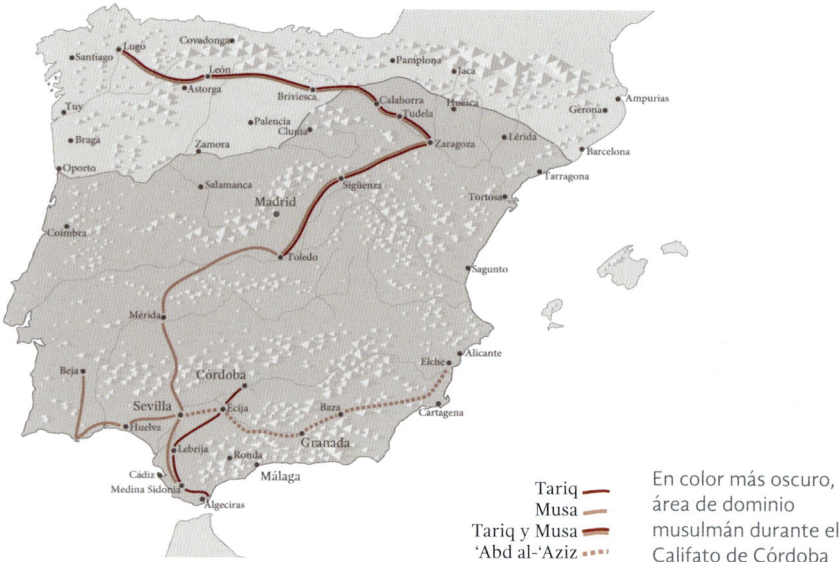

Tariq
Musa
Tariq y Musa
'Abd al-'Aziz

En color más oscuro,
área de dominio
musulmán durante el
Califato de Córdoba

El año 711 los musulmanes del norte de África entraron en la Península en ayuda de los partidarios del rey Witiza, frente al noble Roderico. Ante la inoperancia militar de los cristianos y la complacencia de la población se apoderaron en tres años de casi toda la península ibérica, salvo una pequeña franja de tierras cántabras. Aunque dirigidos por árabes, el mayor contingente de invasores eran bereberes norteafricanos.

Durante el **Emirato de Qurtuba** dependiente de Damasco, coexistieron a lo largo de dos siglos una sociedad semifeudal en torno a los antiguos señores cristianos, las estructuras tribales igualitarias de los bereberes, y los intentos iniciales de formar un Estado islámico con una administración centralizada, basada en los impuestos y en una vida social de carácter urbano.

'Abd al-Rahmán III proclamó en Córdoba el año 929 el **Califato Independiente**, consolidando las reformas frente a la resistencia de los muladíes y el descontento de los bereberes postergados en el reparto de tierras. Se abrió así la etapa de mayor esplendor del Islam andalusí, reflejada en la imponente Mezquita Mayor de la capital, y en la ciudad palatina de Madinat al-Zahra', sede del poder califal. Se fundaron ciudades nuevas y se realizaron estructuras militares y civiles. Un ejército disciplinado, tribunales de justicia, donde los alfaquíes aplicaban la ley a los litigios cotidianos, ordenanzas ciudadanas dentro de una administración centralizada y una razonable tolerancia en cuanto a la vida privada, suponían un notable adelanto respecto a la situación de los países europeos de la época.

A principios del siglo XI, las rivalidades entre grupos de poder provocaron la división del Califato en los llamados Reinos de Taifas, poderes locales que favorecieron un renacimiento cultural y urbano, pero perdieron terreno ante los reinos cristianos. La entrada de Alfonso VI en Toledo en 1085 motivó la petición de ayuda a los Almorávides, tribu norteafricana emergente en el Magreb. Rigoristas y belicosos, sometieron a las diversas taifas y frenaron a los cristianos durante un breve lapso de tiempo, hasta ser desplazados por los Almohades, norteafricanos asimismo, en 1147. Éstos

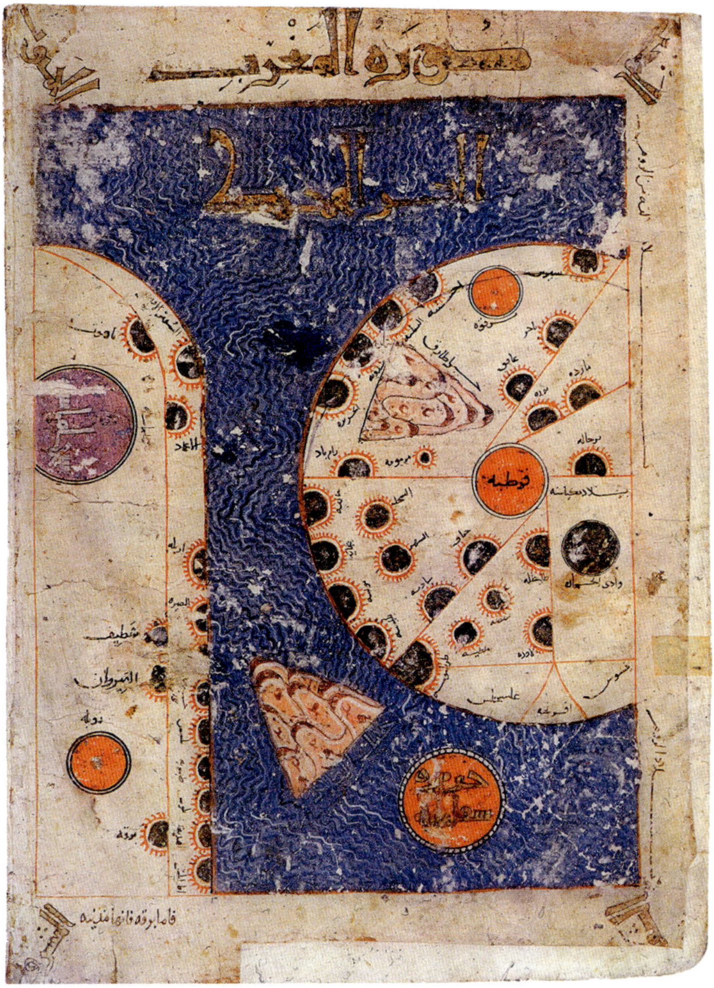

صورة المغرب

الراكم ٢

Arriba: mapa de al-Bakri, siglo XI, que representa la «Imagen del Magreb», con al-Andalus a la derecha, y la palabra «Qurtuba» (Córdoba) destacada en su centro en un círculo rojo.

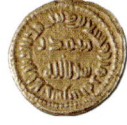

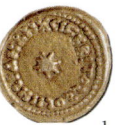

1. Primer dinar acuñado por los musulmanes en la antigua Hispania, cuyo nombre aparece grabado con las iniciales latinas SPN. En una cara se lee la expresión «Muhammad, el Enviado de Dios» y el año 93 H. (=711-712 d. C.), y en la otra destaca una inscripción latina alrededor de la llamada «Estrella de al-Andalus». 2. Dinar de la ceca «al-Andalus» del año 97 H. (=715-716 d. C.). Los estudiosos consideran que la palabra «al-Andalus» es de origen griego y que designaba al sol y su luminosidad.

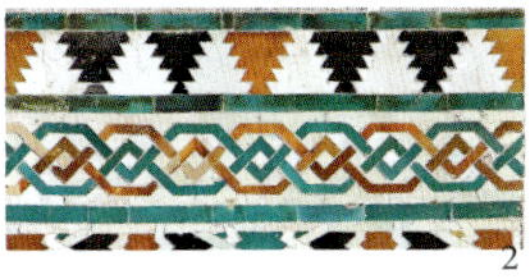

recuperaron el dominio de buena parte de la península, hasta 1212, en que castellanos, aragoneses, navarros y cruzados europeos los derrotaron en las Navas de Tolosa, cerca de Bailén. Esta fecha marca el comienzo de un imparable declive del poder musulmán en la península ibérica, que sólo conocerá ya el paréntesis representado por el reino nazarí de Granada.

Soberanos de la dinastía Omeya en Al-Andalus

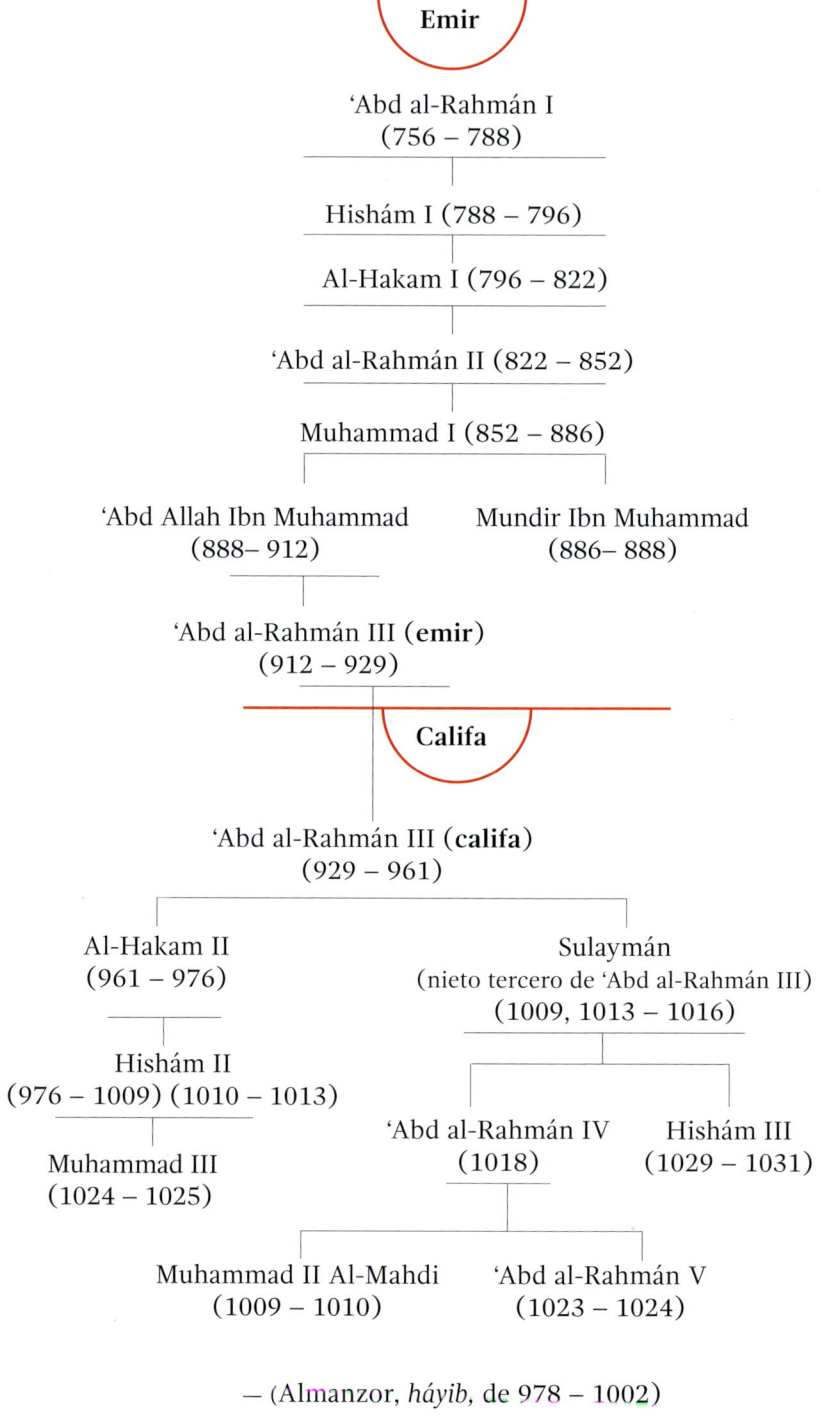

Emir

'Abd al-Rahmán I
(756 – 788)

Hishám I (788 – 796)

Al-Hakam I (796 – 822)

'Abd al-Rahmán II (822 – 852)

Muhammad I (852 – 886)

'Abd Allah Ibn Muhammad
(888– 912)

Mundir Ibn Muhammad
(886– 888)

'Abd al-Rahmán III (**emir**)
(912 – 929)

Calífa

'Abd al-Rahmán III (**califa**)
(929 – 961)

Al-Hakam II
(961 – 976)

Sulaymán
(nieto tercero de 'Abd al-Rahmán III)
(1009, 1013 – 1016)

Hishám II
(976 – 1009) (1010 – 1013)

'Abd al-Rahmán IV
(1018)

Hishám III
(1029 – 1031)

Muhammad III
(1024 – 1025)

Muhammad II Al-Mahdi
(1009 – 1010)

'Abd al-Rahmán V
(1023 – 1024)

— (Almanzor, *háyib*, de 978 – 1002)

• Todas las fechas que aparecen en esta página se refieren a los años de gobierno y se indican según el calendario de la era cristiana.

Los soberanos omeyas andalusíes y la Mezquita de Córdoba

'Abd al-Rahmán I (731-788), el Inmigrado

Nació en Damasco el año 731 y, tras salvarse del asesinato de la familia omeya oriental a manos de los abasíes en 750, huyó hasta la península ibérica. Conocido con los sobrenombres de "El Halcón de Quraish" y "El Halcón de al-Andalus", así como el "Inmigrado", proclamó el Emirato Omeya Independiente en 756 y mandó erigir la Mezquita Mayor de Córdoba, la primera que se construía en la ciudad, en el año 785, después de que, según algunas fuentes árabes, los musulmanes compartieran con los cristianos para orar la Iglesia de San Vicente, como sucedió en otras mezquitas en época de las primeras conquistas islámicas. Durante su gobierno, tuvo que sofocar diversas revueltas internas, como la de los bereberes influidos por el *jariyismo* (doctrina heterodoxa que admitía que un no árabe podía dirigir la comunidad) y la conspiración de grupos árabes que apoyaban a los abasíes de Bagdad. Asimismo, el primer monarca omeya de al-Andalus lanzó campañas militares triunfantes contra los cristianos del norte peninsular. El "Halcón de Quraish" entró en al-Andalus con el apoyo del *yund al-Sham* (ejército sirio) asentado en Granada, desembarcando en Almuñécar, donde modernamente el Ayuntamiento de esta ciudad le dedicó una estatua en su honor, en cuya base se grabaron estos versos atribuidos al propio 'Abd al-Rahmán:

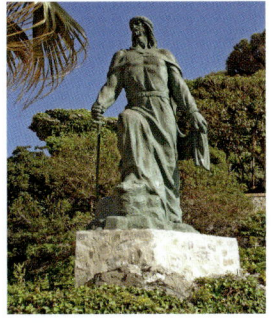

Estatua conmemorativa de 'Abd al-Rahmán I en Almuñécar, localidad costera granadina por la que entró en al-Andalus. Obra del escultor Manuel Moreno, 1984.

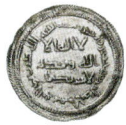 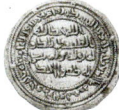

Dirham a nombre de 'Abd al-Rahmán I, ceca "al-Andalus", año 145 H. (=762/4 d. C.).

¡Oh palmera! extranjera eres como yo   يَا نَخْلُ أَنْتِ غَرِيبَةٌ مِثْلِي

en occidente alejada de tu origen.   فِي الْغَرْبِ نَائِيَةٌ عَنِ الْأَصْلِ

Hishám I (788-796)

Nació en Córdoba el año 757, hijo de una esclava cristiana visigoda de su padre 'Abd al-Rahmán I. Heredó un Estado convulso y tuvo que imponerse a la rebelión de dos de sus hermanos, Sulaymán, gobernador de Toledo, y 'Abd Allah. Reprimió también la sublevación de las tribus yemeníes asentadas en el oriente de al-Andalus y ordenó ataques en el norte de la península. Culto y piadoso, fomentó las ciencias religiosas y el *malikismo* (doctrina jurídica predominante en al-Andalus). Por las fuentes árabes sabemos que terminó la primera Mezquita de Córdoba, que no llegó a culminar su padre: cerró el patio y construyó la pila de abluciones y el alminar para llamar a la oración, lo que antes se hacía desde una torre del palacio emiral situado junto al muro oeste de la Mezquita.

'Abd al-Rahmán II (822-852), esplendor cultural

No tenemos noticias acerca de intervenciones arquitectónicas en la Mezquita de Córdoba durante el reinado de al-Hakam I (796-822), hijo y sucesor de Hishám I, tal vez por la gran inestabilidad del período y la necesidad de dedicar sus esfuerzos a aplastar diversas revueltas. Si embargo, su hijo Abu l-Mutarrif 'Abd al-Rahmán b. al-Hakam ('Abd al-Rahmán II), nacido en Toledo en 792, gozó, desde su subida al trono en

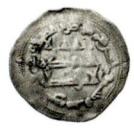 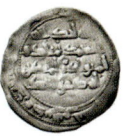

Dirham a nombre de 'Abd al-Rahmán II, ceca "al-Andalus", año 236 H. (=850/1 d. C.).

822 y hasta su muerte, de cierta estabilidad, lo que le permitió ampliar la Mezquita para atender al incremento de la población que experimentó la capital omeya. Se considera que los trabajos de su ampliación comenzaron el año 833 y que los terminaría su hijo Muhammad I. En esta ampliación hay once capiteles de fabricación cordobesa, lo que confirma la creación de talleres emirales. 'Abd al-Rahmán II se salvó de varias conspiraciones palaciegas y apaciguó la guerra desatada en la "Cora de Tudmir" en el levante andalusí. Y aunque organizó campañas militares contra los reinos hispanos del norte, reformó también la administración y fomentó las ciencias, las artes y la agricultura. Emir ilustrado, fue conocido por su afición a los libros y las bibliotecas y por sus conocimientos filosóficos, literarios y científicos, así como por recibir en su corte a Ziryab, el célebre músico y erudito abasí que aportó a al-Andalus refinamiento en artes como la comida, la vestimenta y la música.

Muhammad I (852-886), reformas en la Mezquita y fundación de "Machrít" (Madrid)

Este emir dedicó casi todo su gobierno a combatir continuas revueltas, así como el intento de invadir Córdoba perpetrado por una flota normanda que remontó el Guadalquivir hasta la capital omeya. Sofocó las amenazas cristianas en el famoso caso de los "Mártires de Córdoba", que es el título de un opúsculo en el que se reunieron las sentencias de muerte para 48 cristianos, algunos de ellos monjes y clérigos católicos de al-Andalus, que habían promulgado arengas consideradas denigrantes para el islam (851-859). Muhammad I fue, por otro lado, el constructor de una fortaleza llamada "Machrít", que con el paso del tiempo se convertiría en la ciudad de Madrid, única capital de Estado europea de fundación árabe. Dicha fortaleza se levantó en el centro de la península ibérica como base para dirigir campañas militares contra los pequeños estados cristianos del norte. Todavía pueden contemplarse restos de sus murallas en el centro del Madrid actual, cerca del

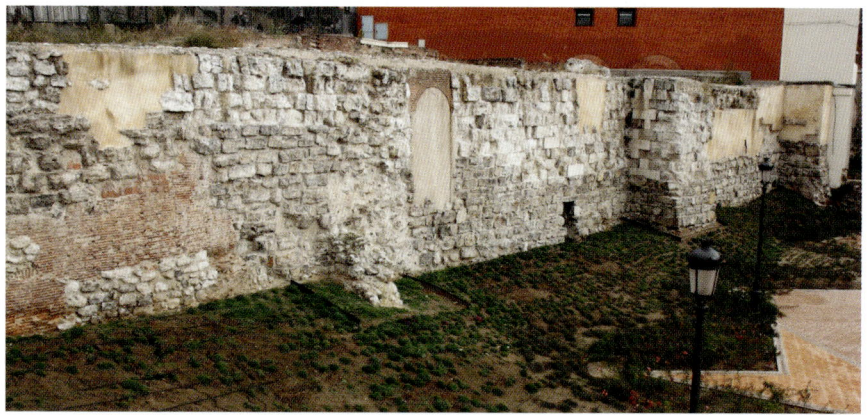

«Jardín del Emir Muhammad I» en Madrid con restos de la muralla árabe de la fortaleza llamada *Machrít* que mandó a construir este emir omeya, que gobernó entre 852 y 886.

Palacio de Oriente. Fue asimismo mecenas de sabios y ordenó copiar libros para la famosa biblioteca omeya andalusí. Sobre la Mezquita de Córdoba, las fuentes andalusíes dicen que, tras la terminación de la ampliación realizada por su padre, 'Abd al-Rahmán II, el año 250 H. (864 d. C.), Muhammad I realizó varias reformas en la zona de la primera mezquita, en la que mandó hacer una pequeña *maqsura* ante el *mihrab* para dotarse de mayor protección frente a la gente. Pero la única huella tangible que permanece de él en la Mezquita es la restauración que realizase de la Puerta de los Visires, como lo recuerda la inscripción grabada en ella (cf. p. 52).

Mundir (886-888) y 'Abd Allah (888-912)

Ambos emires sufrieron la quiebra económica de las arcas omeyas a causa de las guerras emprendidas para sofocar revueltas en diversas partes del territorio. Con todo, durante el breve emirato de Mundir se construyó, según las crónicas andalusíes, el primer "bayt al-mal" (tesoro) que se hacía en al-Andalus, con lo que se dotó a la Mezquita de Córdoba de todos los servicios que tuvieron las mezquitas de Oriente. Más tarde, este tesoro sería sustituido por el nuevo "bayt al-mal" que construyó al-Hakam II, todavía en pie buena parte de él. El emir 'Abd Allah mandó construir un "sabat" para facilitar el traslado directo del soberano desde el palacio emiral hasta la *maqsura* de la Mezquita, construcción que los historiadores explican dentro del progresivo aislamiento de los soberanos omeyas frente a la población.

'Abd al-Rahmán III, emir (912-929) y califa (929-961): el apogeo omeya

Nació en Córdoba el 22 de *Ramadán* de 277 (=7 de enero de 891) y proclamó el Califato en la misma ciudad a comienzos del mes de *Du l-hiyya* de 316 (=929), cuando los musulmanes representaban ya, según los historiadores, la mitad de la población de la península. 'Abd al-Rahmán III era "rubio y de ojos azul oscuro" (Ibn Hazm, *El collar de la paloma*), de piel blanca, hermoso rostro, cuerpo grande y piernas cortas (Ibn al-Azir, *al-Kámil fi l-tarij*). Además de sus cualidades políticas y militares, compuso poesía, enriqueció la biblioteca de los omeyas y se rodeó de literatos y poetas. Su desmedida afición a la arquitectura le granjeó severas críticas del alfaquí Mundir al-Balluti por malgastar capitales y olvidar los asuntos de Estado. Entre las múltiples rebeliones a las que se enfrentó, la de Omar ibn Hafsún llegó casi a derrotarle, pero el califa se sobrepuso y extendió sus dominios hacia el norte. En el sur, controló varios puertos norteafricanos y apoyó a los señores del Magreb para frenar la expansión fatimí. Fundó la ciudad de Almería para establecer la flota omeya e intensificó

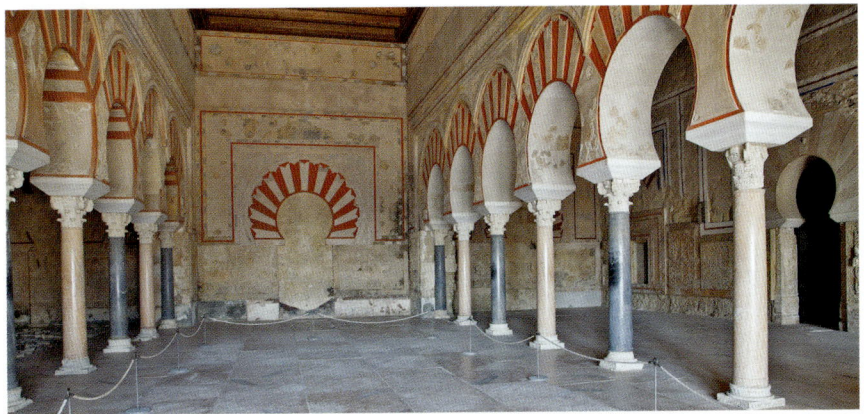

Salón del trono de 'Abd al-Rahmán III en el Palacio Califal de Madinat al-Zahra' (año 956/7).

la persecución de las doctrinas *shiíes* y sufíes, también por temor al influjo de los fatimíes. Tras proclamar el Califato, construyó la ciudad de Madinat al-Zahra' con Alcázar Califal, mezquita mayor y edificios para la administración, el ejército y la ceca. Allí recibió importantes embajadas como la del monje Juan de Gorze, enviada por el emperador alemán Otón I en 956. Sus obras en la Mezquita de Córdoba fueron decisivas: ampliación del patio, refuerzo del muro entre la sala de oración y el patio, y erección de un nuevo alminar de más de 30 m. de altura que manifestase la fuerza del nuevo Califato.

Al-Hakam II "Al-Mustansir bi-Llah" (915-976)

Nació en Córdoba el 24 de *Yumada* I o el primer día de *Rayab* del año 302 H. (=20 de enero de 915). Su madre se llamaba Muryán. Hasta que accedió al trono con 48 años de edad, su padre, 'Abd al-Rahmán III, le encomendó diversas misiones, como la de supervisar la construcción de Madinat al-Zahra'. Al-Hakam fue investido califa dos días después de la muerte de su padre,

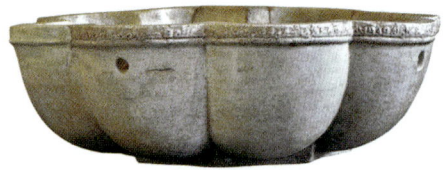

Pila de mármol con forma gallonada e inscripción cúfica en su borde en honor de al-Hakam II, labrada bajo la supervisión del *háyib* (chambelán) Ya'far el año 360 H. (=970/1). Museo Arqueológico de Granada.

el 3 de *Ramadán* del año 350 H. (=16 de octubre de 961). Enseguida intervino en la disputa existente por el poder del reino de León, y lanzó campañas militares en el norte peninsular. En 966-967 y 971 repelió dos ataques vikingos en Lisboa. En el sur, firmó tratados de paz y alianzas con varios gobernantes del Magreb, de quienes recibió una enbajada con el fin de pactar para volver a frenar el avance de los fatimíes, que habían conquistado Egipto en 969. La flota andalusí entabló también batallas en Ceuta, Arcila y Tánger. Por otro lado, al-Hakam II fue el soberano omeya más activo en la fabricación y acopio de libros para su gran biblioteca y se ocupó personalmente de la arquitectura y las artes. Con su nombre nos han llegado diversas piezas, fuentes y capiteles. En Madinat al-Zahra' añadió importantes edificios, como la Bab al-Sudda (gran pórtico regio) y la Casa de Ya'far. Y en la Mezquita de Córdoba realizó la más espléndida ampliación, con la que transformó el templo en una obra cumbre de la arquitectura islámica en al-Andalus, ejecutando, probablemente, un plan concebido en época de su padre con el fin de hacer del edificio la Mezquita que encarnase el espíritu del Califato cordobés en tamaño y solemnidad. Al-Hakam II contrajo nupcias a edad avanzada con una esclava cristiana llamada Subh (Aurora), con la que tuvo su primer hijo y heredero, Hishám II, quien, a la muerte de su padre, fue investido califa siendo aún niño y encerrado en Madinat al-Zahra', lo que permitió que Almanzor dirigiera en la práctica la política estatal.

Almanzor, ibn Abi 'Amir (938-1002)

Nació en una aldea cercana a Torrox perteneciente entonces a la Cora de Algeciras en el seno de una familia árabe de origen yemení, y siendo joven se trasladó a la capital omeya para estudiar *fiqh* (leyes). Pronto, se incorporó a la administración califal y se ganó la confianza de Suhb "al-Bashkuniyya" ("la vasca"), esposa de al-Hakam II, con lo que consiguió escalar rápidamente en el escalafón de la corte. Dirigió la ceca en tiempos de al-Hakam y las finanzas de Subh y de sus hijos, así como las del ejército del general Gálib. A la muerte del califa, fue ascendido a *háyib* (chambelán) de Hishám, convirtiéndose en el verdadero gobernante de al-Andalus. Esto le permitió lanzar más de 57 campañas militares. Se dice que su riqueza personal aumentó hasta llenar 54 casas de Madinat al-Záhira,

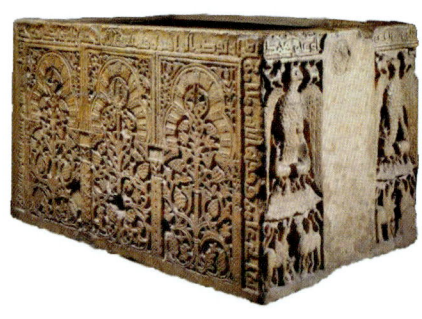

"Pila de Almanzor". En un lateral exhibe tres arcos tribulobulados con árbol de la vida en su interior lo mismo que en los mosaicos que hay por encima del mihrab de la Mezquita de Córdoba. Los flancos más pequeños llevan animales símbolos de la soberanía (águilas, leones y grifos). La cenefa cúfica señala que la pieza se realizó por orden de Ibn Abi 'Amir (Almanzor) "en el palacio de Madinat al-Záhira" y que "se concluyó -con la ayuda de Dios- bajo la dirección del gran fatà 'amirí en el año 377 H. (=978/8)". Museo Arqueológico Nacional, Madrid.

la ciudad palatina que se construyó Almanzor al sur de Córdoba (todavía no ha sido excavada) y a la que trasladó la administración estatal, por lo que Madinat al-Zahra' empezó a eclipsarse. En 991, logró convencer a los alfaquíes cordobeses para que la mezquita de Madinat al-Záhira fuese la Mezquita Mayor de Córdoba. También consiguió que los predicadores mencionaran su nombre después del nombre del

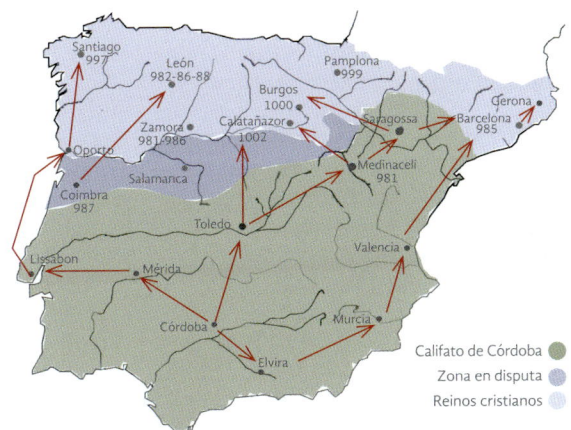

Las campañas más importantes de Almanzor 981-1002

Califa en la plegaria del viernes. Rotas sus relaciones con Subh, ésta dirigió una conspiración contra él y fue encarcelada. Almanzor duplicó de 30.000 a 60.000 soldados el ejército incorporando mercenarios. Entre sus campañas destacaremos la que dirigió contra "Las tres naciones" (castellanos, navarros y francos de Gerona), otras contra el reino de León y las regiones del Duero y, sobre todo, la toma de Santiago de Compostela a mediados de agosto de 997, donde quemó la iglesia de Santiago pero no la tumba atribuida al apóstol. Almanzor murió el 27 de *Ramadán* del año 392 H. (9 de agosto de 1002) en Medinaceli al regreso de una incursión contra Burgos en la que resultó herido. Se le sepultó donde falleció, según su voluntad. El "Estado 'Amirí" fue prolongado por sus hijos 'Abd al-Malik al-Muzaffar y 'Abd al-Rahmán Sanchuelo, aunque en época de este último se desencadenó la *fitna* (guerra civil) que dio al traste con el Califato. Almanzor ordenó hacer la mayor ampliación de la Mezquita de Córdoba en el flanco oriental, para lo que hubo que destruir casas de la ciudad.

La ciudad de Córdoba en época del Califato

En este plano se señala la Córdoba califal (en color rojizo) con sus murallas, puertas y algunas de sus calles principales, así como la Mezquita Mayor y el área ocupada por el Alcázar califal, luego sustituido por el Palacio Arzobispal. Con el paso del tiempo, la ciudad califal creció hacia el este formando la "medina oriental". Al sur, tenemos el "Puente de Alcántara", de origen romano, que estaba protegido por la "Torre de la Calahorra", en la otra orilla del río, desde donde se extendía el "arrabal de Shaqunda". Por el NO, Córdoba comunicaba a varios kms. con Madinat al-Zahra' y, por el SE, con Madinat al-Záhira.

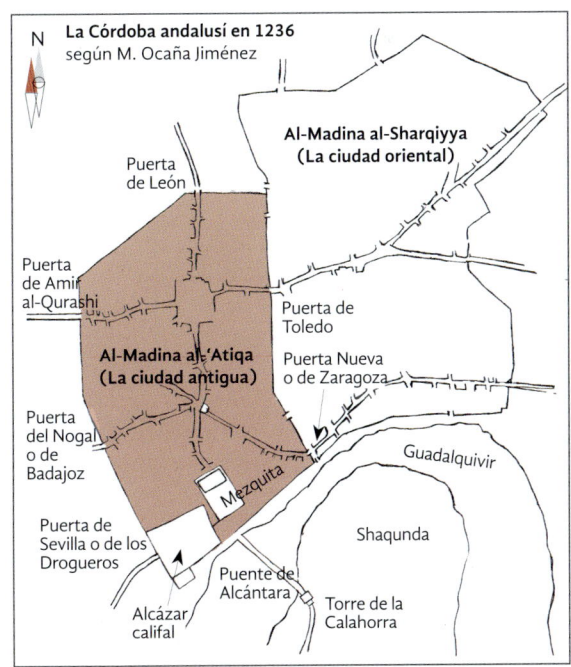

La dirección de la alquibla de la Mezquita de Córdoba

La alquibla de la Mezquita de Córdoba está dirigida a 152°, lo que supone una desviación de 51° hacia el sureste, es decir, de 3.767 kilómetros hasta La Meca. Los especialistas no se ponen de acuerdo en la causa de esta desviación, que fue imitada por otras mezquitas andalusíes dada la importancia de la Mezquita Mayor omeya. Las alquiblas de las mezquitas de al-Andalus siguen diferentes direcciones debido a la gran distancia existente entre la península ibérica y La Meca, y a otras circunstancias locales y arquitectónicas. Con el desarrollo de la astronomía, las matemáticas y los viajes, los sabios andalusíes pudieron precisar con más exactitud la dirección hacia oriente, y así se dirigió la alquibla de la Mezquita Mayor de Madinat al-Zahra' en el año 941 con una desviación inferior a 10°, siendo la alquibla con menos desviación de los omeyas de al-Andalus. Después, cuando al-Hakam II fue a construir su ampliación de la Mezquita de Córdoba, el alfaquí Abu Ibrahim emitió una fetua pidiéndole mantener la alquibla tradicional con el fin de evitar la innovación herética. Más tarde, los almohades dirigieron sus alquiblas hacia el suroeste por motivos políticos: la Mezquita Mayor de Sevilla (año 1182) se dirigió a 193°, lo que significa una desviación de 83° respecto a La Meca.

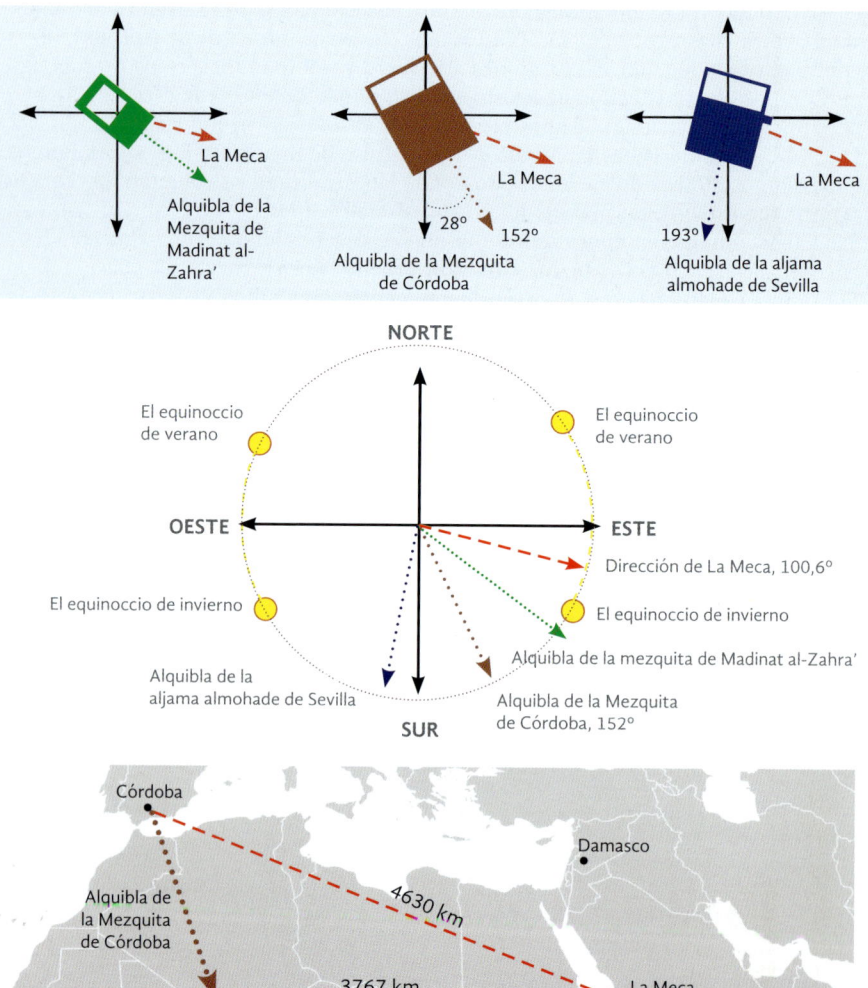

La Meca

Alquibla de la Mezquita de Madinat al-Zahra'

28°   152°
La Meca

Alquibla de la Mezquita de Córdoba

193°
La Meca

Alquibla de la aljama almohade de Sevilla

NORTE

El equinoccio de verano

El equinoccio de verano

OESTE   ESTE

Dirección de La Meca, 100,6°

El equinoccio de invierno   El equinoccio de invierno

Alquibla de la mezquita de Madinat al-Zahra'

Alquibla de la aljama almohade de Sevilla

Alquibla de la Mezquita de Córdoba, 152°

SUR

Córdoba

Damasco

Alquibla de la Mezquita de Córdoba

4630 km

3767 km   La Meca

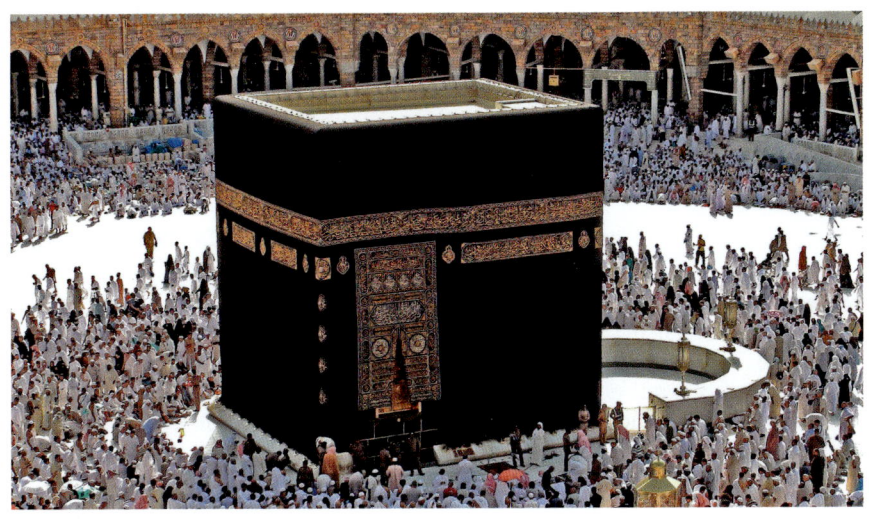

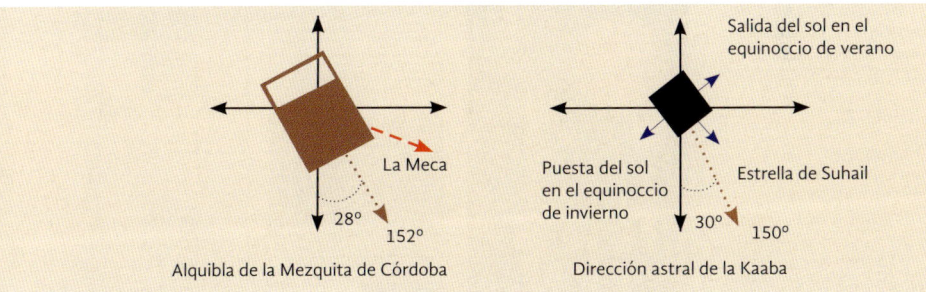

Alquibla de la Mezquita de Córdoba — Dirección astral de la Kaaba

Semejanza entre la dirección de la Kaaba y la alquibla de la Mezquita de Córdoba

Descartada por los especialistas la hipótesis de que la alquibla de la Mezquita de Córdoba sigue la de las mezquitas sirias, David A. King llamó la atención sobre la similitud existente entre la dirección de las plantas de la Mezquita de Córdoba y de la Kaaba, cuya diferencia es de sólo dos grados, sugiriendo que la obra cordobesa pudo orientarse según la dirección astral de la Kaaba.

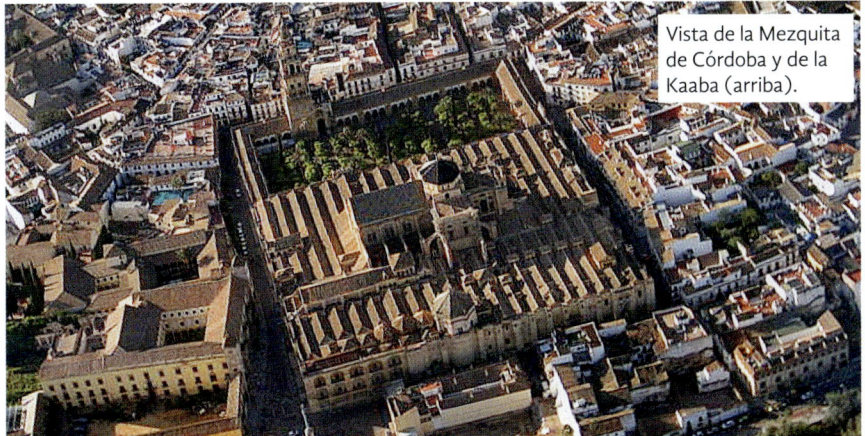

Vista de la Mezquita de Córdoba y de la Kaaba (arriba).

Còmo utilizar las páginas de este libro-guía

Itinerario propuesto para la visita de la Mezquita (véase el mapa de las págs. 28-29 y en el interior de la cubierta)

Para comenzar la visita, podemos elegir entre la propia Mezquita o el Campanario de la Catedral, ya que para acceder al Campanario se necesita un ticket específico y atenerse a unos horarios concretos. Por ello, podemos visitar primero el Campanario y después la Mezquita-Catedral, o a la inversa.

La visita a la Mezquita comienza en la puerta oficial de recogida de tickets, situada en el ángulo suroeste del patio, como se señala en el plano de la página 28, En dicho plano se marcan los puntos principales de la visita siguiendo la cronología histórica del monumento, desde el siglo VIII hasta el siglo XXI, en el que el uso religioso del edificio para celebraciones y fiestas cristianas concretas se conjuga con la visita turística y cultural.

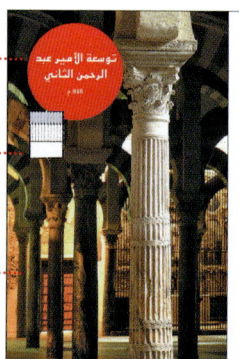

Título de la zona que visitamos siguiendo el itinerario que se ajusta a las etapas de construcción de la Mezquita.

Planta que indica la parte que visitamos de la Mezquita.

Imágenes de la zona que se irá explicando en cada espacio del monumento.

Explicación de la parte que visitamos

Fotografías de los componentes arquitectónicos y ornamentales.

Inscripciones conmemorativas y coránicas.

Explicación de los detalles arquitectóiocos y ornamentales.

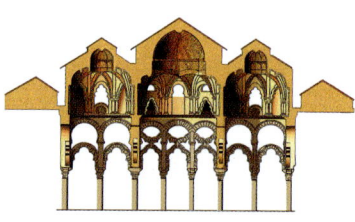

Alzados tridimensionales de la Mezquita y sus partes.

Dibujos de los componentes arquitectónicos.

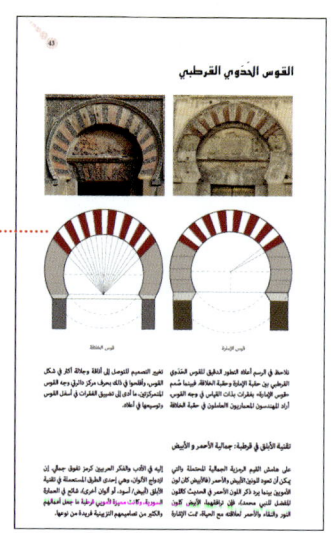

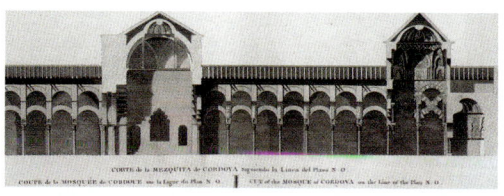

Dibujos y cuadros explicativos de artistas y arquitectos que se interesaron por la Mezquita y la Catedral.

La visita

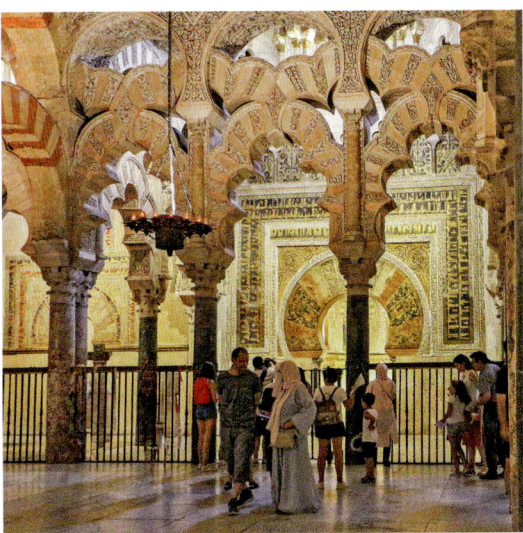

Aunque la Mezquita de Córdoba con la Catedral en su interior configuran un edificio unitario que puede recorrerse tan solo en una hora, se aconseja dedicar dos horas y media aproximadamente para que la visita permita apreciar y disfrutar de la riqueza artística y cultural que atesora este excepcional monumento histórico.

En las dos páginas siguientes (págs. 28 y 29) pueden verse los puntos clave del itinerario aconsejado, el cual se basa, principalmente, en la cronología de realización de las diferentes partes del monumento. El visitante encontrará la descripción y los datos pertinentes de cada lugar en los capítulos posteriores, los cuales han sido numerados de acuerdo con las etapas de construcción y las sucesivas ampliaciones del templo, que se representan gráficamente las págs. 30 y 31. Ambas grafías fundamentales para orientarse en la visita se reproducen también en el interior de las solapas del libro para facilitar su rápida consulta.

De la misma manera se señalan en las dos páginas siguientes los museos que la Mezquita-Catedral contienen en su interior, y la visita al Campanario, todo lo cual será explicado en un apéndice específico al final de este libro-guía.

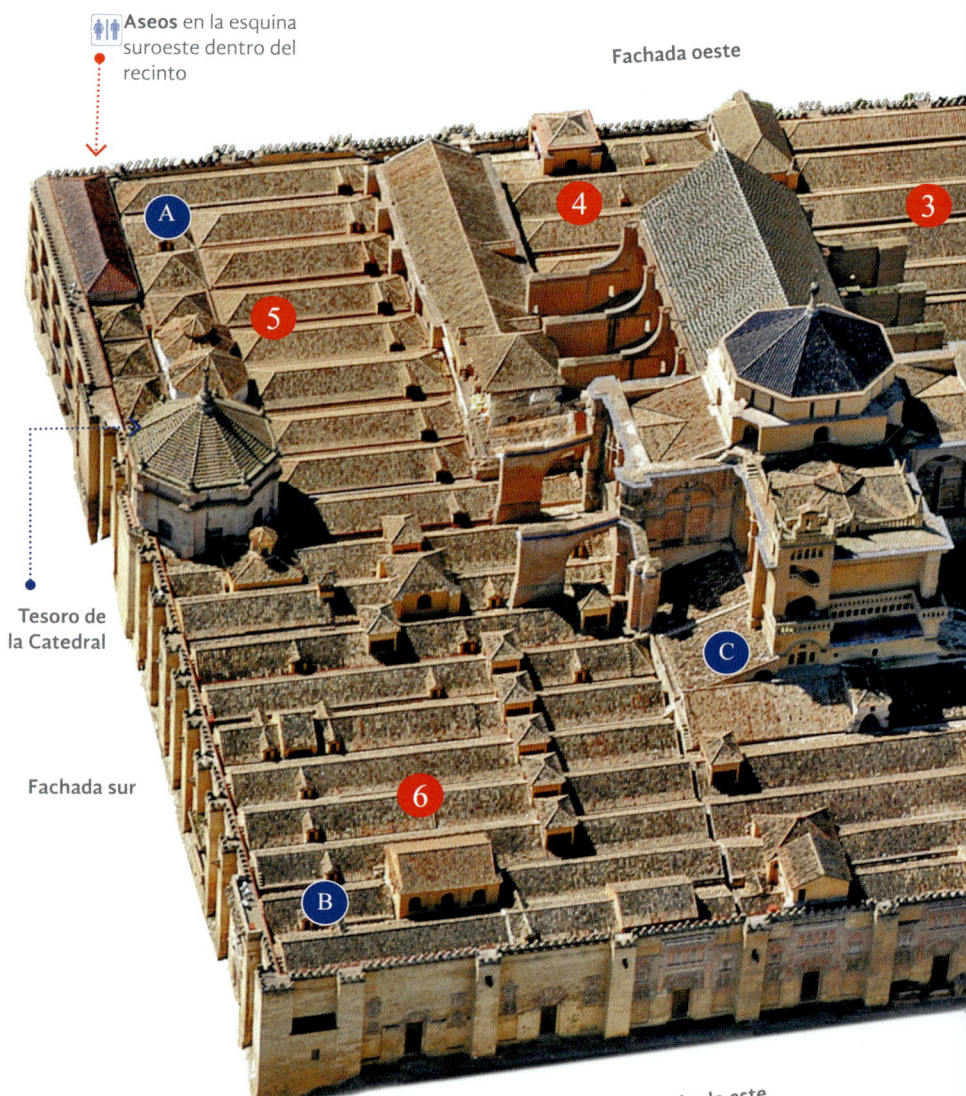

Puerta de entrada al patio ●

Aseos en la esquina suroeste dentro del recinto

Fachada oeste

Tesoro de la Catedral

Fachada sur

Fachada este

Los museos, la Catedral y el Campanario

Ⓐ El Museo de San Vicente (piezas cristianas) y el Tesoro de la Catedral
Ⓑ El Museo de San Clemente (piezas islámicas)
Ⓒ La Catedral
Ⓓ El Campanario

Véase el anexo dedicado a estos espacios en p. 147 y ss.

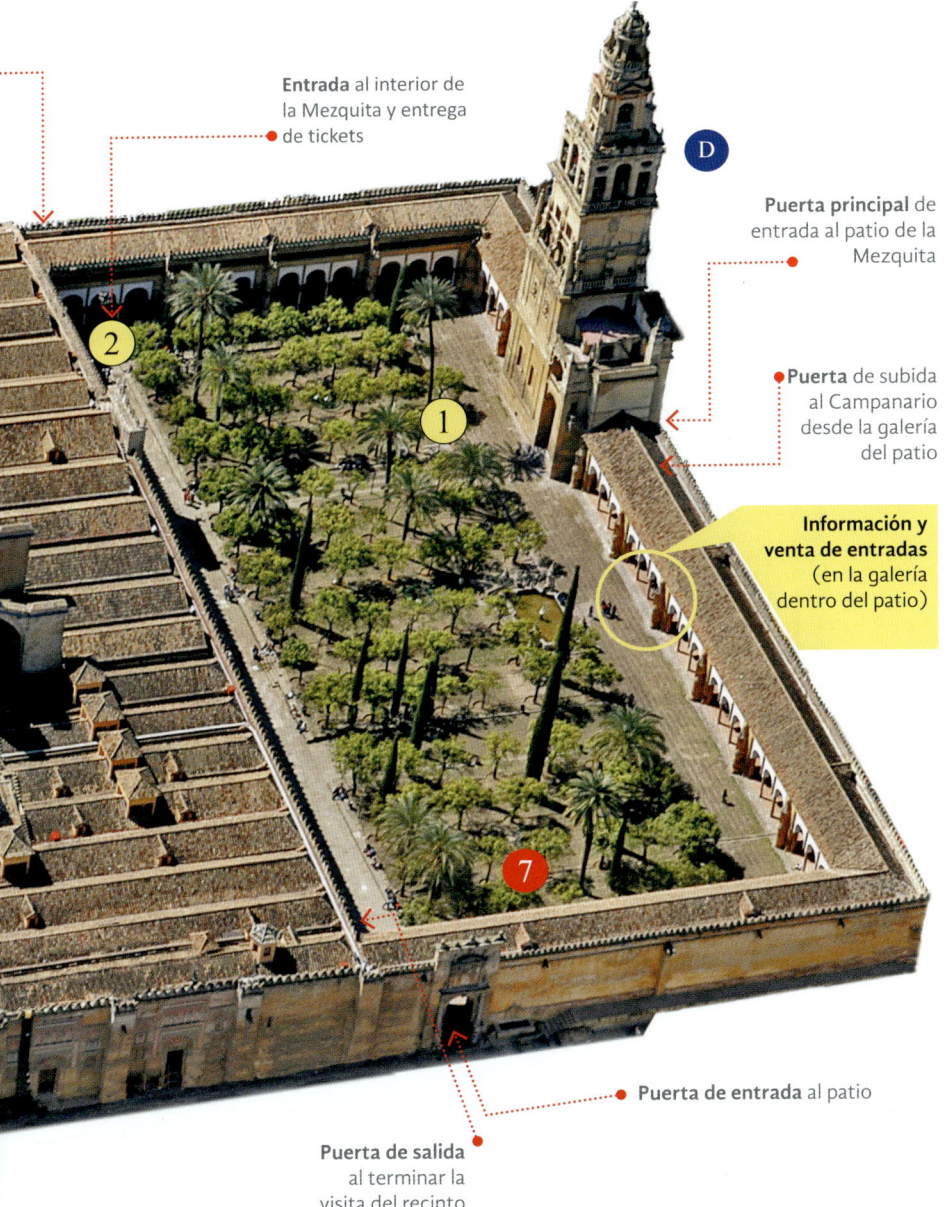

Entrada al interior de la Mezquita y entrega de tickets

D

Puerta principal de entrada al patio de la Mezquita

Puerta de subida al Campanario desde la galería del patio

Información y venta de entradas (en la galería dentro del patio)

Puerta de entrada al patio

Puerta de salida al terminar la visita del recinto

Itinerario recomendado para la visita

1- Comienzo desde la marca en el suelo del alminar de Hishám I **2**- Entrada **3**- Mezquita de 'Abd al-Rahmán I **4**- Ampliación de 'Abd al-Rahmán II **5**- Ampliación de al-Hakam II: *maqsura, mihrab*, Museo de San Vicente, Tesoro de la Catedral **6**- Ampliación de Almanzor, Museo de San Clemente e iglesia de Fernando III **7**- Galería del patio de la Mezquita, exposición de entablamentos del techo de la sala de oración.

Nota: la visita al Campanario con vistas a la ciudad y con restos del alminar de 'Abd al-Rahmán III necesita una entrada especial con horario determinado. Se aconseja visitarlo antes de iniciar la visita a la Mezquita o al finalizarla.

Fases de construcción de la Mezquita

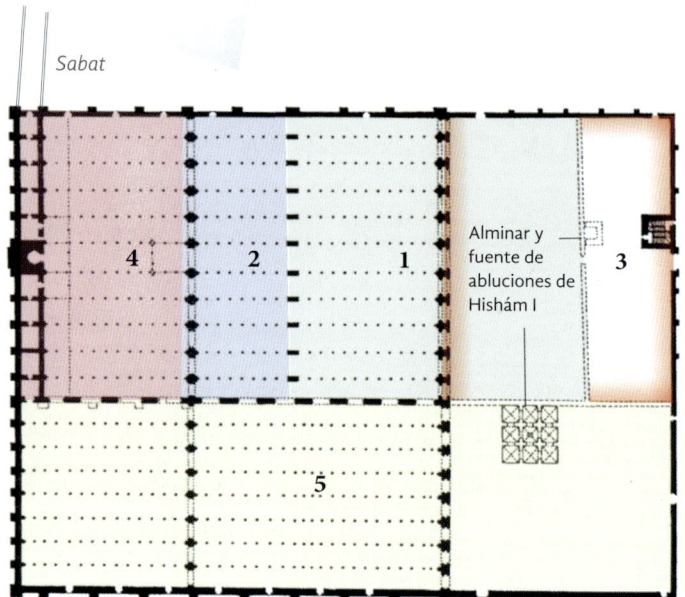

Zona del Alcázar omeya
sobre cuyao solar se
encuentra hoy el Palacio
Arzobispal

Sabat

4   2   1

Alminar y
fuente de
abluciones de
Hishám I

3

5

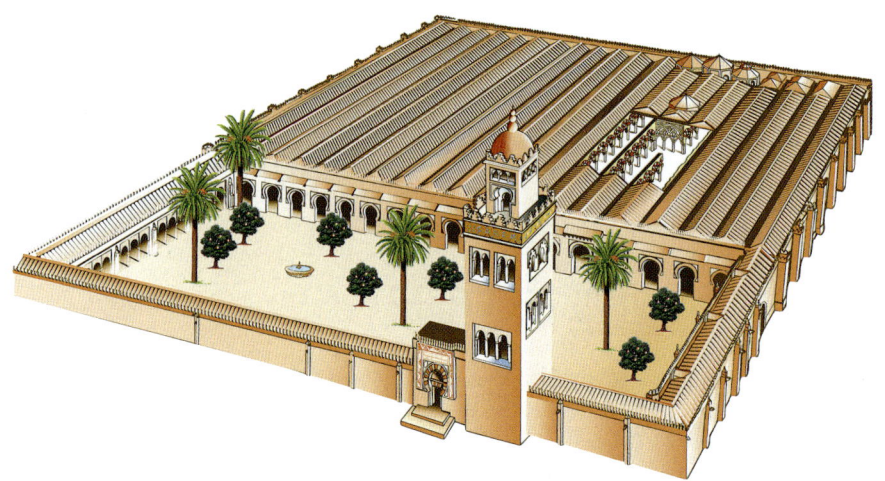

La planta de la Mezquita mide 175 x 128 metros y su superficie es de 22400 m^2. Tuvo 12 puertas.

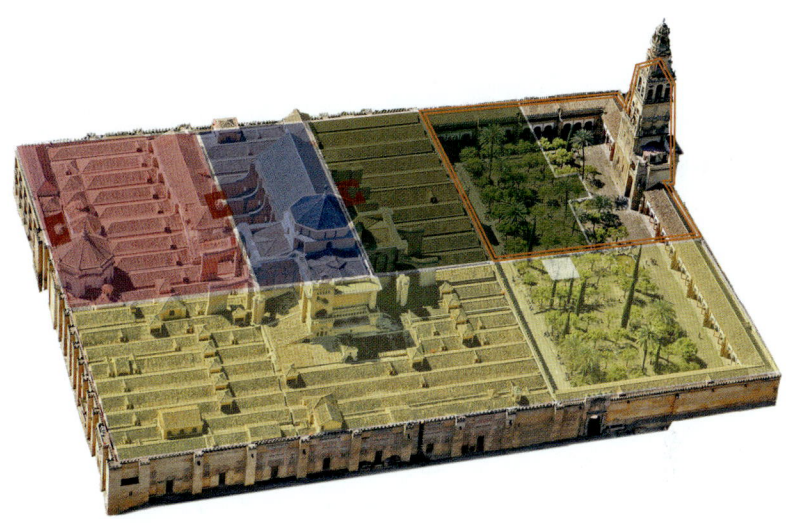

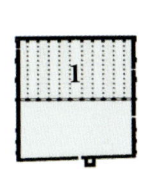

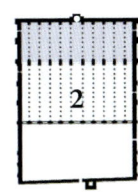

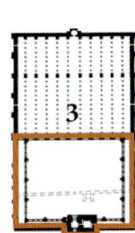

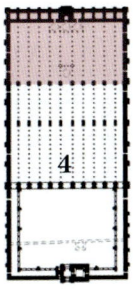

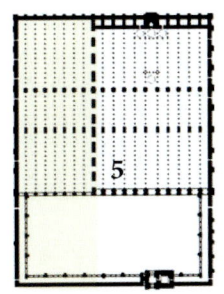

Mezquita de 'Abd al-Rahmán I, 785, y alminar de Hishám I, 793

Ampliación de 'Abd al-Rahmán II 833-848

Construcciónes de 'Abd al-Rahmán III 929-958

Ampliación de Al-Hakam II 962-966

Ampliación de Almanzor 988

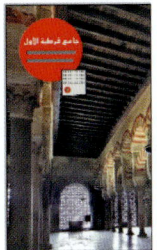

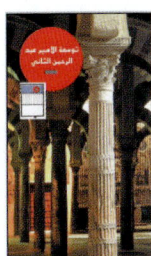

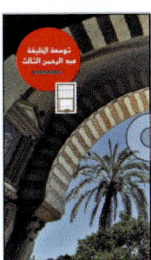

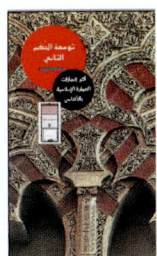

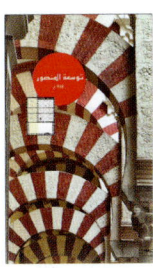

Venta de entradas y comienzo de la visita

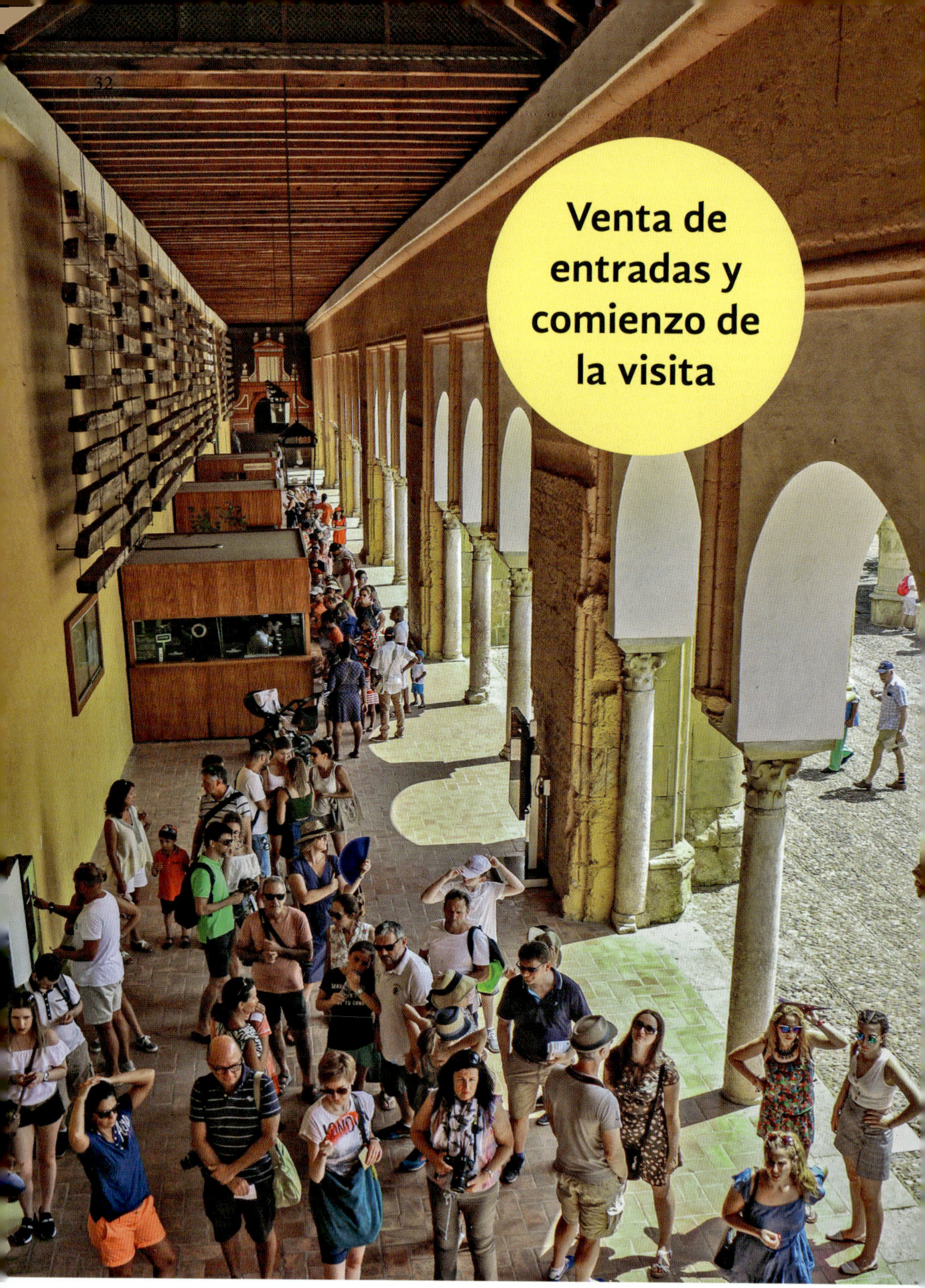

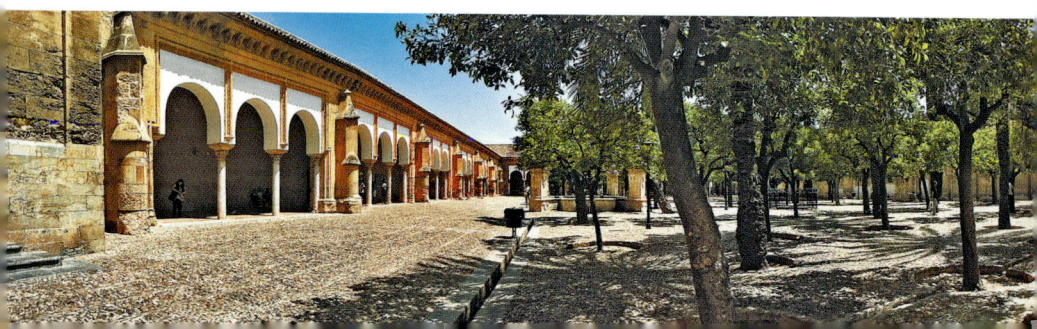

① Punto de partida: lugar en que estuvo el alminar de Hishám I (g. 788-796)

Comenzamos la visita por el lugar en que levantó el primer alminar de la Mezquita de Córdoba y cuya planta fue señalada en el suelo por el arquitecto y arqueólogo Félix Hernández. Se sitúa en el Patio de los Naranjos a unos once metros al sur del Campanario de la Catedral, que fue construido encima del alminar de 'Abd al-Rahmán III, sobre el que más adelante hablaremos. El alminar de Hishám I era de planta cuadrada de unos 6 m. de lado. Las fuentes escritas andalusíes señalan que tras finalizar 'Abd al-Rahmán I la construcción de la sala de oración, "su hijo [Hishám I] añadió el alminar con una altura de 40 codos hasta el lugar del almuedano, y al final de la Mezquita construyó cobertizos para la oración de las mujeres. También ordenó construir una pila de abluciones a oriente de la Mezquita..." (Ibn Idari, *al-Bayán al-mugrib*, II, p. 229). Las excavaciones mostraron que esta pila de abluciones medía 16 x 20 m.

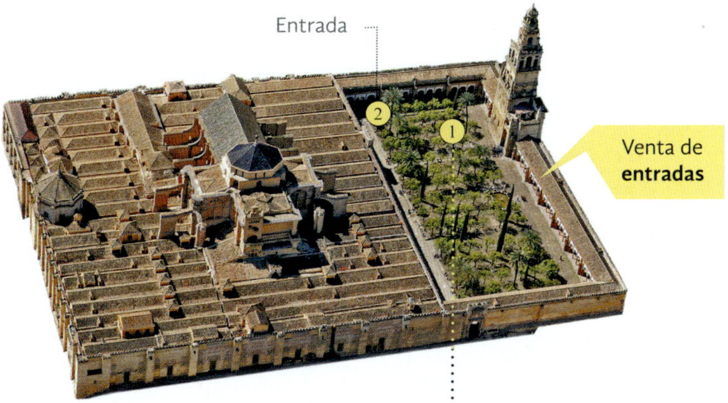

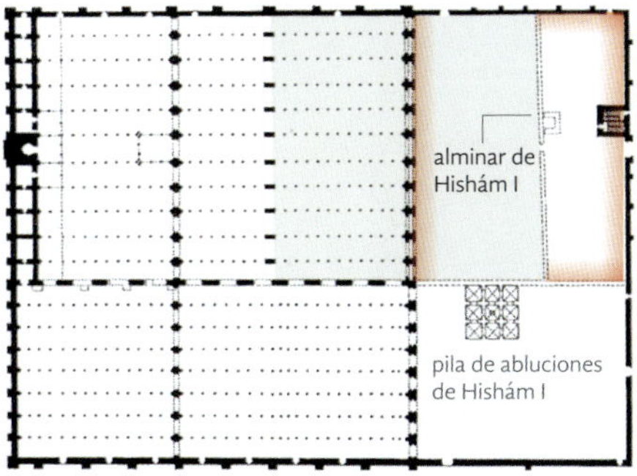

Entrada

Venta de **entradas**

alminar de Hishám I

pila de abluciones de Hishám I

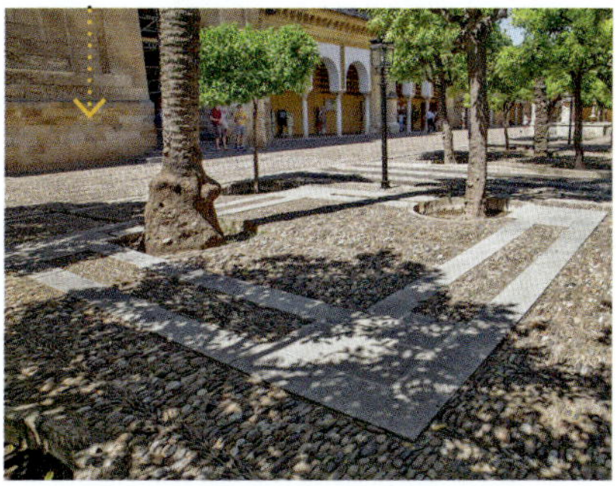

Planta de la Mezquita y marca de la cimentación del alminar de Hishám I descubierta en 1934. Abajo: panorámica del Patio de los Naranjos en dirección a la sala de oración de la Mezquita.

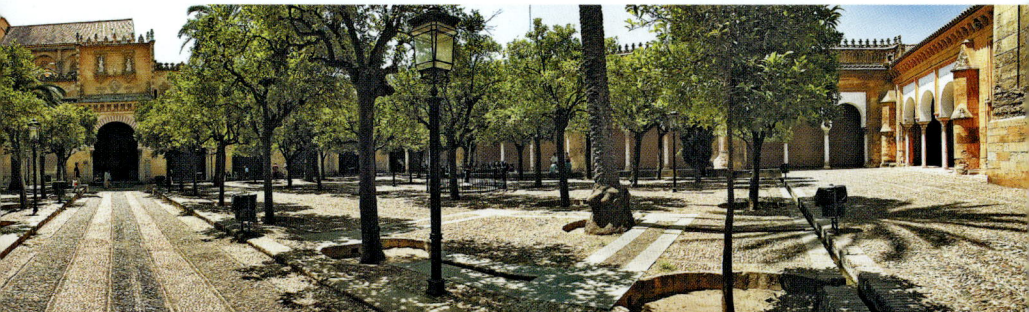

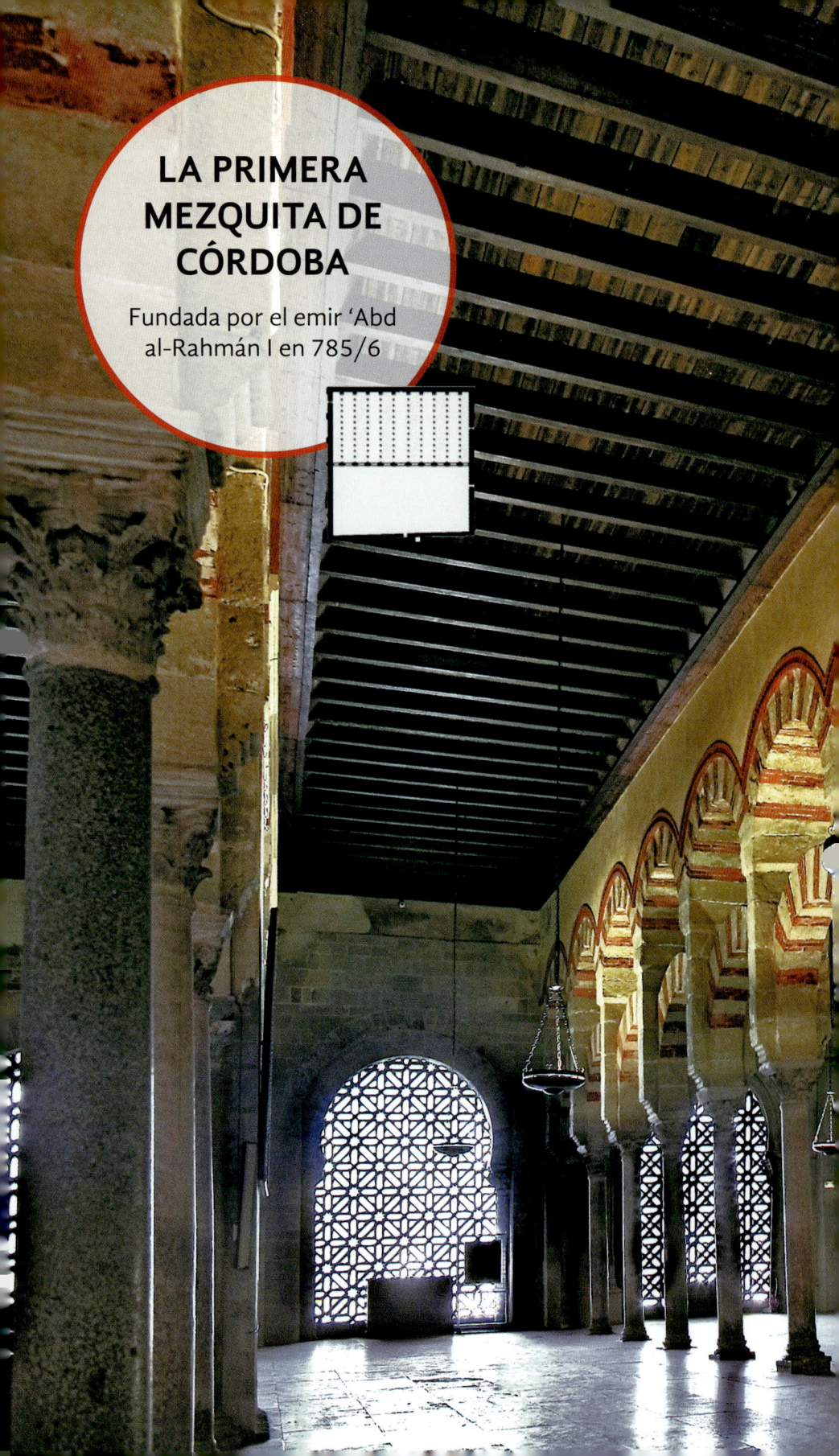

LA PRIMERA MEZQUITA DE CÓRDOBA

Fundada por el emir 'Abd al-Rahmán I en 785/6

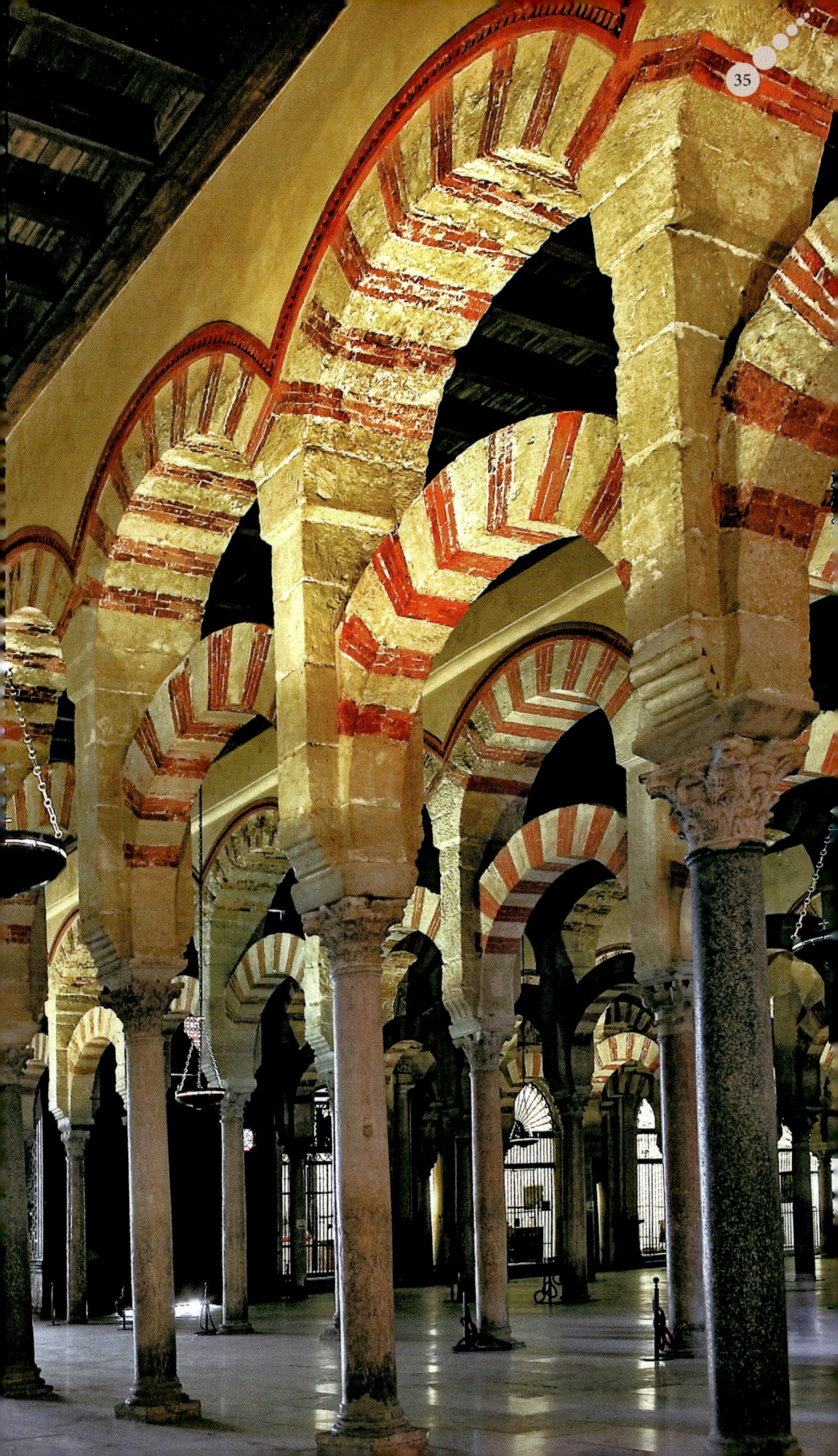

Las fuentes árabes refieren que cuando 'Abd al-Rahmán I, al-Dajil (el Inmigrado), llegó a Córdoba acometió una intensa intervención edilicia de carácter militar, civil y religioso destinada a convertir a la antigua ciudad romana y visigoda en «capital de al-Andalus» y «sede del reino», es decir, del primer Estado islámico de la Península Ibérica. De todo ello, la obra con más trascendencia fue, evidentemente, la Mezquita Aljama, cuya construcción, iniciada en 165 H. (785/6 d. C.), exigió una inversión de «ochenta mil dinares» y se ejecutó en breve tiempo sobre los restos de un modesto edificio, que algún texto árabe tardío y parte de la historiografía considera que fue la iglesia de San Vicente; según las mismas fuentes árabes, el Emirato adquirió el solar tras negociar con los cristianos, «por cien mil dinares», reproduciéndose así el relato de la fundación

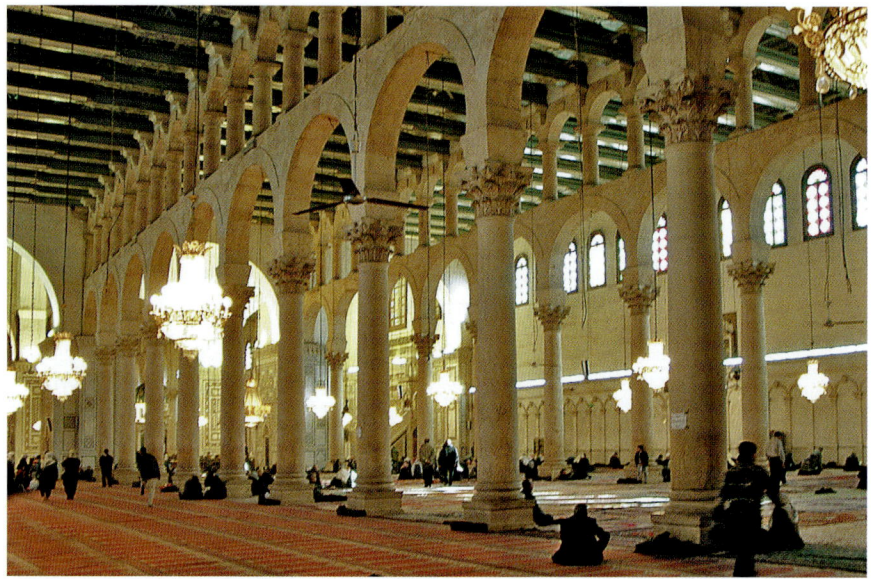

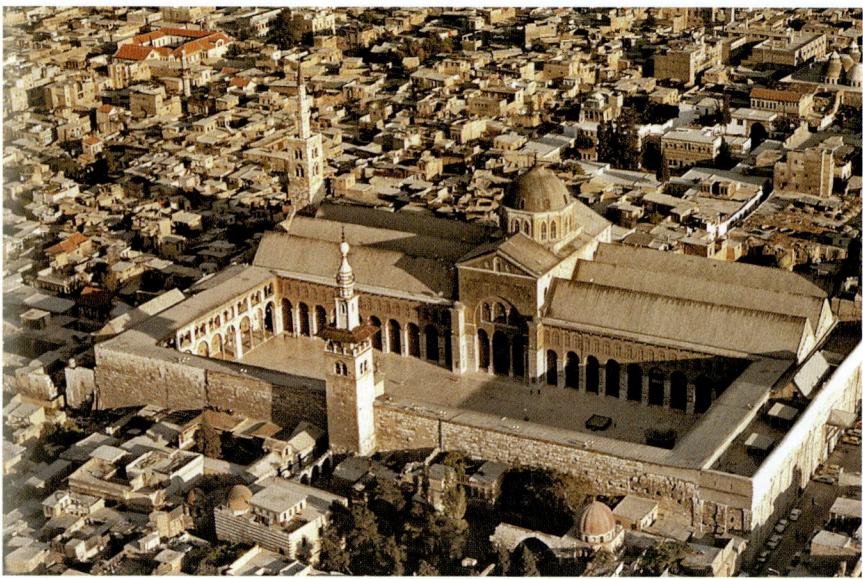

Mezquita Omeya de Damasco, sala de oración (arriba) y vista aérea.

de la aljama de Damasco sobre el templo de San Juan Bautista. Es, pues, un relato «sacralizador» del lugar y encomiástico en favor del fundador omeya. El anónimo alarife de la primera Mezquita de Córdoba la trazó con planta cuadrada de 80 codos, tanto para el patio como para la sala de oración (unos 76 m.de lado), según los modelos de la primeras mezquitas omeyas orientales, con 11 naves perpendiculares al muro de la alquibla y 12 tramos de columnas reutilizadas, romanas, paleocristianas y visigodo-bizantinas. Este alarife construyó también, con enorme creatividad y destreza, un nuevo y valiente sistema de encabalgamiento de arcos, que se perpetuará en las sucesivas ampliaciones de la Mezquita y se mantendrá en las posteriores intervenciones cristianas, aglutinando hasta la actualidad la imagen por antonomasia del monumento.

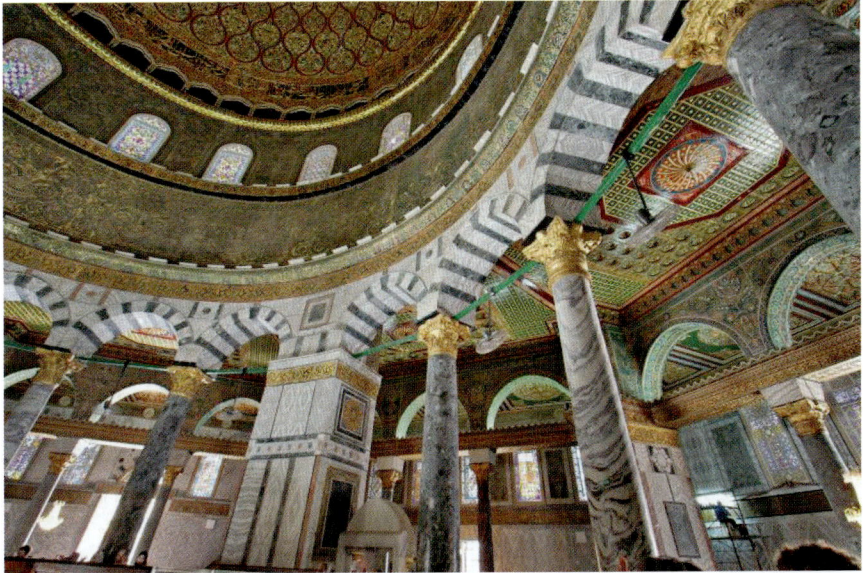

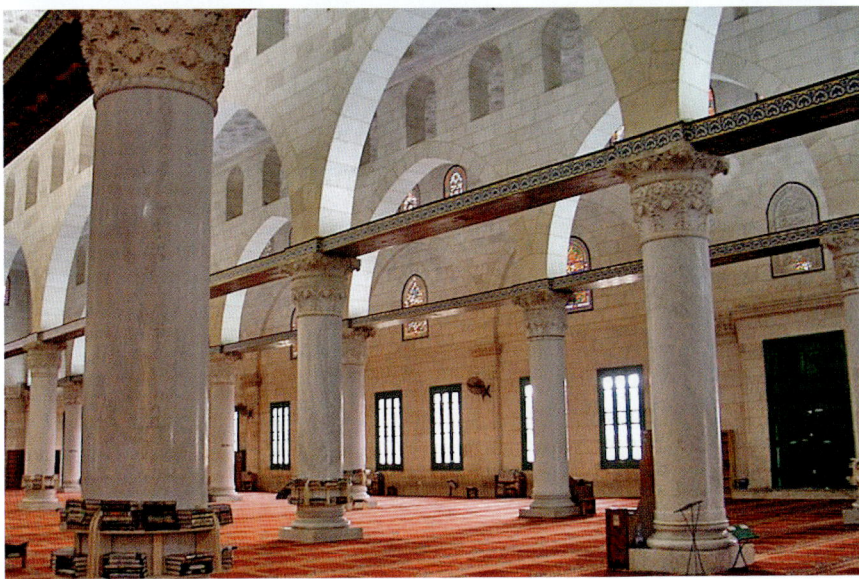

Cúpula de la Roca (arriba) y Mezquita de al-Aqsa (abajo) en Jerusalén.

Adquisición del solar de la Mezquita de Córdoba por 'Abd al-Ramán I, según las fuentes árabes

Aunque ni arqueólogos ni historiadores coinciden en determinar con exactitud las circunstancias que llevaron a 'Abd al-Rahmán I a elegir el emplazamiento de la Mezquita, ni sobre la existencia real de restos de la Basílica de San Vicente bajo su pavimento, merece tenerse en cuenta cómo lo explican fuentes árabes tardías como el *Bayán al-mugrib* de Ibn Idari (s. XIII) (II, p. 229):

"[Al igual que en Damasco] los musulmanes compartieron con los no musulmanes de Córdoba su Iglesia Mayor, construyendo los musulmanes en la parte que les correspondía la Mezquita Mayor, en tanto la otra parte quedaba en manos de los cristianos, a quienes les fueron destruidas las demás iglesias. Cuando los musulmanes alcanzaron gran número en al-Andalus y Córdoba se pobló y en ella se establecieron los príncipes árabes con sus ejércitos, aquella mezquita se quedó pequeña y le hicieron cobertizos. Pero la gente sufría mucho con tanta estrechez. Después, cuando 'Abd al-Rahmán ibn Muawia entró en al-Andalus y se estableció en Córdoba pensó en la situación de la mezquita, en su ampliación y su perfecta construcción. Entonces, llamó a los no musulmanes de Córdoba y les preguntó si vendían la parte de la mencionada Iglesia que seguía en su poder. E hizo por ellos todo lo posible siendo fiel al pacto que firmaron con él, de manera que les permitió construir las iglesias que les habían sido destruidas en época de la conquista de al-Andalus fuera de Córdoba. Los cristianos salieron de su parte del solar y el emir lo tomó y lo incorporó a la Mezquita Mayor. 'Abd al-Rahmán el Inmigrado comenzó la destrucción de la Iglesia y la construcción de la Mezquita Mayor el año 169 H. (= 785). Su edificación, la terminación de las naves y la de sus muros concluyó en el año 170 H. (= 786), es decir, la obra duró un solo año. Se dice que la construcción de la Aljama le costó a 'Abd al-Rahmán en este año ochenta mil piezas de oro y plata, sobre lo cual al-Balawi escribió estos versos:

> Y ante Dios desembolsó / ochenta mil de oro y plata / y los gastó en una mezquita en la piedad cimentada / siguiendo la religión del profeta Muhammad.

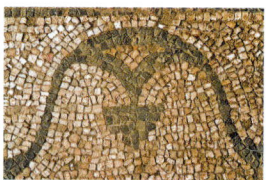 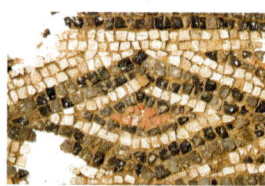 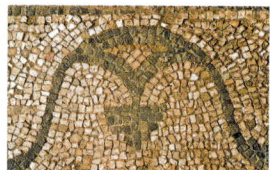

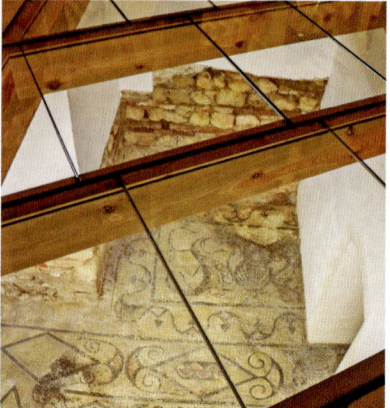

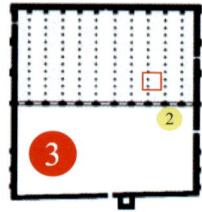

A unos metros de la entrada al interior de la Mezquita, el visitante encontrará un hueco abierto en el suelo donde se ve un pavimento de mosáicos de finales de la época romana situado en una zona en la que se hallaron también restos visigodos y de un pequeño edificio que, sin pruebas materiales concluyentes, se suele atribuir a la Basílica de San Vicente.

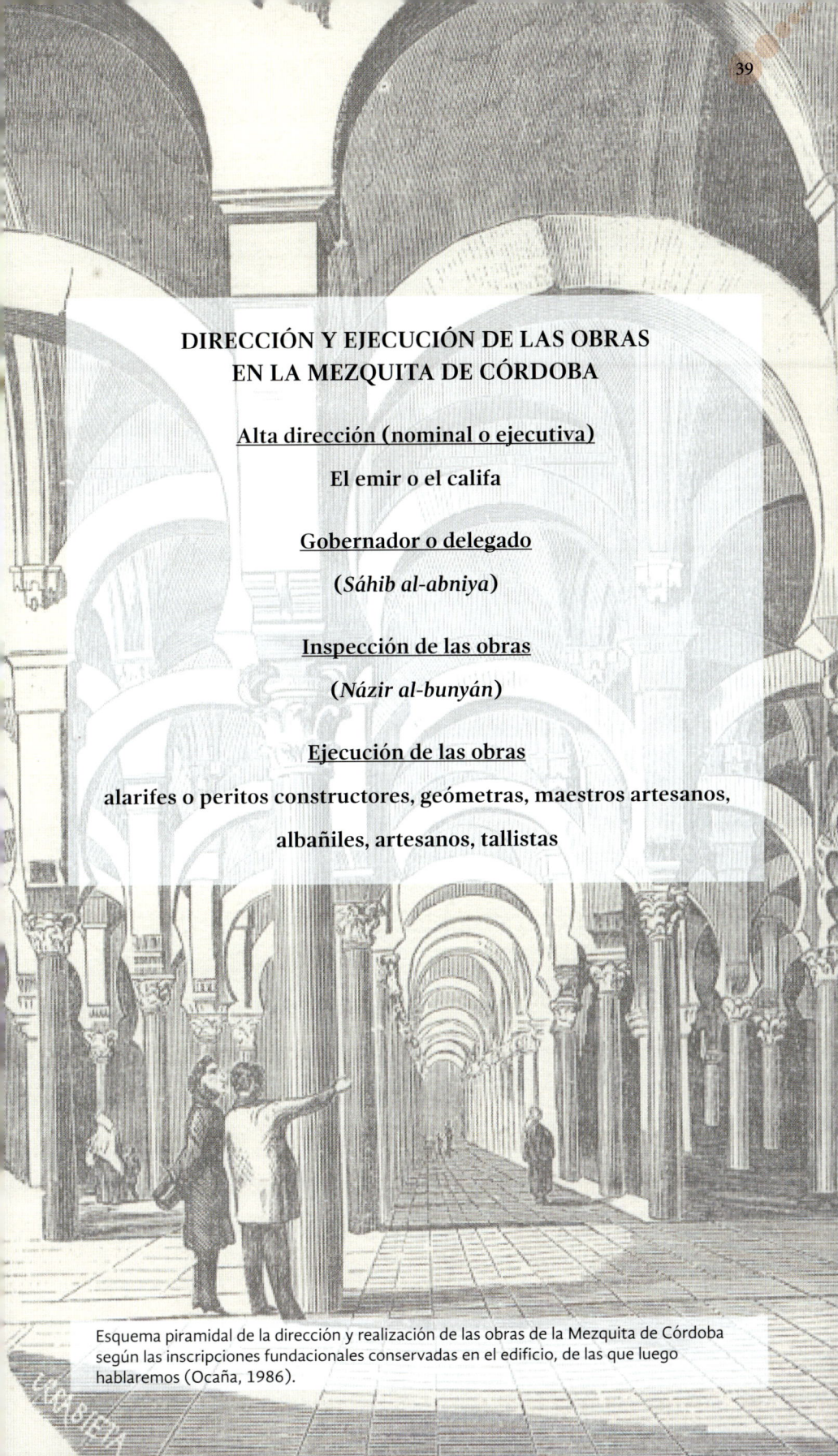

**DIRECCIÓN Y EJECUCIÓN DE LAS OBRAS
EN LA MEZQUITA DE CÓRDOBA**

<u>**Alta dirección (nominal o ejecutiva)**</u>

El emir o el califa

<u>**Gobernador o delegado**</u>

(*Sáhib al-abniya*)

<u>**Inspección de las obras**</u>

(*Názir al-bunyán*)

<u>**Ejecución de las obras**</u>

alarifes o peritos constructores, geómetras, maestros artesanos,

albañiles, artesanos, tallistas

Esquema piramidal de la dirección y realización de las obras de la Mezquita de Córdoba según las inscripciones fundacionales conservadas en el edificio, de las que luego hablaremos (Ocaña, 1986).

Planta, sistema de arcos y *mihrab* de la primera Mezquita de Córdoba

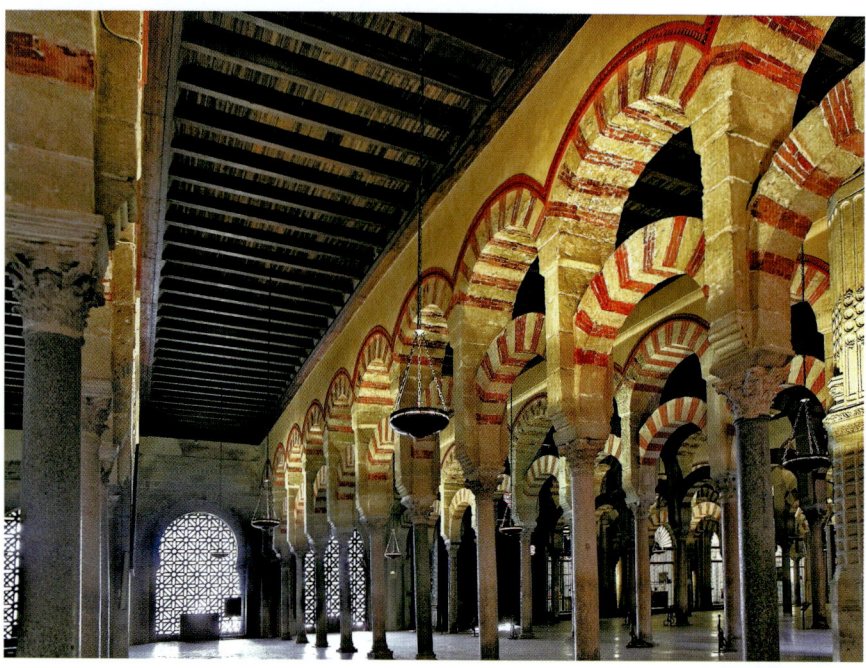

Vista de la sala de oración en dirección al patio de la Mezquita de 'Abd al-Rahmán I construida en último tercio del siglo VIII.

La mezquita de 'Abd al-Rahmàn I tenía planta cuadrada con unos 76 metros de lado; su sala de oración se componía de 11 naves con 12 tramos de columnas cada una.

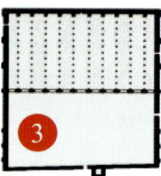

El sistema de arcos encabalgados

Este sistema, tantas veces descrito y admirado, se calculó en proporción con la planta en un todo coherente, y consiste en la superposición de dos arcos de distinto orden, de herradura abajo (55 cm. de intradós), que hacen de tirantes entre los pilares que soportan los arcos superiores, los cuales son de medio punto y el doble de anchos que los anteriores (107 cm. de intradós); estos, sostienen además un canal de 45 cm. de ancho, que sirve de desagüe hacia el patio entre los tejados a dos aguas de las naves. Se supera, así, la estructura de dinteles con que se encabalgaban los arcos en las grandes obras piadosas de los omeyas orientales (Cúpula de la Roca y Mezquitas de al-Aqsà y Damasco), aumentando la sensación de ingravidez y la fantasía de multiplicación y movimiento arquitectónico, a lo que contribuye la bicromía blanca y roja derivada de la alternancia de dovelas de piedra caliza con dovelas formadas con ladrillos rojos. La colocación de los pilares obligó a seccionarlos lateralmente para acoplarlos de forma elegante sobre el capitel, creándose los modillones de rollos; los pilares, al igual que los dos arcos de herradura adheridos a cada pilar, descansan en una pieza de piedra cruciforme añadida sobre el capitel, que resulta ser un imperceptible y esencial elemento de cohesión.

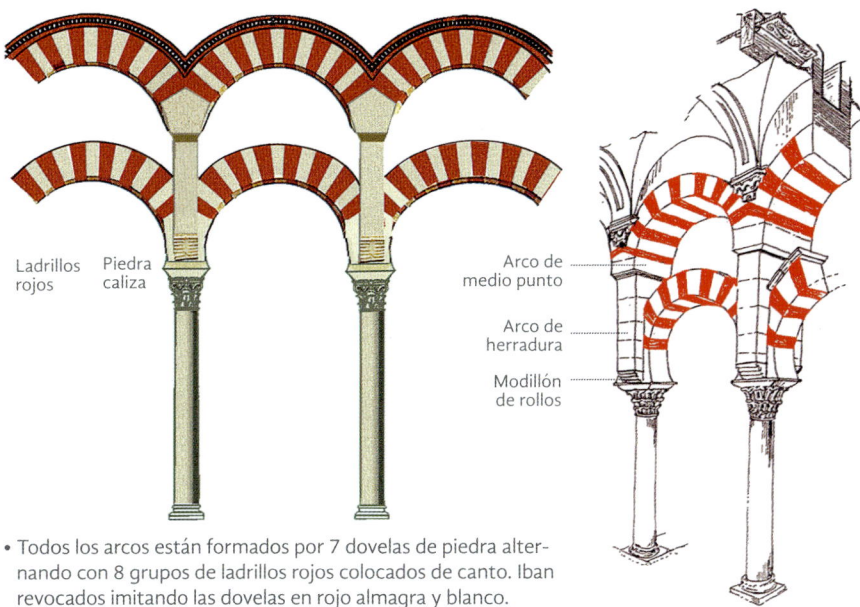

Ladrillos rojos

Piedra caliza

Arco de medio punto

Arco de herradura

Modillón de rollos

- Todos los arcos están formados por 7 dovelas de piedra alternando con 8 grupos de ladrillos rojos colocados de canto. Iban revocados imitando las dovelas en rojo almagra y blanco.
- Grosor del arco de herradura (inferior): 55 cm.
- Grosor del arco de medio punto (superior): 107 cm. El pilar que lo sostiene es de 101 cm. de altura, por lo que la arquería se eleva a algo más de 8 m.
- El canal de desagüe superior tiene unos 45 cm. de ancho.

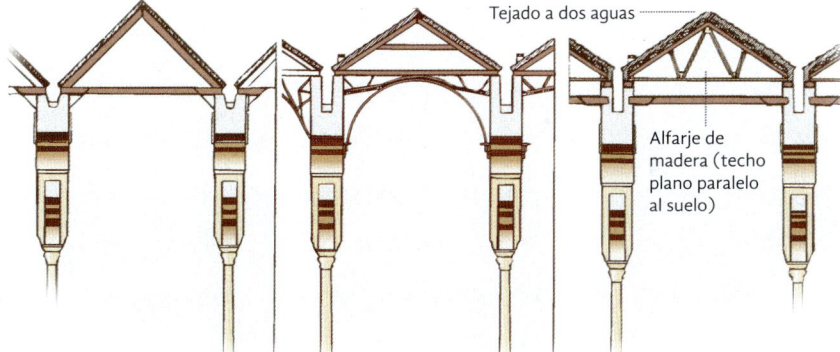

Tejado a dos aguas

Alfarje de madera (techo plano paralelo al suelo)

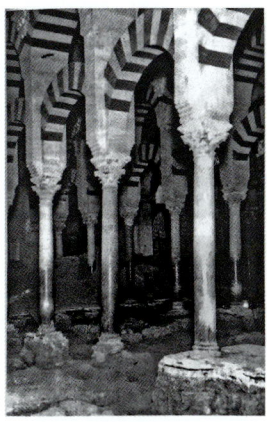

Fotografía de las excavaciones realizadas por Félix Hernández en 1932 en el área de la Mezquita de 'Abd al-Rahmán I. En ella se observa que la cimentación de las galerías de arcos de la sala de oración se reduce a unas cuantas piedras por cada columna. La fotografía pertenece al Antiguo Archivo de la Catedral y ha sido publicada por Manuel Nieto Cumplido y otros autores.

Piedra cruciforme fundamental para soportar los pilares y los arcos de herradura.

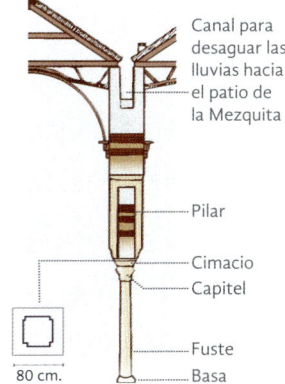

Canal para desaguar las lluvias hacia el patio de la Mezquita

Pilar

Cimacio

Capitel

80 cm.

Fuste

Basa

El arco de herradura

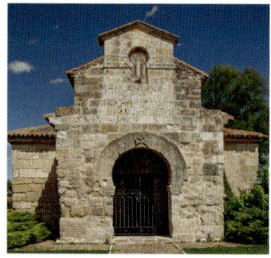

Fachada de la iglesia de San Juan de Baños (Palencia), siglo VI, cuya puerta exhibe un arco de herradura que precede en unos 50 años a la llegada del islam a la península ibérica.

Algunos historiadores consideran que el arco de herradura se empleó en Turquía y en otras regiones mesorientales en el s. IV d, C. A comienzos del islam, las galerías del patio de la Mezquita Omeya de Damasco se construyeron con arcos de medio punto con tendencia a la forma de herradura. En la Córdoba omeya el arco de herradura adquiere su forma plena, inspirándose según algunos estudios en los arcos de edificios visigóticos de la península ibérica. Los cordobeses desarrollaron, en todo caso, un arco de herradura propio caracterizado por un ancho extradós y dovelas de ladrillos rojos alternando con otras de piedra caliza. Con posterioridad, el arco de herradura alcanzará una amplia difusión con diversas variantes.

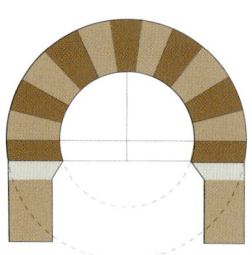

Arco de herradura visigodo

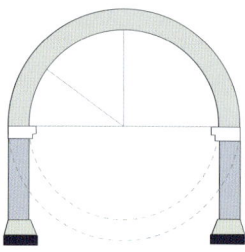

Arco de medio punto

Arco de medio punto o romano, presente también en las arquerías de la sala de oracion de la Mezquita de Córdoba. Se empleó en la arquitectura desde antiguo y alcanzó gran difusión en la arquitectura omeya oriental, en la que se le añadieron leves modificaciones, como apuntar a veces la parte superior (Mezquita Omeya de Damasco, Cúpula de la Roca de Jerusalén, etc.). En el área de Siria también se usó para los arcos la técnica del "ablaq", en la que se alternan dovelas blancas y negras, como en la Cúpula de la Roca.

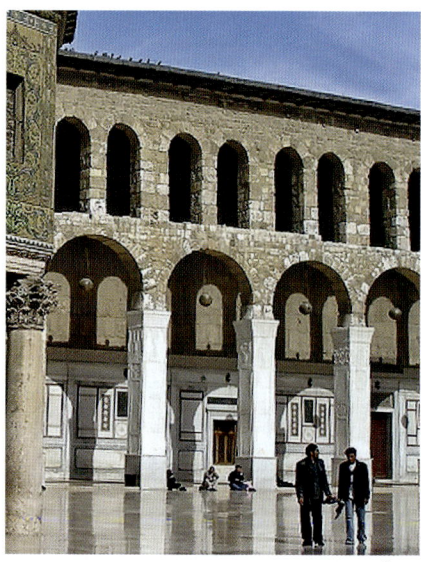

Galería del patio de la Gran Mezquita de Damasco

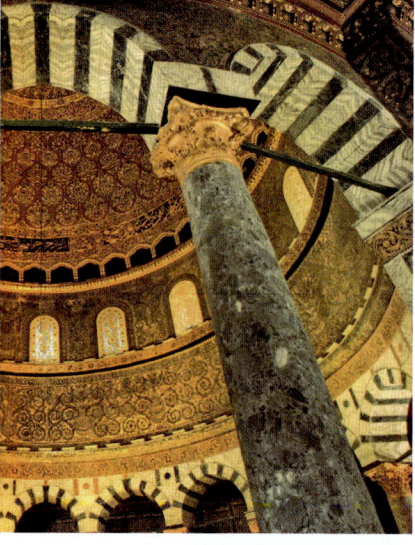

El interior de la Cúpula de la Roca de Jerusalén

El arco de herradura cordobés

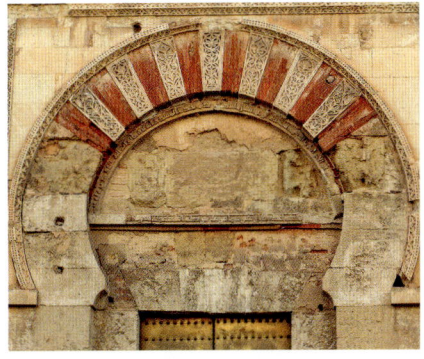
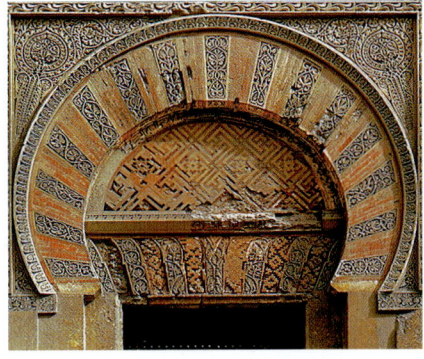

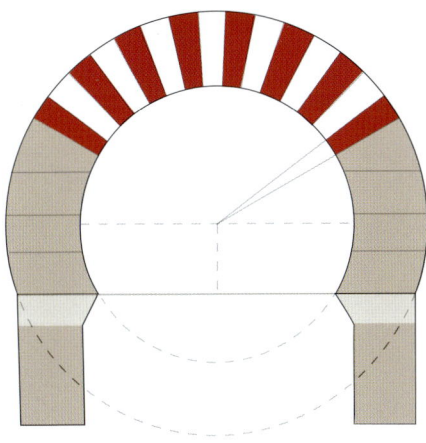

Arco de
herradura emiral

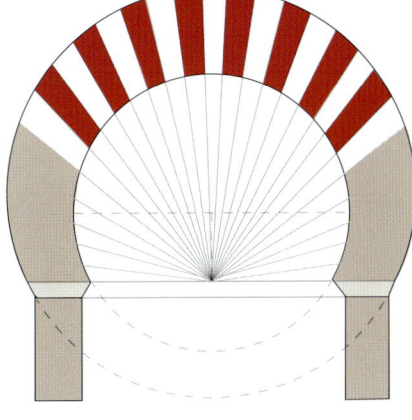

Arco de
herradura califal

En el dibujo de arriba se reprsenta la evolución del arco de herradura cordobés entre las épocas emiral y califal. El «arco emiral» tiene las dovelas con la misma anchura, mientras que en el «arco califal» los arquitectos decidieron darle mayor esbeltez al extradós haciendo que las dovelas sean más cortas en el arranque del arco y se vayan ensanchando hasta llegar a la clave del mismo.

El «ablaq» cordobés: estética del blanquirojo

La cultura árabe aplicó diversos valores simbólicos y estéticos a los colores blanco y rojo, y a su combinación: el rojo y/o el rojiblanco fue el color preferido del Profeta Muhammad según algunos hadices; el blanco se vinculó con la luz y la pureza y el rojo con la vida; el blanco fue, asimismo, el color de los omeyas; los literatos y filósofos árabes llegaron a considerar, además, la combinación del blanco y el rojo como el *summum* de la belleza cromática. Por otro lado, el blanquirojo es una de las formas de la técnica llamada de «al-ablaq» (bicromía blanquinegra o en otros tonos) característica de la arquitectura siria. Los cordobeses hicieron del blanquirojo una seña de identidad y lo difundieron en muchos de sus diseños decorativos.

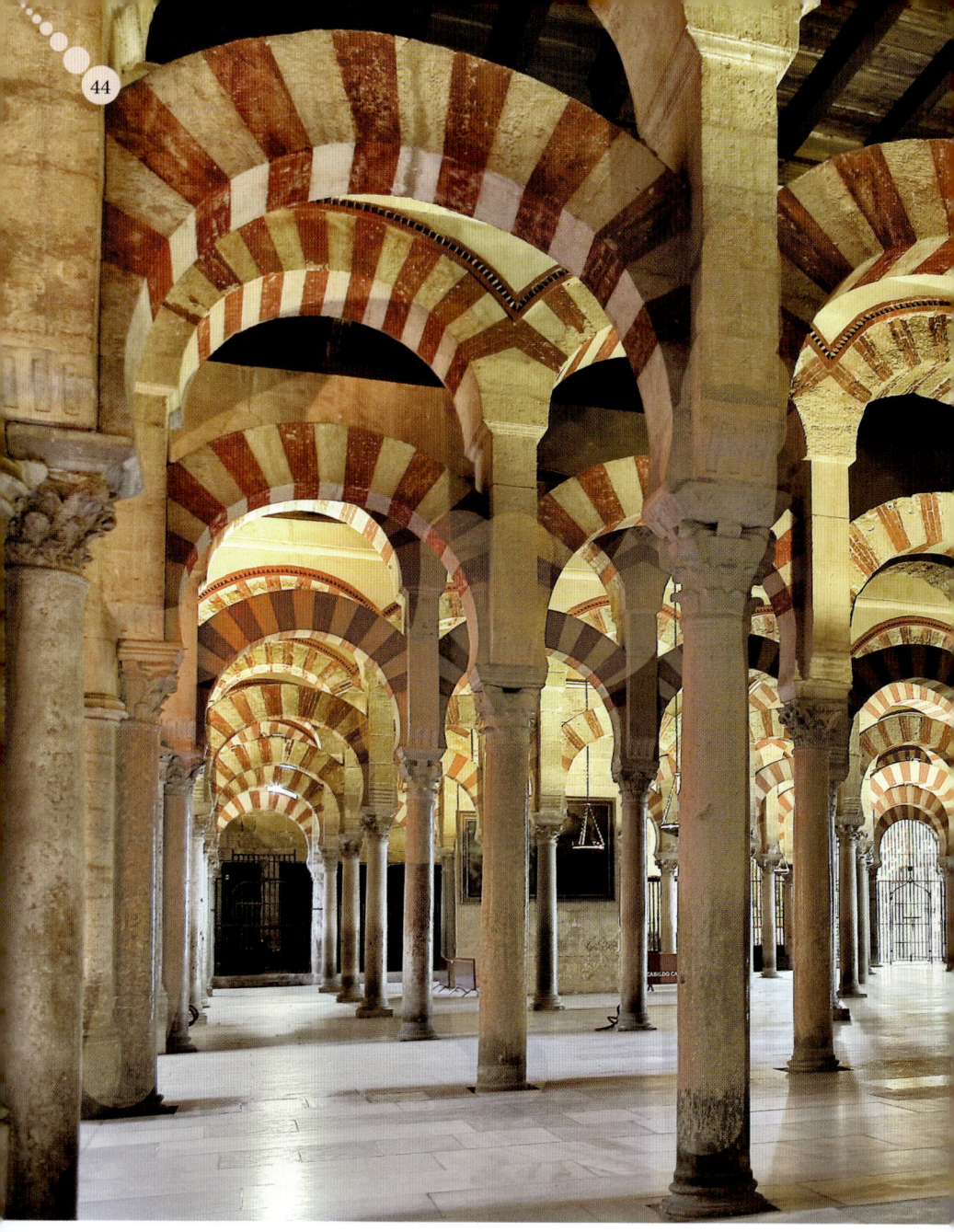

Naves de la sala de oración de la primera Mezquita de Córdoba,
época de 'Abd al-Rahmán I.

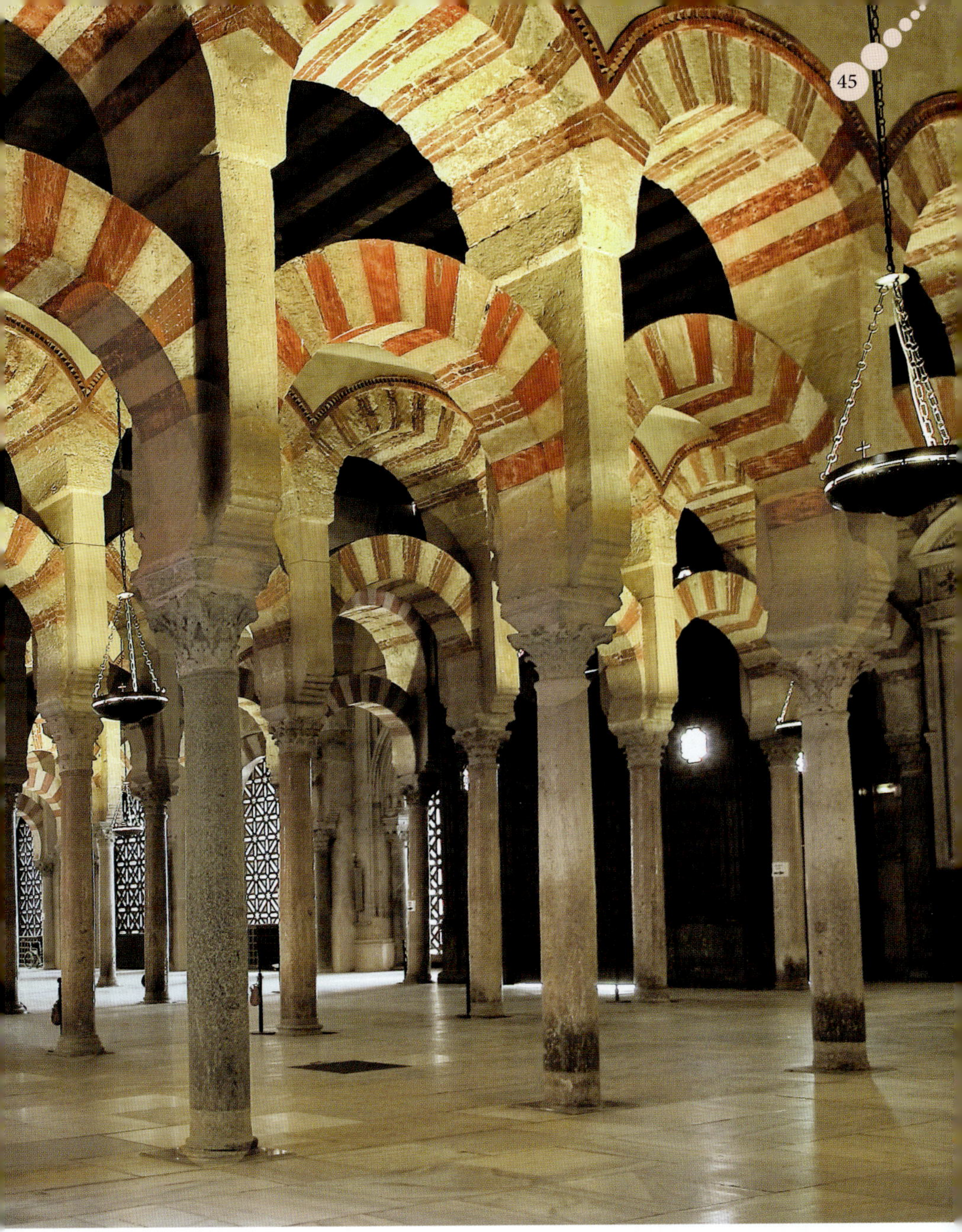

Después de las reformas que se realizaron en 1463 en esta zona de la sala de oración, la primera mezquita conserva 150 columnas con capiteles romanos y visigodos. En total, la Mezquita de Córdoba llegó a tener, después de la ampliación de Almanzor en el año 988, unas 1013 columnas; pero en las reformas que se realizaron para convertirla en templo cristiano se eliminaron muchas de ellas, por lo que sólo quedan 856. En 1463 se quitaron también basas de las columnas de la mezquita de 'Abd al-Rahmán I y se reconstruyeron sus arcos con piedra.

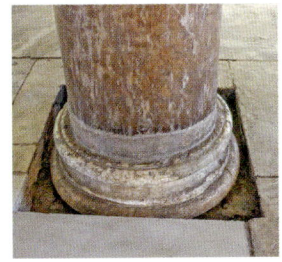

Base de la Mezquita de 'Abd al-Rahmán I.

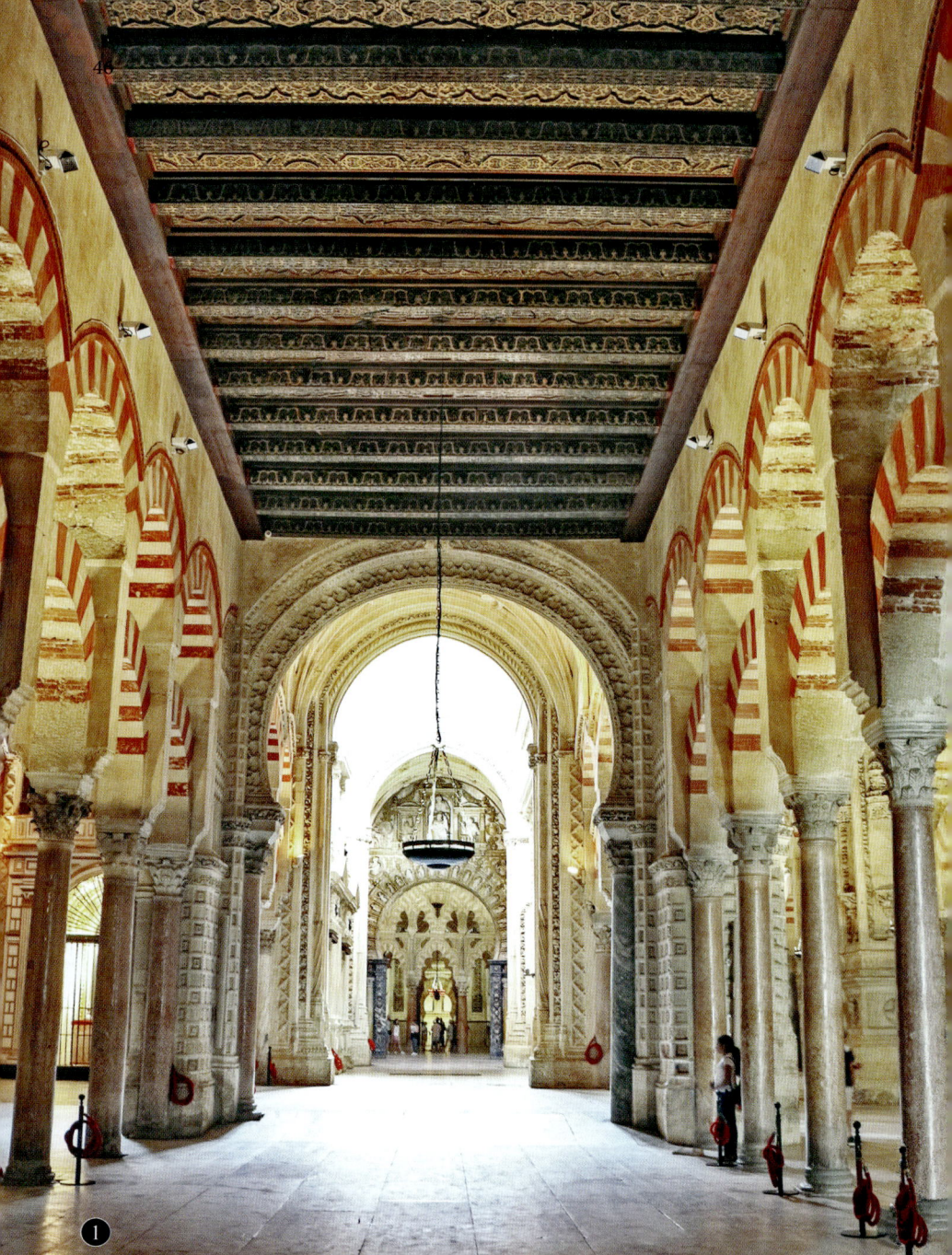

Nave central de la Mezquita y sus fases de ampliación

1. Vista de la nave central completa, desde la construcción de 'Abd al-Rahmán I hasta el *mihrab* de al-Hakam II. Su techo se rehizo durante las obras realizadas por el arquitecto Velázquez Bosco en la Mezquita entre 1879 y 1923.
2. La nave central desde el lugar en que estuvo la alquibla de 'Abd al-Rahmán I; aquí se inserta el extremo occidental de la Catedral construida en el siglo XVI.
3. Nave central a la altura de la ampliación de 'Abd al-Rahmán II; su *mihrab* se encontraba bajo el arco de medio punto de la Catedral que se aprecia en la imagen.
4. Tramo final de la nave central en la ampliación de al-Hakam II.

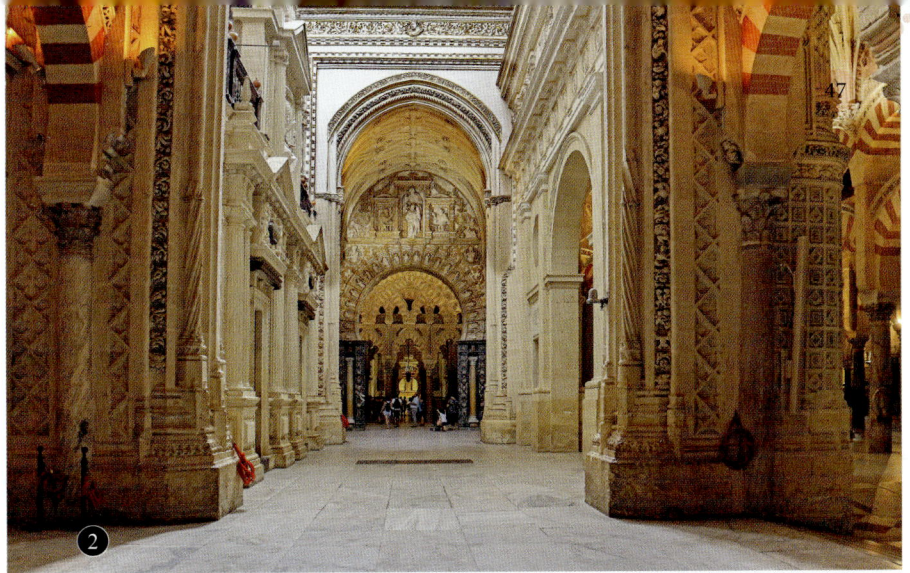

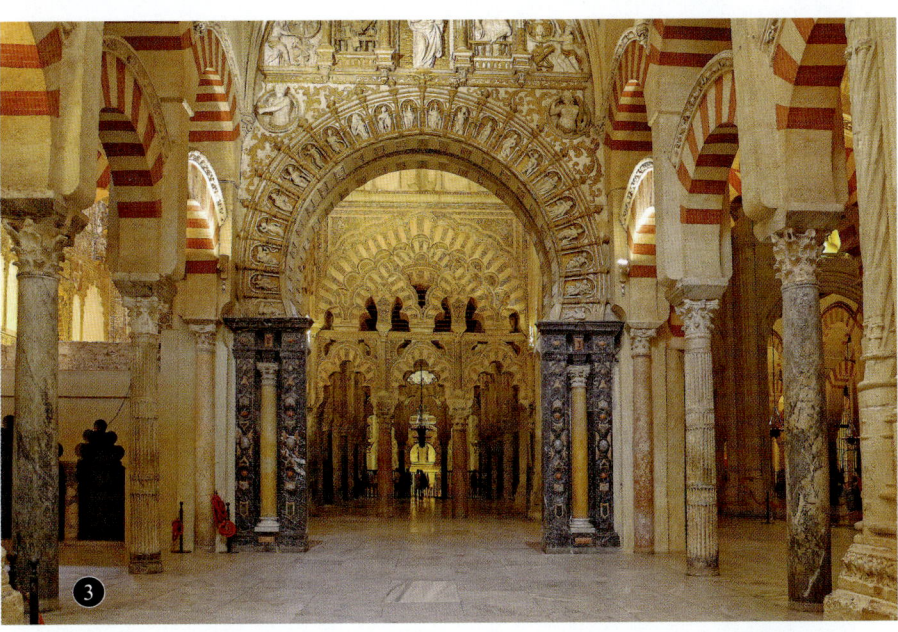

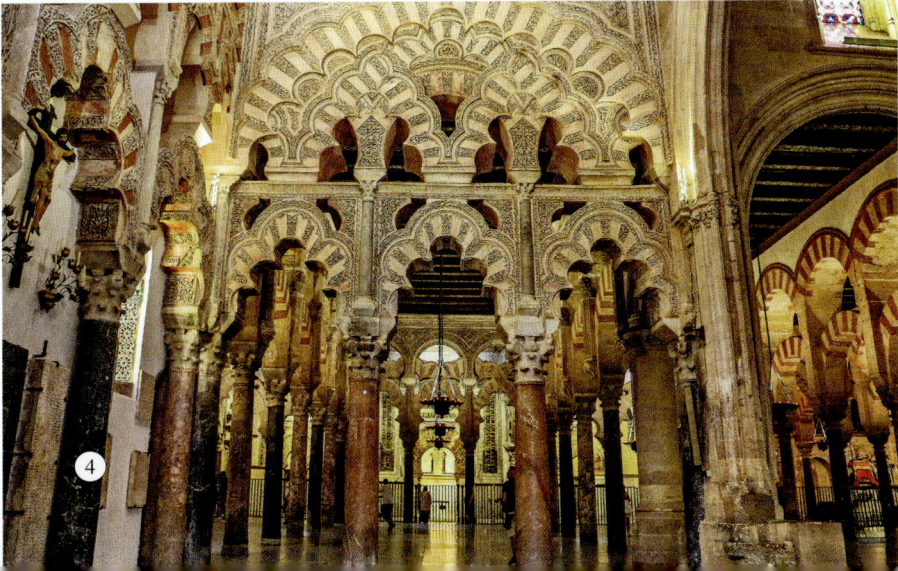

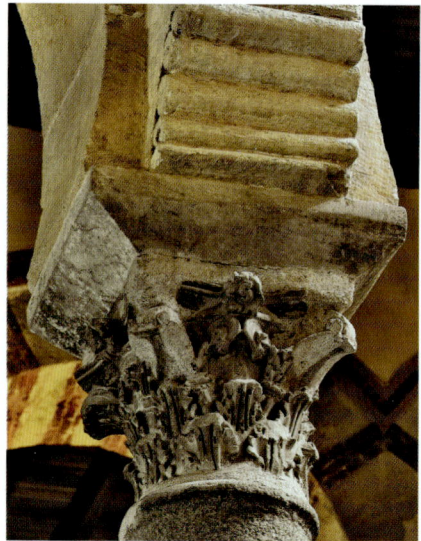
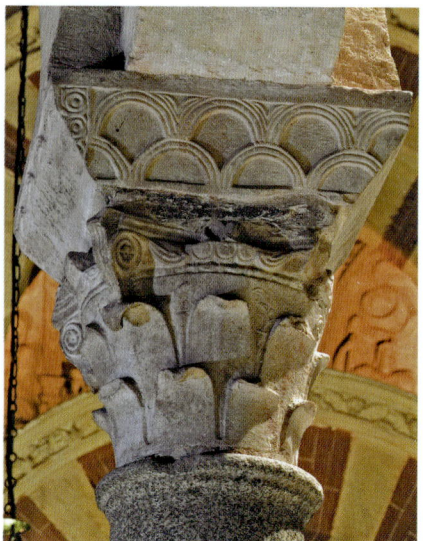

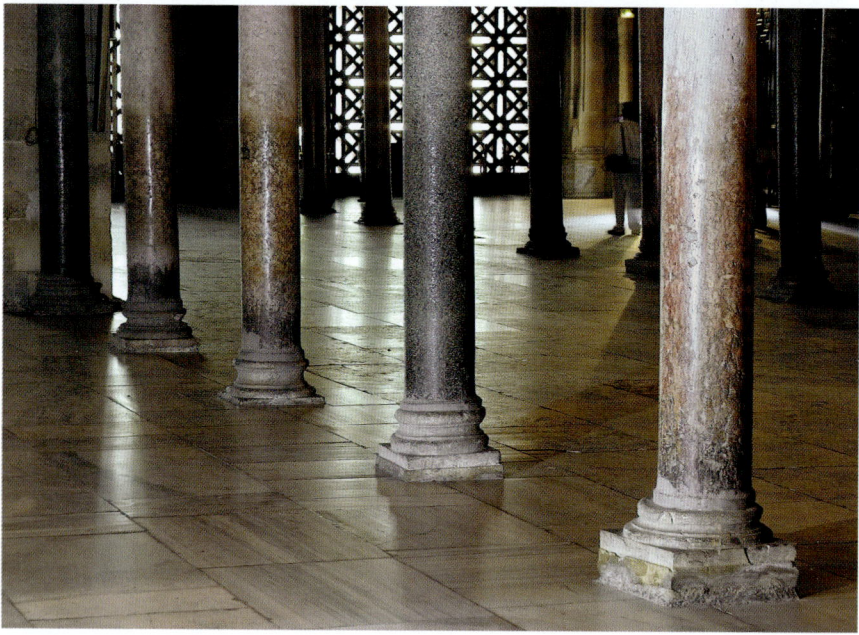

La Mezquita de Córdoba reunió tantos capiteles romanos desde que se comenzó a construir en 756, que se convirtió en el más importante museo de estas piezas existente en España. En estas dos páginas vemos una selección de capiteles romanos de la Mezquita de 'Abd al-Rahmán I y de la ampliación de 'Abd al-Rahmán II, todos diferentes pero con predominio del estilo corintio, estilo en el que se inspirarán luego los capiteles omeyas.

Algunos de estos capiteles romanos llevan cimacios con decoración visigoda y en el arranque de varios de los pilares superiores destacan bajorrelieves cristianos añadidos en 1463 en la sala de oración de la primera Mezquita.

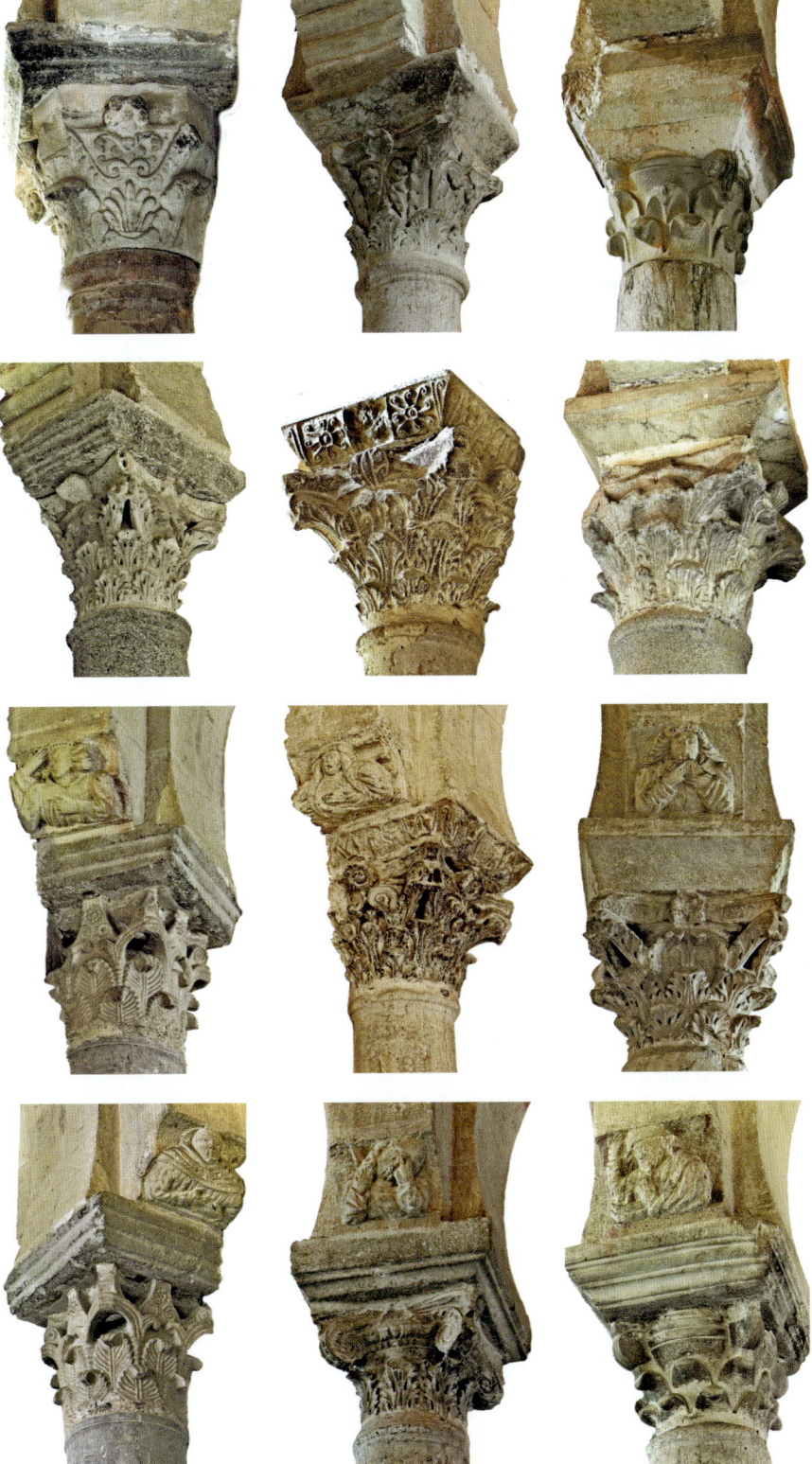

Mihrab de la Mezquita de 'Abd al-Rahmán I

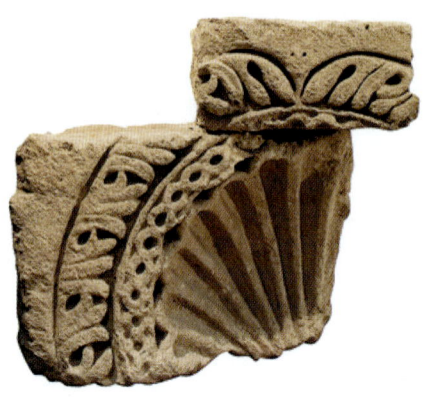
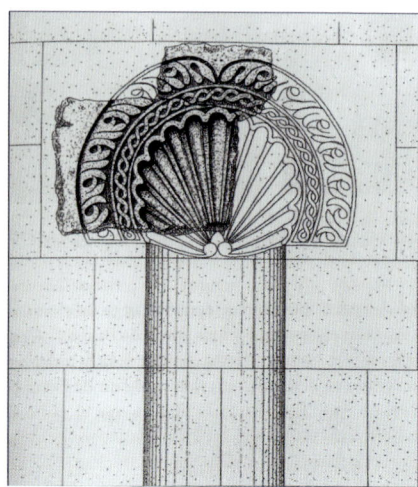

Fragmento probablemente del arco del *mihrab* de la primera construcción de la Mezquita de Córdoba en época ded 'Abd al-Rahmán I. A su derecha, dibujo de Antonio Fernández Puertas y López Reche reproduciendo cómo pudo ser este *mihrab* teniendo en cuenta las excavaciones y algunos estudios posteriores.

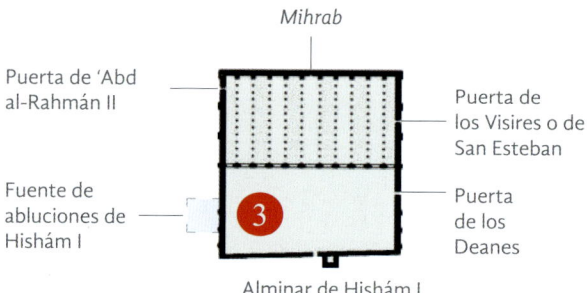

Mihrab

Puerta de 'Abd al-Rahmán II

Puerta de los Visires o de San Esteban

Fuente de abluciones de Hishám I

3

Puerta de los Deanes

Alminar de Hishám I

A pesar de que 'Abd al-Rahmán II eliminó en su ampliación el primer *mihrab* que tuvo la Mezquita de Córdoba, Félix Hernández, quien fuese el principal arqueólogo de la Mezquita, pudo derminar su emplazamiento y la forma aproximada que tuvo basándose en el fragmento de lo que pudo ser el arco del *mihrab* que halló en las excavaciones. Por ello sabemos que este primer *mihrab* tuvo una ligera oquedad, que no sobresalía fuera del muro de la alquibla y que su parte superior se decoró con forma de venera perfilada por dos cenefas, una interior continua de trenzado y otra exterior y partida arriba en dos formada por sencillas figuras vegetales.

La venera se utilizó con profusión antes del islam, y conservamos ejemplos de restos cristianos visigodos hallados en la misma ciudad de Córdoba. Después, se extendió la venera en la arquitectura islámica andalusí y se reprodujo en muchos *mihrab-s*, como veremos que sucede en el *mihrab* de la ampliación de al-Hakam II en esta misma Mezquita, y en otros *mihrab-s* posteriores. A la venera se le atribuyen significados de renovación de la vida, de la creación y de la irradiación de la luz divina.

La Puerta de los Visires y su restauración por orden del emir Muhammad I

De la mezquita del siglo VIII perdura también la Puerta de los Visires, luego llamada Puerta de San Esteban, cuya fachada fue restaurada por el emir Muhammad I en el año 855/6, según el epígrafe cúfico que todavía puede leerse sobre el dintel de la puerta y en la curva del interior del arco de herradura. Este emir fue, por cierto, quien construyó la pequeña fortaleza de Machrit, donde siglos después se situaría la capital de España, Madrid. La fachada está flan-

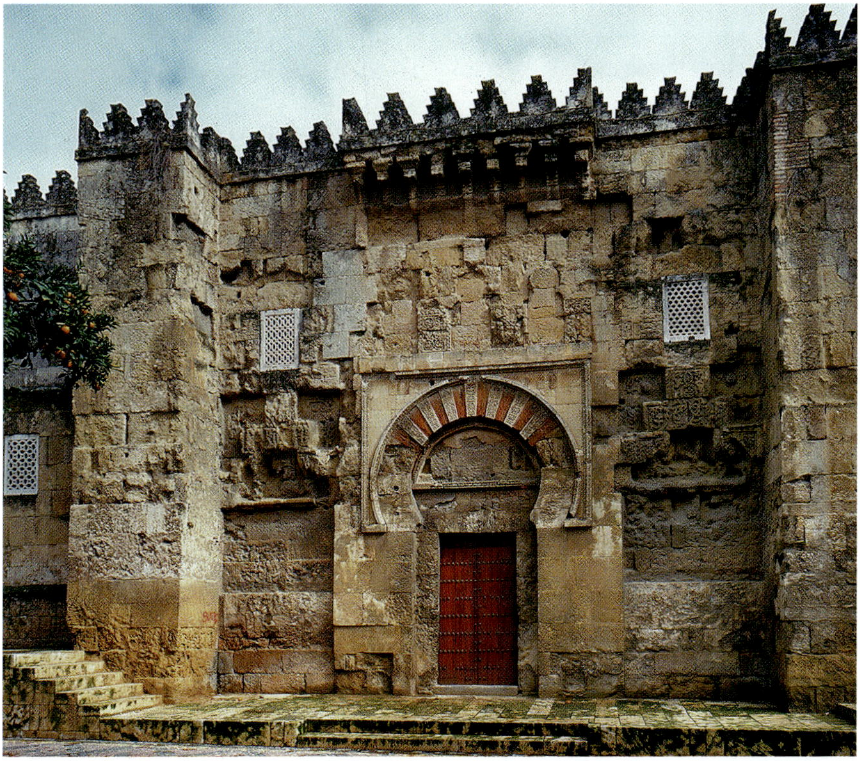

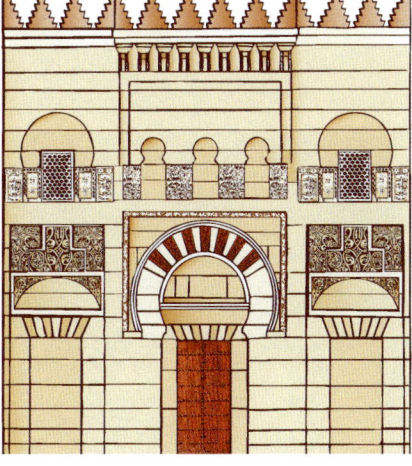

queada por dos de las torres que sustentan el muro exterior de la mezquita, y reponde a una estructura tripartita que se remonta a época tardorromana, y que los omeyas orientales incorporaron a su arquitectura. Modelo para muchas puertas monumentales andalusíes, la fachada tiene en el centro la puerta de entrada adintelada y coronada por un gran arco de herradura "cordobés" (proporción del ojo del arco 2:3) en el que se intercalan dovelas rojas con dovelas decoradas con ataurique en relieve. Un elegane alfiz resaltado enmarca la curvatura externa del arco, desde la línea de impostas, y, por encima, quedan huellas de otros tres arcos de herradura ciegos decorativos, sobre los cuales se conserva una cornisa de piedra a modo de alero.

En la parte superior, la fachada se remata con almenas escalonadas como lo están todos los muros exteriores de la mezquita. Estas almenas, tomadas de la arquitectura mesoriental, serán comunes después en la arquitectura andalusí. A ambos lados de la puerta hay celosías de mármol bajo las que perviven los restos más anti-guos de decoración de ataurique tallado en piedra de este monumento.

La mezquita de 'Abd al-Rahmán I fue concluida por su hijo y sucesor Hishám I (g. 788-796), quien ordenó construir su alminar y una pila de abluciones de 20 x 16 m. con retretes, situada extramuros en la parte oriental de la sala de oración. Con la ampliación de Almanzor se eliminó esta pila de abluciones. Y del alminar sólo queda la planta marcada en el suelo del Patio de los Naranjos a unos metros al sur de la torre del Campanario.

Inscripción fundacional de la Puerta de los Visires

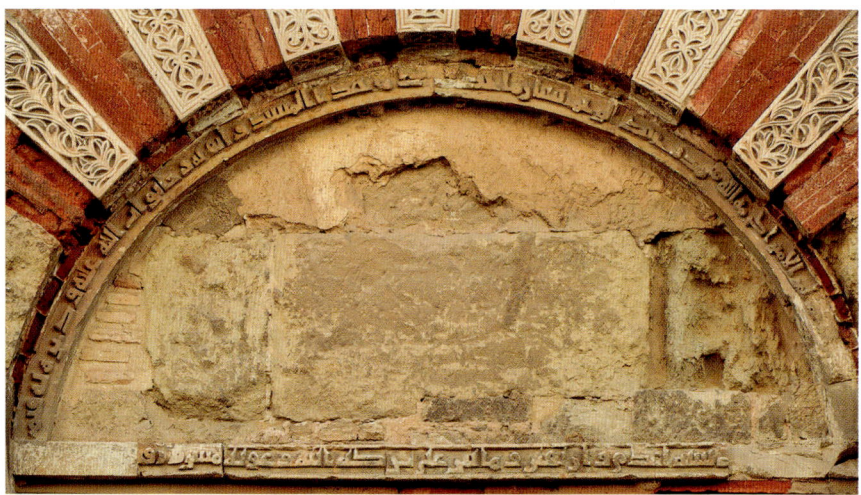

[بسم الله الرحمن] الرحيم أمر الأمير أكرمه الله محمّد بن عبد الرحمن ببنيان ما جدّد من هذا المسجد وإتقانه رجاء ثواب الله عليه وذخره به فتمّ ذالك في سنة إحدى وأربعين ومائتين على بركة الله وعونه [على يد] مسرور فتاه.

Basmala. El príncipe Muhammad ibn 'Abd al-Rahmán, que Dios sea generoso con él, ordenó la construcción bien ejecutada de lo que se renovó de esta mezquita esperando la recompensa permanente de Dios. Lo que se terminó el año 241 H. (=855/6 d. C.) con la bendición y la ayuda de Dios bajo la dirección de Masrúr, su *fatà* [esclavo o liberto con alto cargo en la corte].

Puerta de los Deanes

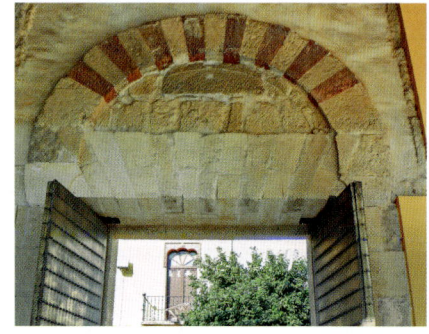

Junto a la Puerta de los Visires, más al norte y cerca del alminar (luego torre del Campanario), todavía se abre hacia el Patio de los Naranjos la llamada Puerta de los Deanes, en cuya cara interior se conservan elementos de la primitiva puerta emiral.

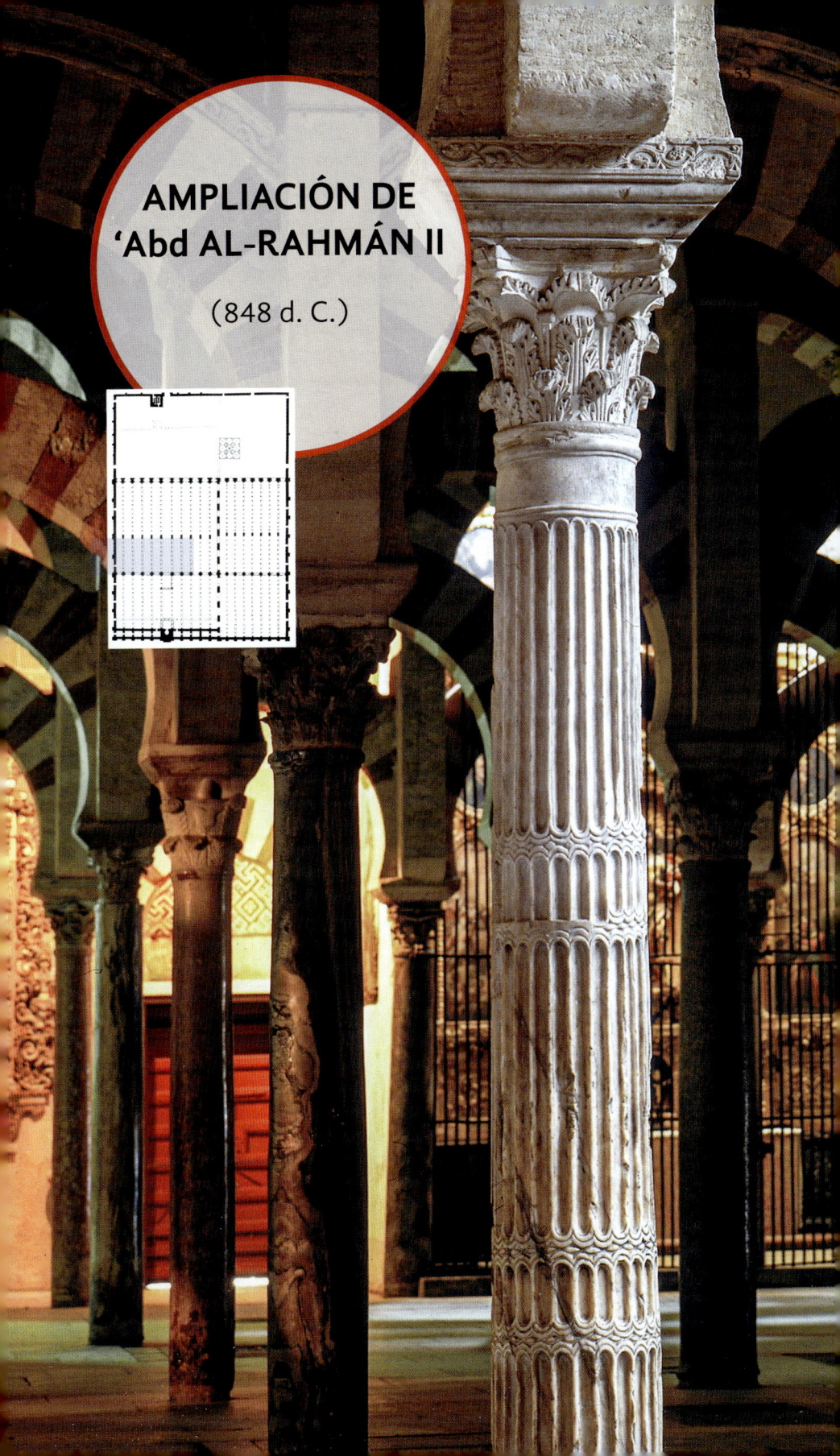

AMPLIACIÓN DE 'Abd AL-RAHMÁN II

(848 d. C.)

El desarrollo de Córdoba impulsó a 'Abd al-Rahmán II (ca. 848 d. C.) a ampliar la mezquita con ocho nuevos tramos de columnas, cuya cimentación se hace ahora continua por cada hilera de columnas, y donde se incluyen once capiteles de fabricación cordobesa, aún menos refinados que los califales. Según Ibn Idari: "'Abd al-Rahmán [II] hizo una ampliación regular con 50 brazos de largo, 150 de ancho y 80 columnas. Esta ampliación se concluyó en *yumada I* H. (=diciembre de 848 d. C.) (*al-Bayán al-mugrib*, II, p. 230).

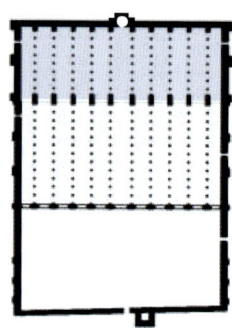

Planta de la ampliación de 'Abd al-Rahmán II con el *mirab* sobresaliendo del muro de la alquibla, según demostraron las excavaciones arqueológicas.

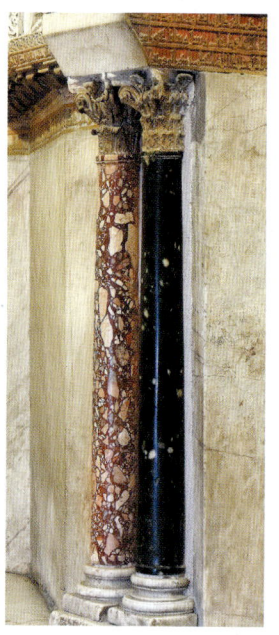

Frente al *mihrab* mandado construir por 'Abd al-Rahmán II se pusieron dos columnas de mármol con estrías verticales para resaltar la ubicación del mismo. El arco del *mihrab* estaba sostenido por dos parejas de columnas, una a cada lado, siendo una de cada pareja roja y la otra negra. Estas cuatro columnillas se conservaron y se trasladaron al nuevo *mihrab* que construyó al-Hakam II, y en él pueden verse todavía. Así lo refiere Ibn Idari: "Al-Hakam al-Mustansir bi-Llah (...) ordenó quitar las cuatro columnas que estaban en las jambas del antiguo *mihrab*, que eran excelentes y sin igual, y guardarlas hasta que se colocaran en el nuevo *mihrab* que se realizaría y se terminaría con suma precisión" (*al-Bayán al-mugrib*, II, p. 238).

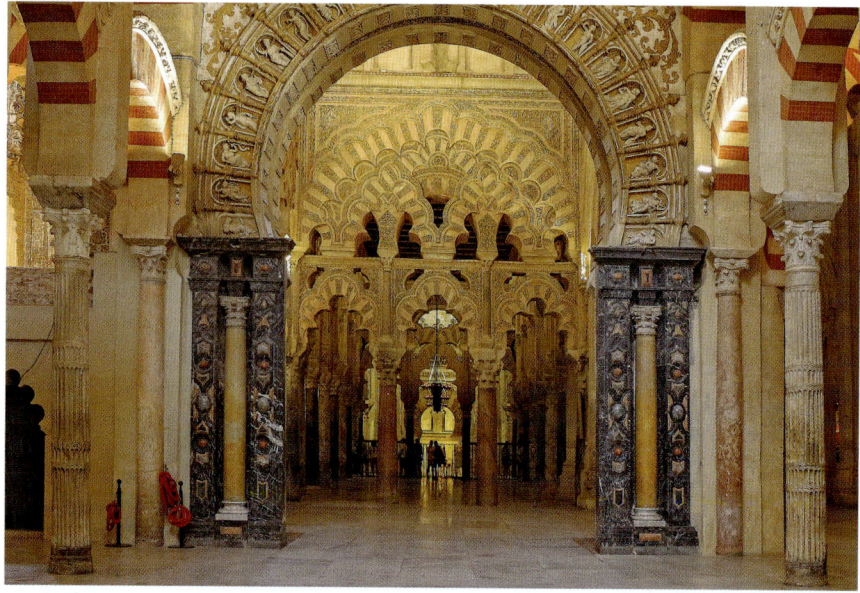

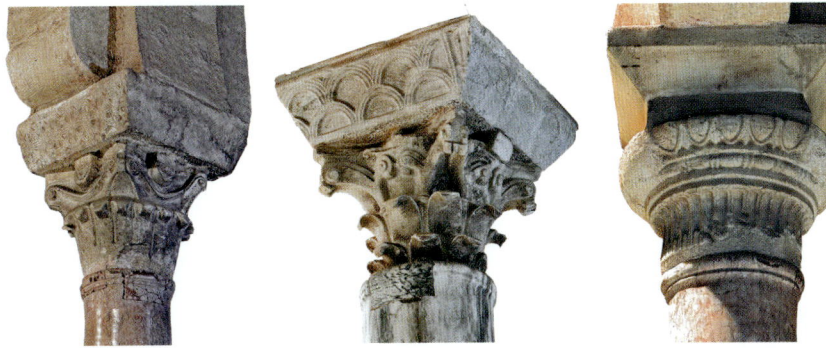

Muestras de capiteles y cimacios romanos y visigodos de la ampliación de 'Abd al-Rahmán II. El cimacio del capitel central es visigodo, mientras en las fotos laterales llaman la atención los cuerpos troncopiramidales invertidos y lisos situados encima de los cimacios.

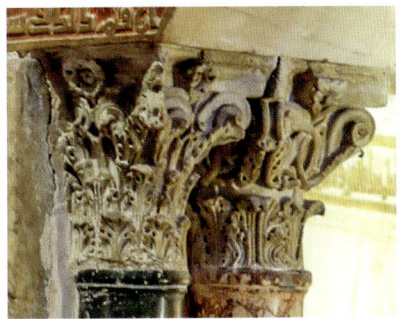

Las cuatro columnas romanas del arco del *mihrab* de la ampliación de 'Abd al-Rahmán II se reutilizaron, como hemos dicho, en el *mihrab* de al-Hakam II. Sus capiteles tienen magnífica talla en estilo corintio: los dos de la derecha llevan ocho hojas de acanto clásico con curvas acaracoladas e inflexiones bajo una gran flor central, mientras que los dos de la izquierda llevan, sobre las hojas de acanto, ocho tallos circulares entrecruzados en el centro y hojas salientes en las esquinas.

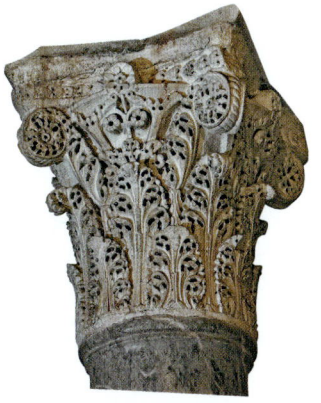

Capitel visigodo en la ampliación de 'Abd al-Rahmán II. Sigue el modelo corintio al que añade una densa trepanación en las hojas de acanto y en los demás elementos decorativos.

Gómez Moreno halló en la ampliación de 'Abd al-Rahmán II once columnas de fabricación cordobesa con capiteles derivados de los romanos de estilo corintio empleados en las arquerías de 'Abd al-Rahmán I. Los demás capiteles y elementos columnarios de esta ampliación son romanos y visigodos, entre ellos hay diecisiete cimacios visigodos (ver capitel central, arriba).

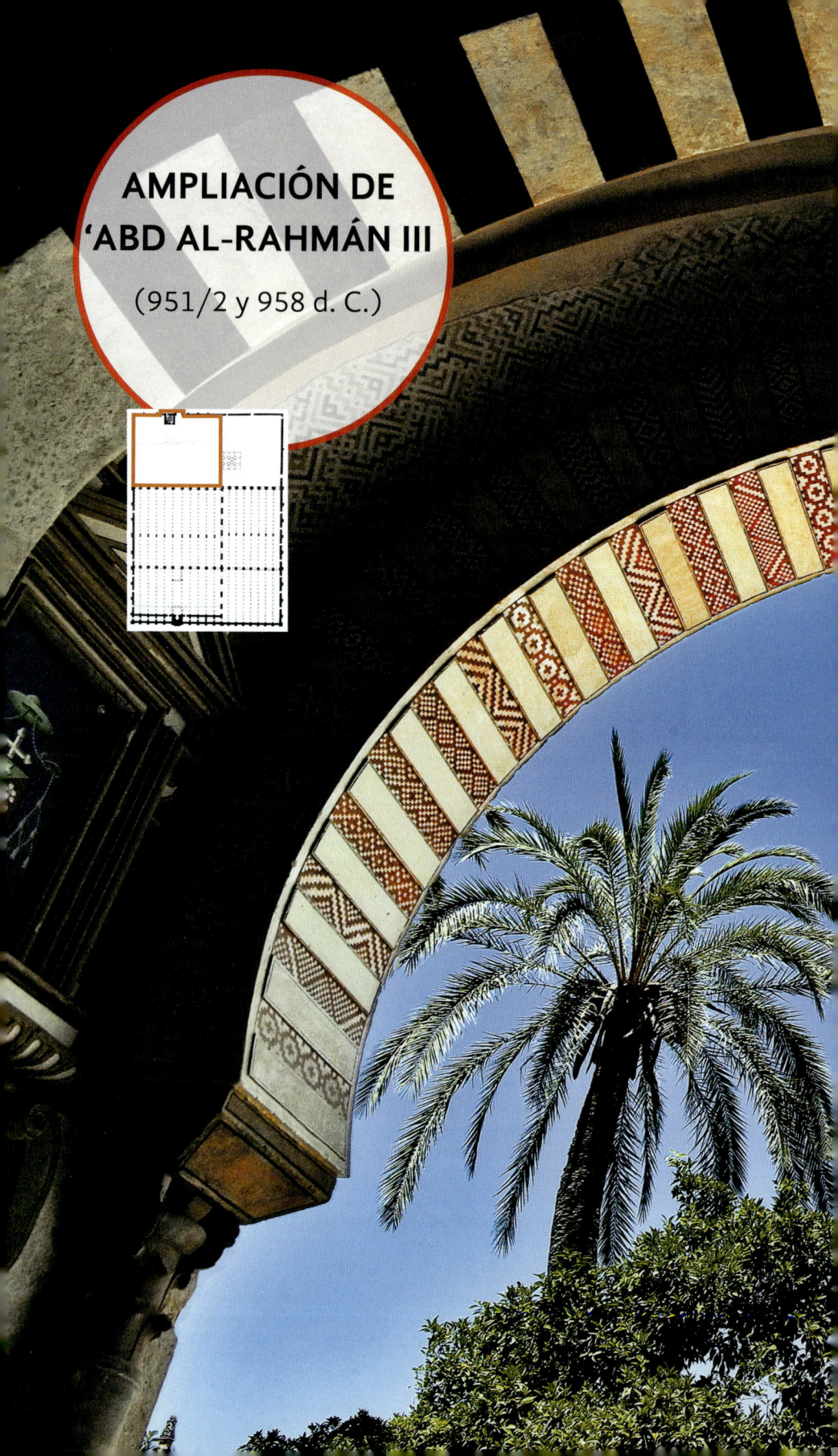

AMPLIACIÓN DE 'ABD AL-RAHMÁN III

(951/2 y 958 d. C.)

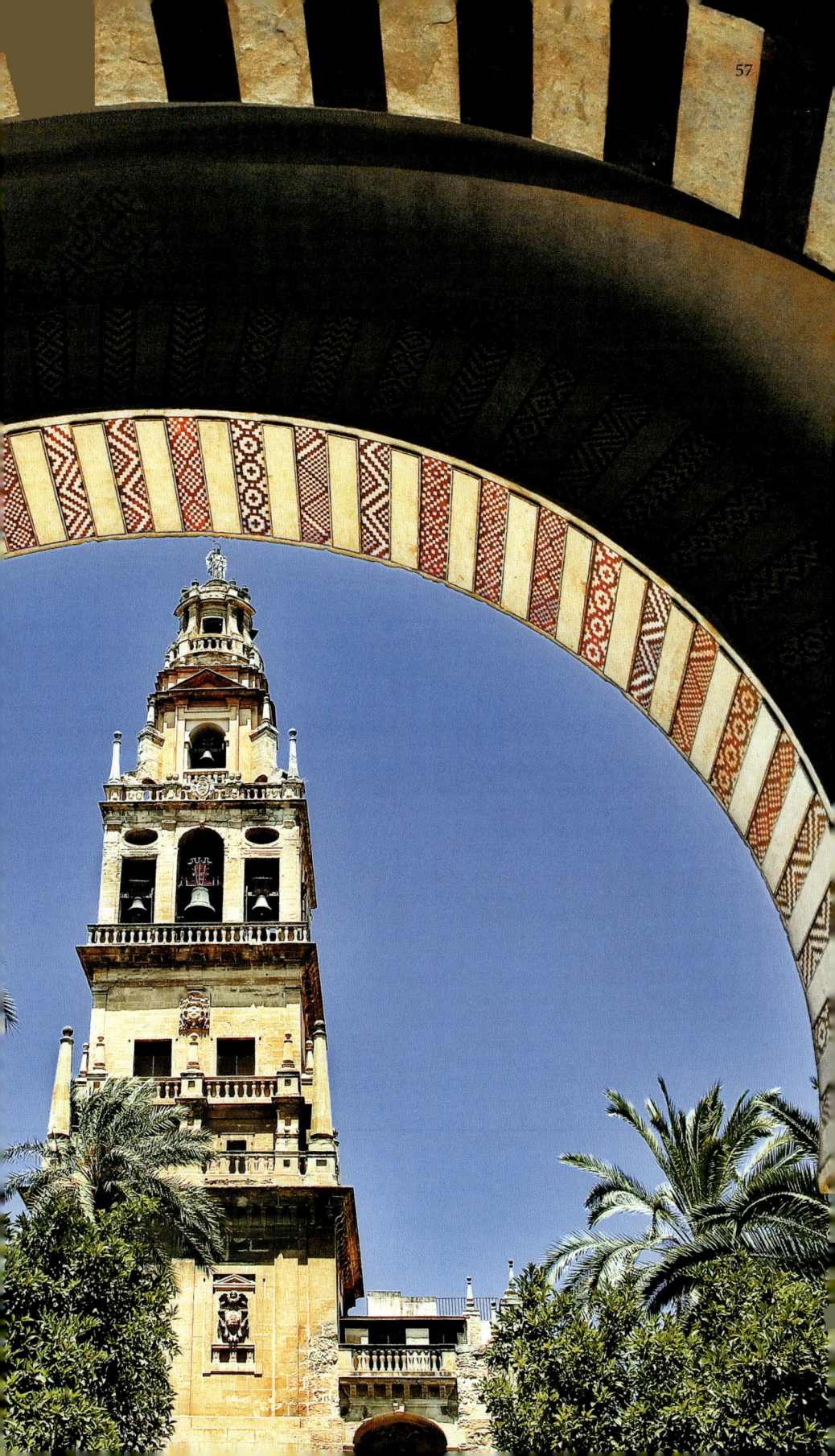

Refuerzo del muro entre la sala de oración y el patio en 958

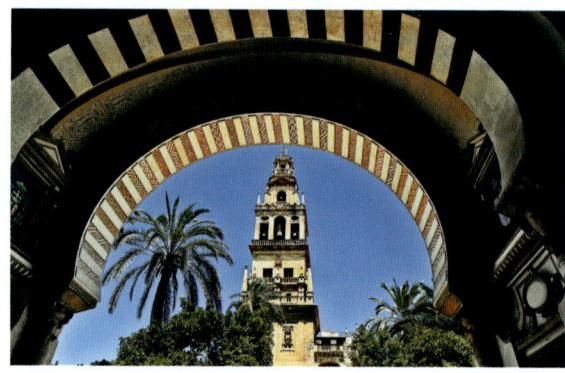

'Abd al-Rahmán III, tras la proclamación del Califato en 929, construyó un nuevo alminar en 340-1 (=951/2), para lo que se derribó el anterior y se amplió el patio, y en 958 reforzó la fachada del oratorio hacia el patio, que se había resentido por la carga de los 8 tramos de columnas añadidos en la ampliación de 'Abd al-Rahmán II y por un terremoto que le afectó en 880/1. El arco de acceso a la nave central, más ancha que las demás, conserva geometrías de cintas blanquirrojas del s. X, junto con el arco más sobrio del s. VIII. En época cristiana se añadieron ornatos y dos caligramas cúficos "mudéjares", semejantes a los almohades y nazaríes, insertos en estrellas de 8 puntas: «بسم الله» (Bi-smi Llah (?): En el nombre de Dios) y «الملك لله» (al-Mulk li-l-Lah: La soberanía es de Dios). Los atauriques del fondo siguen la tipología andalusí de los siglos XIII y XIV.

 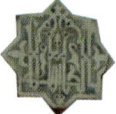

Inscripción conmemorativa en la Puerta de las Palmas

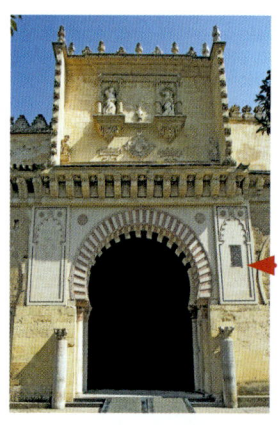 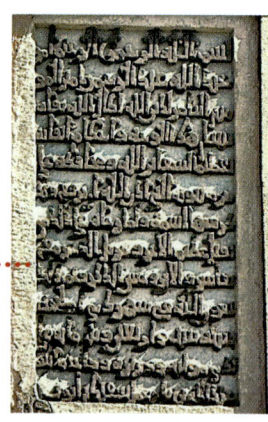

بسم الله الرحمن الرحيم أمر عبد الله أمير المؤمنين الناصر لدين الله أطال الله بقاءه ببنيان هذا الوجه وإحكام إتقانه تعظيما لشعائر الله ومحافظةً على حرم بيوته التي أذن الله أنْ تُرفعَ ويُذكَرَ فيها اسْمُهُ ولما رجاه على ذلك من تقبُّل عظيم الأجر وجزيل الذخر مع بقاء شرف الأثر وحسن الذكر فتمَّ ذلك بعون الله في شهر ذي الحجّة سنة ستّ وأربعين وثلث مائة على يدَيْ موليه ووزيره وصاحب مدينته عبد الله بن بدر من عمل سعيد بن أيُّوب.

En el nombre de Dios, el Compasivo, el Misericordioso. El siervo de Dios, 'Abd al-Rahmán, Príncipe de los Creyentes, al-Nasir li-Din Allah (El Defensor de la Religión de Dios), que Dios prolongue su existencia, ordenó construir esta fachada y perfeccionar su ejecución para exaltación de los cultos a Dios y preservando la sacralidad de sus casas, las cuales "Dios permitió erigir y que se mencione en ellas Su nombre" (Corán 24, 36)*; por ello, espera recibir magna remuneración y copiosa recompensa (en la otra vida), junto con la permanencia de su noble huella y su buen recuerdo. Y esto se terminó con la ayuda de Dios en el mes de Du l-hiyya del año 346 (=23 febrero-24 marzo 958) bajo la dirección de su liberto, ministro y zabalmedina 'Abd Allah ibn Badr. Obra de Sa'id ibn Ayyub" (tr. de Ocaña Jiménez con leves variantes).

* Citamos siempre por la tr. del Corán de Julio Cortés, Barcelona, 1999.

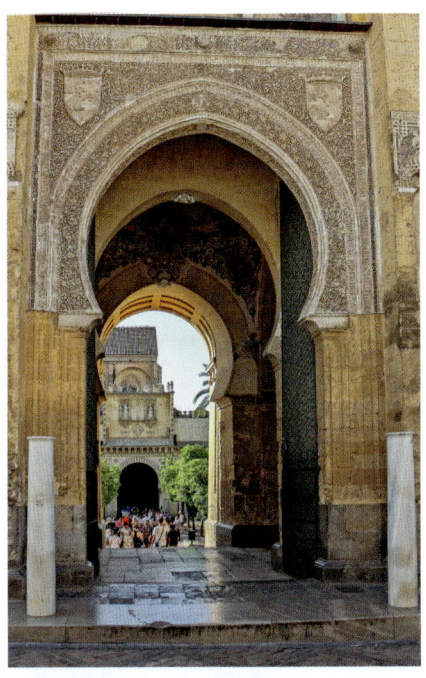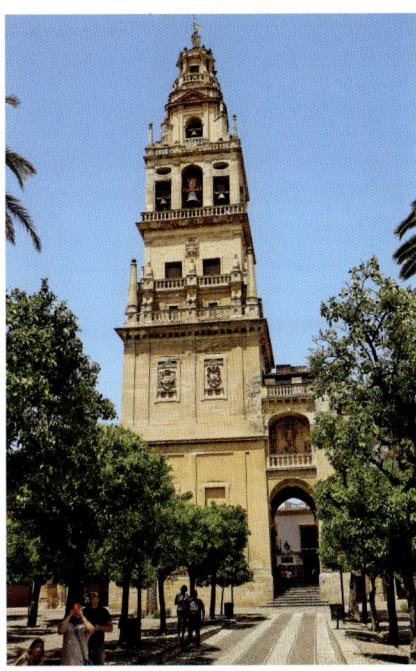

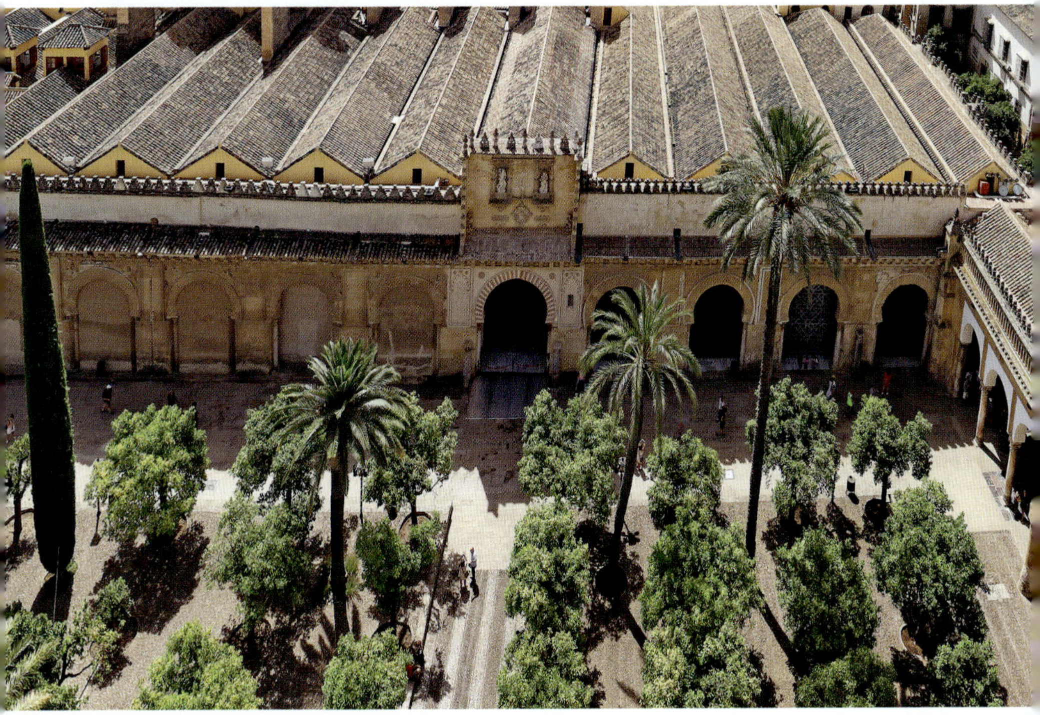

Fachada del patio de la Mezquita en dirección a la sala de oración vista desde el Campanario. Obsérvese el arco de la nave central de la Mezquita y los tejados a dos aguas de las cinco naves que hay ambos lados. Arriba, pueden verse las dos caras, exterior e interior, de la Puerta del Perdón, y cómo ésta estuvo adosada al alminar y en el eje de la nave central de la Mezquita. Sobre el alminar convertido en Campanario de la Catedral, cf. pp. 180-181.

Alminar del califa 'Abd al-Rahmán III

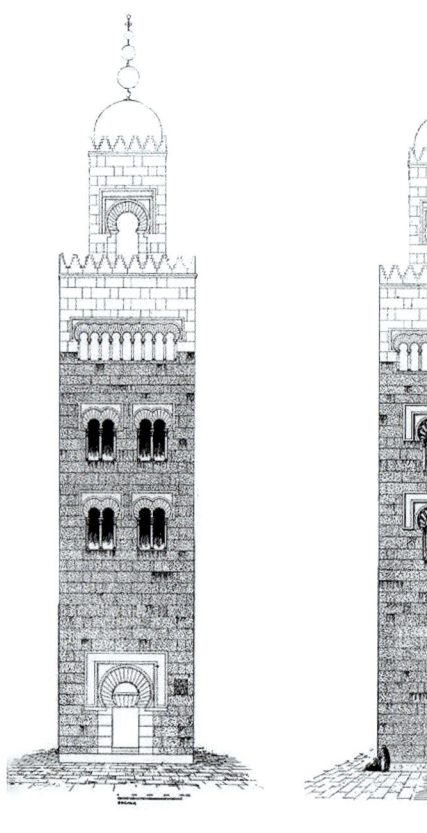

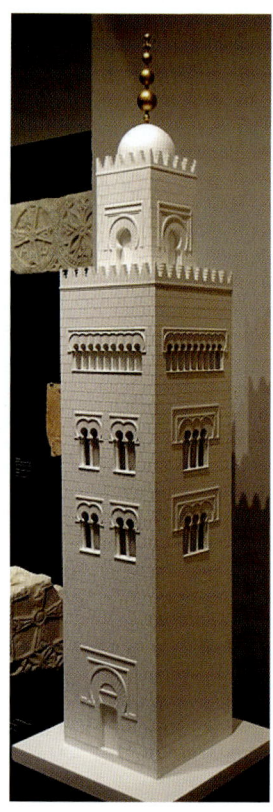

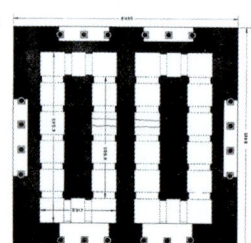

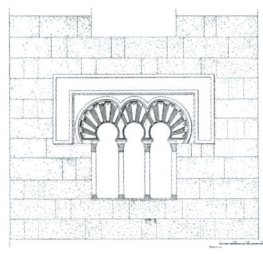

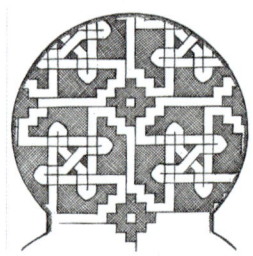

Arriba (dcha.), maqueta moderna del alminar de 'Abd al-Rahmán III expuesta en el museo del interior de la mezquita. La maqueta se atiene a los dibujos realizados por Félix Hernández, para los cuales tuvo en cuenta los restos materiales y las representaciones del alminar realizadas en el siglo XVI antes de su transformación en campanario (véase p. 179 y ss.). Abajo, dibujo de un arco de ventana ciego con decoración de ajedrezado, del que quedan restos en blanco y rojo (dcha.), y planta del alminar (izqda.) en la que se observa cómo se construyó como si de dos torres aisladas y adosadas se tratara, cada una con su escalera particular.

El nuevo califa se apresuró en levantar un alminar monumental, cuya extraña construcción a modo de dos torres paralelas con su propia escalera independiente a cada lado de un muro divisorio, fue, sin embargo, con sus 47,14 m. de altura la referencia visual de Córdoba, así como objeto de admiración y emulación posterior en al-Andalus y el Magreb. Según la intervención de Felix Hernández y la restitución que hizo a partir de los restos que quedaron embutidos en la torre de la Catedral proyectada por Hernán Ruiz II en el siglo XVI, el alminar

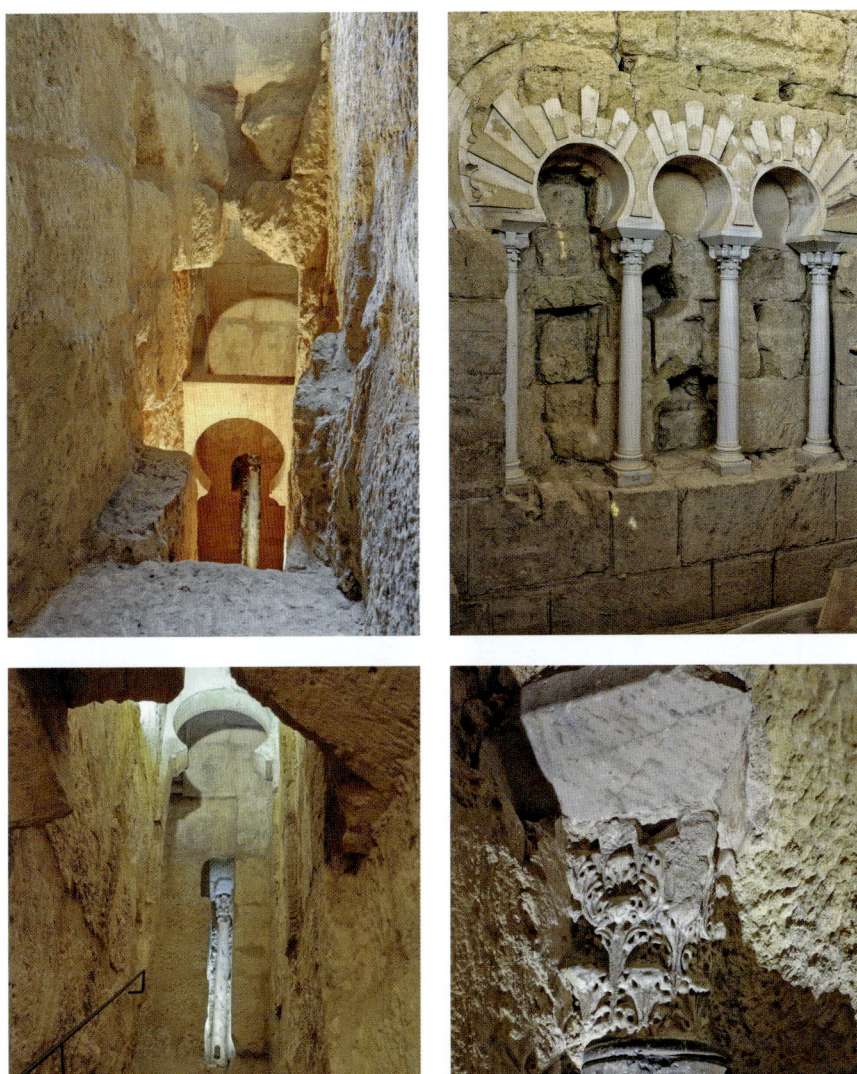

Arriba, restos de columnas y ventanas del antiguo alminar de 'Abd al-Rahmán III todavía visibles dentro del Campanario de la Catedral. Félix Hernández, al hacer las excavaciones en el interior de la torre, comprobó que el Campanario conserva la parte inferior del alminar hasta una altura de 22,5 m., es decir, hasta la serie de arcos decorativos que tuvo el prisma inferior. Luego, este arquitecto restauró la ventana de tres arcos y unas cuantas columnas y capiteles que quedaron embutidos en diversas partes de la torrre-campanario, los cuales siguen dando idea del esplendor y monumentalidad que hubo de tener el alminar de Córdoba. Abajo se muestran dos imágenes de la misma columna y su capitel perteneciente a una de las ventanas del alminar anuladas por la obra cristiana.

fue construido con sillería a soga y tizón y tuvo dos pisos de ventanas a la misma altura, con tres pequeños arcos de herradura ciegos sobre una pared con decoración geométrica, soportados por cuatro columnas (en los lados E y O), y dos ventanas abiertas de doble arco con columna parteluz (lados N y S); en estas ventanas están las primeras columnas adosadas a jambas del arte califal. Por encima había un friso de 9 arquillos con los trasdoses entrecruzados y con alfices como las ventanas, sobre el que discur-

rían las almenas escalonadas que coronaban esta gran torre inferior; sobre ella, montaba una segunda torrecilla con la cámara para los almuedanos, que hubo de estar cubierta por una pequeña cúpula con un *yamur* de tres esferas doradas y plateadas. El brillo de éstas junto con el revestimiento en estuco del alminar con sus sillares pintados en blanco y los tendeles en rojo almagra, daría a la obra una impactante sensación de majestad y vigor digna del Califato.

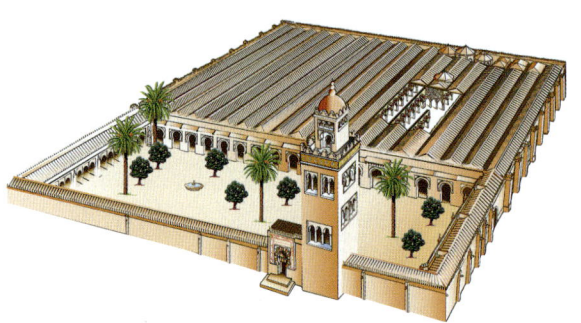

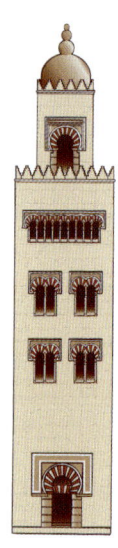

"Se cuenta que ['Abd al-Rahmán III] invirtió en el alminar de la Mezquita, en arreglarla y en construir la fachada para las once naves, siete *amdád* y dos *kayl* y medio de dirhames *qasimíes*" (Ibn Idari, *al-Bayán al-mugrib*, II, p. 238), es decir una elevada suma en monedas de plata.

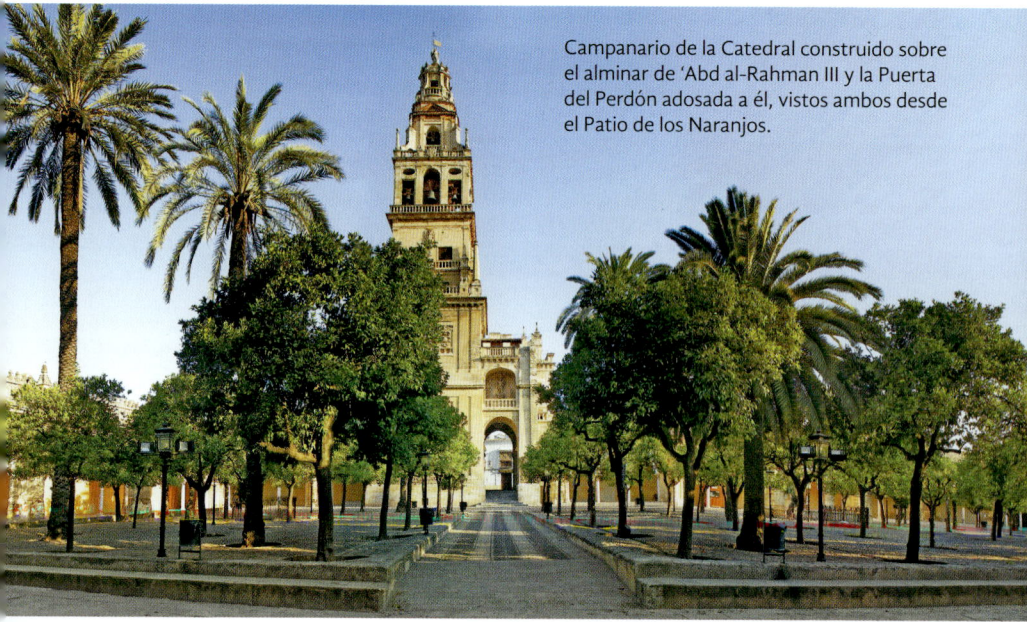

Campanario de la Catedral construido sobre el alminar de 'Abd al-Rahman III y la Puerta del Perdón adosada a él, vistos ambos desde el Patio de los Naranjos.

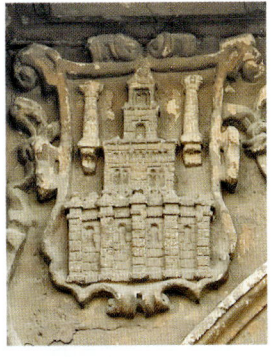 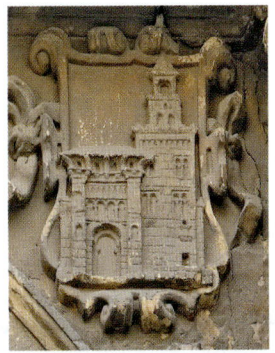

Estos escudos esculpidos por el artista Anton van den Wymgaerden en torno a 1567, que todavía pueden apreciarse uno a cada lado de la Puerta de Santa Catalina en la misma Mezquita-Catedral de Córdoba, permiten conocer con aproximación la forma que tuvo el alminar antes de que se transformara en campanario, lo que sucedió muy poco después de la confección de estos escudos.

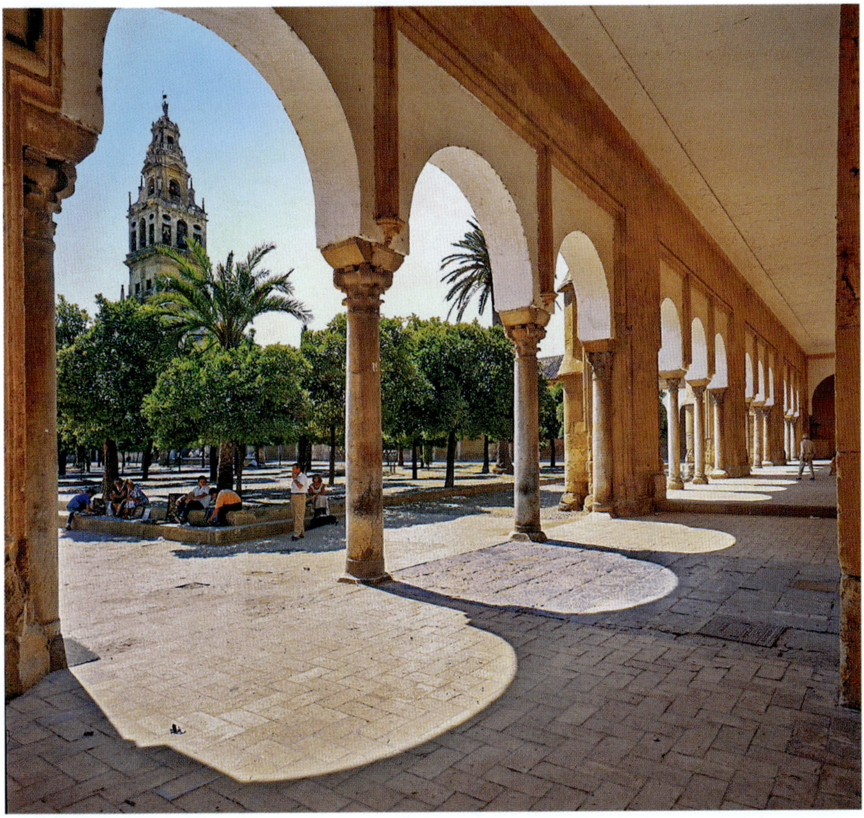

Galería del Patio de los Naranjos y el Campanario de la Catedral construido sobre el alminar de 'Abd al-Rahmán III.

Los andalusíes ya admiraron este alminar, que Ibn Bashkuwal describe así: "La altura del alminar de Córdoba hasta el lugar en que se sitúa el almuedano es de 45 brazos y hasta la última granada en la punta más alta del poste es de 73 brazos, siendo la anchura de cada lado de su base cuadrada 18 brazos, es decir, 72 brazos en total (...). El alminar de Córdoba posee enormes piedras cortadas que lo cubren con suma precisión y en la parte más elevada tiene tres esferas, a las que llaman "granadas", pegadas a un poste de cobre sobresaliendo en lo alto; dos de las granadas son de oro puro y la tercera, situada entre ambas, es de plata; y encima hay una azucena de oro hexagonal rematada por una pequeña granada de oro situada en la cúspide del poste y apuntando hacia el espacio. La construcción del alminar se concluyó en trece meses (Al-Maqqari, *Nafh*, I, pp. 562-563).

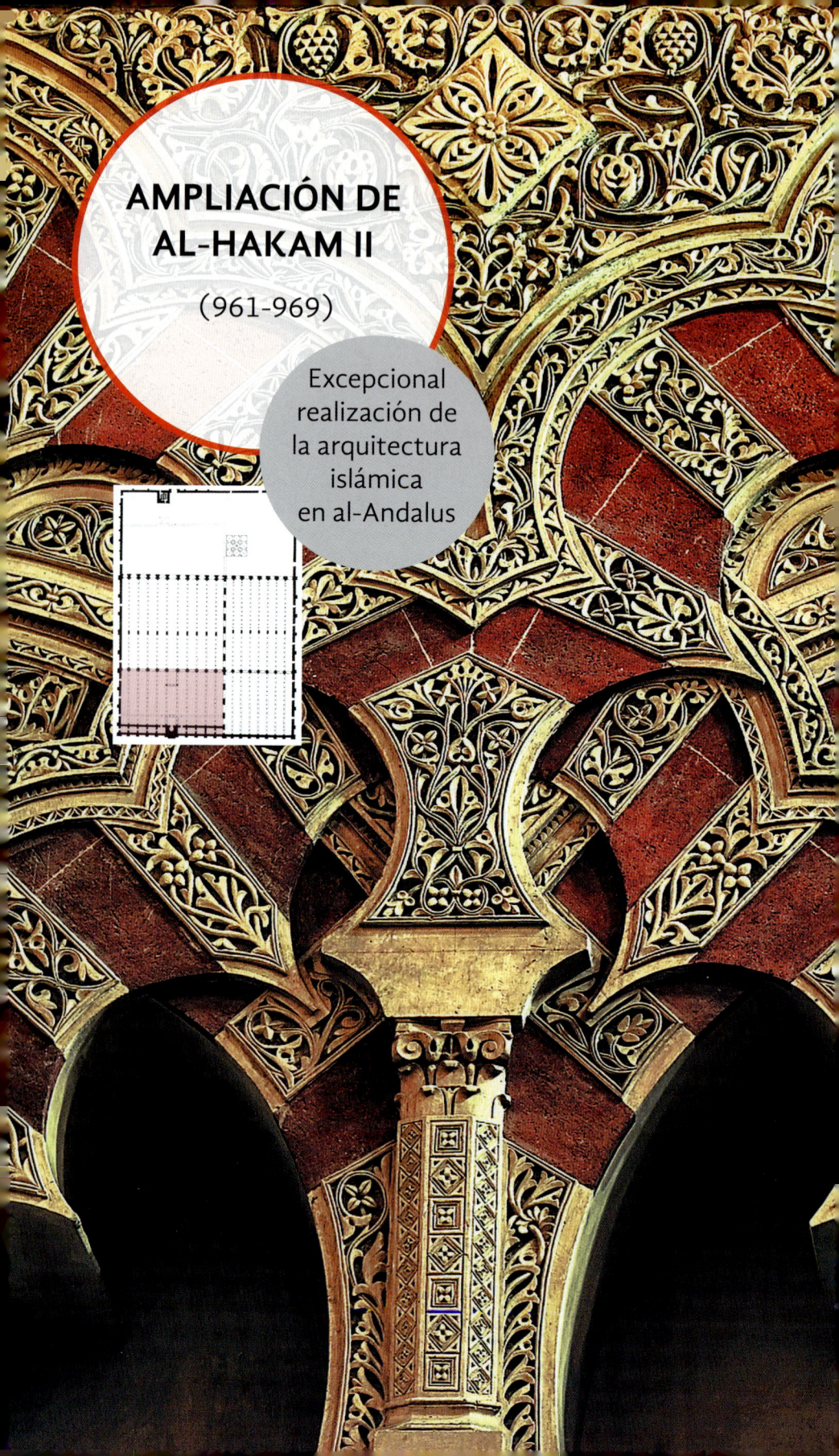

AMPLIACIÓN DE AL-HAKAM II

(961-969)

Excepcional realización de la arquitectura islámica en al-Andalus

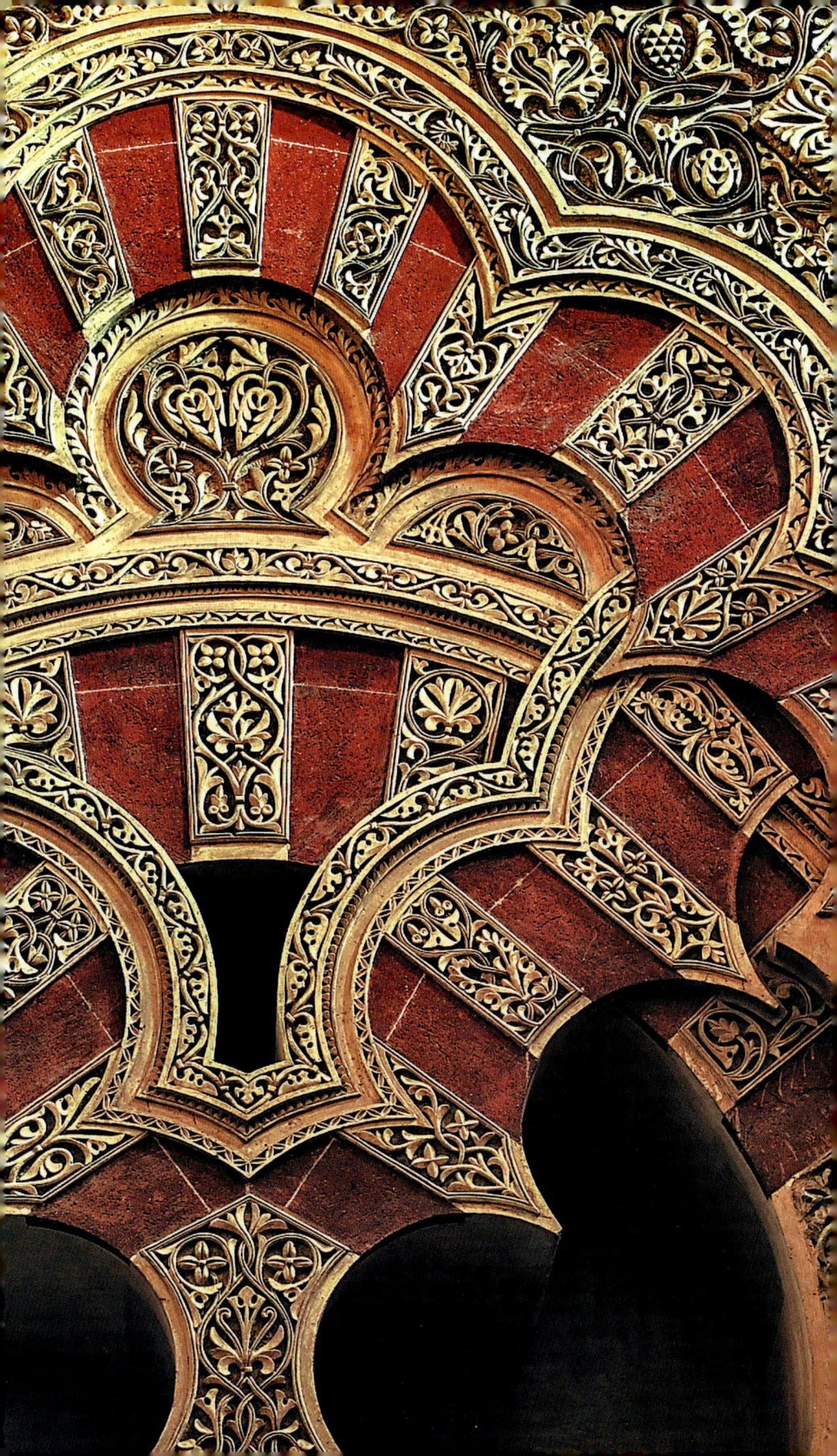

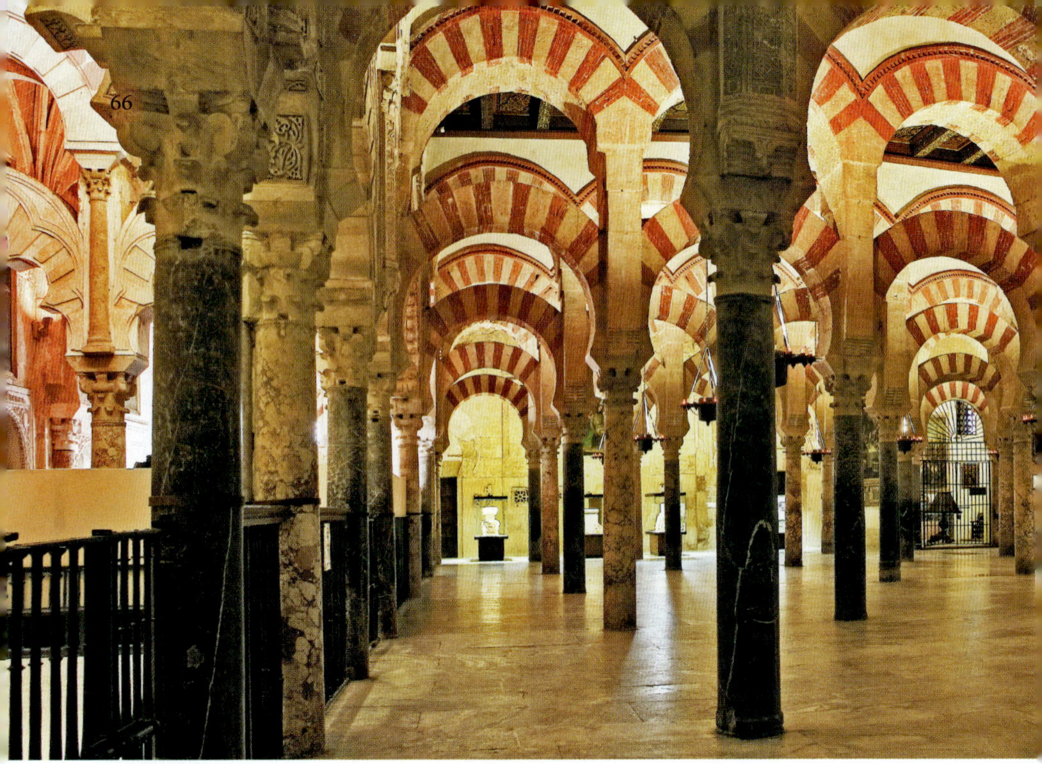

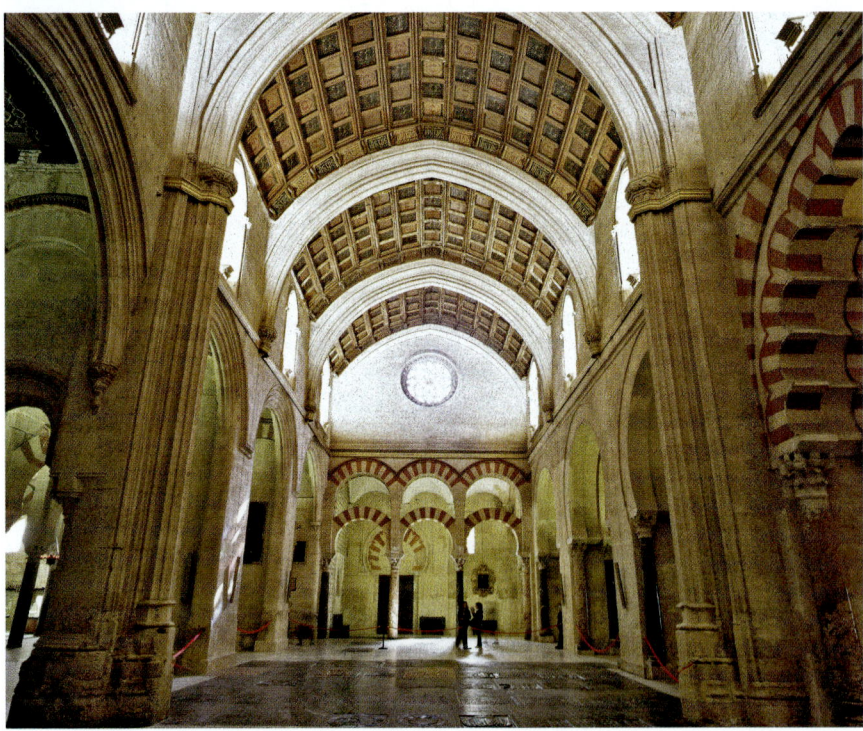

Al comienzo de la ampliación de al-Hakam II se encuentra el espacio que se remodeló para la iglesia que mandó establecer allí el rey Alfonso X el Sabio a mediados del siglo XIII. La obra fue realizada por artesanos musulmanes anulando dos filas de columnas de la ampliación de al-Hakam II y conservando la armonía con el sistema de arcos de la primitiva Mezquita; la iglesia se cubrió, eso sí, con arcos ojivales y bóvedas de madera de estilo inglés. En el extremo oriental de la iglesia se conserva "La Cúpula Mayor" (*al-Qubba al-Kubrà*) de la ampliación de al-Hakam bajo la que se estableció la llamada "Capilla de Villaviciosa".

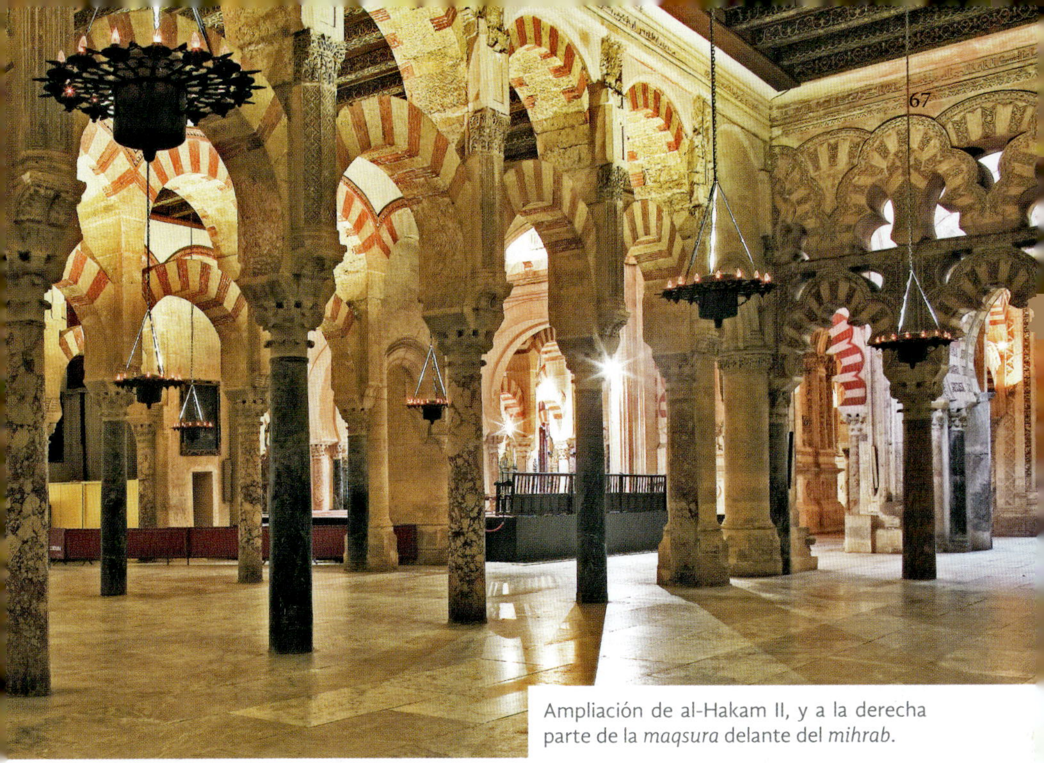

Ampliación de al-Hakam II, y a la derecha parte de la *maqsura* delante del *mihrab*.

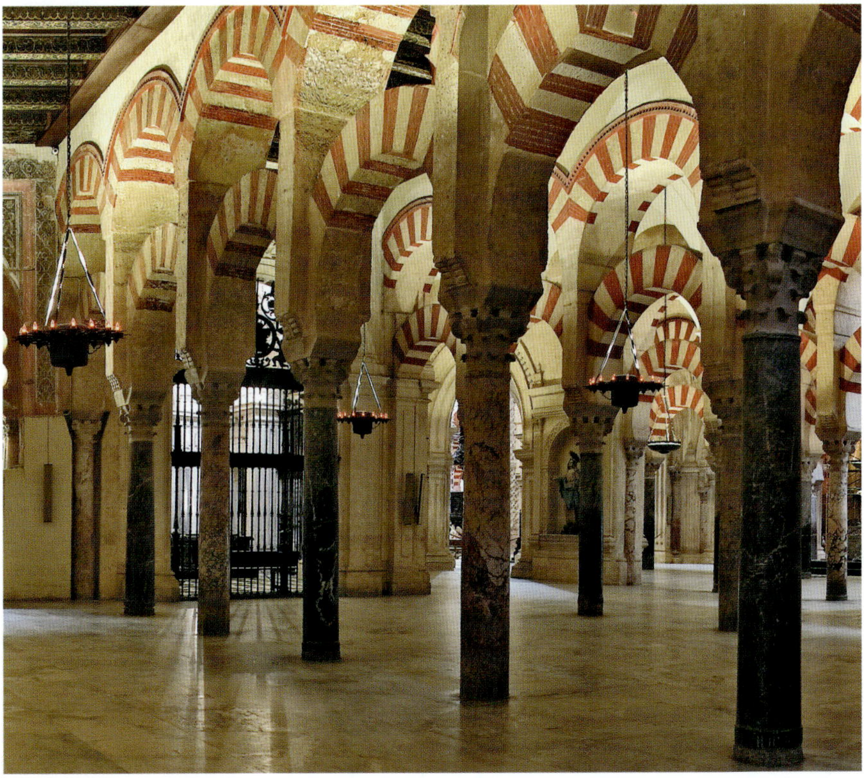

Arquerías de parte de la ampliación de al-Hakam en dirección hacia la Catedral y el patio. Obsérvese la fábrica unitaria de los capiteles y de las columnas, las cuales se disponen alternándose las de color grisáceo con las ro- jizas. Las basas de estas columnas, como las de casi toda la Mezquita, quedaron tapadas bajo las solerías que se fueron colocando en las sucesivas restauraciones del monumento.

Ampliación del califa al-Hakam

A partir del año 961 se emprende la más espectacular ampliación de la Mezquita, la de al-Hakam II, quien había estado al frente de las obras de su padre en Madinat al-Zahra'. Aquí, se añadieron doce nuevos tramos de columnas, y aunque la alquibla de la aljama de la citada ciudad palatina había sido orientada años atrás hacia el sureste (con menos de 10° de desvia-

ción), en la de Córdoba se decidió conservar la orientación tradicional hacia el sur, para lo que se niveló el terreno que desciende hacia el Guadalquivir. No sólo la arquitectura omeya alcanza en esta ampliación su máximo esplendor, sino que para muchos historiadores esta obra de al-Hakam II representa el mayor hito de la arquitectura islámica occidental.

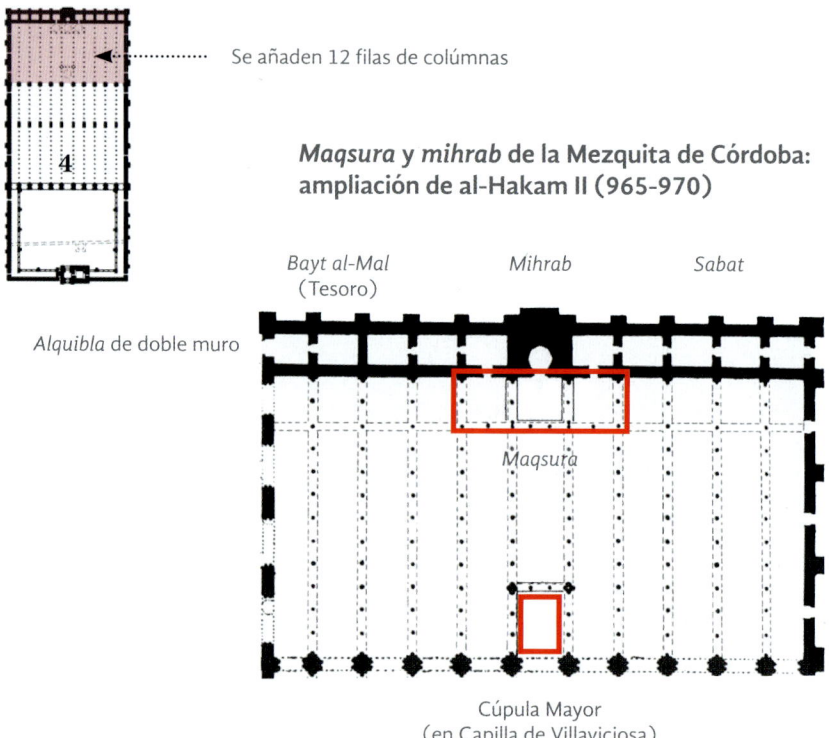

Se añaden 12 filas de colúmnas

Maqsura y mihrab de la Mezquita de Córdoba: ampliación de al-Hakam II (965-970)

Bayt al-Mal (Tesoro) — Mihrab — Sabat

Alquibla de doble muro

Maqsura

Cúpula Mayor (en Capilla de Villaviciosa)

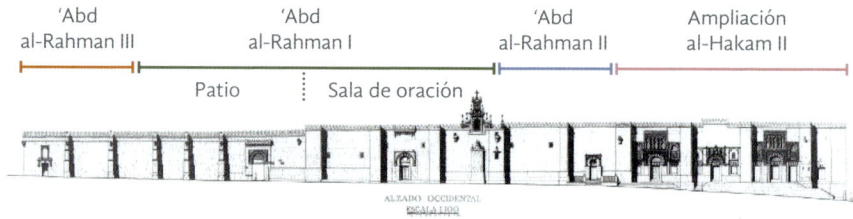

'Abd al-Rahman III — 'Abd al-Rahman I — 'Abd al-Rahman II — Ampliación al-Hakam II

Patio — Sala de oración

Alzado de la fachada occidental de la Mezquita de Córdoba (dibujo de Víctor Caballero) en el que puede observarse el relleno realizado para mantener el nivel del suelo de la ampliación de al-Hakam II hacia el río Guadalquivir.

Entre los elementos constitutivos de la ampliación de al-Hakam, destacaremos en primer lugar la mencionada fábrica unificada de todas las columnas con fustes rojizos y grisáceos alternándose y convergiendo en diagonales de ambos colores en las dobles columnillas rojas y negras del *mihrab*.

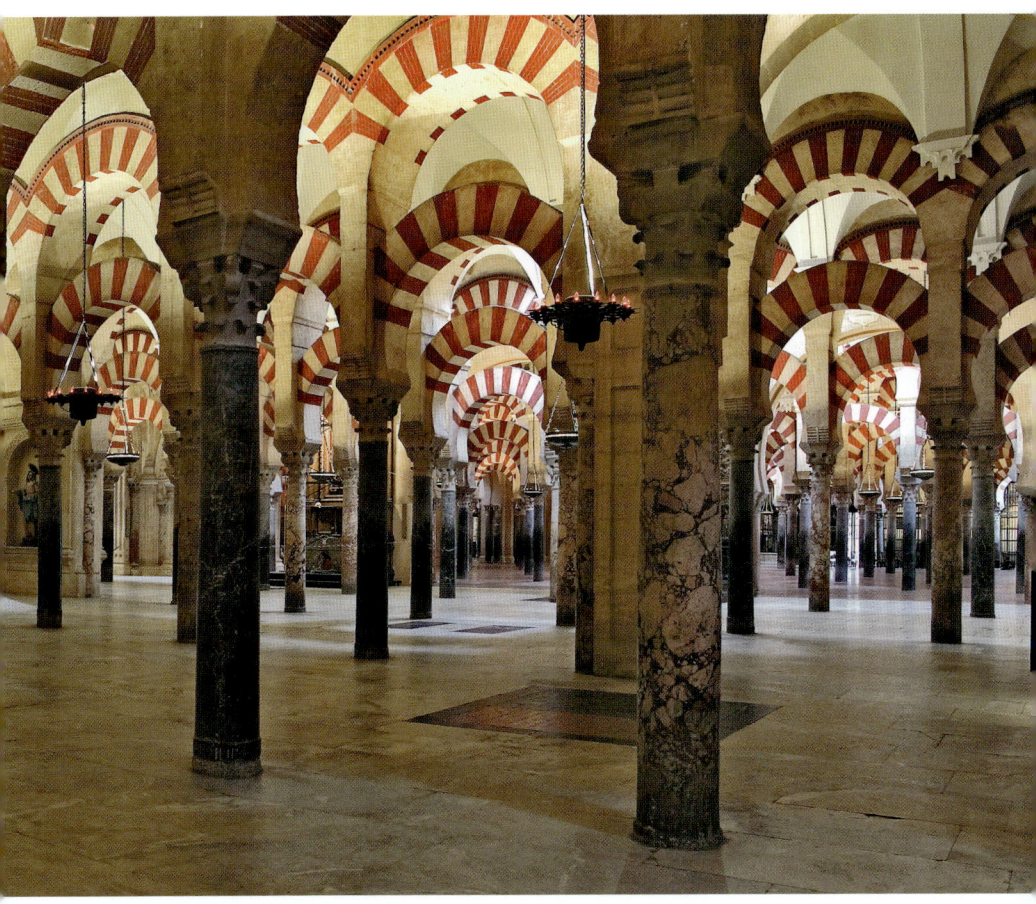

Bosque de columnas junto a la *maqsura* y el *mihrab* de la ampliación de al-Hakam II (961-970).

"[Al-Hakam] inauguró su Califato atendiendo a la ampliación de la Mezquita Mayor de Córdoba, que fue el primer deber que cumplió. Para ello encargó a su *háyib* (chambelán) y *sayf al-dawla* (espada del Estado) Ya'far ibn 'Abd al-Rahmán, el Eslavo, cuatro días antes de *Ramadán* de aquel año, es decir, el segundo día de su Califato (18 oct. 961). De lo primero que tuvo que ocuparse fue de llevar las piedras para los cimientos de la construcción, cuyo transporte empezó en el mismo mes de *Ramadán*. La Mezquita Mayor se quedó pequeña por el incremento de población en el distrito de Córdoba y la aglomeración de personas la hacía incómoda, por lo que [al-Hakam] al-Mustansir se apresuró a ampliarla. Con el fin de analizar la obra llevó allí a maestros e ingenieros, quienes delimitaron la ampliación desde la alquibla de la mezquita hasta el final del espacio [determinado] (...). De ahí se recortó el pasadizo (*sabat*) de unión con el palacio para que el califa saliera a la oración junto al *minbar* dentro de la *maqsura*. Esta ampliación fue más bella, más firme y mejor ejecutada que cuantas se hicieron antes en la Mezquita" (Ibn Idari, *al-Bayán al-mugrib*, II, pp. 233-234).

La Cúpula Mayor (Capilla de Villaviciosa): comienzo de la ampliación de al-Hakam II

La ampliación de al-Hakam incluye un novedoso sistema de cuatro cúpulas que, a modo de T, y con base en la Cúpula Mayor (*al-Qubba al-Kubrà*, después Capilla de Villaviciosa), aporta luz y monumentalidad a esta construcción, como las aportan también las otras tres cúpulas alineadas delante del *mihrab*.

Los arcos lobulados tuvieron un primer apogeo en la arquitectura abasí; luego, hay restos de ellos en Madinat al-Zahra' y en las ventanas del alminar de 'Abd al-Rahmán III de la Mezquita de Córdoba. Pero es en esta Cúpula Mayor y en la *maqsura* de al-Hakam II donde los juegos de arcos lobulados alcanzan su cima en la historia del arte islámico. El entrecruzamiento y encabalgamiento de arcos de tres o de trece lóbulos entre sí y con arcos de herradura, así como el color rojo de las dovelas lisas alternándose con otras de profuso ataurique, más las cenefas con inscripciones coránicas en cúfico, confieren a esta obra un enorme valor artístico. Hoy, el gran crucifijo situado en el centro de la espléndida fachada occidental de la Cúpula Mayor impacta a los visitantes de todas las latitudes.

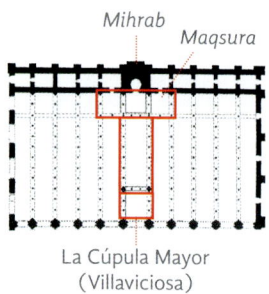

La Cúpula Mayor (Villaviciosa)

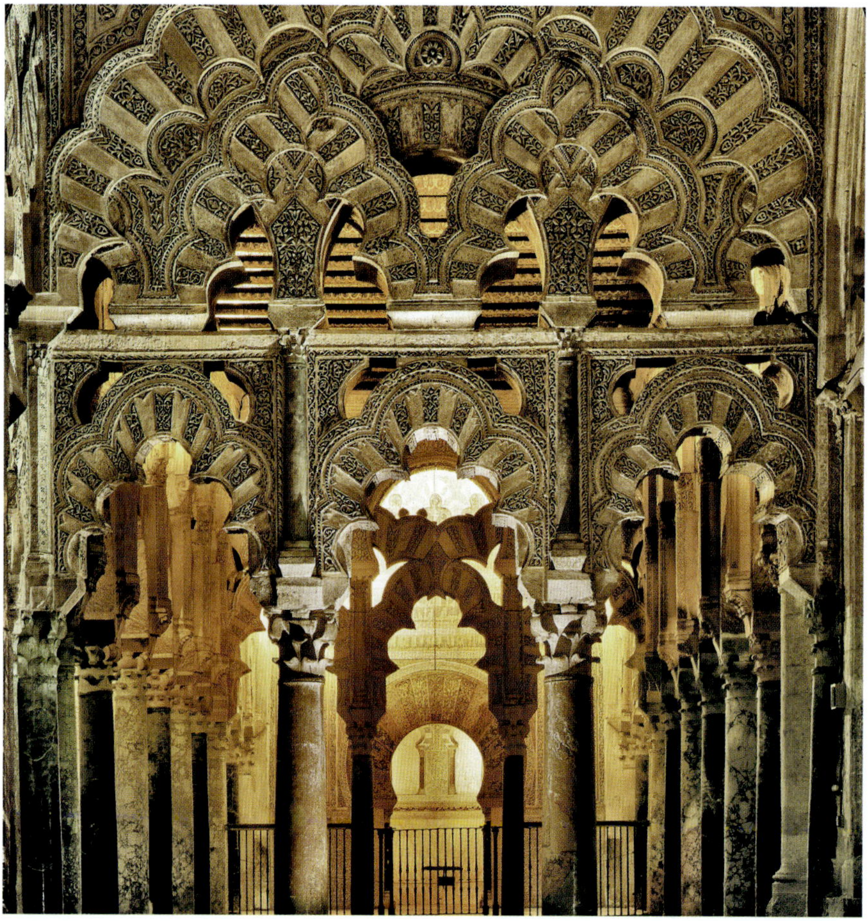

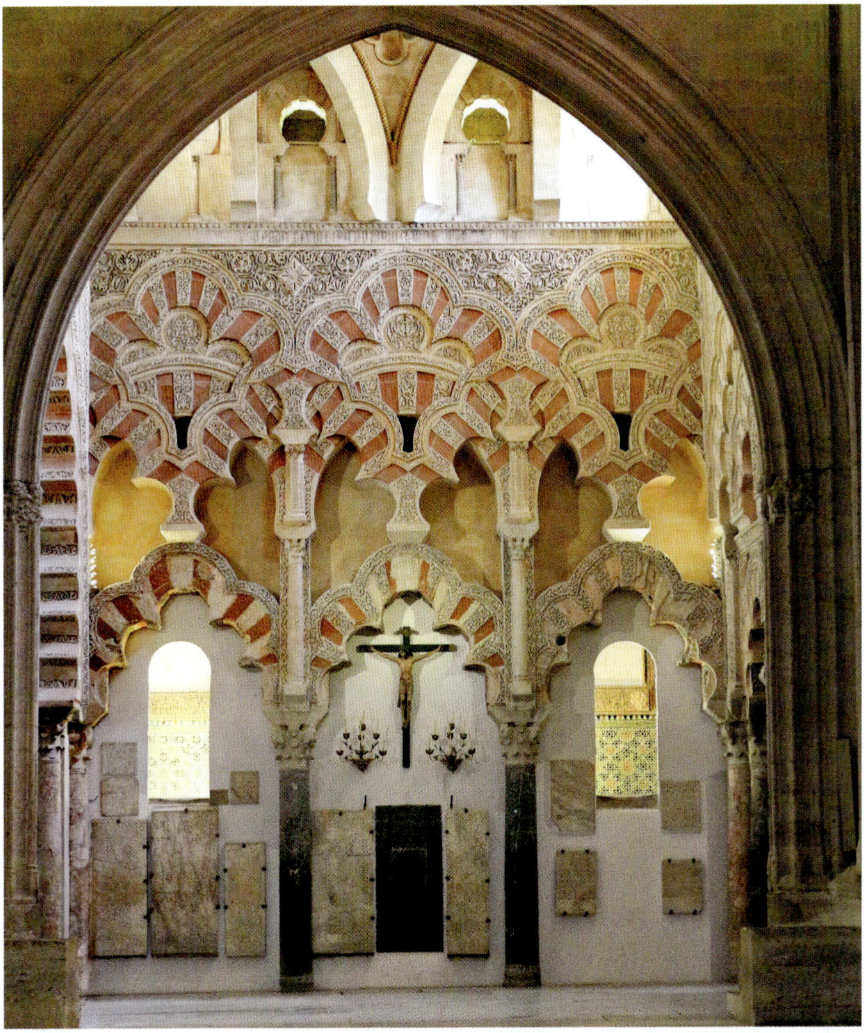

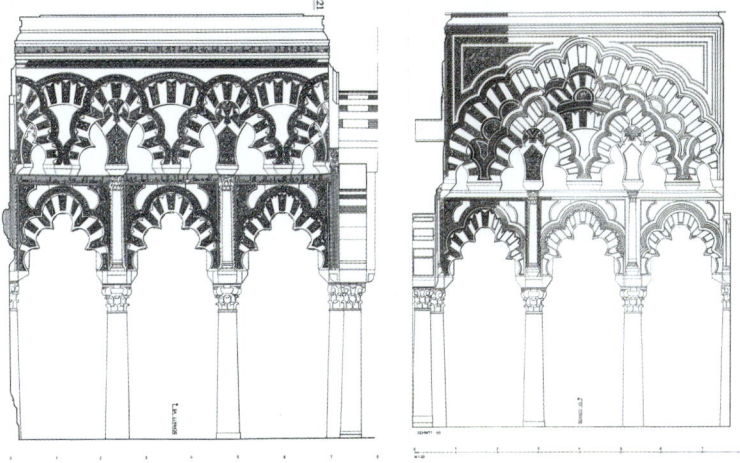

Las dos fachadas de la galería sur de la Cúpula Mayor (C. de Villaviciosa). Christian Ewert, 1968.

Las cuatro cúpulas de la ampliación de al-Hakam II

Son las primeras cúpulas monumentales de esta tipología conocidas en la historia de la arquitectura, aunque probablemente tuvieron precedentes en la arquitectura romana y omeya oriental, que no se han conservado. Sea como fuere, estas cúpulas están construidas con 8 arcos entrecruzados que arrancan de una base octogonal, por lo que pueden considerarse las primeras cúpulas de "nervadura" de la arquitectura monumental. Posteriormente fueron emuladas en obras andalusíes del siglo XI, como la mezquita de Bab al-Mardum y el palacio de Du l-Nun en Toledo, en el Oratorio de la Aljafería de Zaragoza, en obras norteafricanas (Qubbat al-Barudiyin en Marrakech y aljama de Tremecén, ambas almorávides), y, con diferentes perspectivas, en el gótico, el mudéjar, el barroco europeo (San Lorenzo de Turín, por Guarino Guarini, s. XVII) y hasta en la arquitectura contemporánea (Centro Islámico de Roma, 1996).

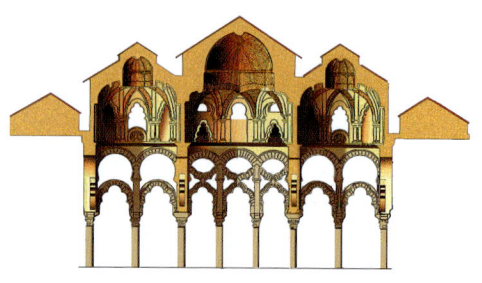

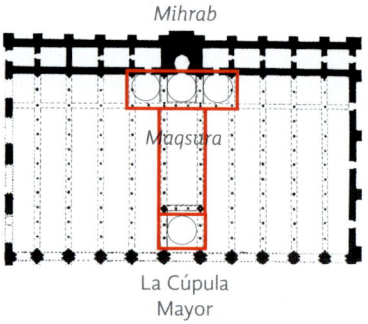

La Cúpula
Mayor

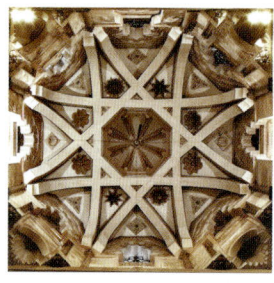

Cúpula delante de la
puerta del Tesoro

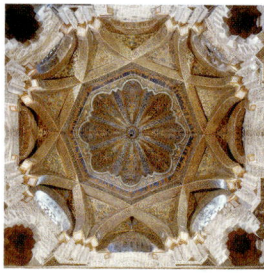

Cúpula delante del mihrab

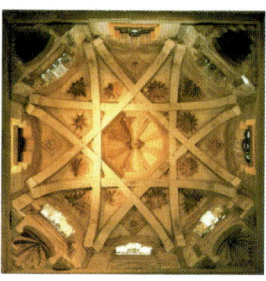

Cúpula delante de la
puerta del sabat

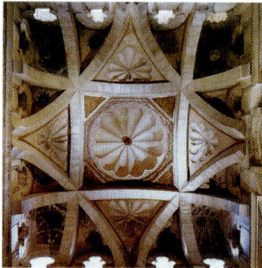

La Cúpula Mayor
(Capilla de Villaviciosa)

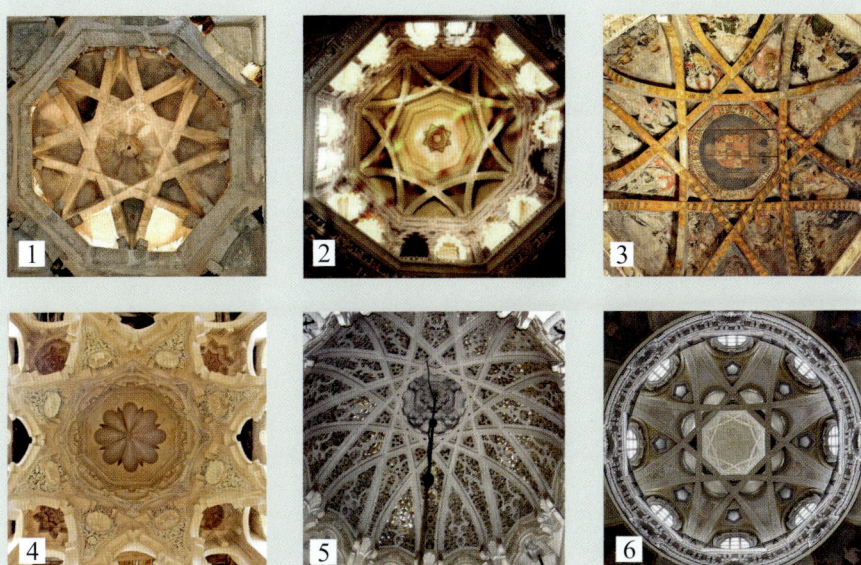

Algunas de las más destacadas cúpulas inspiradas en las de la ampliación de al-Hakam: 1) cúpula central de la Mezquita de Bab al-Mardum, Toledo, año 1000. 2) Cúpula del Oratorio de la Aljafería, Zaragoza, f. s. XI. 3) Cúpula de la Capilla de Belén, Convento de Santa Fe, Toledo, probablemente perteneciente a un palacio andalusí del s. XI. 4) Qubbat al-Barudiyin, Marrakech, s. XII. 5) Cúpula ante el *mihrab* de la Mezquita Mayor de Tremecén, almorávides, s. XII. 6) Cúpula de la Iglesia de San Lorenzo de Turín, por Guarino Guarini, s. XVII.

Sección de la ampliación de al-Hakam

La Cúpula Mayor de la ampliación de al-Hakam (C. de Villaviciosa)

La Cúpula central delante del *mihrab*   El *mihrab*

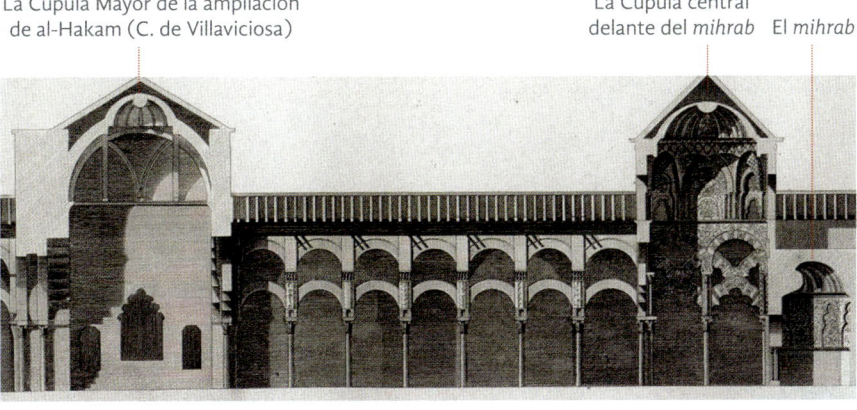

Grabado de Laborde, 1812.

"Ante la aglomeración de gente en la Aljama de Qurtuba, con la cogestión y apretujamiento casi asfixiante que esto conllevaba, al-Mustansir bi-Llah (al-Hakam II) ordenó ampliarla y ensancharla. Para ello, vino a la Mezquita Mayor el cadí Mundir b. Sa'id acompañado del responsable de hábices y los notarios con los hábices reunidos con anterioridad y estudiaron la ampliación".

(Ibn Idari, *al-Bayán al-mugrib*, vol. 2, p. 226).

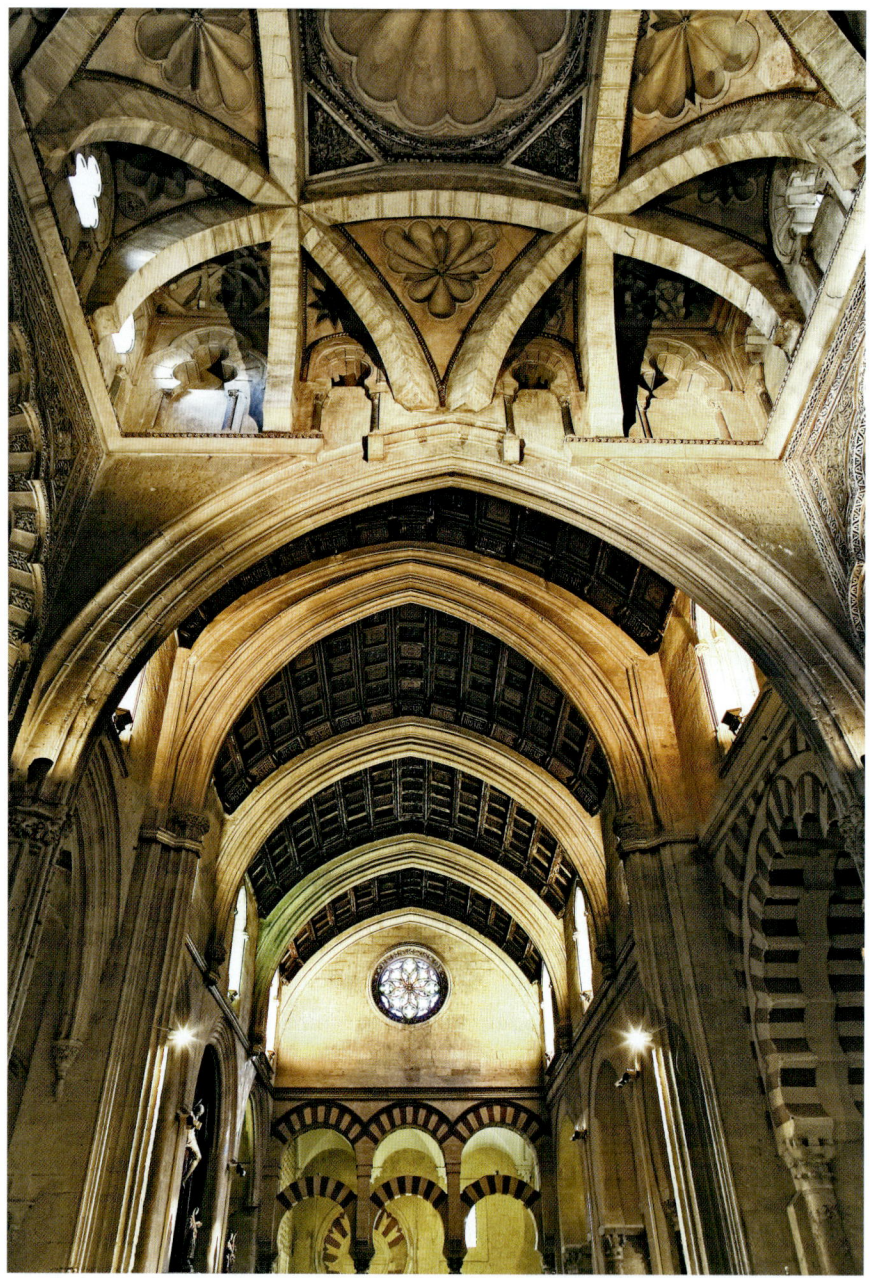

Cúpula Mayor de la ampliación de al-Hakam

Aquí estuvo la lámpara más grande de toda la Mezquita y un corán de época del califa Ozmán.

La Cúpula Mayor es la primera cúpula que inicia e ilumina la ampliación de al-Hakam II. Está situada en la nave central y, en época de Alfonso X el Sabio (s. XIII), se construyó bajo ella la llama- da Capilla de Villaviciosa. En la imagen vemos la Cúpula Mayor unida a la parte oriental de la nave de la iglesia con arcos ojivales mandada edificar por el citado Alfonso X.

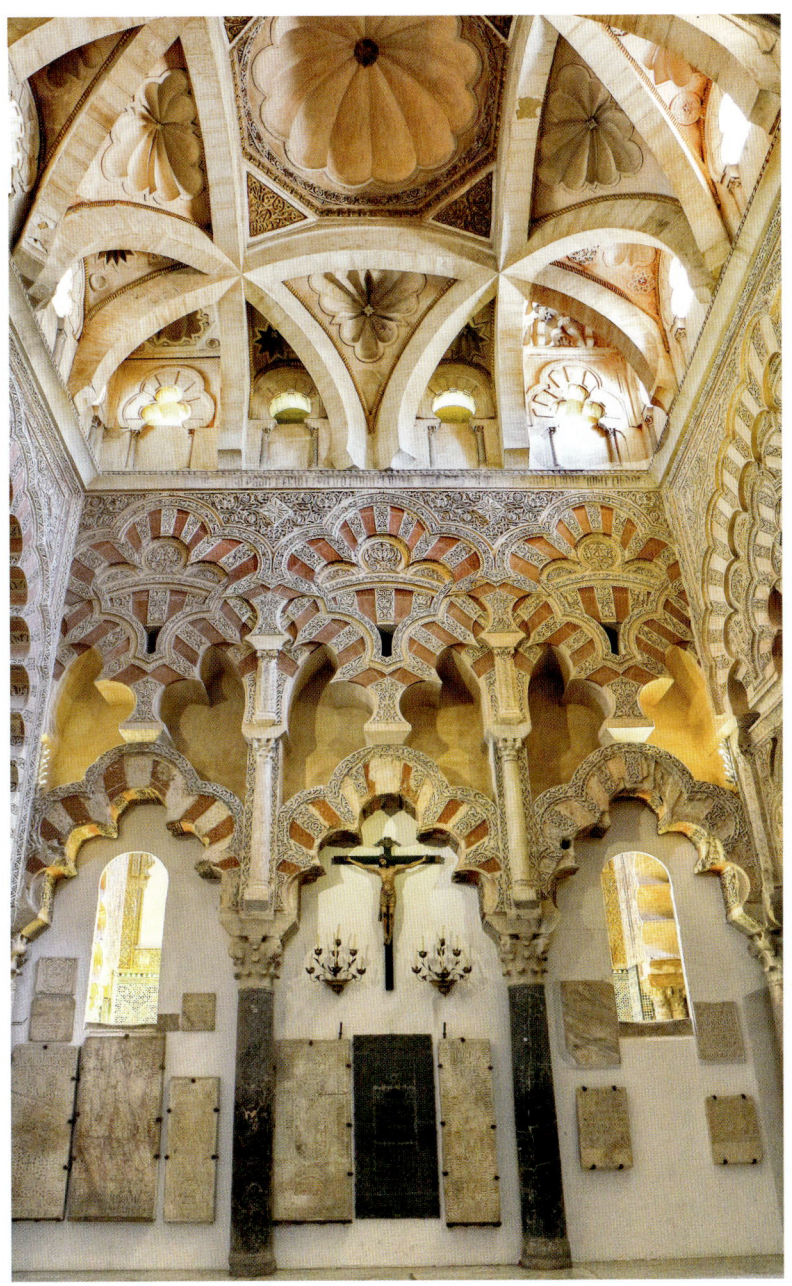

Ibn Bashkuwal dice que la Aljama de Qurtuba "tenía cuatro lámparas grandes colgadas en la nave central, siendo la más grande de todas la que pendía de la Cúpula Central, en la que estaban los coranes frente a la *maqsura*" (al-Maqqari, *Nafh*, I, p. 551). También indica que en esta Aljama había un ejemplar coránico del califa Ozmán, «que fue sacado y enajenado de Qurtuba, después de que estuviera en su Mezquita Mayor, la noche del sábado 11 de *Shawwál* del año 552 (=16 nov. 1157), en tiempos de Muhammad 'Abd al-Mu'min ibn `Ali y por orden suya», es decir, por orden del primer califa almohade. Al-Maqqari añade otros detalles e hipótesis sobre el origen y el destino final de este célebre corán de Ozmán (*ibid.*, pp. 562 y 605 y ss.). El califa Ozmán fue el tercer sucesor del Profeta Muhammad y quien mandó pasar a escrito el texto sagrado.

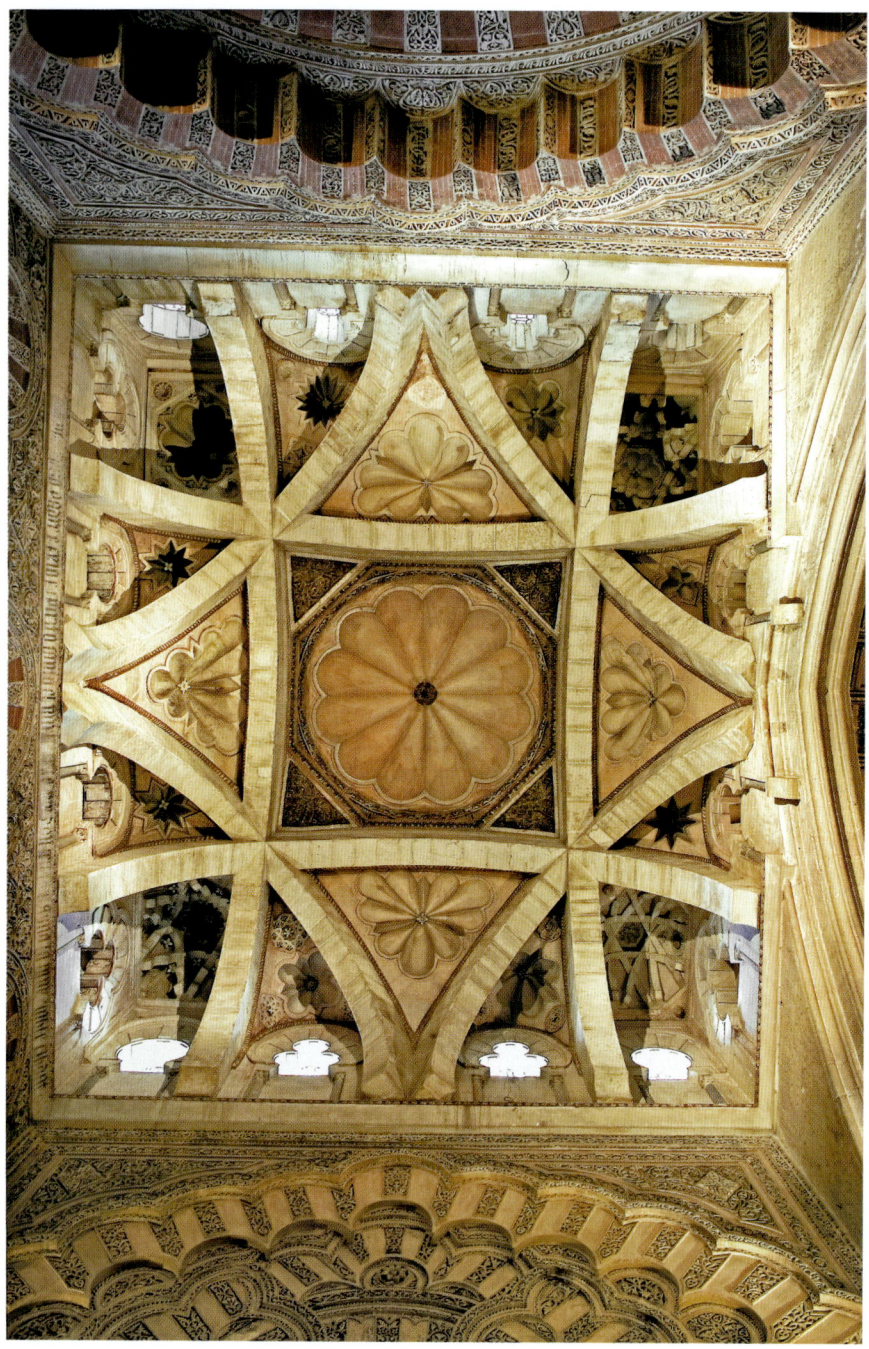

Cúpula Mayor, en la Capilla de Villaviciosa. Obsérvese cómo las esquinas de la cúpula incluyen cupulitas formadas por cuatro arcos lobulados entrecruzados, en cuyo centro se forma una pequeña bóveda de gallones de doce lados, la mitad de ellos curvilíneos y la otra mitad rectilíneos (ver pág. dcha.). Estas pequeñas cúpulas laterales nos recuerdan la forma que tiene la cúpula de mosaicos situada frente al *mihrab*, de la que hablaremos a continuación. En la imagen vemos flores de cuatro pétalos distribuidas entre los arcos cruzados, así como restos de policromía.

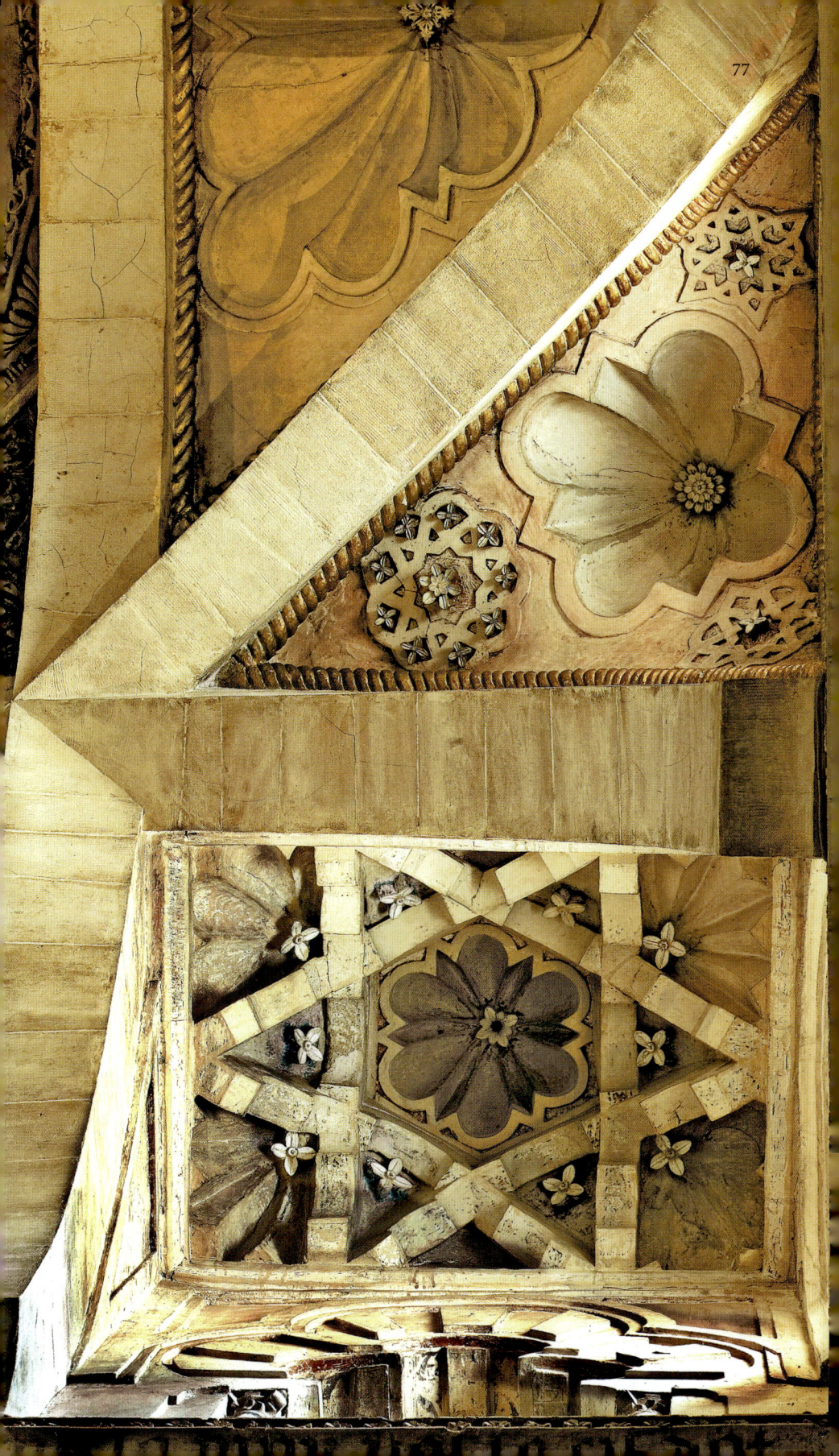

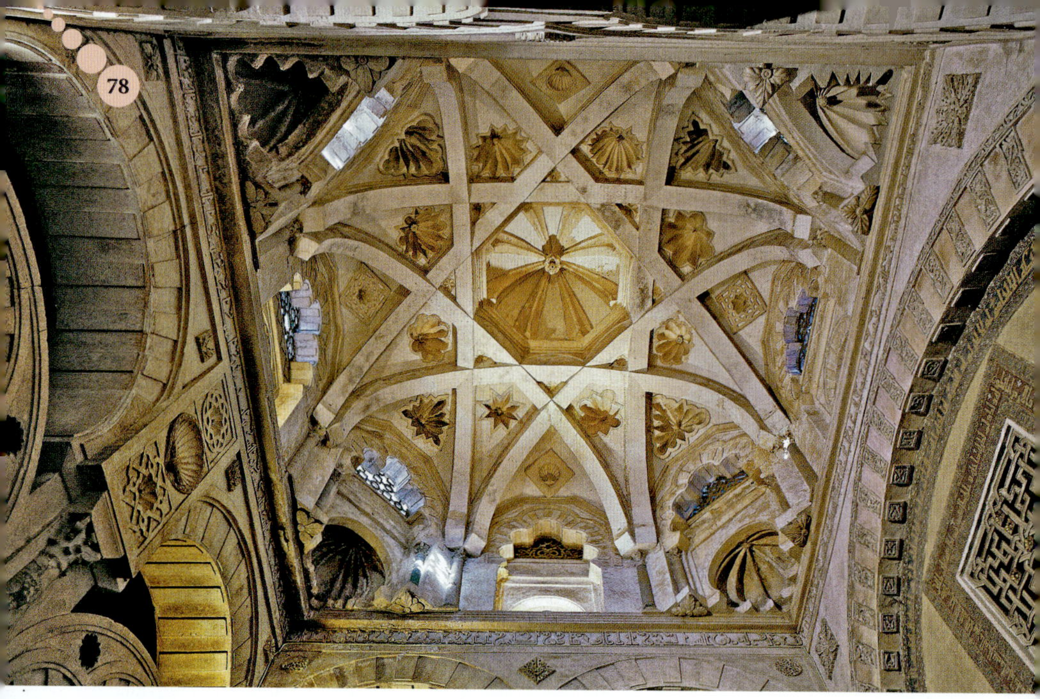

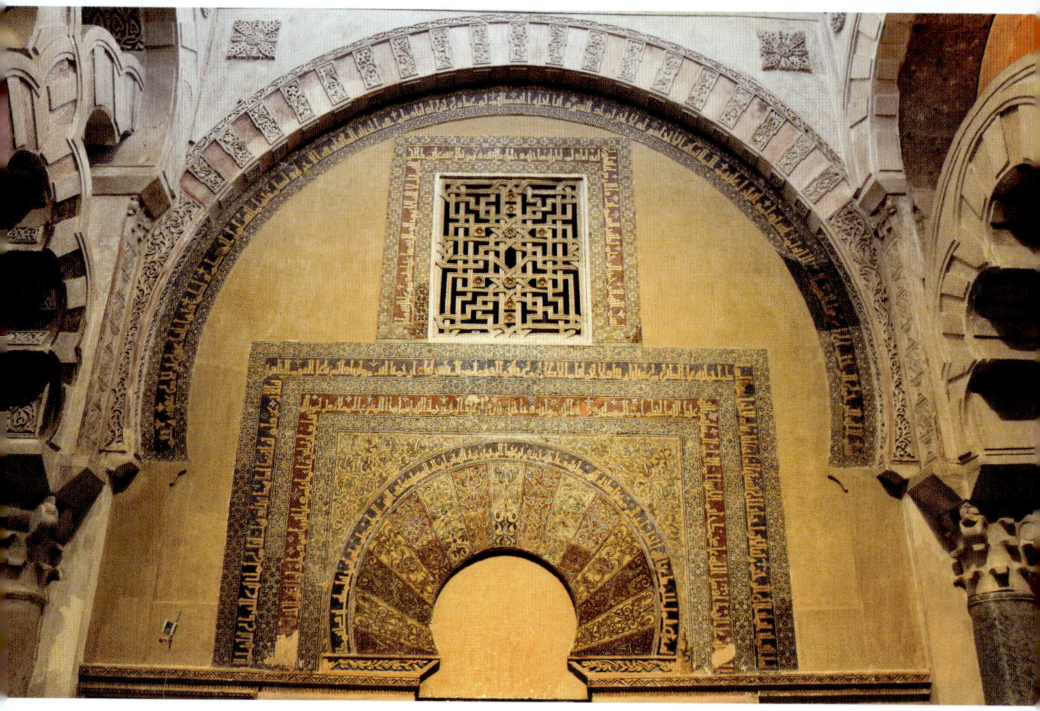

Cúpula delante de la puerta del *sabat*,
y dicha puerta bajo ella.

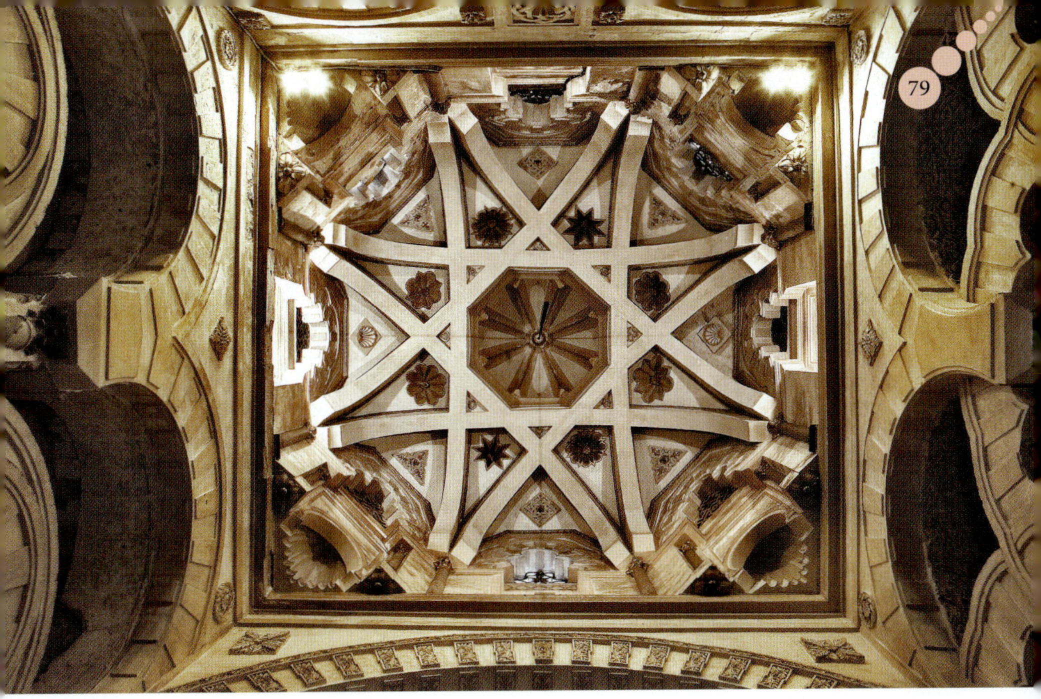

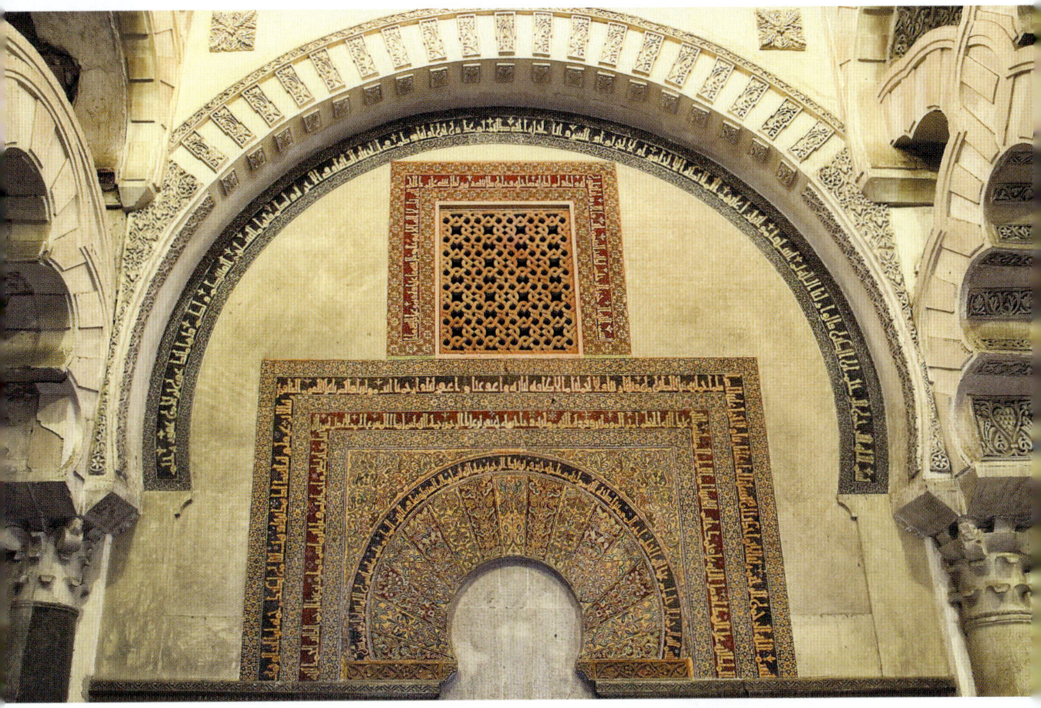

Cúpula delante del Tesoro
y bajo ella la puerta del
Bayt al-Mal o Tesoro.

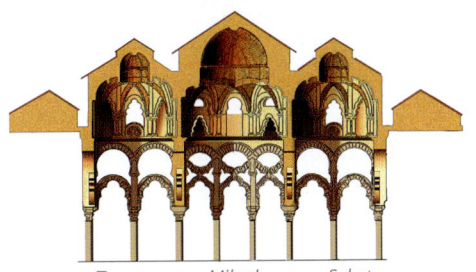

Tesoro   Mihrab   Sabat

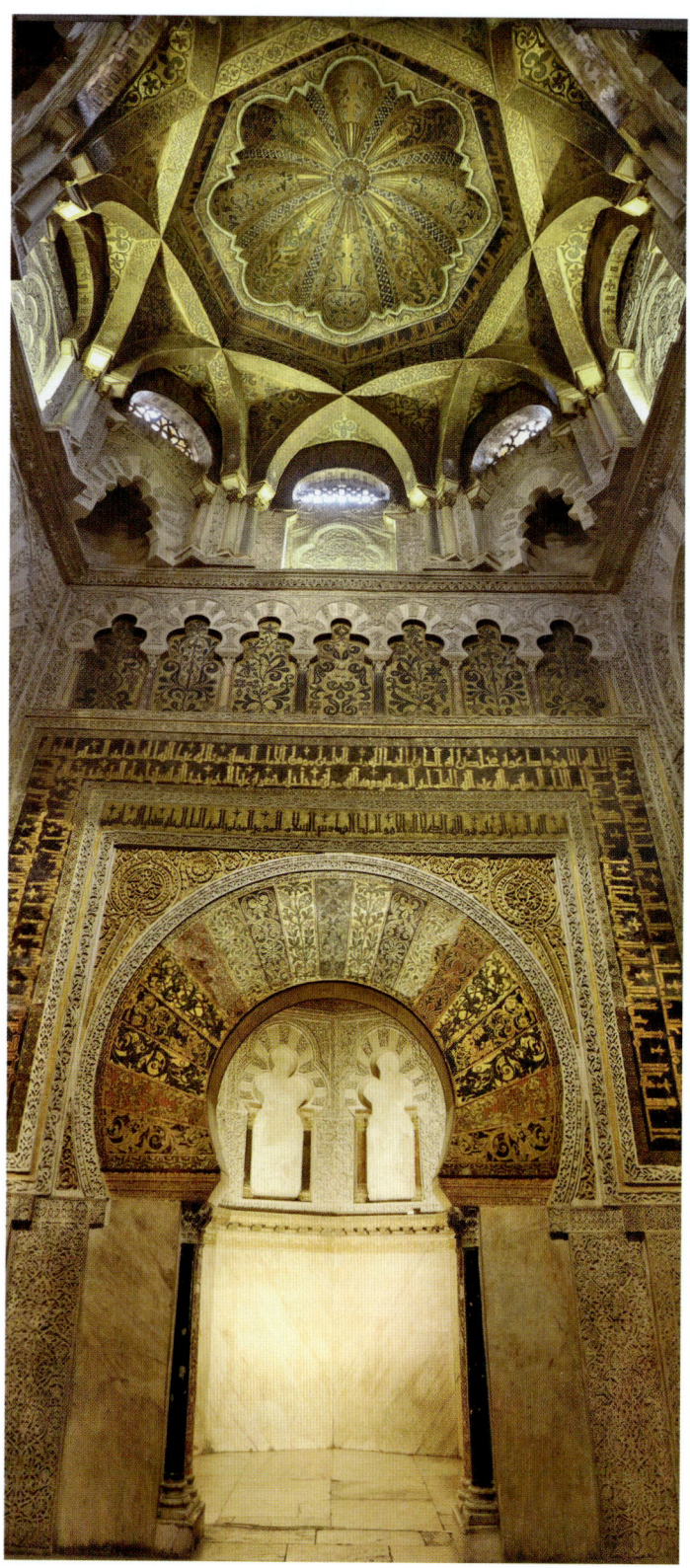

Simbología de la cúpula dorada de mosaicos ante el *mihrab*

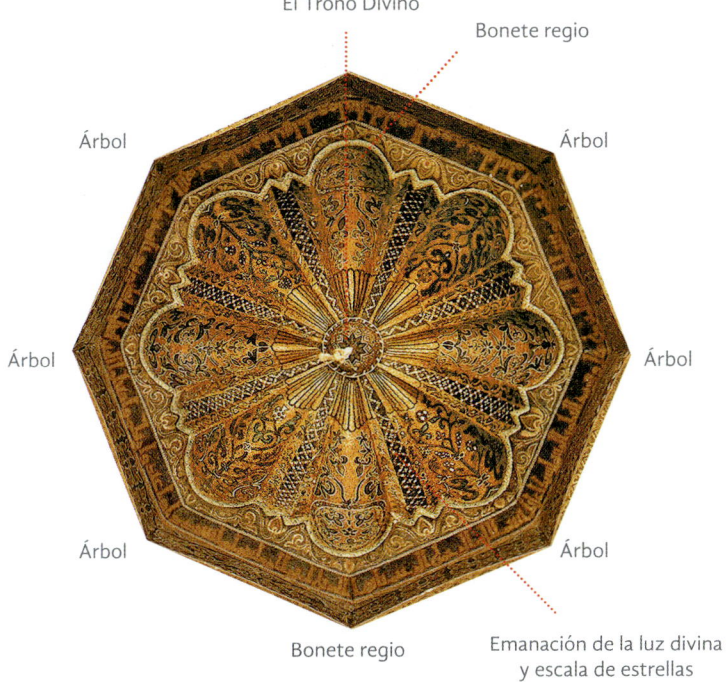

El Trono Divino

Bonete regio

Árbol

Árbol

Árbol

Árbol

Árbol

Árbol

Bonete regio

Emanación de la luz divina
y escala de estrellas

Historiadores del arte islámico del prestigio de Creswell o Fernández-Puertas interpretaron esta cúpula como representación del cielo con el trono divino en su cúspide, desde donde emana la luz divina a través de los diversos niveles y estrellas del firmamento. En los ocho lóbulos de la cúpula se incluye el Árbol del Universo mencionado en los textos sobre la ascensión del Profeta hasta Dios; este árbol extiende el bien hacia el mundo y proteje al ser humano con su sombra. "El soberano es la sombra de Dios sobre la tierra", reza precisamente un hadiz profético. En los lóbulos N y S, se representan sendos bonetes bizantinos, símbolo de la soberanía regia. Esta cúpula dignificaba así la aparición del califa al-Hakam ante el *mihrab* como representante y garante del orden del divino en la tierra.

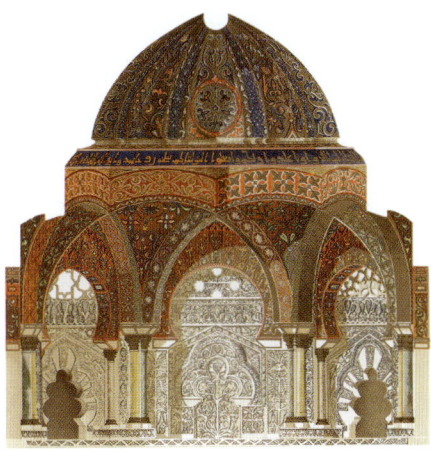

Dibujo de la cúpula de mosaicos ante el *mihrab* de la Mezquita de Córdoba publicado en *Monumentos Arquitectónicos de España*, 1876-1879; esta obra fue realizada bajo los auspicios de la Real Academia de Bellas Artes de San Fernando y la dirección de la Escuela Especial de Arquitectura de Madrid.

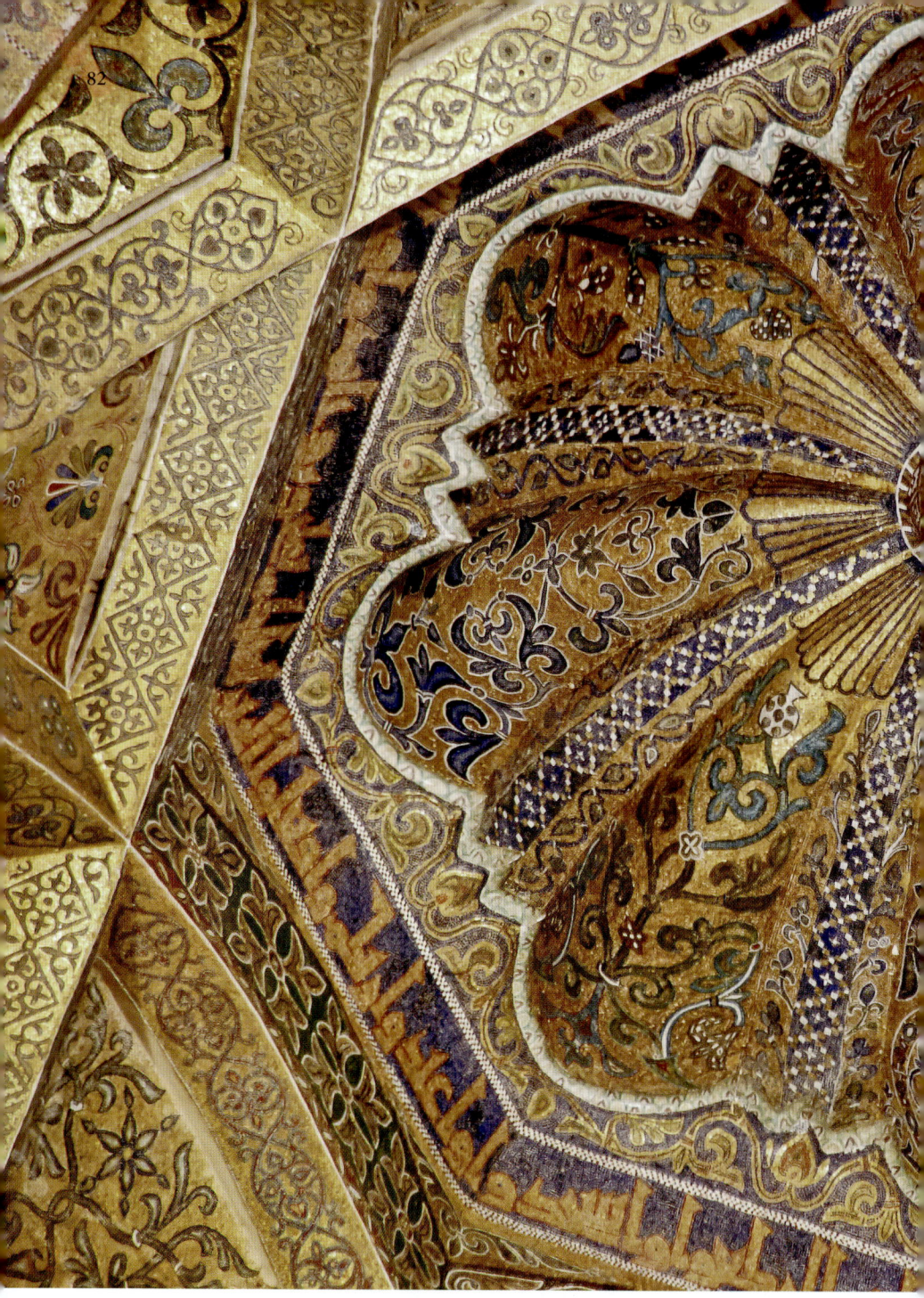

En la base octogonal de la cúpula se lee este pasaje coránico realizado en cúfico simple con mosaicos dorados y sobre fondo azul lapislázuli. El pasaje comienza en la esquina inferior derecha y dice así: "*Basmala*. ¡Creyentes! ¿Inclinaos, prosternaos, servid a vuestro Señor y obrad bien! Quizás, así, properéis. ¡Luchad por Dios como Él se merece! ¡Él os eligió y no os ha impuesto ninguna carga en la religión! ¡La religión de vuestro padre Abraham! Él os llamó `musulmanes´ anteriormente y aquí, para que el Enviado sea testigo de vosotros" (Corán 22, 77-78).

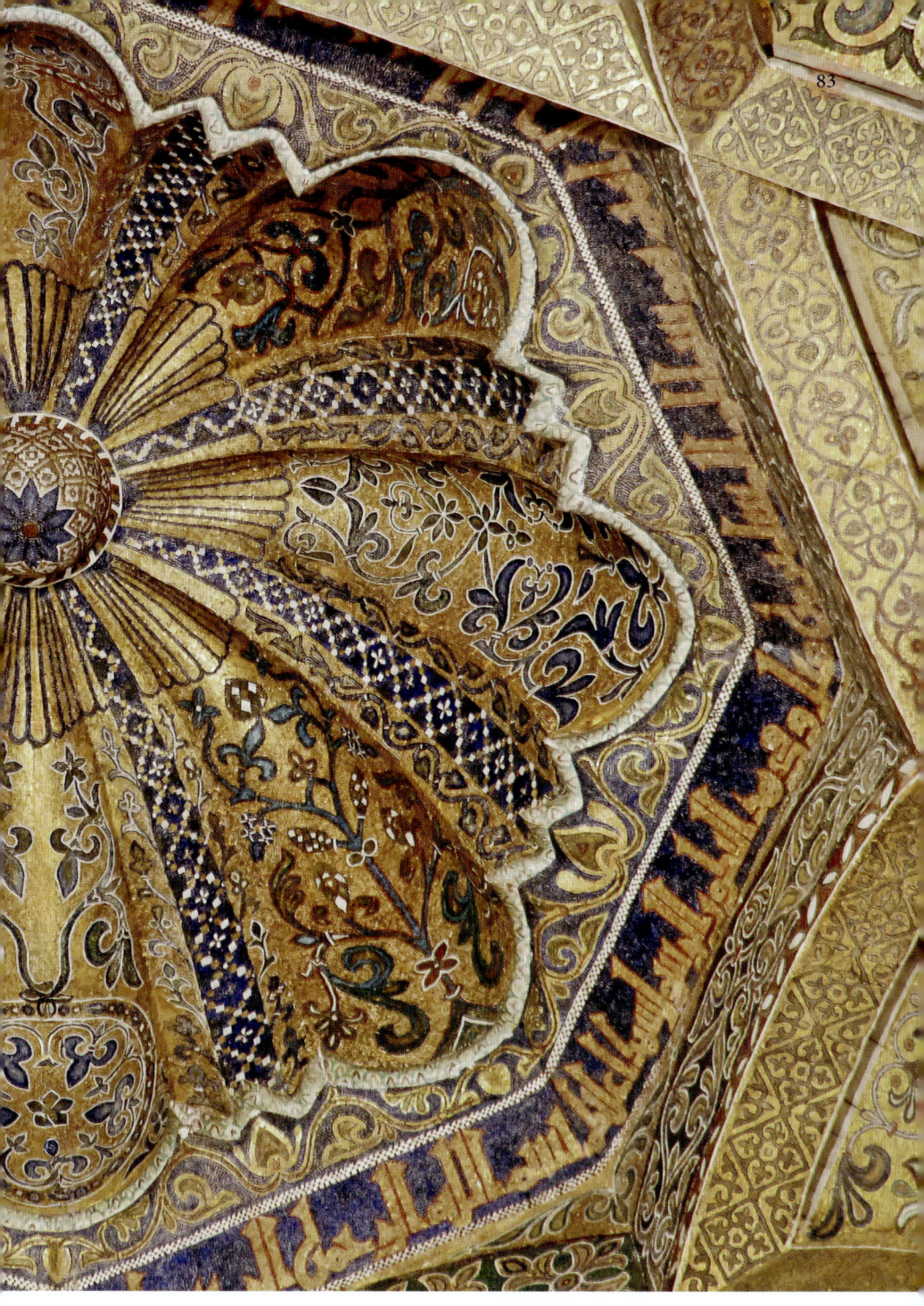

«بِسْمِ اللهِ الرَّحْمنِ الرَّحِيمِ. يَا أَيُّهَا الَّذِينَ آمَنُوا ارْكَعُوا وَاسْجُدُوا وَاعْبُدُوا رَبَّكُمْ وَافْعَلُوا الْخَيْرَ لَعَلَّكُمْ تُفْلِحُونَ وَجَاهِدُوا فِي اللهِ حَقَّ جِهَادِهِ هُوَ اجْتَبَاكُمْ وَمَا جَعَلَ عَلَيْكُمْ فِي الدِّينِ مِنْ حَرَجٍ مِلَّةَ أَبِيكُمْ إِبْرَاهِيمَ هُوَ سَمَّاكُمُ الْمُسْلِمِينَ مِنْ قَبْلُ وَفِي هَذَا لِيَكُونَ الرَّسُولُ شَهِيدًا عَلَيْكُمْ».

El texto se interrumpe antes del final de la aleya 78. Además de los significados cósmicos, de soberanía divina y califal antes comentados, el texto coránico invita a cumplir con la oración y la lucha por Dios y por el islam como religión de Abraham y de Muhammad, en nombre de la cual el califa al-Hakam ejerce su soberanía.

Los espléndidos diseños de arcos lobulados, encabalgados y entrecruzados

Las cuatro cúpulas de nervadura y la fastuosa *maqsura*, el área reservada para el califa ante el *mihrab*, están delimitadas por fachadas a modo de cortinas de arcos polilobulados y de herradura encabalgados y entrecruzados, proyectándose los primeros a veces hasta crear un efecto de complejidad y opulencia arquitectónica mayor que en las arquerías precedentes, las cuales se reproducen también en los demás espacios de esta ampliación. Las arquerías de la *maqsura* configuran sorprendentes "celosías" con rica ornamentación de estuco, en las que los arcos, pilares y columnas conservan su función tectónica como soportes, a pesar de su efectismo visual.

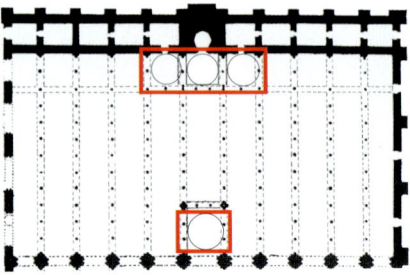

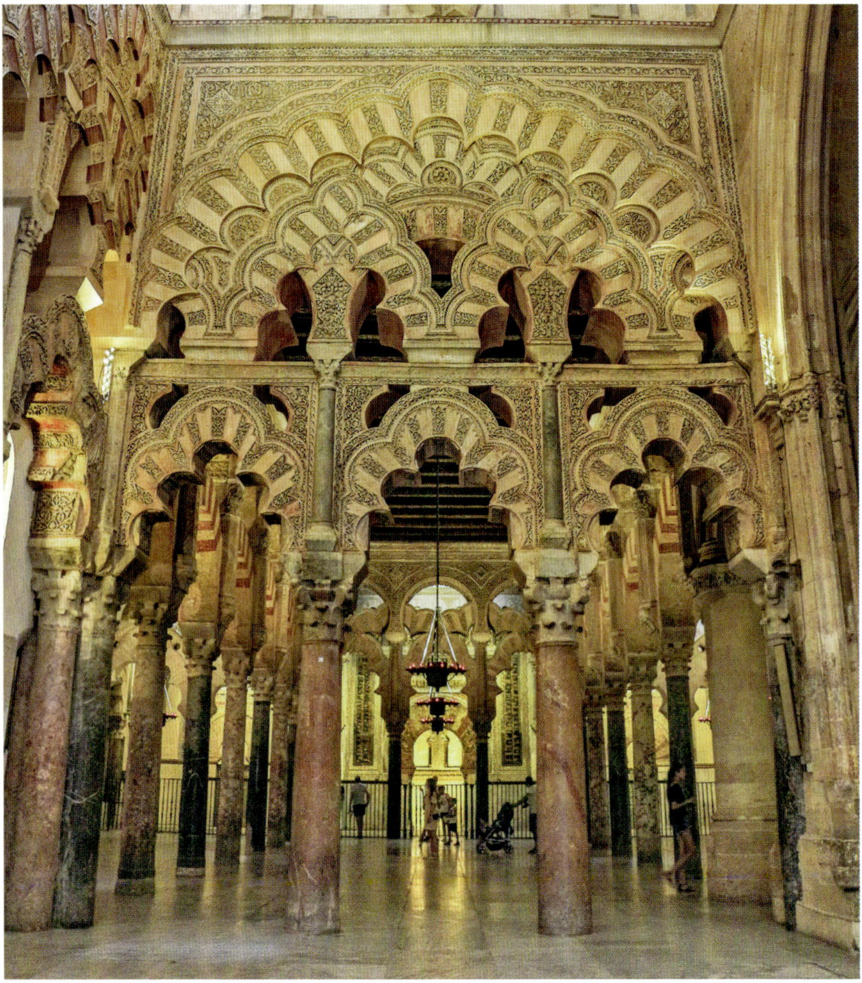

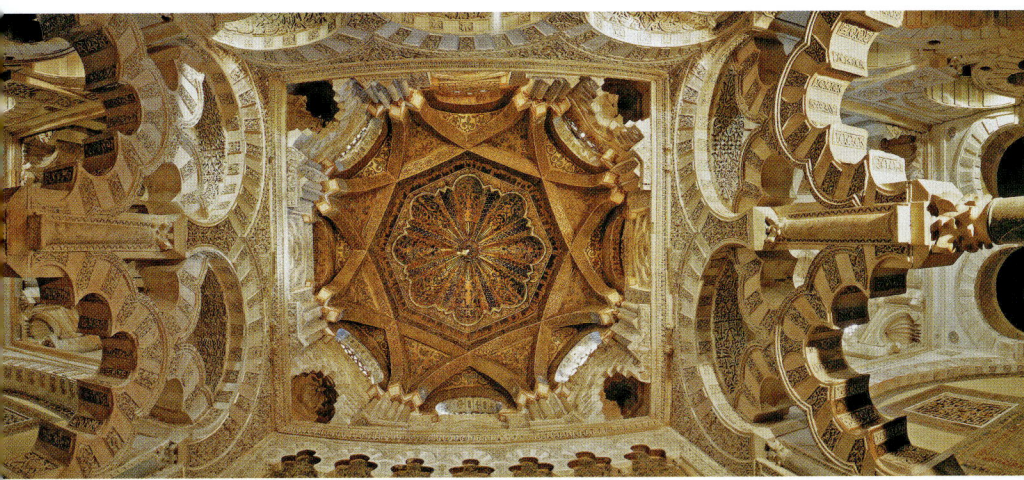

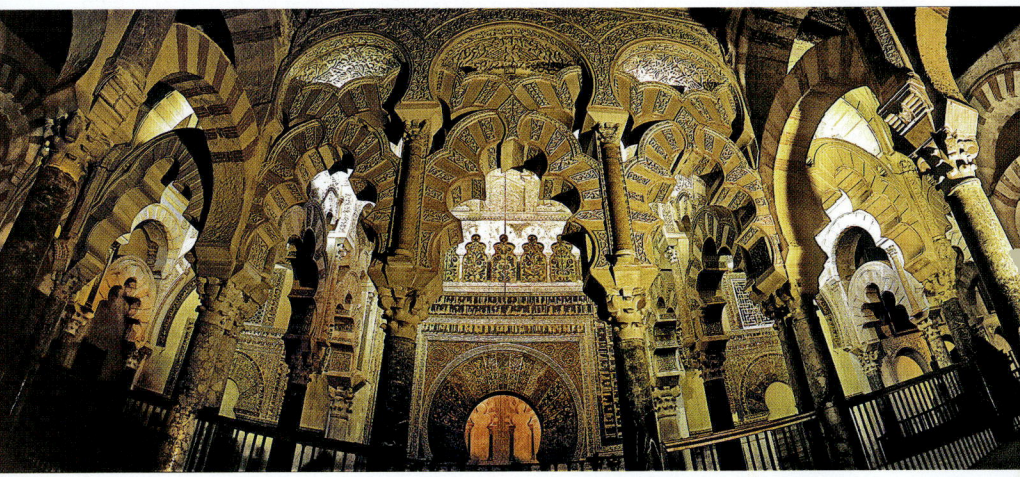

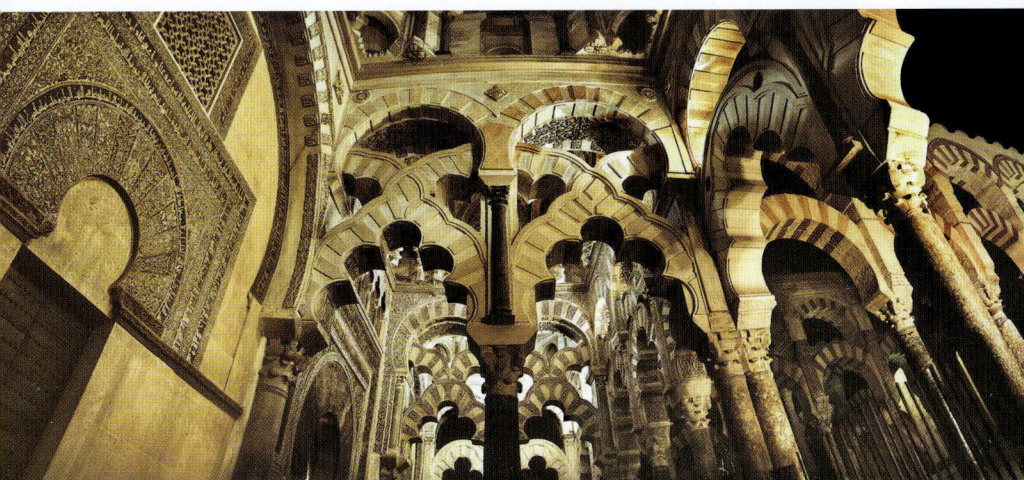

Arriba, cúpula de mosaicos ante el *mihrab*, y abajo dos panorámicas de las arquerías que forman las fachadas de la *maqsura*, con vista frontal la del centro y desde el lado oriental la inferior.

Mihrab de la Mezquita de Córdoba, alquibla del islam en Occidente

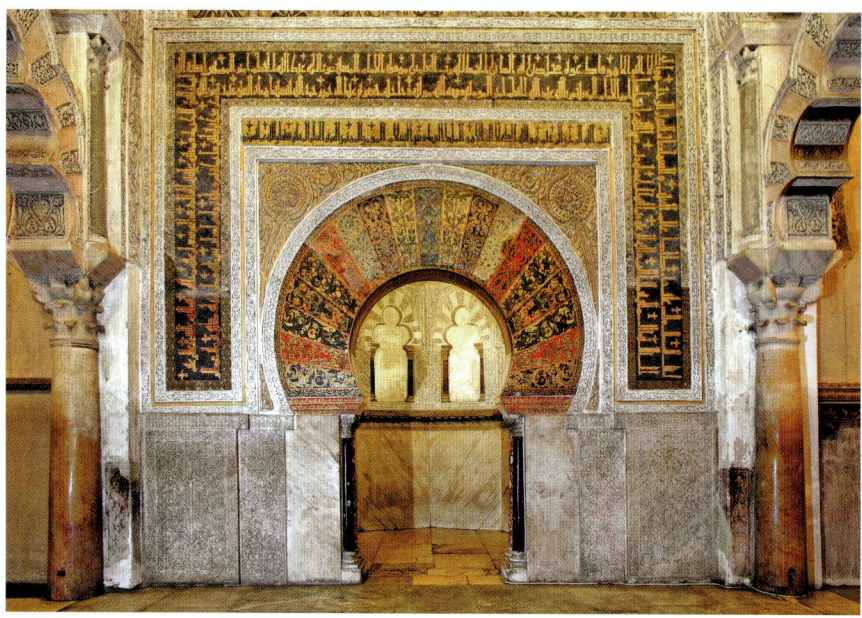

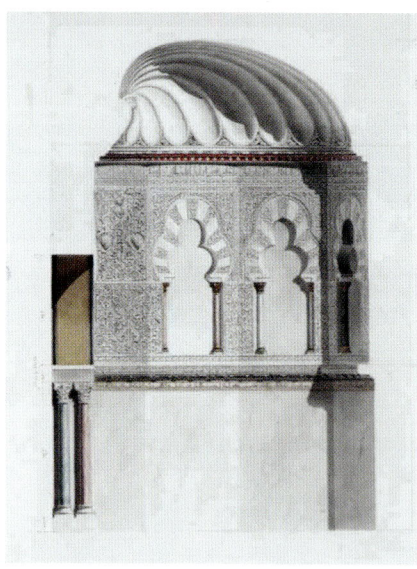

Sección lateral del interior del *mihrab*. Dibujo conservado en el Museo de la Real Academia de Bellas Artes de San Fernando, Madrid, perteneciente a la obra *Monumentos Arquitectónicos de España, ca. 1868*.

El *mihrab* de la Mezquita de Córdoba es uno de los *mihrab-s* más importantrs del islam, tanto por su significado histórico como por el artístico y el simbólico. Su fachada está centrada por un gran arco de herradura califal con un amplio extradós decorado con mosaicos y con representaciones estilizadas del "árbol de la vida" en las albanegas. Adosadas a la base del arco se encuentran las cuatro columnillas, una pareja negra y roja a cada lado, que pertenecieron, como dijimos, al *mihrab* de la anterior ampliación de la mezquita por 'Abd al-Rahmán II. El majestuoso arco del *mihrab* está enmarcado por un alfiz con inscripciones coránicas y conmemorativas realizadas en mosaico con el simple y solemne cúfico característico de la época de al-Hakam II.

Estos mosaicos y los de la cúpula central ante el *mihrab* y los de las dos puertas que lo flanquean son los únicos mosaicos conocidos de al-Andalus y con los que se cierra el arte del mosaico islámico de tradición bizantina profusamente utilizado por los omeyas orientales.

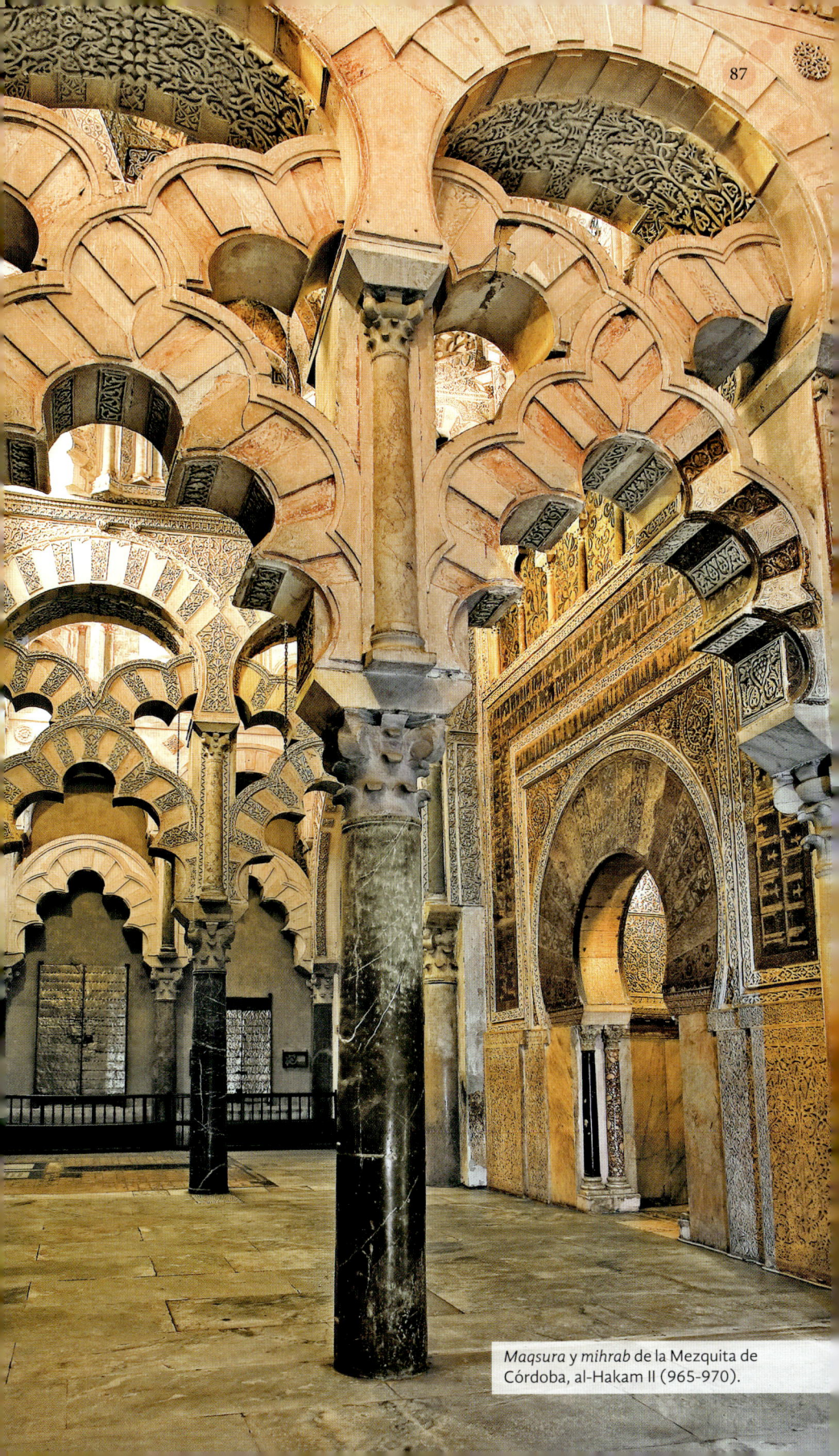

Maqsura y *mihrab* de la Mezquita de
Córdoba, al-Hakam II (965-970).

Inscripciones coránicas en la nave central de la ampliación de al-Hakam

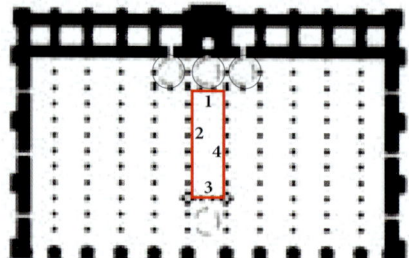

En la nave central de la ampliación de al-Hakam perviven restos del programa coránico caligrafiado en cúfico florido dentro de dos cenefas horizontales situadas por encima de los arcos. En la restauración se cambió el orden de algunas de las aleyas, que mostramos aquí en su disposición actual.

1. Fachada norte de la *maqsura*

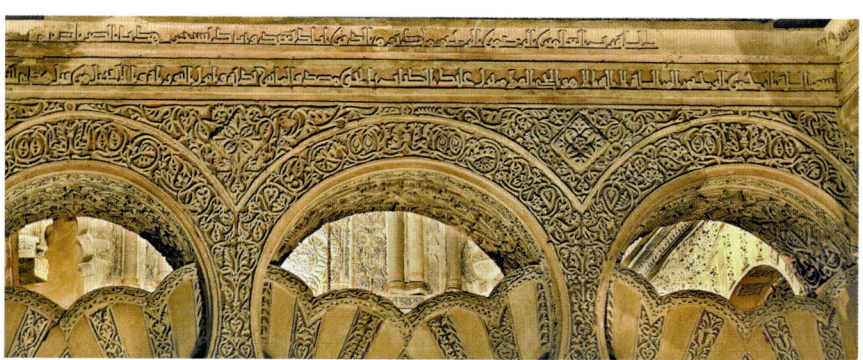

Cenefa superior: primera azora del Corán (el Exordio):

«¡En el nombre de Dios, el Compasivo, el Misericordioso! Alabado sea Dios, Señor del universo, el Compasivo, el Misericordioso, Dueño del día del Juicio. A Ti solo servimos y a Ti solo imploramos ayuda. Dirígenos por la vía recta, la vía de los que Tú has agraciado, no de los que han incurrido en la ira, ni de los extaviados».

«بِسْمِ اللَّهِ الرَّحْمَنِ الرَّحِيمِ. الْحَمْدُ لِلَّهِ رَبِّ الْعَالَمِينَ. الرَّحْمَنِ الرَّحِيمِ. مَالِكِ يَوْمِ الدِّينِ. إِيَّاكَ نَعْبُدُ وَإِيَّاكَ نَسْتَعِينُ. اهْدِنَا الصِّرَاطَ الْمُسْتَقِيمَ. صِرَاطَ الَّذِينَ أَنْعَمْتَ عَلَيْهِمْ غَيْرِ الْمَغْضُوبِ عَلَيْهِمْ وَلَا الضَّالِّينَ».

Cenefa inferior: *basmala* seguida del comienzo de la azora Al `Imrán (Corán 3, 1-3):

« ´lm. ¡Dios! No hay más dios que Él, el Viviente, el Subsistente. Él te ha revelado la *Escritura* [el Corán] con la Verdad, en confirmación de los mensajes anteriores. Él ha revelado la *Tora* y el *Evangelio* antes, como dirección para los hombres...».

«الم اللَّهُ لَا إِلَهَ إِلَّا هُوَ الْحَيُّ الْقَيُّومُ نَزَّلَ عَلَيْكَ الْكِتَابَ بِالْحَقِّ مُصَدِّقًا لِمَا بَيْنَ يَدَيْهِ وَأَنْزَلَ التَّوْرَاةَ وَالْإِنْجِيلَ مِن قَبْلُ هُدًى لِلنَّاسِ [...]».

2. Lado este

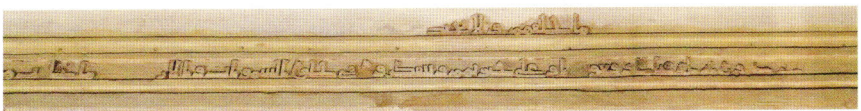

«[En la creación] de los cielos y de la tierra y en la sucesión de la noche y el día [hay, ciertamente, signos para los dotados de intelecto] (Corán 3, 190)».

«[...] السَّمَوَاتِ وَالْأَرْضِ وَاخْتِلَافِ اللَّيْلِ وَالنَّهَارِ لَآيَاتٍ [...]».

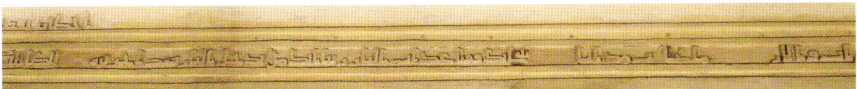

«[... signos para los dotados de intelecto] que recuerdan a Dios de pie, sentados o echados, y que meditan en la creación de los cielos y de la tierra: ... (Corán 3, 191)».

«[...] الَّذِينَ يَذْكُرُونَ اللَّهَ قِيَامًا وَقُعُودًا وَعَلَى جُنُوبِهِمْ وَيَتَفَكَّرُونَ فِي خَلْقِ السَّمَوَاتِ وَالْأَرْضِ [...]».

«[de los cielos y de la tierra:] ¡Señor! Tú cubres de aprobio a quien introduces en el Fuego. Los impíos no tendrán quien los auxilie. (Corán 3, 191-192)».

«السَّمَوَاتِ وَالْأَرْضِ رَبَّنَا مَا خَلَقْتَ هَذَا بَاطِلًا سُبْحَانَكَ فَقِنَا عَذَابَ النَّارِ رَبَّنَا إِنَّكَ مَن تُدْخِلِ النَّارَ فَقَدْ أَخْزَيْتَهُ وَمَا لِلظَّالِمِينَ مِنْ أَنصَارٍ».

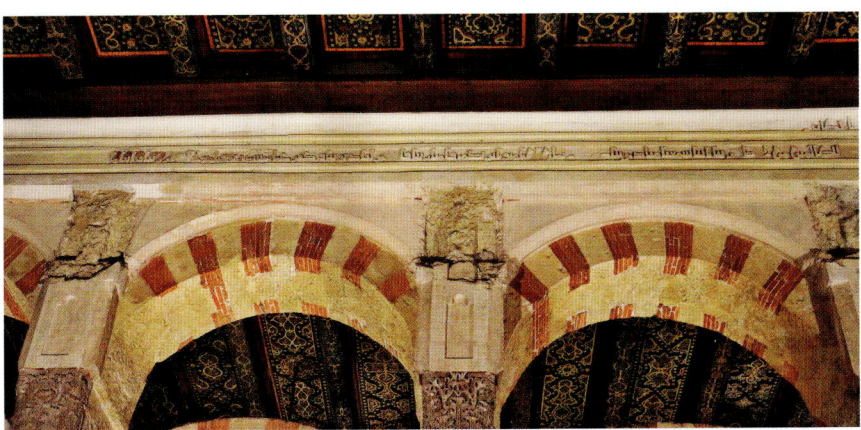

«[...] Los impíos no tendrán quien los auxilie. ¡Señor! ¡Hemos oído a uno que llamaba a la fe: `¡Creed en vuestro Señor!' y hemos creído. ¡Señor! ¡Perdónanos nuestros pecados! ¡Borra nuestras malas obras y recíbenos, cuando muramos, entre los justos! ¡Y danos, Señor, lo que [nos has prometido] (Corán 3, 192-193)».

«[...] لِلظَّالِمِينَ مِنْ أَنصَارٍ رَبَّنَا إِنَّنَا سَمِعْنَا مُنَادِيًا يُنَادِي لِلْإِيمَانِ أَنْ آمِنُوا بِرَبِّكُمْ فَآمَنَّا رَبَّنَا فَاغْفِرْ لَنَا ذُنُوبَنَا وَكَفِّرْ عَنَّا سَيِّئَاتِنَا وَتَوَفَّنَا مَعَ الْأَبْرَارِ رَبَّنَا وَآتِنَا مَا [...]».

3. Fachada sur de la Cúpula Mayor

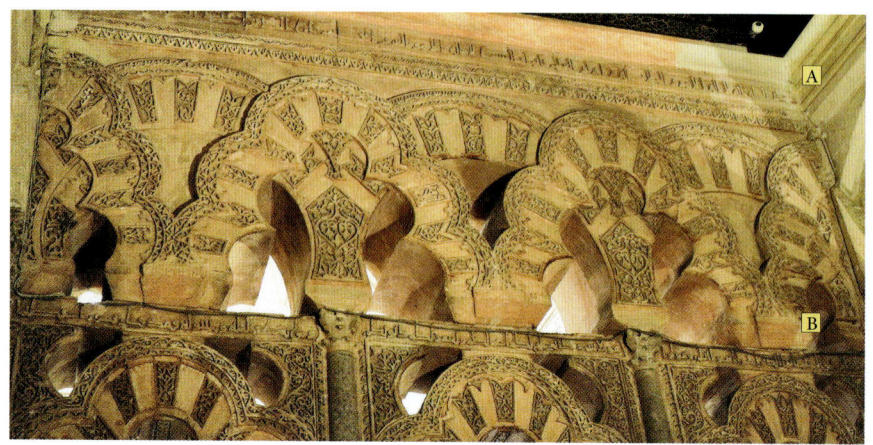

بِسْملة. «يَا أَيُّهَا الَّذِينَ آمَنُوا اتَّقُوا اللَّهَ وَقُولُوا قَوْلًا سَدِيدًا يُصْلِحْ لَكُمْ أَعْمَالَكُمْ وَيَغْفِرْ لَكُمْ ذُنُوبَكُمْ وَمَن يُطِعِ اللَّهَ وَرَسُولَهُ فَقَدْ فَازَ فَوْزًا عَظِيمًا».

«[...] اللَّهُ أَنَّهُ لَا إِلَهَ إِلَّا هُوَ وَالْمَلَائِكَةُ وَأُولُو الْعِلْمِ قَائِمًا بِالْقِسْطِ لَا إِلَهَ إِلَّا هُوَ الْعَزِيزُ الْحَكِيمُ إِنَّ الدِّينَ عِندَ اللَّهِ الْإِسْلَامُ [...]»

A. «[...] Dios [atestigua], y con Él los ángeles y los hombres dotados de ciencia, que no hay más dios que Él, Que vela por la equidad. No hay más dios que Él, el Poderoso, el Sabio. Ciertamente, la religión, para Diós, es el islam [...]» (Corán 3, 18-19).

B. *Basmala.* «¡Creyentes! ¡Temed a Dios y no digáis despropósitos, para que haga prosperar vuestras obras y os perdone vuestros pecados! Quien obedezca a Dios y a Su Enviado tendrán un éxito grandioso» (Corán 33, 70-71).

4. Lado oeste

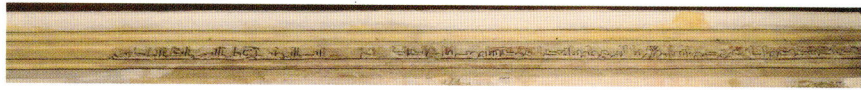

«[...] عَذَابٌ شَدِيدٌ وَاللَّهُ عَزِيزٌ ذُو انتِقَامٍ» / «رَبَّنَا لَا تُزِغْ قُلُوبَنَا بَعْدَ إِذْ هَدَيْتَنَا وَهَبْ لَنَا مِن لَّدُنكَ رَحْمَةً إِنَّكَ أَنتَ الْوَهَّابُ» / «قُلِ اللَّهُمَّ مَالِكَ الْمُلْكِ تُؤْتِي [...]».

En este lado no quedan más que algunas aleyas de la azora Al `Imrán (Corán 3): «[Quienes no crean en los signos de Dios tendrán] un castigo severo, Dios es poderoso, vengador (Corán 3, 4)»/«¡Señor! ¡No hagas que nuestros corazones se desvíen, después de habernos Tú dirigido! ¡Regálanos, de Ti misericordia! Tú esres el Munífico (Corán 3, 8)» / «Di: «¡Oh, Dios, Dueño del dominio! Tú das [...]» (Corán 3, 26).

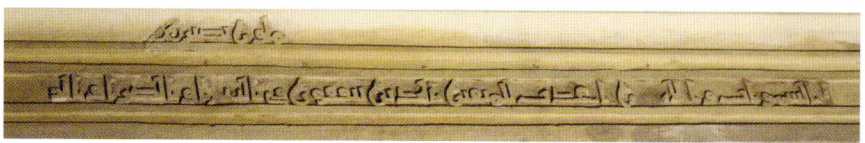

«[...] السَّمَوَاتُ وَالْأَرْضُ أُعِدَّتْ لِلْمُتَّقِينَ (133) الَّذِينَ يُنفِقُونَ فِي السَّرَّاءِ وَالضَّرَّاءِ [...]».

«[¡Y apresuraos a obtener el perdón de vuestro Señor y un Jardín tan vasto] como los cielos y la tierra, que ha sido preparado para los temerosos de Dios / que dan limosna tanto en la prosperidad como en la adversidad... (Corán 3, 133-134)».

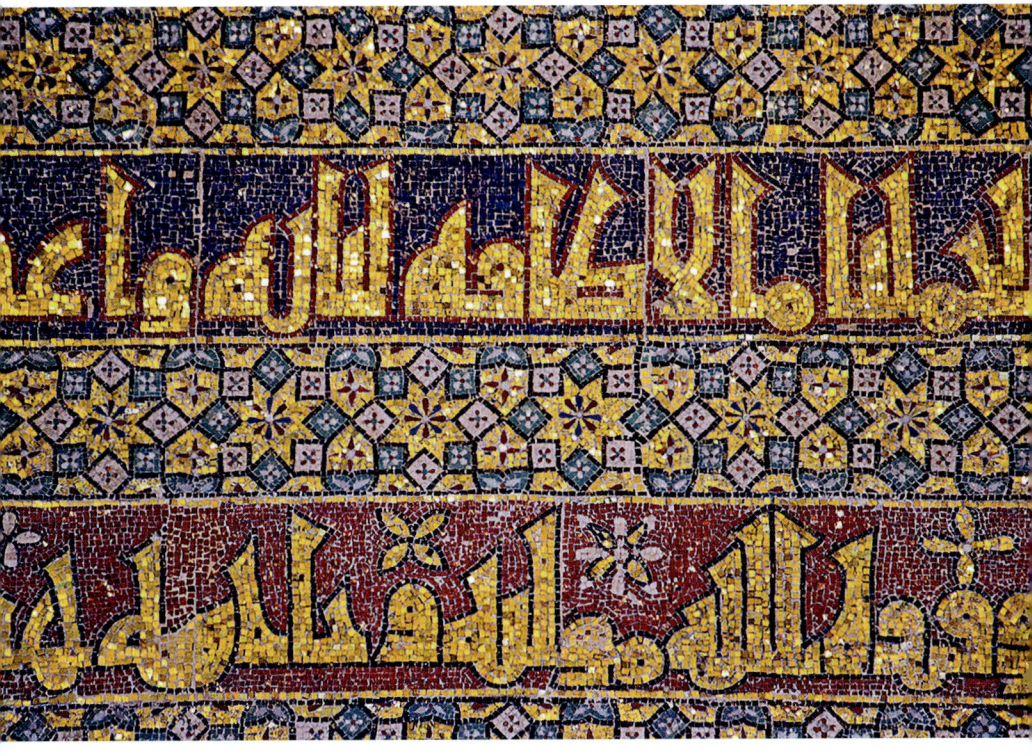

Fragmento de mosaicos de la puerta del *sabat*.

Los mosaicos del *mihrab* de al-Hakam II

Se ha hecho célebre un pasaje de Ibn Idari según el cual el monarca bizantino (*Malik al-Rum*), tras recibir una misiva del califa al-Hakam II pidiéndole un artesano para "hacer como había hecho" el califa al-Walid en la Mezquita de Damasco, le envió 320 quintales de mosaicos (*fusayfisa'*) de regalo, junto con el artesano (*sáni'*), con quien al-Hakam puso a trabajar a un grupo de siervos para que aprendieran el arte (*li-ta'allum al-sina'a*), llegando a superarlo y a prescindir del maestro, quien retornó agasajado por al-Hakam con valiosos obsequios. Ibn Idari añade que "todo buen artesano de cualquier parte de la tierra" acudía a contemplar esta obra (*al-Bayán al-mugrib*, II, pp. 237-238).

Retornando a la tradición de los santuarios omeyas orientales (Cúpula de la Roca, mezquitas de al-Aqsà y Damasco, la desaparecida primera Mezquita de Medina), se incorpora un magnífico programa musivario en la fachada del *mihrab*, en la cúpula central y en las dos puertas laterales, la del *bayt al-mal* (tesoro) y la del *sabat* (pasadizo de doble piso que conectaba, a través de un puente exterior cerrado, con el Alcázar Califal).

Los mosaicos fueron colocados en los años 965 y 971 bajo la dirección de Ya'far y no sólo son únicos en al-Andalus, sino que pueden considerarse, como dijimos, la culminación y epílogo de este arte en el islam clásico.

Los mosaicos están formados por teselas cuadradas de alrededor de 1 cm. de lado, fabricadas de pasta de vidrio, caliza, cerámica y mármol, en unos dieciocho colores, además del oro (muy ponderado en los textos árabes sobre la mezquita) y el blanco, entre los que destacan el rojo, el verde y el azul, con el que están realizadas las caligrafías cúficas, los atauriques y los motivos geométricos. Las inscripciones van en dorado sobre azul y viceversa, y en las puertas que flanquean el *mihrab* hay cenefas con cúfico dorado sobre fondos rojo y azul, no sólo rectilíneas a modo de alfiz, sino algunas también curvilíneas.

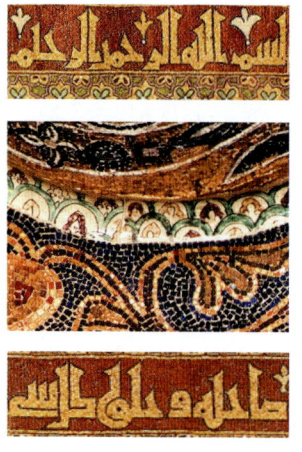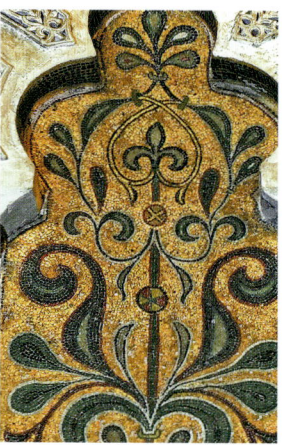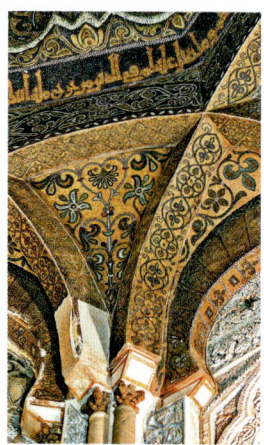

Ejemplos de mosaicos de una de las esquinas de la cúpula situada delante del *mihrab* (dcha.), de la fachada del *mihrab* (centro y pág. siguiente) y de las puertas del *sabat* y del Tesoro (izqda.), en los que se observa la variedad de diseños vegetales, geométricos y caligráficos en cúfico simple.

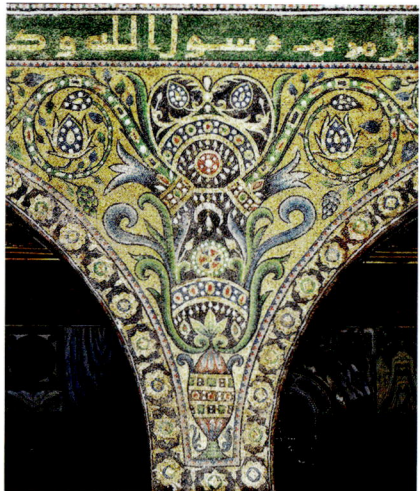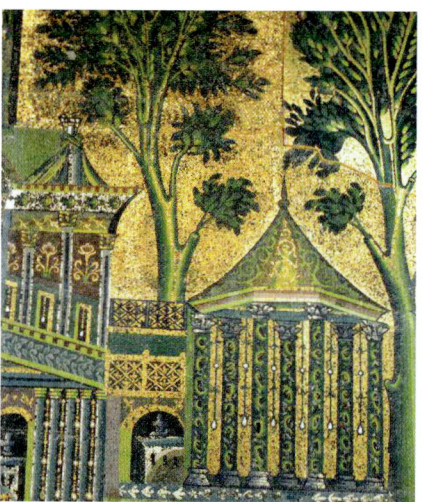

Mosaicos del interior de la Cúpula de la Roca en Jerusalén con decoración vegetal e inscripciones coránicas cúficas. Época del califa 'Abd al-Malik (Foto de Said Nusaibeh).

Fragmento de los mosaicos del patio de la Mezquita Omeya de Damasco con figuras de árboles y edificios. Época de al-Walid ibn 'Abd al-Malik.

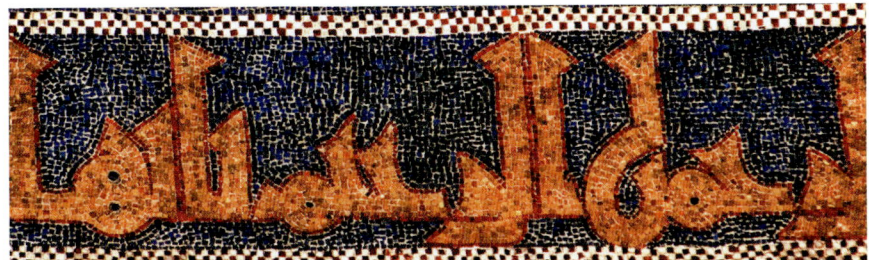

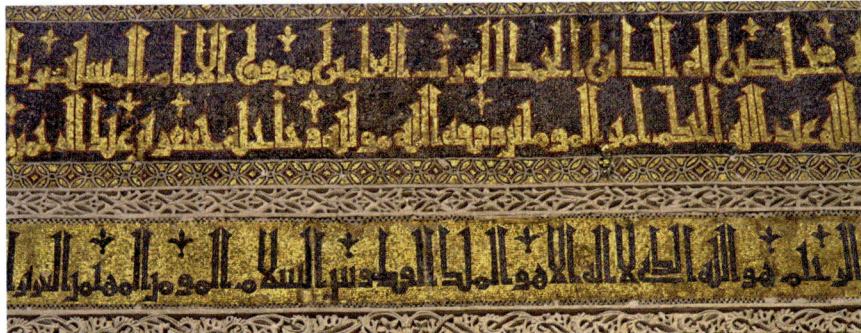

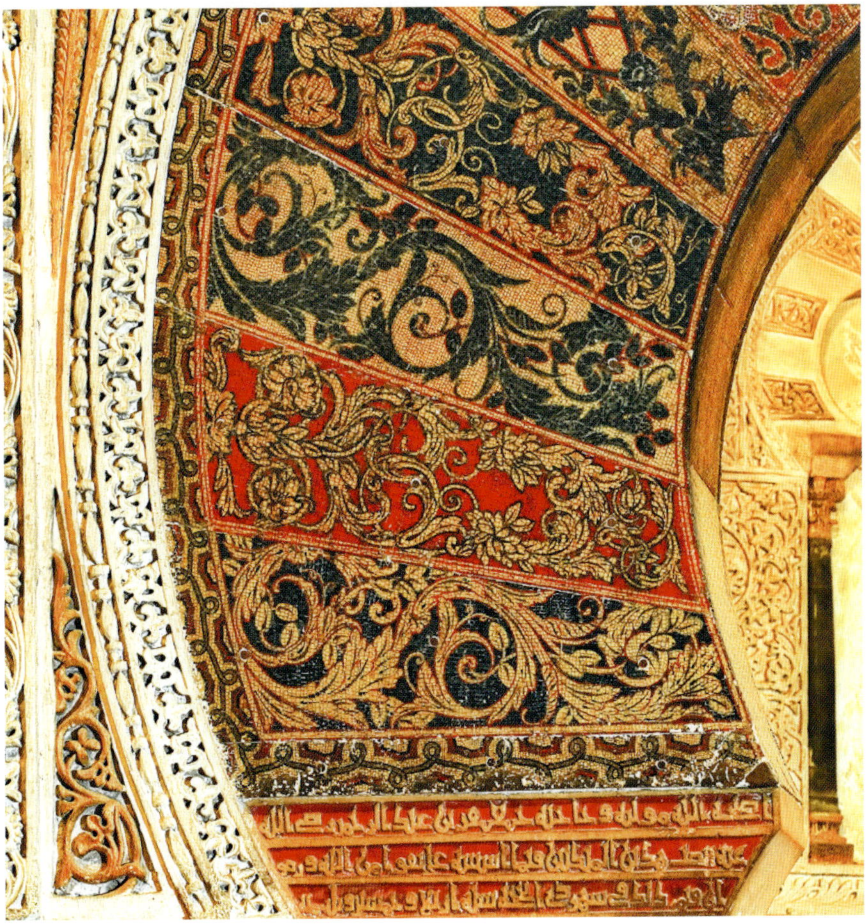

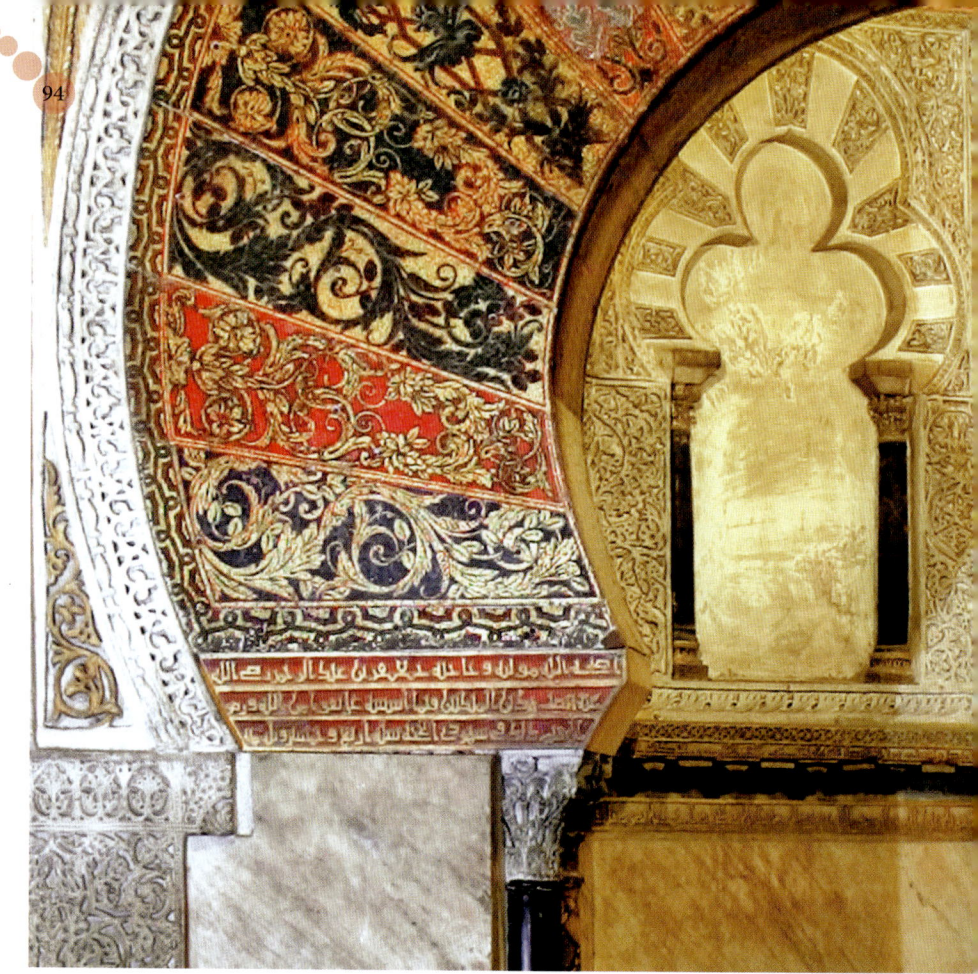

Basmala. "¡Alabado sea Dios, Que nos ha dirigido acá! No habríamos sido bien dirigidos si no nos hubiera dirigido Dios. Los enviados de nuestro Señor bien que trajeron la Verdad" (Corán 7, 43). Ordenó el imán al-Mustansir bi-Llah, siervo de Dios, al-Hakam, Príncipe de los Creyentes, /

[Imposta derecha]

a quien Dios beneficie, a su liberto y *háyib* (chambelán) Ya'far ibn 'Abd al-Rahmán, que Dios esté satisfecho de él, levantar estas dos jambas, lo que "cimentó sobre el temor de Dios y en Su satisfacción" (Corán 9, 109). Lo que se terminó en el mes de *Du l-hiyya* del año 354 (=28 nov.-27 dic. 965).

[Imposta izquierda]

Inscripciones de la fachada del *mihrab*

En lugares destacados de la fachada del *mihrab*, la epigrafía menciona al califa constructor, al-Hakam al-Mustansir bi-Llah (el que solicita la ayuda de Dios), al-Hakam II, a los supervisores de las obras y la fecha de terminación de las mismas, junto con aleyas coránicas. En las impostas del gran arco del *mihrab* leemos un epígrafe en el que se combinan alusiones coránicas sobre la buena guía de Dios y de sus profetas con el nombre de al-Hakam y la dirección de la obra encargada al liberto Ya'far y su finalización en noviembre-diciembre del año 965. En la imposta izquierda se mencionan las dos jambas o soportes del *mihrab* en lo que parece ser una alabanza a las dos parejas de columnas, negra y roja, del anterior *mihrab* de 'Abd al-Rahmán II mandadas trasladar aquí por al-Hakam II durante una visita que hizo a la Mezquita en octubre del citado año 965 (Ibn Idari, *Bayán*, II, 253-4; Ocaña 1988-1990, nº 3). Esta inscripción conmemorativa está tallada en la piedra de cada imposta en tres líneas de cúfico simple y con un bello contraste entre las letras doradas y el fondo rojo.

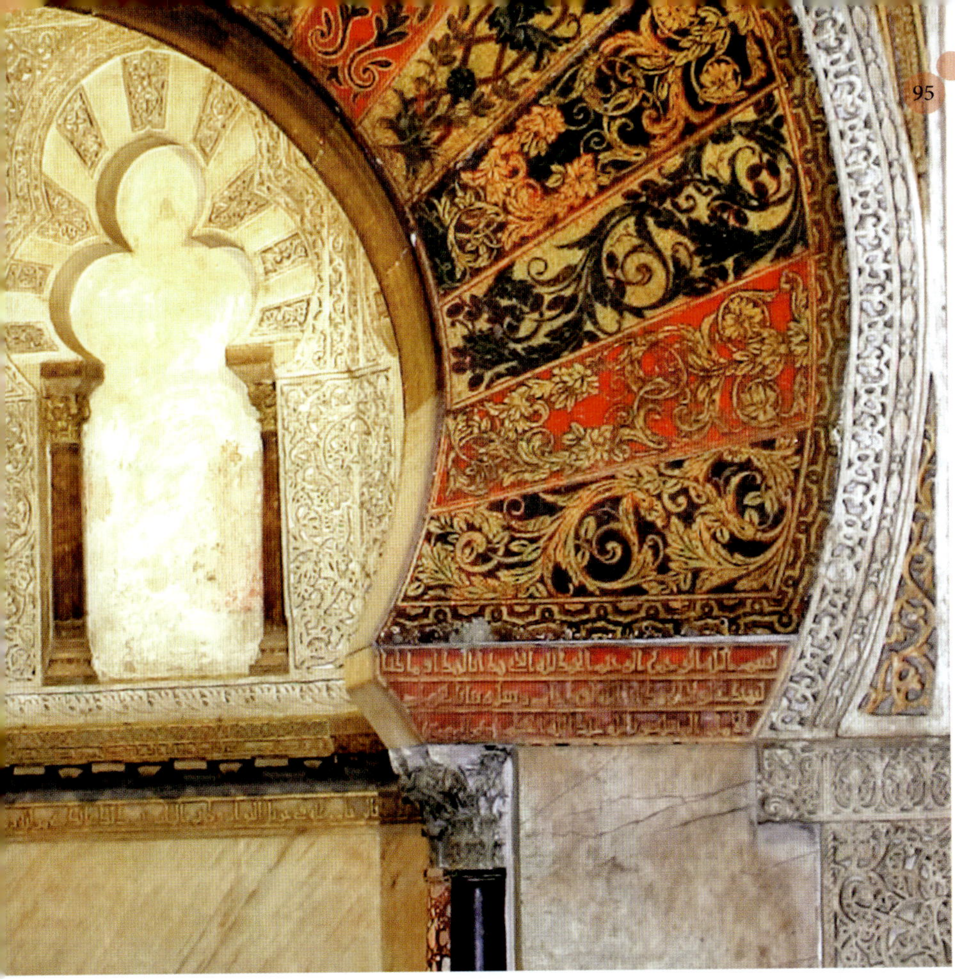

بسم الله الرحمن الرحيم الْحَمْدُ للَّه الَّذِي هَدَانَا لِهَذَا وَمَا كُنَّا / لِنَهْتَدِيَ لَوْلَا أَنْ هَدَانَا اللَّهُ لَقَدْ جَاءَتْ رُسُلُ رَبِّنَا بِالْحَقِّ / أمر الإمام المستنصر بالله الحكم أمير المؤمنين/

أصلحه الله موليه وحاجبه جعفر عبد الرحمن رضي الله / عنه بنصب هذين المنكبين، فيما أسسه على تقوى من الله ورضوان، فتم ذلك في شهر ذي الحجة سنة أربع وخمسين وثلث مائة.

Ya'far e Ibn Tamlih, supervisores de la obra

El *háyib* Ya'far (véase su nombre tallado en la imposta izquierda) fue una de las personas más célebres de la Córdoba omeya. Pasó de ser esclavo a jefe de caballerizas y director de la fábrica de tejidos regia (*dar al-tiráz*) en época de 'Abd al-Rahmán III, y después *háyib* y *sayf al-dawla* (chambelán y espada del Estado), es decir, primer ministro, además 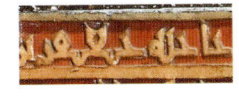 de secretario al servicio al-Hakam II. Asimismo, supervisó la construcción de importantes salones del palacio califal de Madinat al-Zahra' para 'Abd al-Rahman III, quien lo adoptó simbólicamente como "hijo", por lo que en las inscripciones se le apoda "Ibn 'Abd al-Rahmán".

Muhammad ibn Tamlih. Sobre él dice el historiador Ibn Sa'id al-Andalusí (1029-1070) que "era un hombre digno, sereno y con conocimientos de medicina, gramática, lengua y transmisión de textos, que sirvió a al-Násir ('Abd al-Rahmán III) y al-Mustansir bi-Llah (al-Hakam II) con el 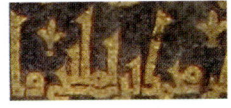 arte de la medicina. Fue predicador con al-Hakam, quien le encomendó supervisar la construcción de la ampliación de las dos alquiblas de la aljama de Córdoba, lo que asumió y fue acabado bajo su supervisión y confianza. Yo vi su nombre escrito con oro y mosaicos [foto a la dcha.] en la pared del *mihrab* situado en ambas alquiblas. Esta construcción se acabó bajo su mediación y por orden del califa al-Hakam el año 358 (=968-9)" (*Tabaqát al-umam*, p. 190).

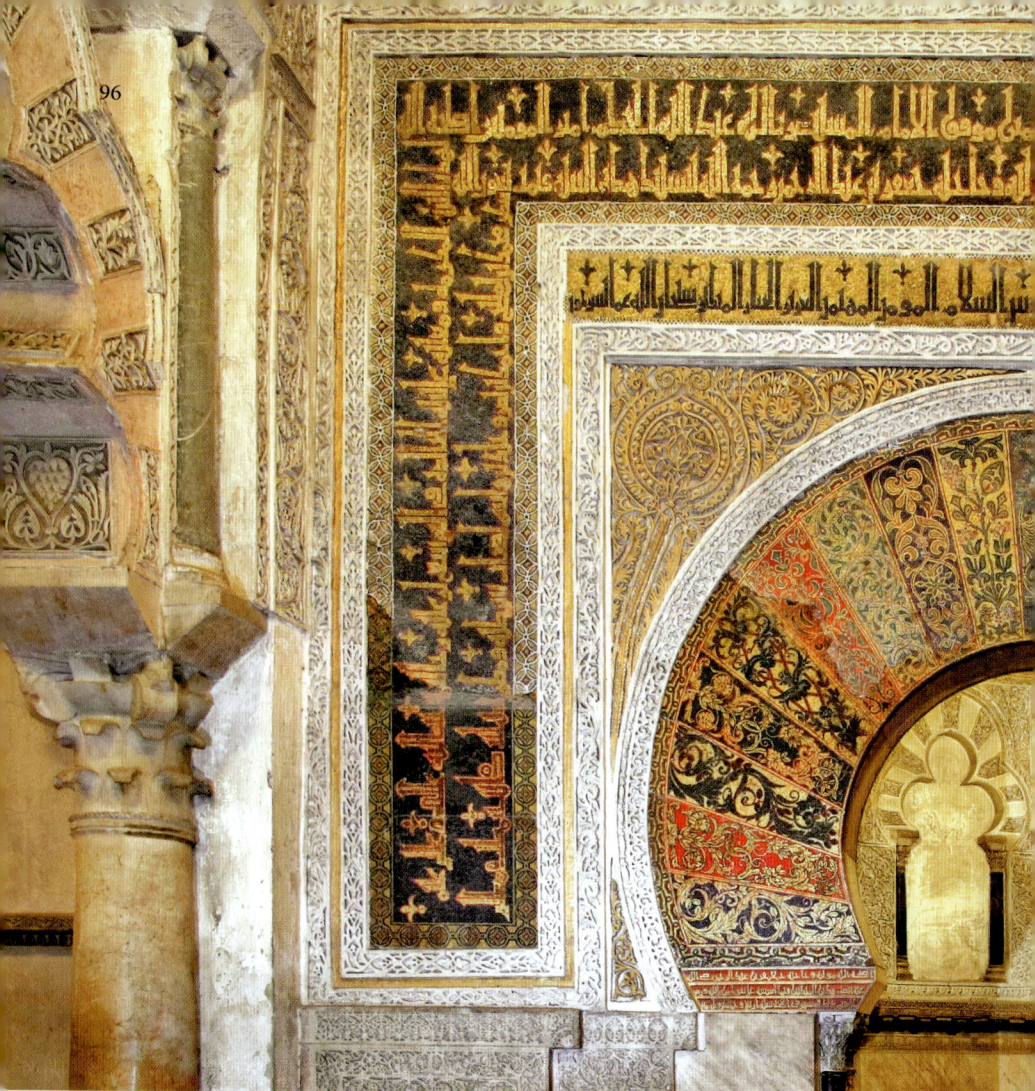

96

Inscripciones en los mosaicos de la fachada del *mihrab*

En el comienzo y final de las cenefas del alfiz las inscripciones se deterioraron y fueron sustituidos en 1816 por letras cúficas sin sentido. Los textos que damos a continuación se basan en los estudios realizados por Ocaña Jiménez (1988-1990) y en su cotejo con los mosaicos tal como se conservan en la actualidad.

Alfiz, doble cenefa en cúfico dorado sobre fondo azul:

1. Cenefa interior (conmemorativa):

«... Él inspiró en su gobernante el deseo de lo que comenzó y terminó por Su gracia. *Tasliya*. El imán al-Mustansir bi-Llah, siervo de Dios, al-Hakam, Príncipe de los Creyentes, Dios le dé suerte, ordenó a su liberto y *háyib* Ya'far ibn 'Abd al-Rahmán, Dios se apiade de él, erigir esta construcción. Y fue terminada, con la ayuda de Dios, bajo la supervisión de Muhammad ibn Tamlih, Ahmad ibn Nasr y Jalid ibn Hashim, jefes de su policía, y Mutarrif ibn 'Abd al-Rahmán, el *kátib* (secretario), sus siervos».

«[...؟] إلى ما ألهم واليه الرغبة فيما ابتدأ من فضله وقّم وصلّى الله على محمّد وسلّم. أمر الإمام المستنصر بالله عبد الله الحَكم أمير المؤمنين وقّقه الله مَوليه وحاجبه جعفر بن عبد الرحمن، رحمه الله، بتشييد هذه البنية فتمّت بعون الله بنظر محمّد بن تمليح وأحمد بن نصر وخلد بن هاشم أصحاب شرطته ومطرّ[ف بن عبد الرحمن] الكاتب عبيده».

En la cuarta palabra leemos, a diferencia de Ocaña, "wáli-Hi", es decir, "Su gobernante", quien gobierna en nombre de Dios.

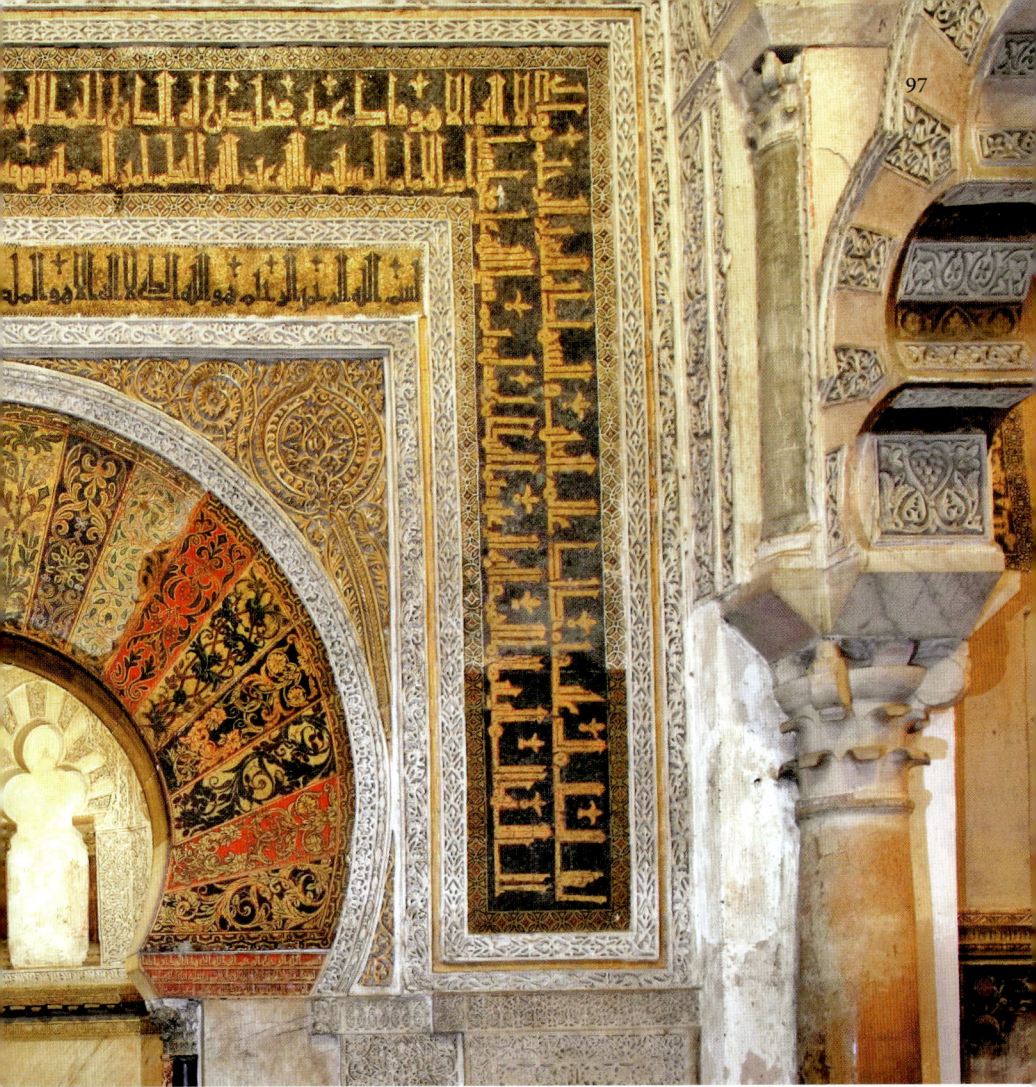

2. Cenefa exterior (coránica y conmemorativa):

«*Basmala*. Tal es el Conocedor de lo oculto y de lo patente, el Poderoso, el Misericordioso». (Corán 32, 6). «Él es el vivo. No hay más dios que Él. ¡Invocadle, rindiéndole culto sincero! ¡Alabado sea Dios, Señor del universo!». (Corán 40, 65), Quien ayuda al imán al-Mustansir bi-Llah, siervo de Dios, al-Hakam, Príncipe de los Creyentes, -que Dios le beneficie-, para esta venerable edificación y Quien le asiste en su permanente intención de favorecer largamente a sus súbditos, esperando [la recompensa (en el Más Allá) de Dios el Grandioso ...?...].

«[بسم الله الرحمن الرحـ]يم. ذلك عالمُ الغَيب والشهادة العزيز الرحيم». «هو الحيُّ لا إلهَ إلا هو فادعوه مخلصينَ لُه الدينَ الحمدُ للهِ ربِّ العالمِين». موفَّق الإمام المستنصر بالله عبد الله الحَكَم أمير المؤمنين أصلحه الله لهذه البنية المكرَّمة ومعينه على نيَّته الخالدة في التوسّع لرعيّته رجاء تثو[يب الله العظيم ؟....] ...».

Cenefa horizontal sobre el arco, cúfico en azul sobre fondo dorado (coránica):

«*Basmala*. Es Dios –no hay más dios que Él–, el Rey, el Santísimo, el Pacificador, Quien da seguridad, el Custodio, el Poderoso, el Fuerte, el Sumo. ¡Gloria a Dios! ¡Está por encima de lo que Le asocian!» (Corán 59, 23).

«بسم الله الرحمن الرحيم هو الله الذي لا إلهَ إلا هو المِلكُ القُدّوسُ السلامُ المؤمنُ المُهيمنُ العزيزُ الجبّار المتكبَّرُ سبحانَ اللهِ عمّا يُشرِكونُ».

Inscripciones en el interior del *mihrab*

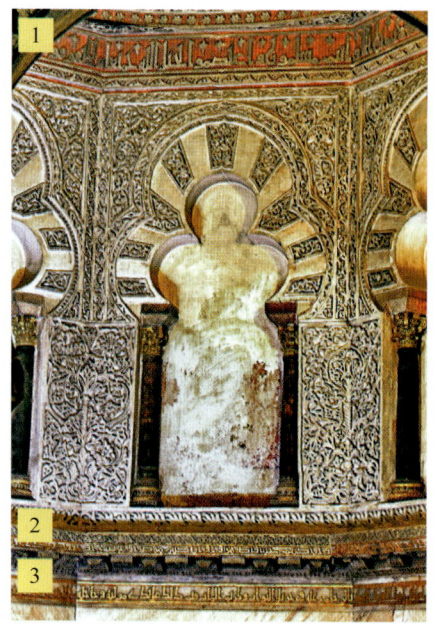

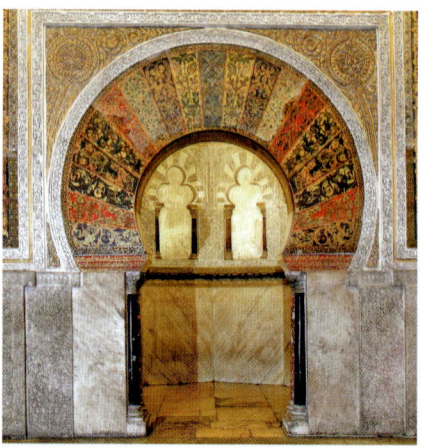

El interior del *mihrab* tiene una cúpula con forma de venera cuyos colores originales han desaparecido. Su base es octogonal y seis de sus lados están soportados por arcos ciegos trilobulados sostenidos por columnillas adosadas a pequeños pilares.

1 Base octogonal de la cúpula con forma de venera; cúfico dorado sobre fondo rojo (coránica):

«*Basmala*. ¡Creyentes! Temed a Dios con el temor que Le es debido y no muráis sino sometidos. Aferraos al pacto de Dios, todos juntos, y no os separéis. Recordad la gracia que Dios os dispensó cuando erais enemigos: reconcilió vuestros corazones y, por Su gracia, os transformasteis en hermanos; estabais al borde de un abismo de fuego y os liberó de él. Así os explica Dios Sus signos» (Corán 3, 102-103).

«بسملة. يَا أَيُّهَا الَّذِينَ آمَنُوا اتَّقُوا اللَّهَ حَقَّ تُقَاتِهِ وَلَا تَمُوتُنَّ إِلَّا وَأَنتُم مُّسْلِمُونَ وَاعْتَصِمُوا بِحَبْلِ اللَّهِ جَمِيعًا وَلَا تَفَرَّقُوا وَاذْكُرُوا نِعْمَتَ اللَّهِ عَلَيْكُمْ إِذْ كُنتُمْ أَعْدَاءً فَأَلَّفَ بَيْنَ قُلُوبِكُمْ فَأَصْبَحْتُم بِنِعْمَتِهِ إِخْوَانًا وَكُنتُمْ عَلَىٰ شَفَا حُفْرَةٍ مِّنَ النَّارِ فَأَنقَذَكُم مِّنْهَا كَذَٰلِكَ يُبَيِّنُ اللَّهُ لَكُمْ آيَاتِهِ لَعَلَّكُمْ تَهْتَدُونَ».

2 Borde superior de la cornisa del zócalo; cúfico dorado (coránica):

«*Basmala*. ¡Creyentes! Cuando os dispongáis a hacer la azalá, lavaos el rostro y los brazos hasta el codo, pasad las manos por la cabeza y lavaos los pies hasta el tobillo. Si estáis en estado de impureza legal, purificaos. Y si estáis enfermos o de viaje, si viene uno de vosotros de hacer necesidades, o habéis tenido contacto con mujeres y no encontráis agua, recurrid a arena limpia y pasadla por el rostro y por las manos. Dios no quiere imponeros ninguna carga, sino purificaros y completar Su gracia en vosotros. Quizás, así, seáis agradecidos» (Corán 5, 6).

«بسملة. يَا أَيُّهَا الَّذِينَ آمَنُوا إِذَا قُمْتُمْ إِلَى الصَّلَاةِ فَاغْسِلُوا وُجُوهَكُمْ وَأَيْدِيَكُمْ إِلَى الْمَرَافِقِ وَامْسَحُوا بِرُءُوسِكُمْ وَأَرْجُلَكُمْ إِلَى الْكَعْبَيْنِ وَإِن كُنتُمْ جُنُبًا فَاطَّهَّرُوا وَإِن كُنتُم مَّرْضَى أَوْ عَلَى سَفَرٍ أَوْ جَاءَ أَحَدٌ مِّنكُم مِّنَ الْغَائِطِ أَوْ لَامَسْتُمُ النِّسَاءَ فَلَمْ تَجِدُوا مَاءً فَتَيَمَّمُوا صَعِيدًا طَيِّبًا فَامْسَحُوا بِوُجُوهِكُمْ وَأَيْدِيكُم مِّنْهُ مَا يُرِيدُ اللَّهُ لِيَجْعَلَ عَلَيْكُم مِّنْ حَرَجٍ وَلَٰكِن يُرِيدُ لِيُطَهِّرَكُمْ وَلِيُتِمَّ نِعْمَتَهُ عَلَيْكُمْ لَعَلَّكُمْ تَشْكُرُونَ».

3 Cenefa bajo la cornisa del zócalo; cúfico dorado (conmemorativa):

Basmala. "¡Observad las oraciones, sobre todo la oración intermedia, y estad con devoción ante Dios! (Corán 2, 238). El imán al-Mustansir bi-Llah, siervo de Dios, al-Hakam, Príncipe de

«بسملة حافظوا على الصلوات والصلاة الوسطى وقوموا لله قانتين. أمر الإمام المستنصر بالله عبد الحكم أمير المؤمنين أصلحه الله بعد عون الله فيما شيّده من هذا

los Creyentes, a quien Dios beneficie, después de obtener la ayuda de Dios en lo que edificó de este *mihrab*, ordenó revestirlo de mármol deseando abundante recompensa y digno retorno (a Dios). Esto se terminó bajo la dirección de su liberto y *háyib* Ya'far ibn 'Abd al-Rahmán, que Dios esté satisfecho de él, con la inspección de Muhammad ibn Tamlih, Ahmad ibn Nasr y Jalid ibn Hashim, jefes de su policía, y de Mutarrif ibn 'Abd al-Rahmán, el *kátib* (secretario), sus siervos, en el mes de *Du l-hiyya* del año 354 (=28 nov.-27 dic. 965). "Quien se somete a Dios y hace el bien se ase del asidero más firme. El fin de todo es Dios" (Corán 31, 22).

المحراب بكسوته بالرخام، رغبة في جزيل الثواب وكريم المآب، فتم ذلك على يَدَي موليه وحاجبه جعفر بن عبد الرحمن، رضي الله عنه، بنظر محمد بن تمليح وأحمد بن نصر وخلد بن هاشم، أصحاب شرطته، ومطرّف بن عبد الرحمن الكاتب عبيده، في شهر ذي الحجة من سنة أربع وخمسين وثلث مائة: «ومَن يُسْلِمُ وجهَهُ إلى اللهِ وهو مُحْسِنٌ فقد استمسك بالعُرْوَةِ الوثقا وإلى الله عاقِبَةُ الأمور».

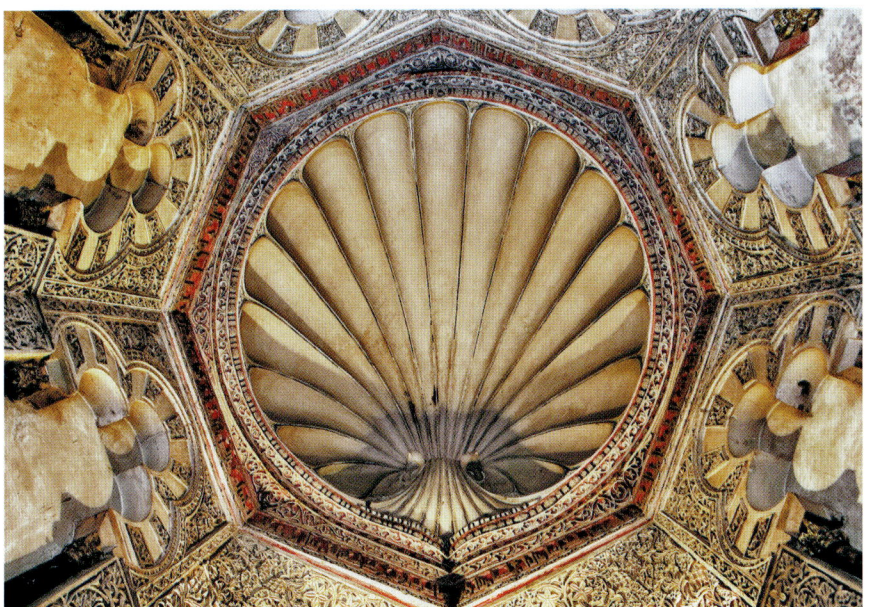

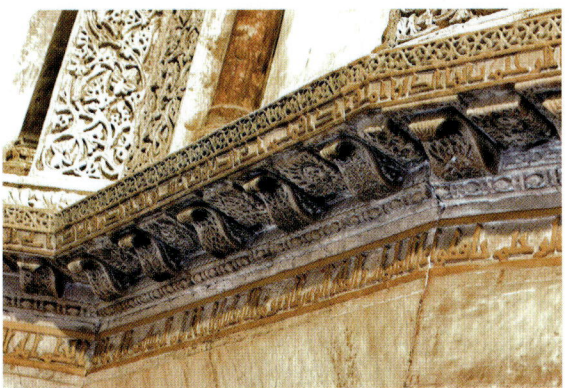

Cúpula-venera del interior del *mihrab*.

Firmas de artesanos:

Entre las mensulas de la cornisa del zócalo del interior del *mihrab* están talladas en cúfico sencillo de gruesas letras y dentro de cartelas rectangulares, las firmas de los artesanos que hicieron la obra: «Obra de Fatah y de Tarif», «Obra de Nasr su siervo» y «Obra de Badr su siervo».

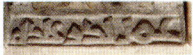 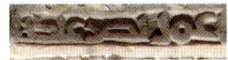 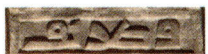 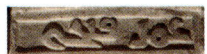

'amal Badr 'Abdu-hu   *'amal Nasr 'Abdu-hu*   *'amal Fath wa-Tarif*

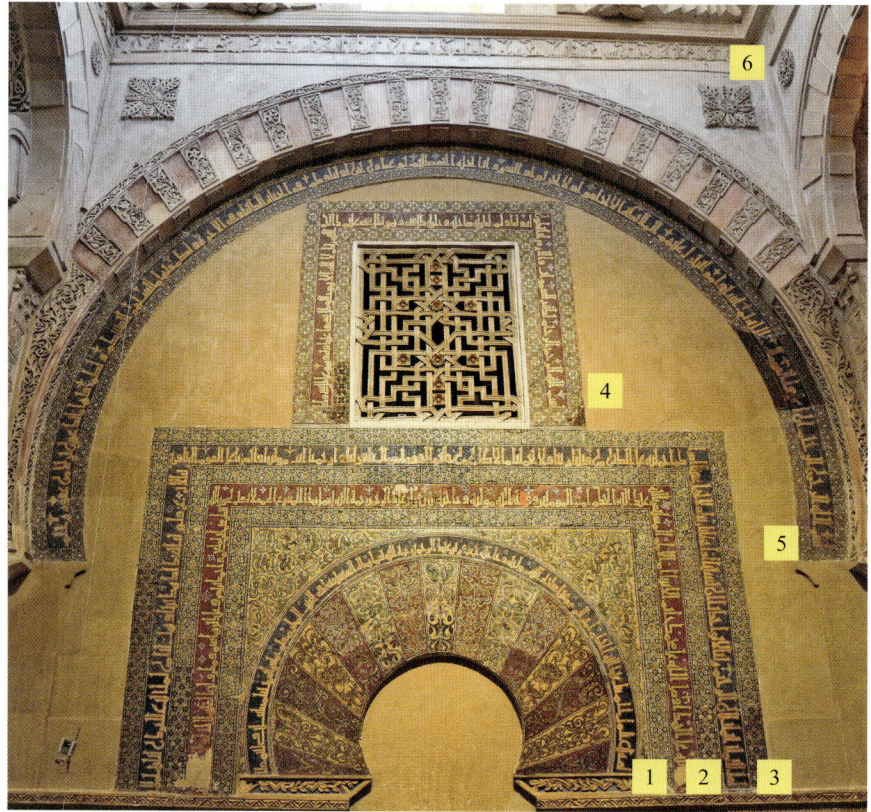

Puerta del *sabat*

Inscripciones de las puertas del *sabat* y del Tesoro

Las inscripciones en mosaico de las puertas del *sabat* y del Tesoro son las mismas en forma y contenido, incluyendo fragmentos epigráficos mal repuestos en la restauración realizada por Velázquez Bosco entre 1915 y 1916, en la que se rehicieron todas las inscripciones de la puerta del Tesoro copiándolas de las existentes en la puerta del *sabat* con ayuda de Amador de los Ríos. El friso coránico en yeso que había en la base de las cúpulas encima de ambas puertas se ha perdido, excepto unos pocos epígrafes coránicos que perviven restaurados en la base de la cúpula ante la puerta del *sabat*.

Conmemorativas

1 Curva del arco de herradura de la puerta, dorado sobre fondo azul:

«[... al-Mustansir bi-Llah], siervo de Dios, al-Hakam, Príncipe de los Creyentes, que Dios le beneficie, ordenó a su liberto y *háyib* Ya'far ibn 'Abd al-Rahmán, Dios se apiade de él, hacer estos mosaicos en la venerable casa. Todos ellos se terminaron, con la ayuda de Dios, en el año [¿...?] y trescientos». (Probablemente 360 H = 971 d. C., según Ocaña, 1988-1990, p. 19, nota 1).

«[...] عبد الله الحكم أمير المؤمنين أصلحه الله موليه وحاجبه جعفر بن عبد الرحمن رحمه الله بعمل هذه الفسيفساء في البيت المكرم جميعها بعون [الله في سنة ...؟] وثلث مائة».

2 Alfiz interior, dorado sobre fondo rojo:

«¡Alabado sea Dios por la vía recta (hudà)! ¡Dios bendiga a Muhammad, Sello de los Profetas! El imán al-Mustansir bi-Llah, siervo de Dios, al-Hakam, Príncipe de los Creyentes, -Dios le dé suerte- ordenó a su liberto y háyib Ya'far ibn 'Abd al-Rahmán, Dios se apiade de él, hacer este acceso a su lugar de oración. Y se terminó, con la ayuda de Dios, bajo la inspección de Muhammad ibn Tamlih, Ahmad ibn Nasr, Jalid ibn Hashim y Mutarrif ibn 'Abd al-Rahmán, el kátib (secretario), sus siervos».

«الحمد لله على الهدا وصلى الله على محمد خاتم الأنبياء أمر الإمام المستنصر بالله عبد الله الحكم أمير المؤمنين وفقه الله موليه وحاجبه جعفر بن عبد الرحمن رحمه الله بعمل هذا المشرع إلى مصلاه فتم بعون الله بنظر محمد بن تمليح وأحمد ابن نصر وخلد بن هاشم ومطرف بن عبد الرحمن الكاتب عبيده».

Coránicas

3 Alfiz exterior, dorado sobre fondo azul:

«Basmala. ¡Señor! ¡No castigues nuestros olvidos o nuestras faltas. ¡Señor! ¡No nos impongas una carga como la que impusiste a quienes nos precedieron! ¡Señor! ¡No nos impongas más allá de nuestras fuerzas! ¡Y absuélvenos, perdónanos, apiádate de nosotros! ¡Tú eres nuestro Protector! ¡Auxílianos contra el pueblo infiel!» (Corán 2, 286). «¡Señor! No hagas que nuestros corazones se desvíen, después de habernos Tú dirigido! ¡Regálanos, de Ti, misericordia! Tú eres el Munífico». (Corán 3, 8).

«بسم الله الرحمن الرحيم رَبَّنَا لَا تُؤَاخِذْنَا إِنْ نَسِينَا أَوْ أَخْطَأْنَا رَبَّنَا وَلَا تَحْمِلْ عَلَيْنَا إِصْرًا كَمَا حَمَلْتَهُ عَلَى الَّذِينَ مِنْ قَبْلِنَا رَبَّنَا وَلَا تُحَمِّلْنَا مَا لَا طَاقَةَ لَنَا بِهِ وَاعْفُ عَنَّا وَاغْفِرْ لَنَا وَارْحَمْنَا أَنْتَ مَوْلَانَا فَانْصُرْنَا عَلَى الْقَوْمِ الْكَافِرِينَ رَبَّنَا لَا تُزِغْ قُلُوبَنَا بَعْدَ إِذْ هَدَيْتَنَا وَهَبْ لَنَا مِنْ لَدُنْكَ رَحْمَةً إِنَّكَ أَنْتَ الْوَهَّابُ».

4 Celosía, dorado sobre fondo rojo:

«Creador de los cielos y de la tierra. ¿Cómo iba a tener un hijo si no tiene compañera, si lo ha creado todo y lo sabe todo? Éste es Dios, vuestro Señor. No hay más dios que Él. Creador de todo. ¡Servidle, pues! Él vela por todo». (Corán 6, 101-102).

«بَدِيعُ السَّمَاوَاتِ وَالْأَرْضِ أَنَّىٰ يَكُونُ لَهُ وَلَدٌ وَلَمْ تَكُنْ لَهُ صَاحِبَةٌ وَخَلَقَ كُلَّ شَيْءٍ وَهُوَ بِكُلِّ شَيْءٍ عَلِيمٌ ذَٰلِكُمُ اللَّهُ رَبُّكُمْ لَا إِلَٰهَ إِلَّا هُوَ خَالِقُ كُلِّ شَيْءٍ فَاعْبُدُوهُ وَهُوَ عَلَىٰ كُلِّ شَيْءٍ وَكِيلٌ».

5 Curva del gran arco superior, dorado sobre fondo azul:

A los que hayan dicho: «¡Nuestro Señor es Dios!» y se hayan portado correctamente, descenderán los ángeles: «¡No temáis ni estéis tristes! ¡Regocijaos, más bien, por el jardín que se os había prometido! Somos vuestros amigos en la vida de acá y en la otra. Tendréis allí todo cuanto vuestras almas deseen, todo cuanto pidáis, como alojamiento venido de Uno Que es indulgente, misericordioso». (Corán 41, 30-32).

«إِنَّ الَّذِينَ قَالُوا رَبُّنَا اللَّهُ ثُمَّ اسْتَقَامُوا تَتَنَزَّلُ عَلَيْهِمُ الْمَلَائِكَةُ أَلَّا تَخَافُوا وَلَا تَحْزَنُوا وَأَبْشِرُوا بِالْجَنَّةِ الَّتِي كُنْتُمْ تُوعَدُونَ نَحْنُ أَوْلِيَاؤُكُمْ فِي الْحَيَاةِ الدُّنْيَا وَفِي الْآخِرَةِ وَلَكُمْ فِيهَا مَا تَشْتَهِي أَنْفُسُكُمْ وَلَكُمْ فِيهَا مَا تَدَّعُونَ نُزُلًا مِّنْ غَفُورٍ رَّحِيمٍ».

6 Restos en yeso en la base de la cúpula (sólo sobre la puerta del sabat)

«Basmala. [...] «¡Señor! Tú lo abarcas todo en Tu misericordia y en Tu ciencia. ¡Perdona, pues, a los que de arrepienten y siguen Tu camino! ¡Líbrales del castigo del fuego de la gehena! ¡Señor! ¡Introdúceles en los jardines del edén que les prometiste junto con aquéllos de sus padres, esposas y descendientes que fueron buenos! [...]». (Corán 40, 7-8).

«بسملة. [...] رَبَّنَا وَسِعْتَ كُلَّ شَيْءٍ رَّحْمَةً وَعِلْمًا فَاغْفِرْ لِلَّذِينَ تَابُوا وَاتَّبَعُوا سَبِيلَكَ وَقِهِمْ عَذَابَ الْجَحِيمِ رَبَّنَا وَأَدْخِلْهُمْ جَنَّاتِ عَدْنٍ الَّتِي وَعَدْتَهُمْ وَمَن صَلَحَ [...]».

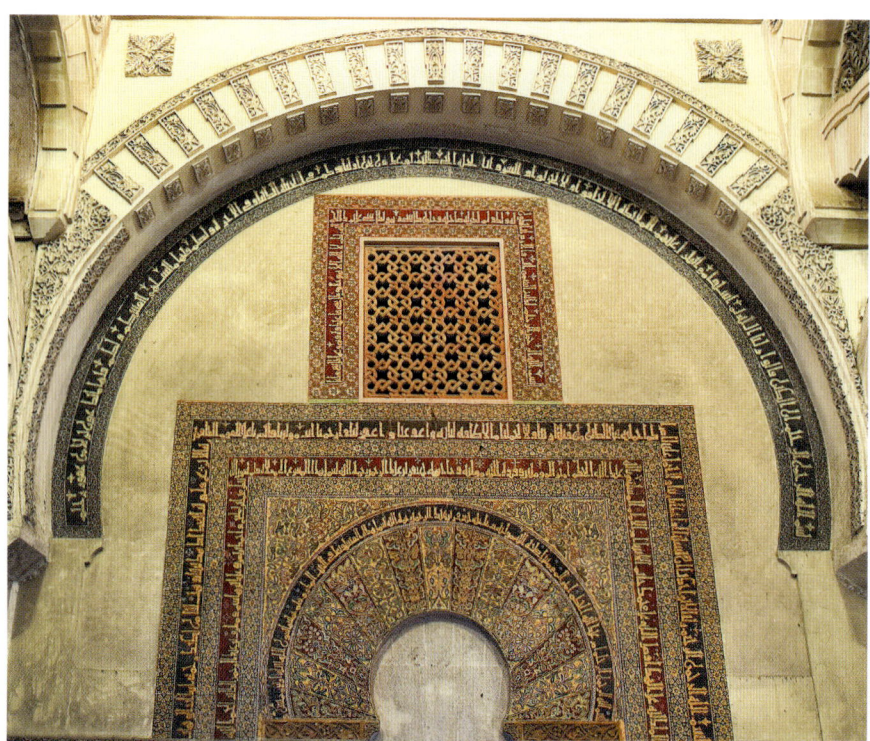

Puerta del Tesoro. Su epigrafía se copió en 1916 de la conservada en la puerta del *sabat* (p. 100).

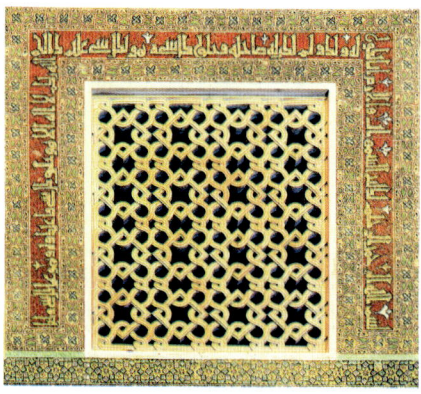

Celosía en la puerta del Tesoro

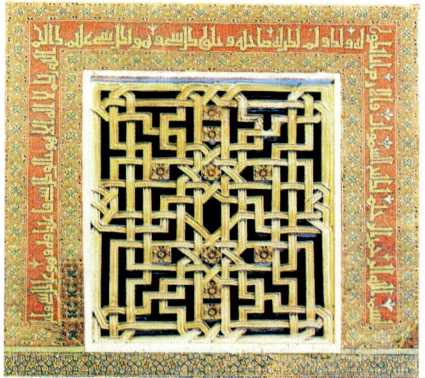

Celosía en la puerta del *sabat*

En la actualidad, lo único que diferencia a las dos puertas son las dos bellas celosías colocadas sobre el alfiz de cada arco, ambas con labor geométrica de cinta ancha típica de los omeyas cordobeses, pero la del *sabat* con trama rectilínea formando estrellas de ocho puntas y lazos, y la del Tesoro con entrelazado de cuadrados y trama curvilínea, cuyo diseño y sutileza nos remiten a la estética de las bellas celosías de la arquitectura omeya oriental. Ambas celosías están enmarcadas por la misma inscripción coránica en cúfico simple dorado sobre fondo rojo (Corán 6, 101-102). La del Tesoro es calco de 1916 de la del *sabat*.

El nuevo *minbar* (púlpito) de al-Hakam II

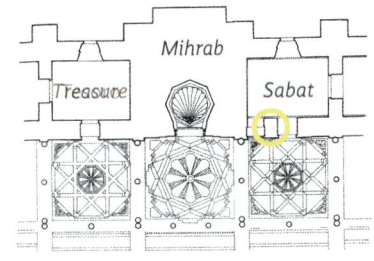

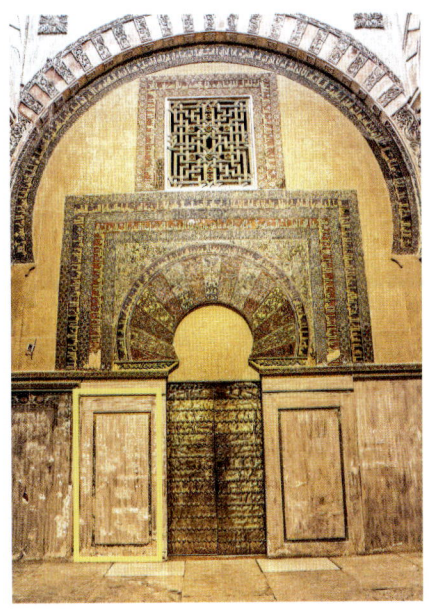

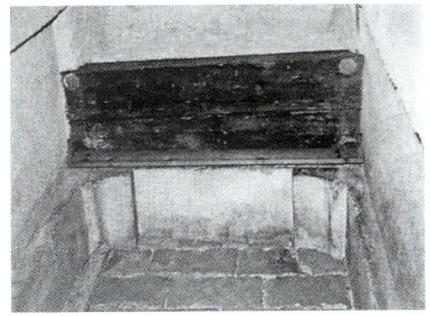

Arriba, planta del *mihrab* y la *maqsura* por Fernández Puertas y López Reche, donde se representa el hueco que albergaba el *minbar* de al-Hakam. Bajo él, fotografía de dicho hueco con restos de una tabla en su fondo (M. Pijoan). Abajo, a la derecha, dibujo hipotético del *minbar* de al-Hakam realizado por Félix Hernández en 1959.

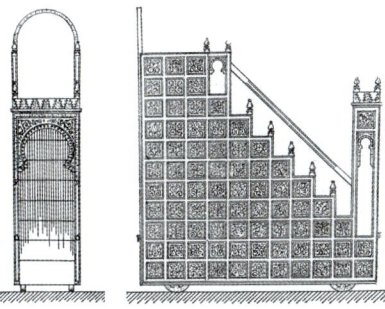

Según Ibn Idari, en el año 965, al-Hakam II ordenó colocar el antiguo *minbar* sin ruedas del emir Muhammad I (s. IX) al lado del *mihrab* de su ampliación. Luego, cuando se terminó la ampliación de al-Hakam hacia el año 971, el mismo califa ordenó poner un nuevo *minbar* y abrir un hueco en el muro de la alquibla junto a la puerta del *sabat* para guardarlo. El hueco se conservó hasta el siglo XVII, en que se eliminó parte de él. En 1815 se cerró con una pared y se rehizo la parte inferior de los mosaicos del arco exterior de la puerta del *sabat*. En 1934, Félix Hernández encondró el hueco, que tenía entonces 380 cm. de alto y observó que había tenido una puerta de madera con dos hojas doradas y decoradas de 97 cm. de ancho. Por esta puerta se sacaba el *minbar* con ruedas para la *jutba* (predicación) y se guardaba al final de la misma. Basándose en los restos del *minbar* de la Mezquita de los Andalusíes de Fez, rehecho por Almanzor en 985, Félix Hernández realizó un dibujo aproximativo con decoración de almenas escalonadas y arcos de herradura, así como con los nueve escalones que le atribuyen las crónicas andalusíes. Ibn Idari dice que "el *minbar* que fabricó al-Hakam con taracea de madera de sándalo roja y amarilla, ébano, marfil y madera india (…), se terminó en cinco años" (*al-Bayán*, II, pp. 234 y 250); y, según Ibn Bashkuwal, "la suma que costó el *minbar* fue de 35.705 dinares y 3 dirhames, aunque otros dan cifras distintas; esta obra de al-Hakam al-Mustansir (…) tenía nueve peldaños (al-Maqqari, *Nafh al-tib*, I, p. 551).

Dos *minbares* de la fábrica de Córdoba en Fez y Marrakech

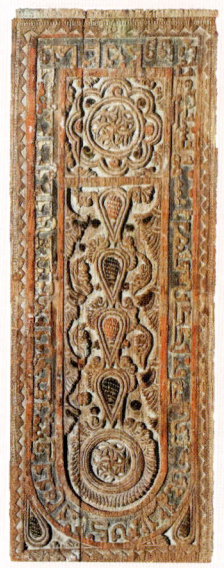
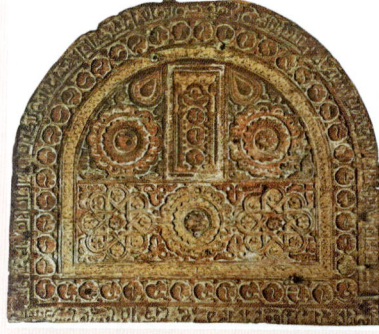
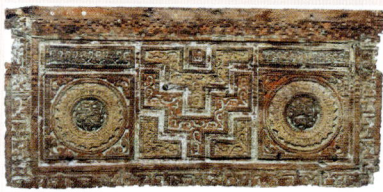
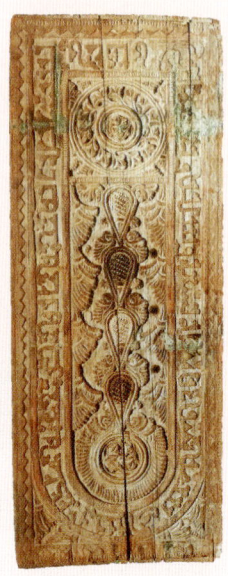

Fragmentos de maderas del *minbar* de la Mezquita de los Andalusíes en Fez, con inscripción cúfica en la que se menciona a Almanzor, caudillo que trató de mantener la influencia del califato de Córdoba en la ciudad marroquí de Fez. Los historiadores del arte islámico señalan la importancia que tuvo la fábrica de *minbares* (púlpitos) creada en Córdoba por al-Hakam II, y su significado en la lucha que mantenía el Califato omeya de al-Andalus para frenar la expansión fatimí en el Occidente islámico. En este *minbar* omeya instalado en Fez se talló, en cúfico florido, el pasaje Corán 24, 36, relativo a las casas elevadas por Dios para que se le alabe, y en el respaldo se menciona a Almanzor y la fecha de fabricación en 375 H. (=975 d. C.).

El llamado "Minbar de la Kutubiya" (Museo del Palacio de al-Badi` de Marrakech) fue fabricado en Córdoba bajo el gobierno almorávide de `Ali ibn Yúsuf (ca. 1137-1147). Se hizo en piezas desmontables para su transpote por tierra y por mar. Se considera una obra capital de la taracea islámica, por sus tramas geométricas con estrellas de ocho de sutil dinamismo y ambigüedad perceptiva, por el detallismo y precisión de sus ajedrezados, y por los profundos atauriques trepanados con sierras especiales que no conoció Europa hasta la Italia renacentista; añádanse también las cenefas coránicas alusivas al trono divino en bello cúfico simple, la policromía, en buena parte perdida, con dorados en la parte superior, y la decoración meta-arquitectónica con arquillos de herradura, basas y capiteles en los frontales de los escalones, todo ello realizado con maderas nobles y marfil. (Bloom, 1992).

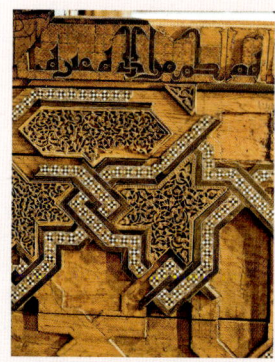
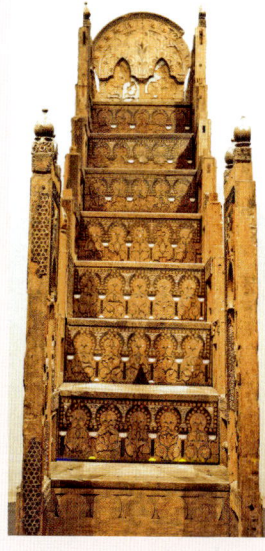

Techos de la ampliación de al-Hakam II

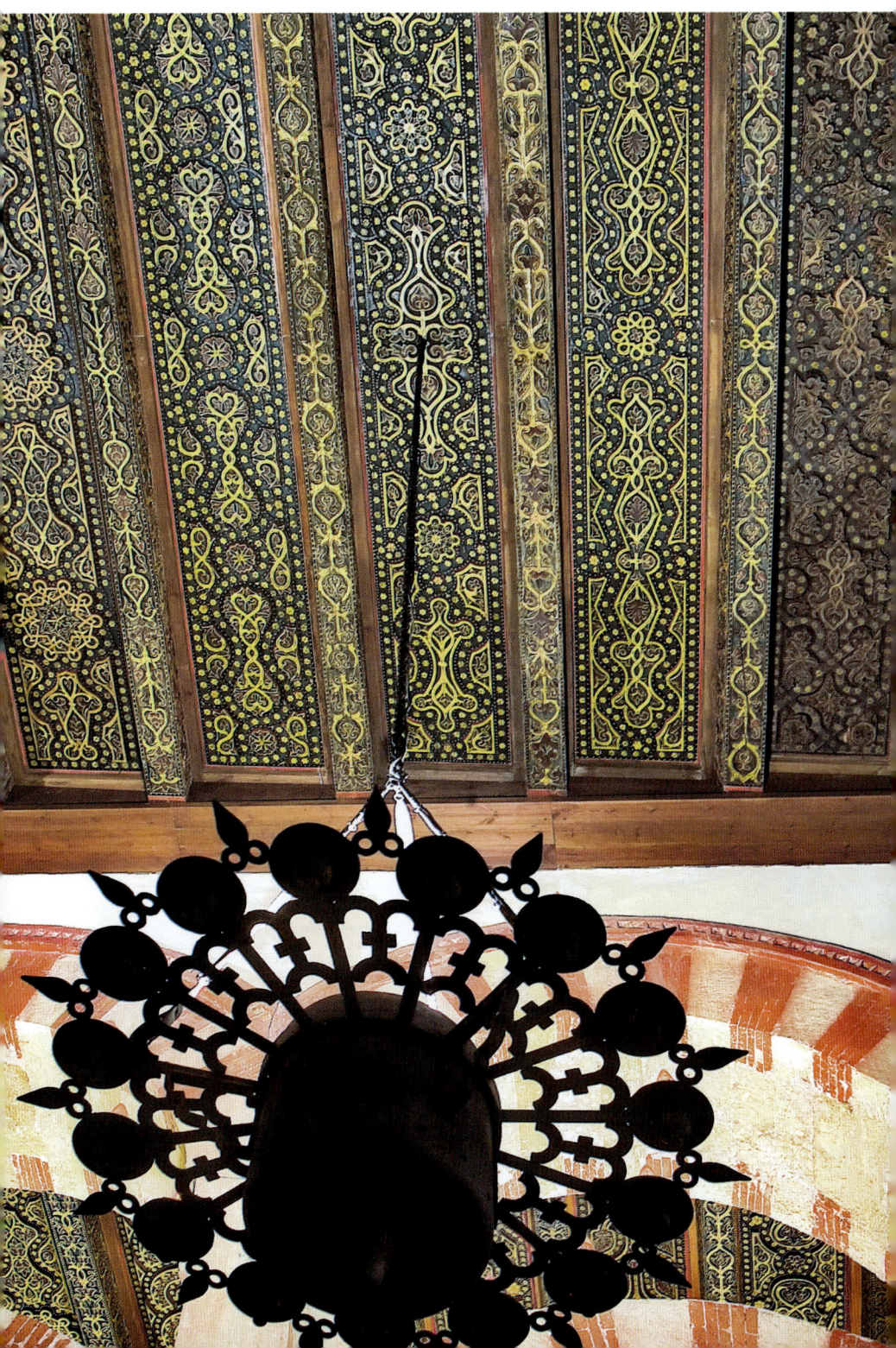

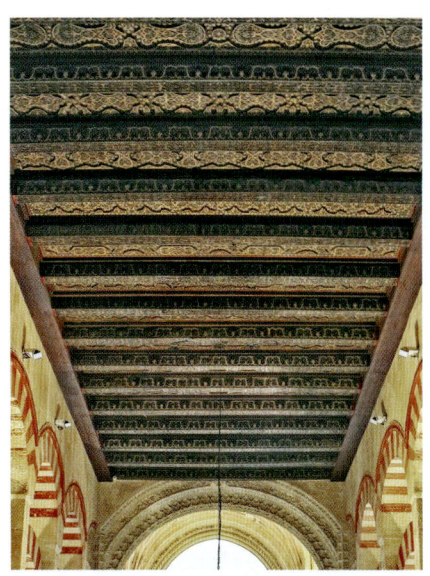

Los techos de madera de la ampliación de al-Hakam II son los que muestran la más rica decoración y policromía de la mezquita, habiendo sido restaurados y repintados a finales del siglo XIX. Algunos entablamentos llevan la firma "Ibn Fath". En las galerías del Patio de los Naranjos puede verse un verdadero museo de vigas y tablas procedentes de las cubiertas de la Mezquita. Célebre fue la subasta que se realizó en Londres, entre los años 2004 y 2008, de dos vigas de madera sustraídas tiempo atrás de esta Mezquita sin que las autoridades españolas consiguieran impedir su venta.

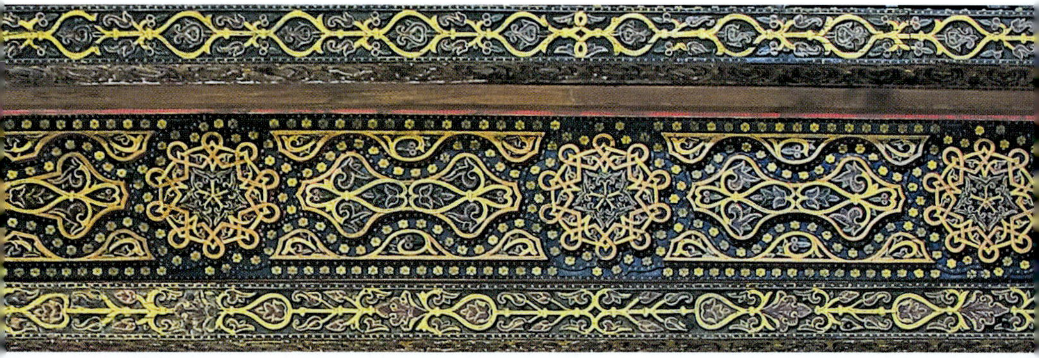

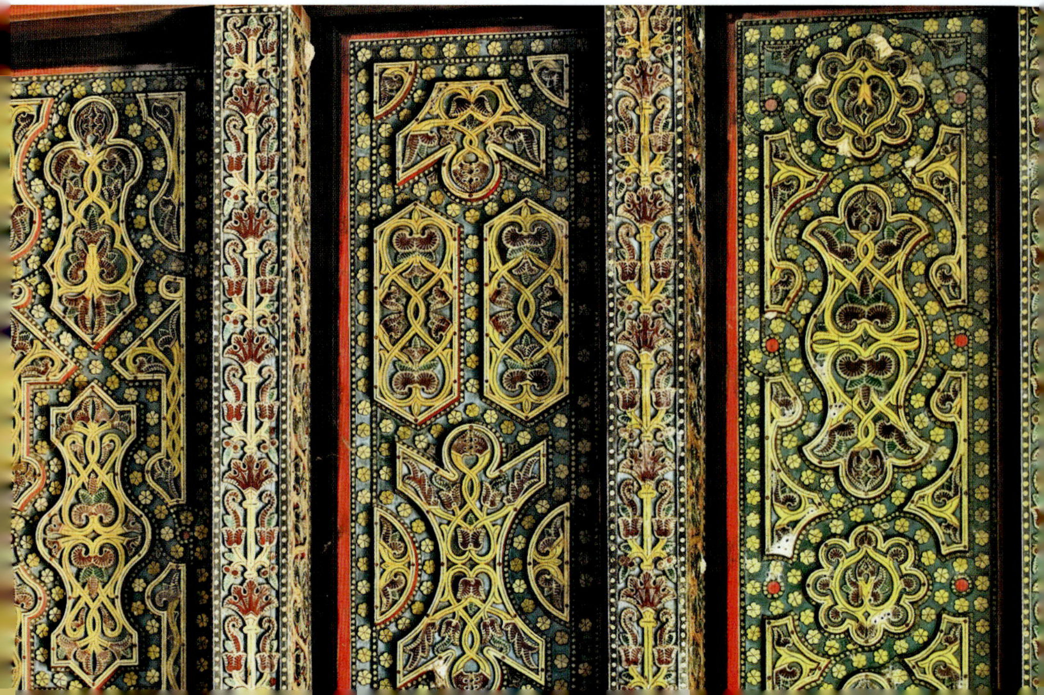

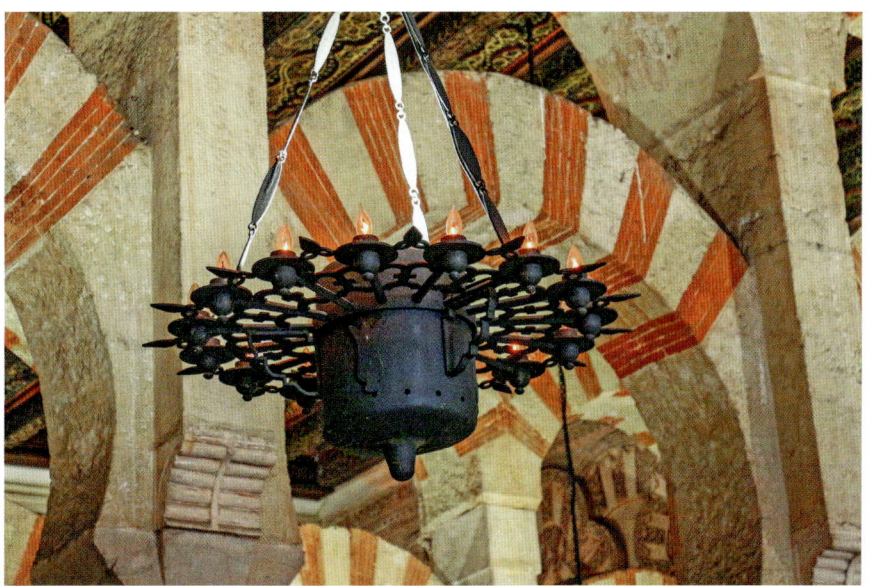

En uno de los textos que nos han llegado de Ibn Bashkuwal se señala que "el número de lámparas de la Mezquita Mayor [de Qurtuba] que iluminaban el interior de las naves sin contar las que había en las puertas, era de 214, todas ellas de metal de diferente factura; cuatro estaban colgadas en la nave central, siendo la más grande la situada en la Cúpula Mayor, en la que se encontraban también los coranes frente a la *maqsura*. En total había, además, según se asegura, 1054 antorchas que se encendían en las grandes lámparas en el último décimo del mes de *Ramadán*" (al-Maqqari, *Nafh al-tib*, I, p. 351).

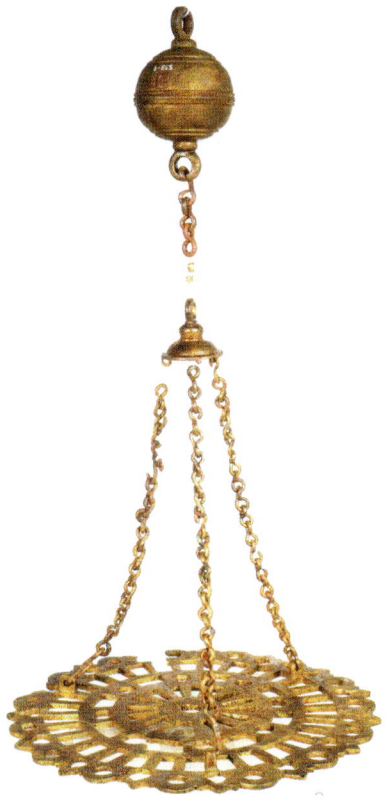

A comienzos de los años ochenta del siglo pasado, los responsables de conservación de la Mezquita-Catedral de Córdoba colocaron lámparas modernas imitando las lámpara omeyas del siglo X conocidas (foto superior).

A la izquierda podemos ver una lámpara de bronce hallada, junto con restos de otras lámparas semejantes, a finales del siglo XIX en las ruinas de la mezquita de Madinat Ilbira cerca de Atarfe en Granada (Museo Arqueológico Provincial de Granada). Esta lámpara, de magnífica y elegante factura, se considera del siglo X, por lo que posiblemente es contemporánea de las últimas ampliaciones de la Mezquita de Córdoba.

Pinturas murales en el muro de la *alquibla*

En 2005 se descubrieron pinturas murales al realizar obras de rehabilitación en la Capilla de San Bartolomé. Esta capilla cristiana se construyó en el siglo XIII sobre parte del muro de la alquibla, al oeste de la ampliación de al-Hakam, y luego pasó a manos de la familia de Fernández de Córdoba, uno de los grandes de Andalucía. Las pinturas murales, que pueden contemplarse desde la verja exterior, se hayan a ambos lados de una columna de fuste negro adosada al muro de la alquibla; lo llamativo es que, junto a la decoración geométrica con temas florales pintada a la izquierda de la columna, a su derecha se dispone una sucesión vertical de cartelas de base cuadrada y arco trilobulado, formadas por un cordoncillo de perlas y bucles que las enlazan; cada cartela incluye la figura de un animal estilizado con rasgos similares a las figuras zoomórficas de las cerámicas de "verde y manganeso" y otras obras de arte califales: una gacela trotanto (arriba), un ave con las alas abiertas (centro) y un cuadrúpedo, quizá una gacela o un ciervo, ya muy borrado (abajo). M. Nieto Cumplido las publicó en 2005, pp. 104-105.

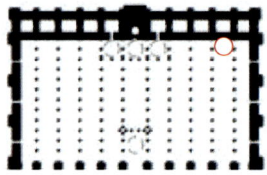

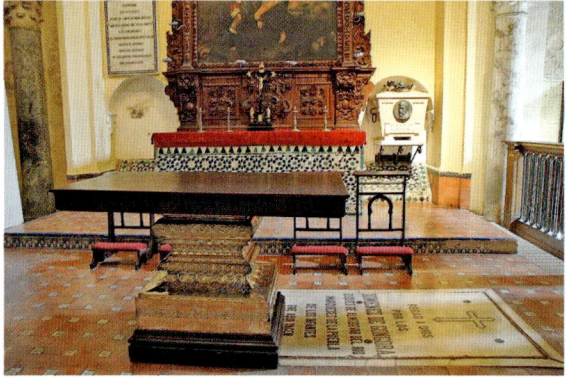

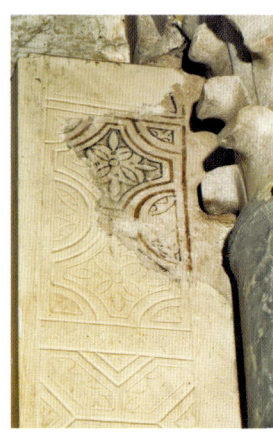

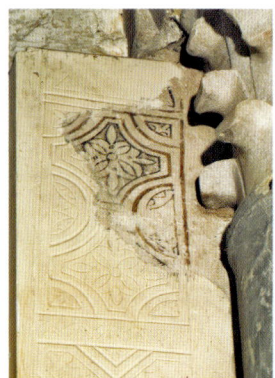

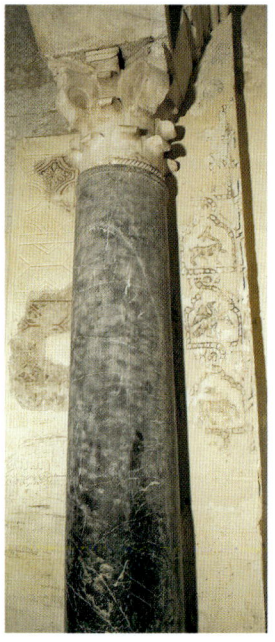

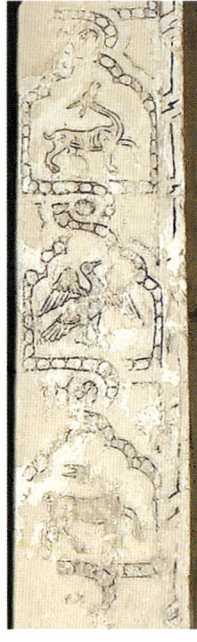

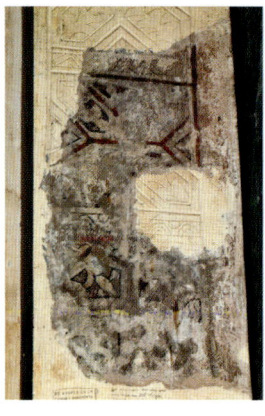

Arcos en el muro de la alquibla de al-Hakam

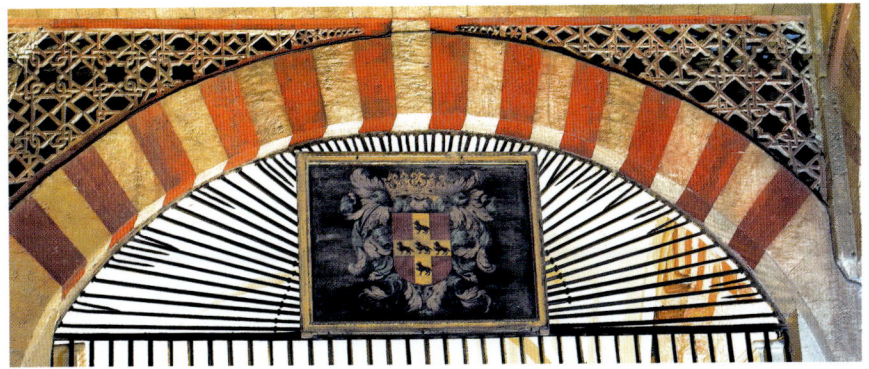

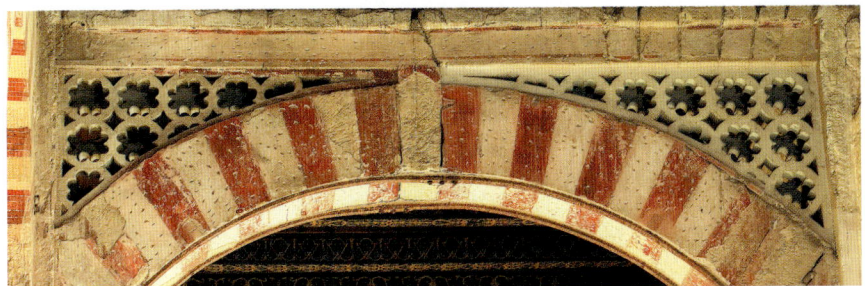

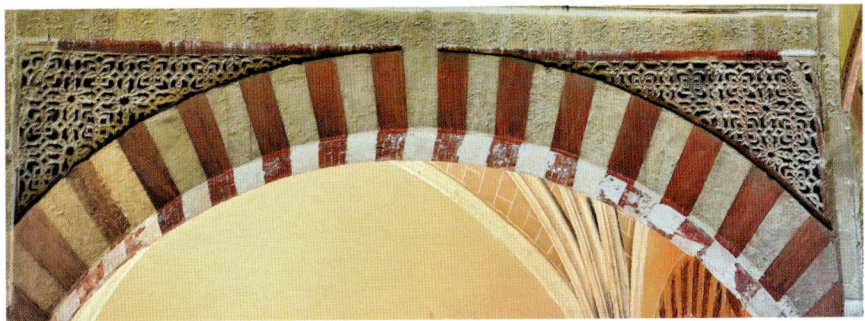

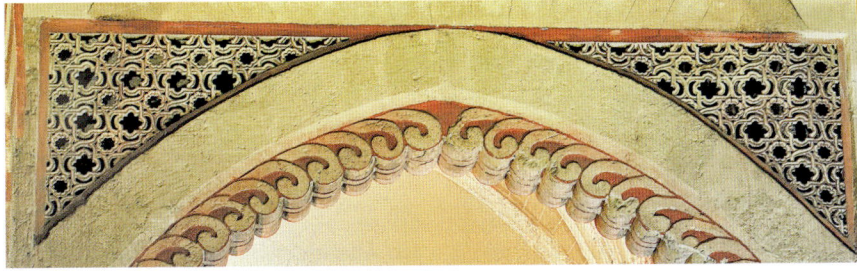

A lo largo del muro de la alquibla de la ampliación de al-Hakam, con excepción del *mihrab* y de la puerta del *sabat*, todavía perviven arcos omeyas de medio punto rebajados con restos de decoración geométrica calada. Las dos imágenes de arriba pertenecen a la capilla de San Bartolomé y en la superior puede verse el escudo familiar del gran poeta Góngora aquí sepultado; en la fotografía inferior se aprecia el cambio realizado en época cristiana del primitivo arco omeya.

El *sabat* de al-Hakam II

El emir 'Abd Allah (g. 888-912) construyó un primer "*sabat* con arcos para enlazar entre el palacio y la Mezquita por la parte de poniente", según las fuentes andalusíes, que fue eliminado al hacerse la ampliación de al-Hakam II, para la que se construyó un nuevo *sabat* que facilitara con seguridad su traslado desde el palacio a la *maqsura* y asistir a las celebraciones religiosas y protocolarias que se desarrollaban en la Mezquita.

La alquibla de al-Hakam tiene dos muros paralelos, como los tuvo también la Mezquita Mayor de Madinat al-Zahra', y entre ambos, en la parte oeste, se sitúa el *sabat*, que estaba formado por cámaras sucesivas y por un edificio a modo de puente sobre la calle; de esta parte del *sabat* perdura todavía la puerta exterior entre los muros de la alquibla y las huellas marcadas por los arqueólogos en el pavimento de los dos pilares que lo sostenían fuera de la Mezquita. Acerca de la puerta interior del *sabat*, véase p. 100.

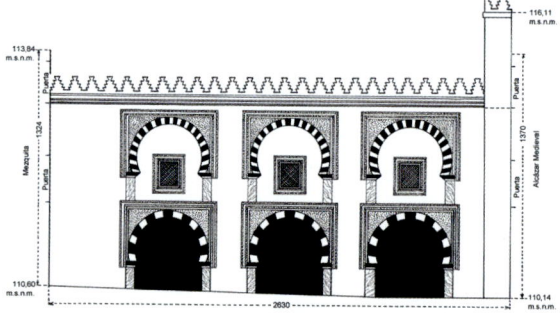

Dibujo hipotético hecho por Guadalupe Pizarro en 2013 del edificio exterior del *sabat* que conectaba el Alcázar Califal y la alquibla. El *sabat* continúa entre los dos muros de la alquibla hasta la *maqsura* de al-Hakam II.

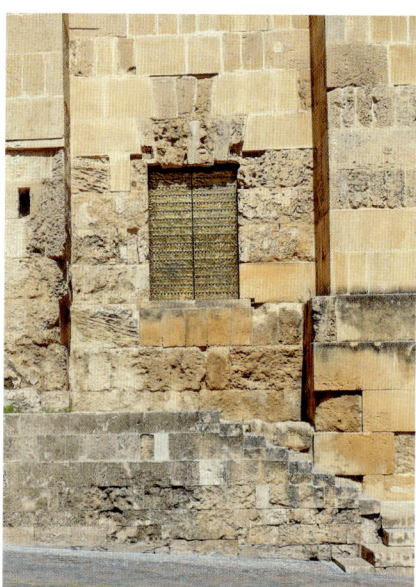

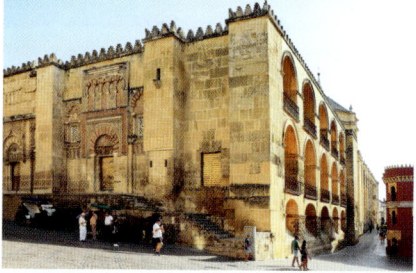

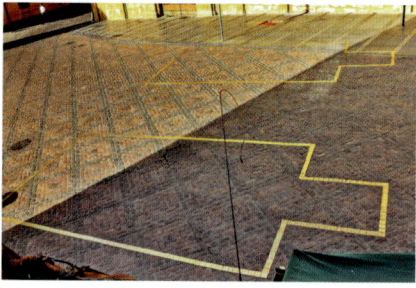

Junto a la puerta exterior del *sabat* entre los dos muros de la alquibla, vemos los tres pisos de arcos sostenidos por pilares del muro sur añadidos en el s. XVIII para iluminar y reforzar nuevas dependencias del Cabildo de la Catedral. Los arqueólogos han colocado en la calzada losas doradas para marcar la planta de los dos grandes pilares que sostenían el edificio del pasaje exterior del *sabat* que facilitaba y daba seguridad a los desplazamientos del califa entre el palacio y la Mezquita.

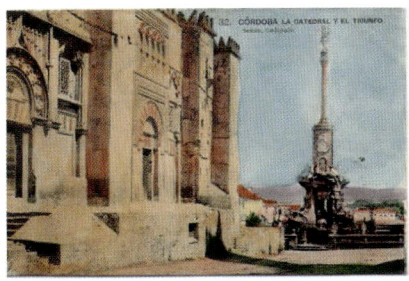
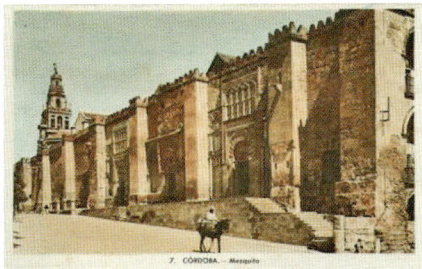

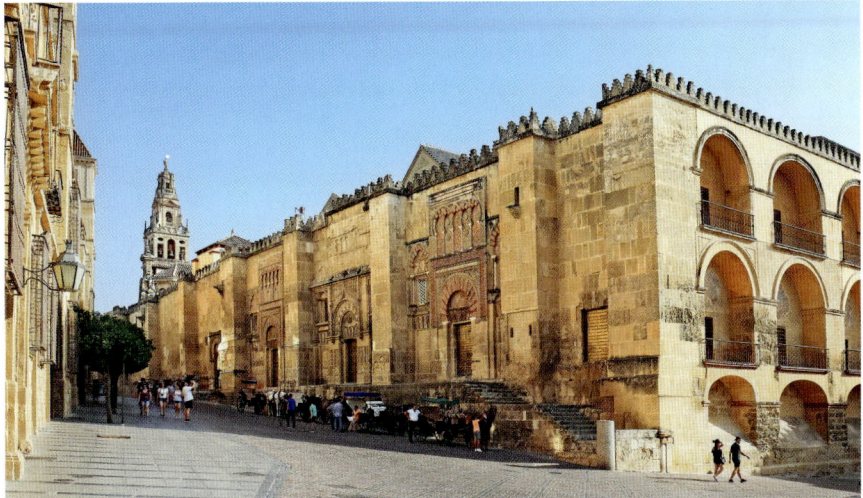

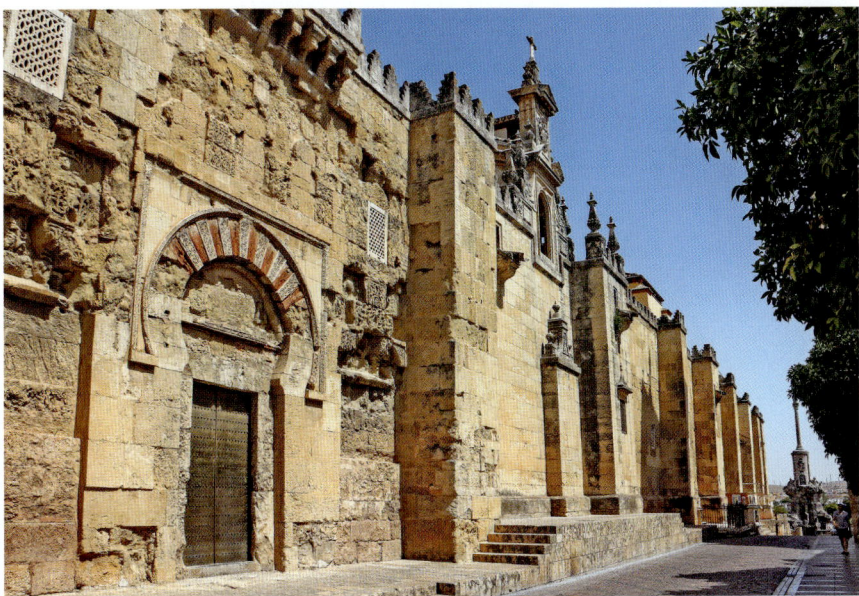

Vistas de la fachada occidental de la Mezquita de Córdoba en dirección hacia el Campanario de la Catedral, construido encima del alminar, y hacia la alquibla. En el horizonte (fotos de arriba a la izquierda y foto inferior) se contempla el "Triunfo de San Rafael", un monumento del s. XVIII con la estatua del patrón de Córdoba elevada a más de 27 m. junto al Puente de Alcántara que cruza el Guadalquivir.

Puertas de la ampliación de al-Hakam II (fachada occidental)

Las puertas de la fachada occidental de la ampliación de al-Hakam siguen el modelo tripartito de las puertas de la primera mezquita de época emiral, pero con las innovaciones artísticas características de este momento histórico: arcos polilobulados y entrecruzados en relieve sostenidos por delicadas columnillas, motivos geométricos basados en el cuadrado y en la bicromía rojiblanca, atauriques de anchos tallos y hojas de estilo cordobés, cenefas con caligrafía cúfica y ventanas laterales con celosías.

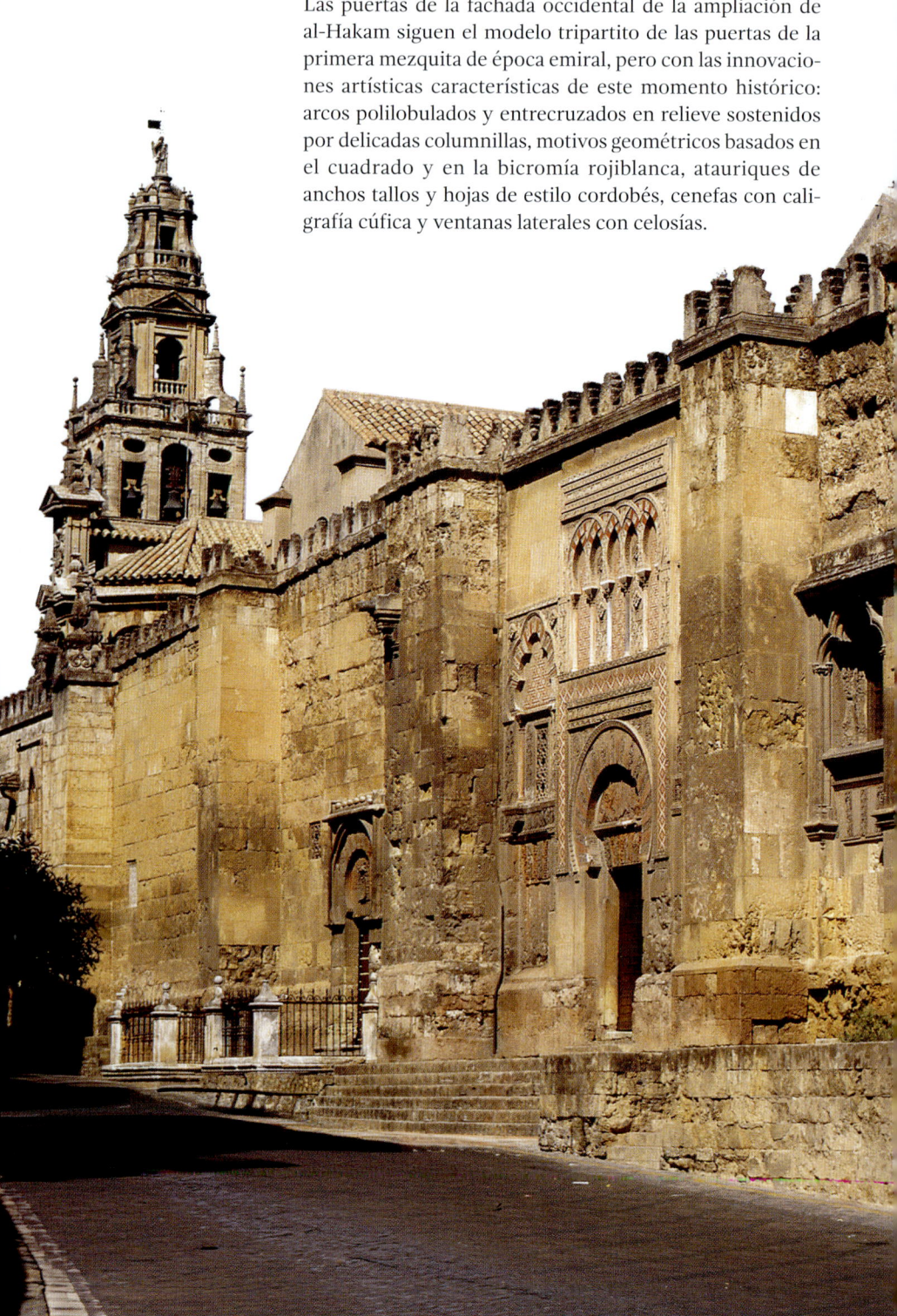

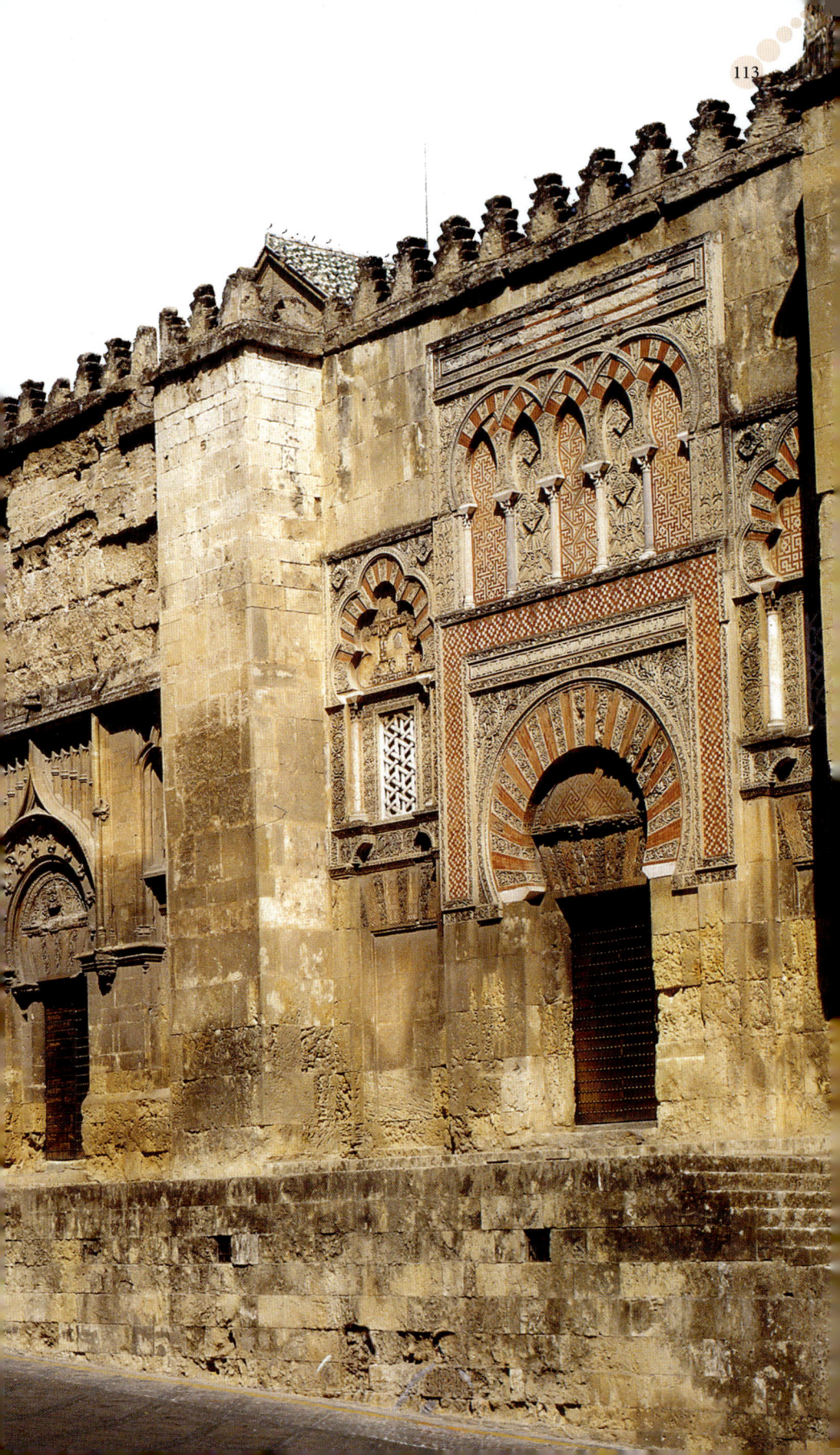

En el lateral occidental de la Mezquita, se observa la sucesión de puertas de la misma desde la primera construcción de 'Abd al-Rahmán I, a finales del s. VIII, hasta la ampliación de al-Hakam II dos siglos después, además de algunos cambios importantes introducidos por las autoridades cristianas al convertir el edificio en catedral.

Las puertas de la ampliación de al-Hakam se consideran cumbre de las fachadas representativas exteriores de la arquitectura omeya andalusí. De las tres puertas del lateral occidental de esta ampliación, dos de ellas conservan gran parte de sus elementos arquitectónicos y decorativos, mientras la tercera ha sido muy transformada. Más adelante veremos los restos de las puertas del lado oriental de la ampliación de al-Hakam que se conservan en el interior de la ampliación de Almanzor.

Las incripciones conservadas de algunas de las puertas de la ampliación de al-Hakam se insertan en el programa epigráfico político-religioso del Califato cordobés en defensa del *malikismo* con pasajes coránicos alusivos a la justicia divina, lo que puede ponerse en relación con la vecina Bab al-Sudda (Puerta del Solio) del Palacio Califal, frente a la cual se aplicaban castigos y penas a los reos.

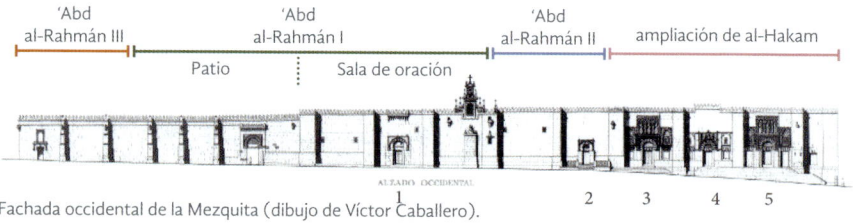

Fachada occidental de la Mezquita (dibujo de Víctor Caballero).

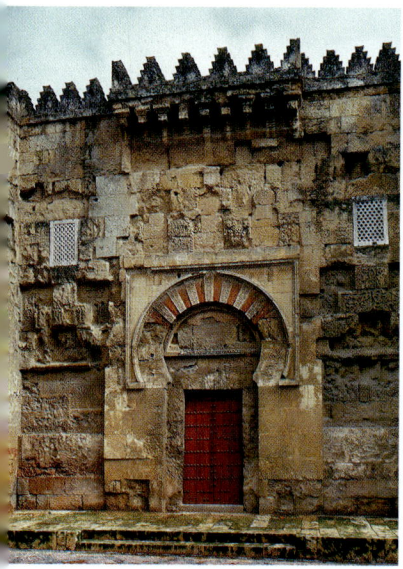

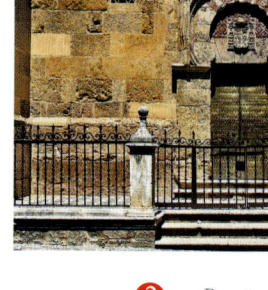

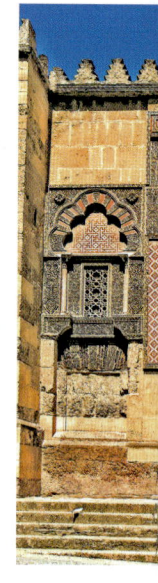

① Puerta de los Visires o de San Esteban

② Puerta de San Miguel

Las puertas de la fachada occidental

1 Sobre la Puerta de los Visires hablamos en el capítulo dedicado a la fundación de la Mezquita por parte de 'Abd al-Rahmán I (p. 51).

2 La puerta del emir 'Abd Allah o Puerta de San Miguel fue construida para la ampliación del emir 'Abd al-Rahmán II en el siglo IX. En el siglo XIII, los cristianos la convirtieron en la puerta de acceso a la Capilla Mayor, que más tarde se llamaría Capilla de Villaviciosa.

Quedan algunos restos de decoración original, las dos celosías laterales y el arco de herradura emiral, dentro del cual se colocó el escudo del arzobispo Juan Daza (m. 1510).

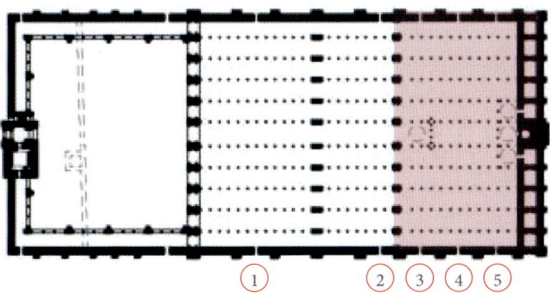

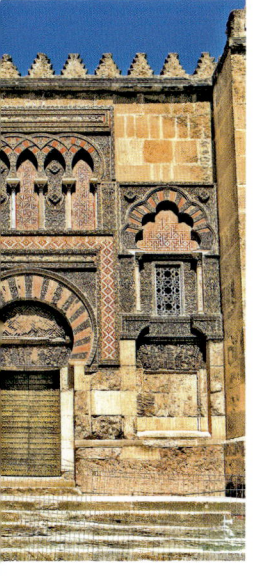

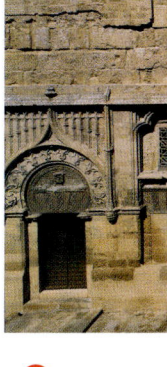

3 Puerta del Espíritu Santo

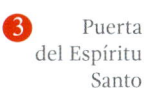
4 Portillo del Palacio

5 Puerta de San Ildefonso

Entrada exterior del *sabat*

Puerta del Espíritu Santo

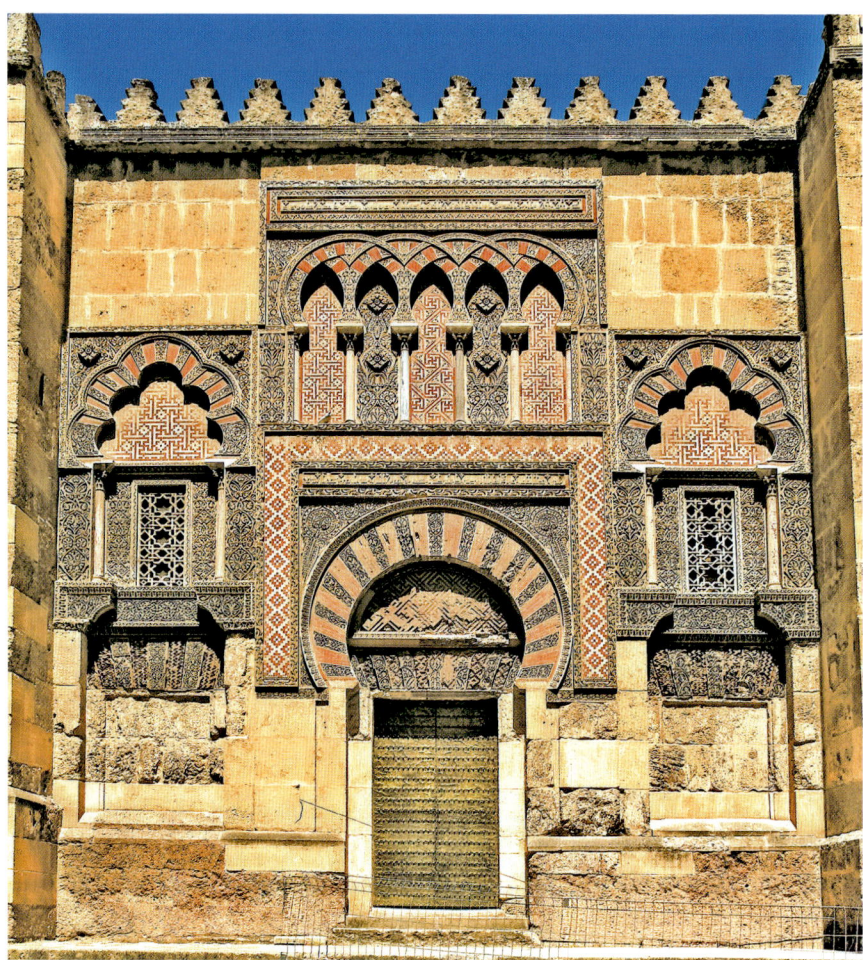

3 En el ala oeste de la ampliación de al-Hakam, las puertas del Espíritu Santo y de San Ildefonso conservan buena parte de sus componentes arquitectónicos y decorativos, mientras en la llamada Portillo del Palacio se construyó una fachada gótica. Estas puertas adoptaron las novedades arquitectónicas introducidas en la Mezquita por 'Abd al-Rahmán III y, sobre todo, por su hijo al-Hakam II: arcos lobulados y entrecruzados, cuidados diseños geométricos y vegetales y bicromía rojiblanca. En el impresionante escenario compuesto por ambas puertas, pueden verse restos de inscripciones coránicas en el elegante cúfico de la época de al-Hakam II advirtiendo sobre la justicia divina.

Puerta del Espíritu Santo. Inscripción coránica del arco central

Esta puerta conserva un fragmento de la inscripción cúfica que discurre por la cenefa del interior del arco de herradura: "*Basmala*. Que perdona el pecado, acepta el arrepentimiento, es severo en castigar y lleno de poder. No hay más dios que Él. ¡Él es el fin de todo!" (azora "Que Perdona": Corán 40, 3).

«بسملة. غَافِرِ الذَّنبِ وَقَابِلِ التَّوْبِ شَدِيدِ الْعِقَابِ ذِي الطَّوْلِ. لَا إِلَٰهَ إِلَّا هُوَ. إِلَيْهِ الْمَصِيرُ».

Puerta del Espíritu Santo. Inscripciones conmemorativas «falsas» colocadas por Velázquez Bosco en 1904

Es curioso observar que el arquitecto Velázquez Bosco decidió colocar en esta puerta y en la de San Ildefonso, al restaurarlas en 1904, inscripciones que imitan las de época omeya en uno de sus hermosos cúficos, pero con invocaciones cristianas seguidas del nombre del rey Alfonso XIII, reinante entonces en España, el de los dos ministros de quienes dependían las obras, más el del propio arquitecto restaurador Velázquez Bosco y la fecha cristiana. Sobre esta "falsificación", impensable para restauradores posteriores, llamó la atención Manuel Ocaña en 1976. Velázquez Bosco diría más tarde que hizo esto convencido de que los visitantes "no sabían árabe" y para no reponer más inscripciones coránicas en un edificio cuyo uso no era ya islámico.

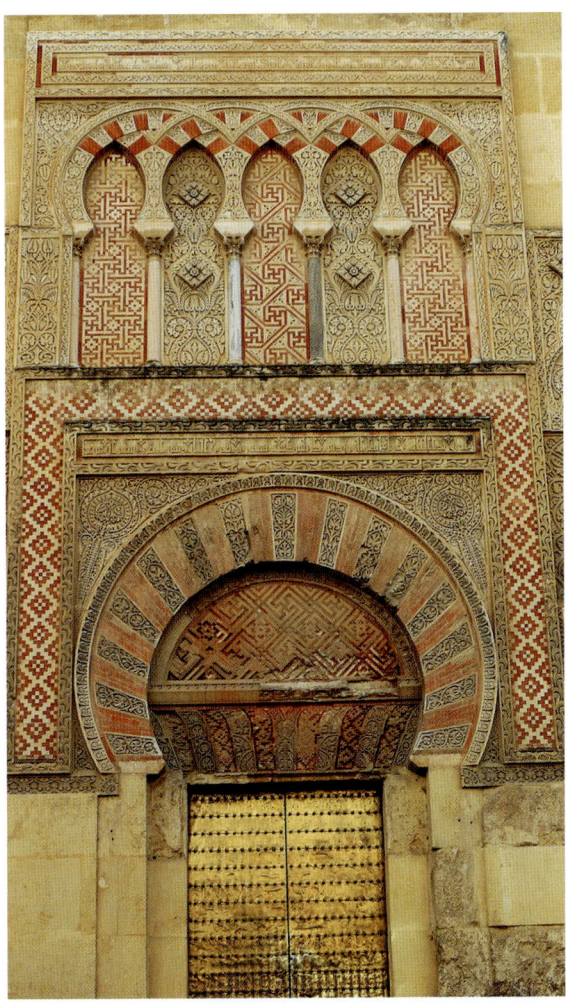

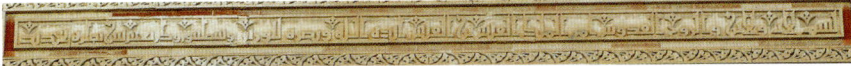

En el nombre del Padre y del Hijo y del Espíritu Santo, el rey Alfonso hijo de Alfonso Dios le ayude y le dé la victoria- ordenó al ministro Justino Rodríguez San Pedro renovar

«بسم الأب والإبن والروح القدس أمر الملك ألفنس بن ألفنس أيده الله ونصره للوزير خوسطينو رودريغيث سَن بطره تجديد

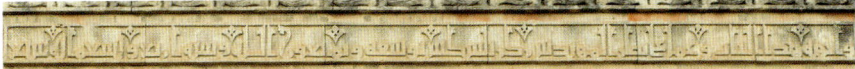

la fachada de esta puerta, lo que se hizo bajo la supervisión del arquitecto Ricardo Velázquez Bosco, terminándose con la ayuda de Dios en el año cristiano de mil novecientos cuatro.

واجهة هذا الباب وعمل على نظر المهندس ركر بلسكس بوسقة وتم بعون الله في سنة أربع وتسعمائة وألف المسيحية».

4 Portillo del Palacio

Perdió casi todos sus componentes originales al ser convertida en puerta de funciones episcopales a finales del siglo XV. De la época de al-Hakam II, perviven, de todos modos, algunas huellas de su decoración y este fragmento coránico: "... El juicio, pues, pertenece a Dios, el Altísimo, el Grande. Él es Quien os muestra Sus signos, Quien os hace bajar del cielo sustento. Pero no se deja amonestar sino quien vuelve a Él arrepentido. Invocad, [pues, a Dios...]" (azora "Que Perdona": Corán 40, 12-14).

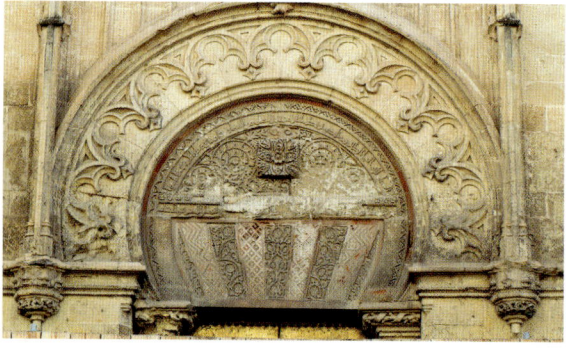

«...فَالْحُكْمُ لِلَّهِ الْعَلِيِّ الْكَبِيرِ. هُوَ الَّذِي يُرِيكُمْ آيَاتِهِ وَيُنَزِّلُ لَكُم مِّنَ السَّمَاءِ رِزْقًا. وَمَا يَتَذَكَّرُ إِلَّا مَن يُنِيبُ. فَادْعُوا...».

5 Puerta de San Ildefonso

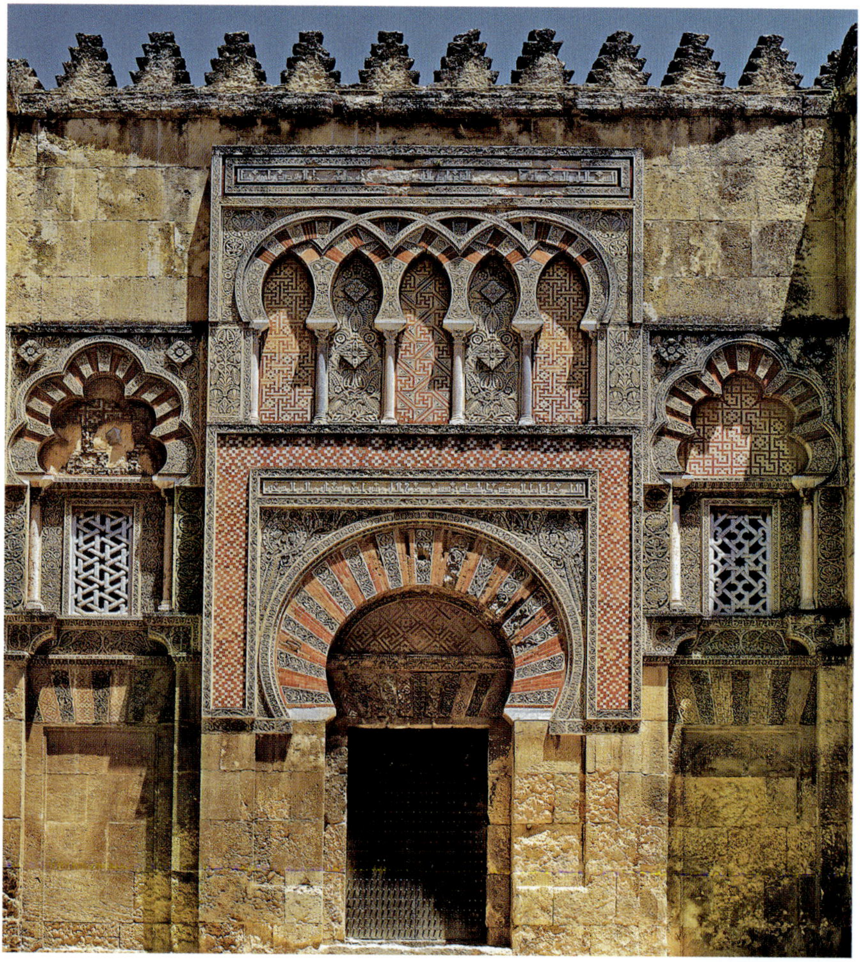

La **Puerta de San Ildefonso** perdió todas sus inscripciones originales y las que vemos ahora son los dos epígrafes "falsificados" en 1904 por decisión de Velázquez Bosco. El epígrafe superior se ha deteriorado mucho en las últimas décadas, no así el inferior.

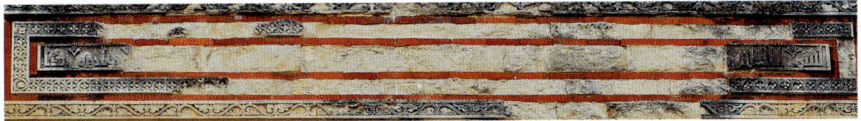

En el nombre de Dios [y del Hijo y del Espíritu Santo, el rey Alfonso hijo de Alfonso], Dios le ayude y le dé [la victoria, ordenó al ministro Lorenzo Domínguez Pascual renovar] la fachada de esta

«بسم الله [القدوس أمر الملك ألفنس بن ألفنس] أيده الله [ونصره للوزير لورنث دمنغس بسكوال تجديد] واجهة هذا

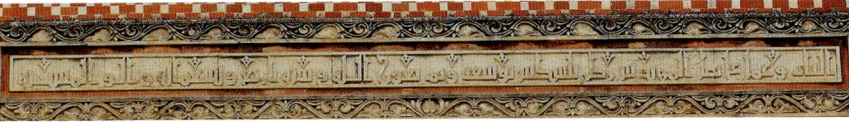

puerta, lo que se hizo bajo la supervisión del arquitecto Ricardo Velázquez Bosco, terminándose con la ayuda de Dios en el año cristiano de mil novecientos cuatro.

الباب وعمل على نظر المهندس ركر بلسكس بوسقة وتم بعون الله في سنة أربع وتسعمائة وألف المسيحية».

Abajo, Puerta de San Ildefonso junto a la alquibla y el *sabat* de al-Hakam.

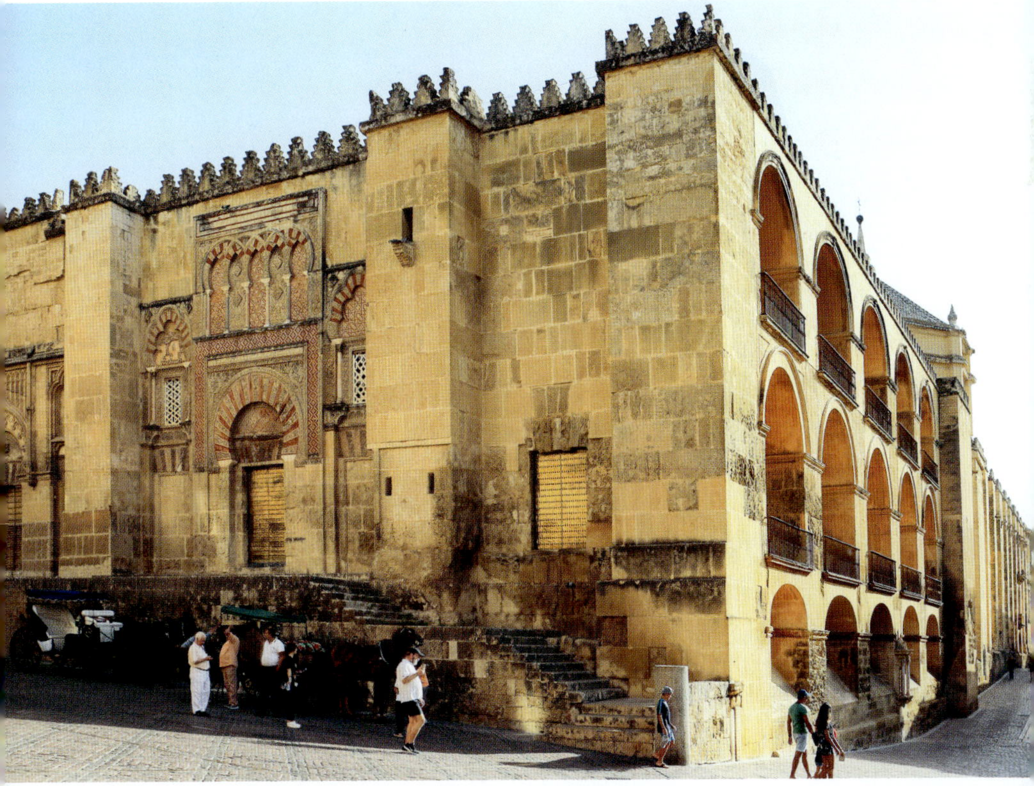

![Puerta de San Ildefonso]

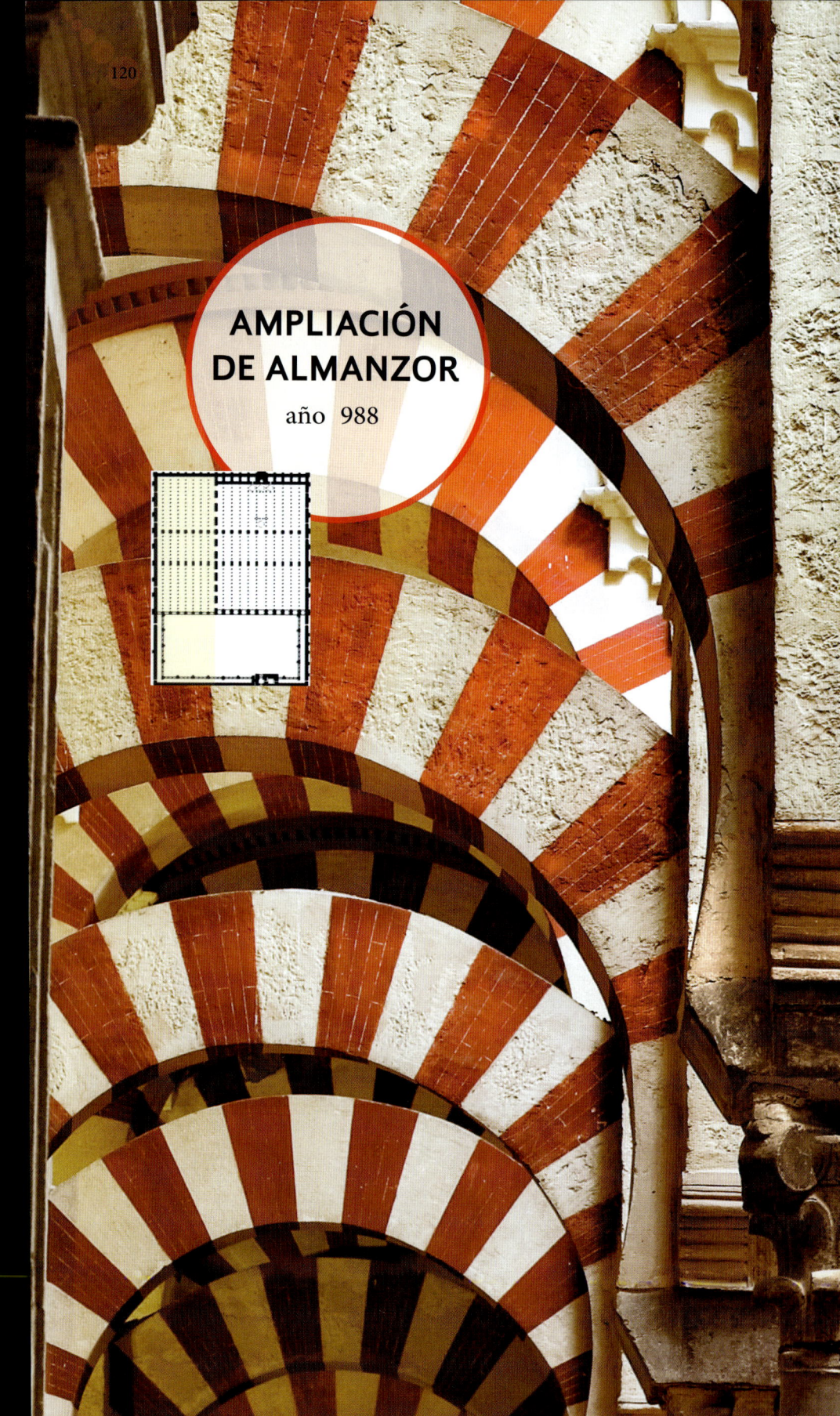

AMPLIACIÓN DE ALMANZOR

año 988

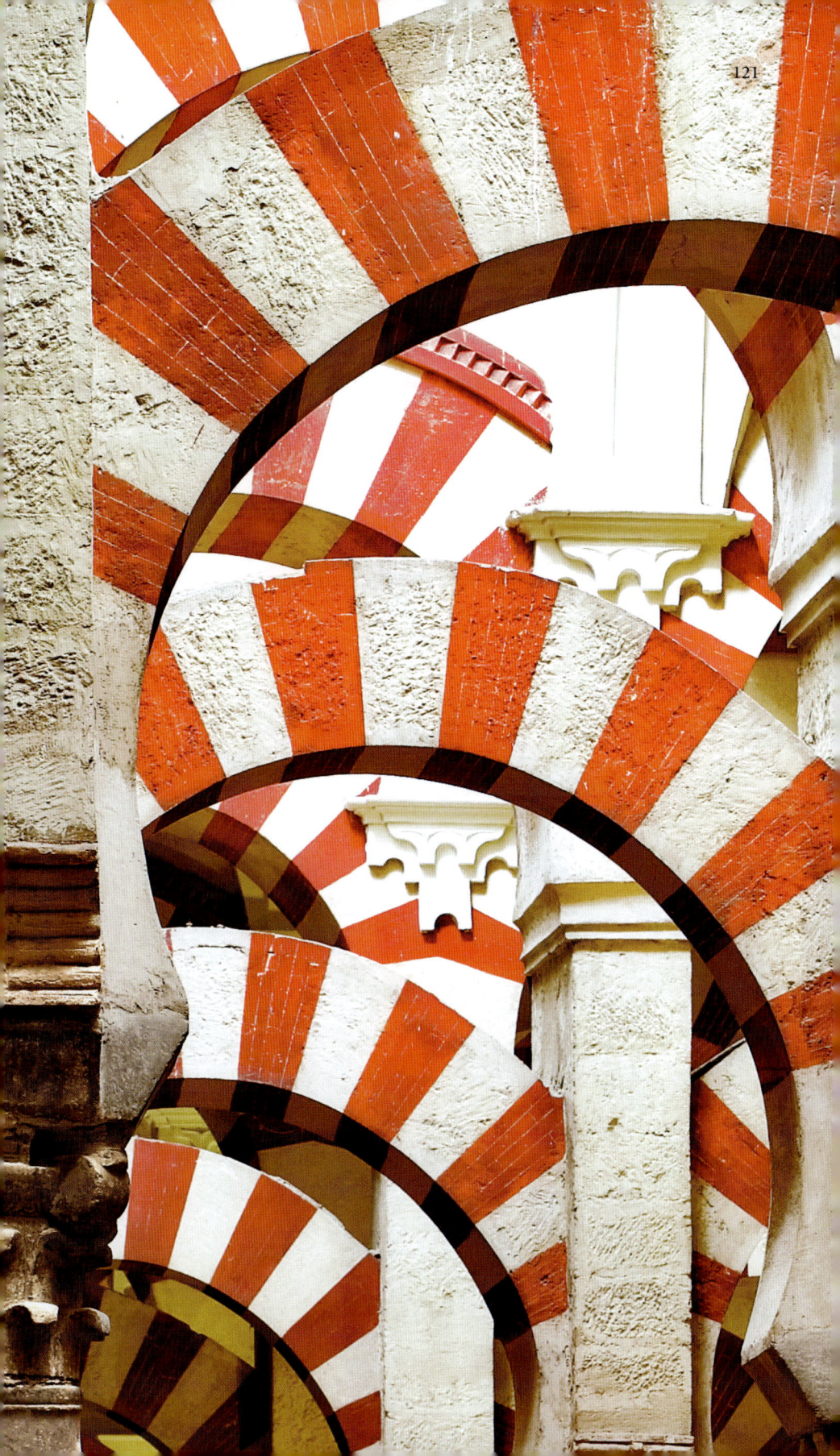

Bosque de columnas de la ampliación de Almanzor

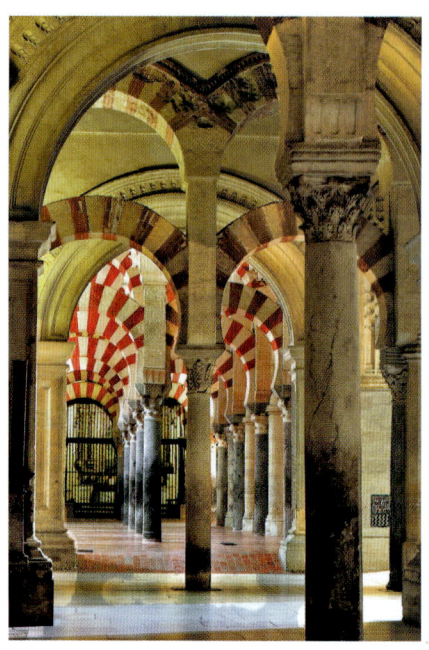

La última ampliación de la Mezquita fue la que ordenó hacer el caudillo Almanzor ibn Abi 'Amir (g. 987-1000). Tiene las mayores dimensiones de todas ellas, ya que la parte cubierta se compone de ocho filas de treinta y dos columnas, añadidas en el ala oriental del edificio, y el patio fue ampliado asimismo en dirección oriental hasta donde llegaba ahora la sala de oración. Para realizarse la obra se destruyeron casas de la medina contigua a la Mezquita. Las fuentes escritas árabes clásicas ensalzan la buena ejecución de esta ampliación, que siguió empleando el sistema de arcos encabalgados creado en la primera construcción de la Mezquita a finales del s. VIII, pero las mismas fuentes señalaban ya también que esta ampliación es pobre desde el punto de vista ornamental, sobre todo si la comparamos con la espectacular obra de al-Hakam II. En cualquier caso, la ampliación de Almanzor enriqueció la arquitectura de la Mezquita al otorgarle una enorme amplitud visual y espacial, convirtiéndola en la mayor mezquita del occidente islámico, con un total de doce puertas y 1103 columnas en la sala de oración, de las que quedan 856, y unas dimensiones de 128 x 175 metros, unos 22.400 m².

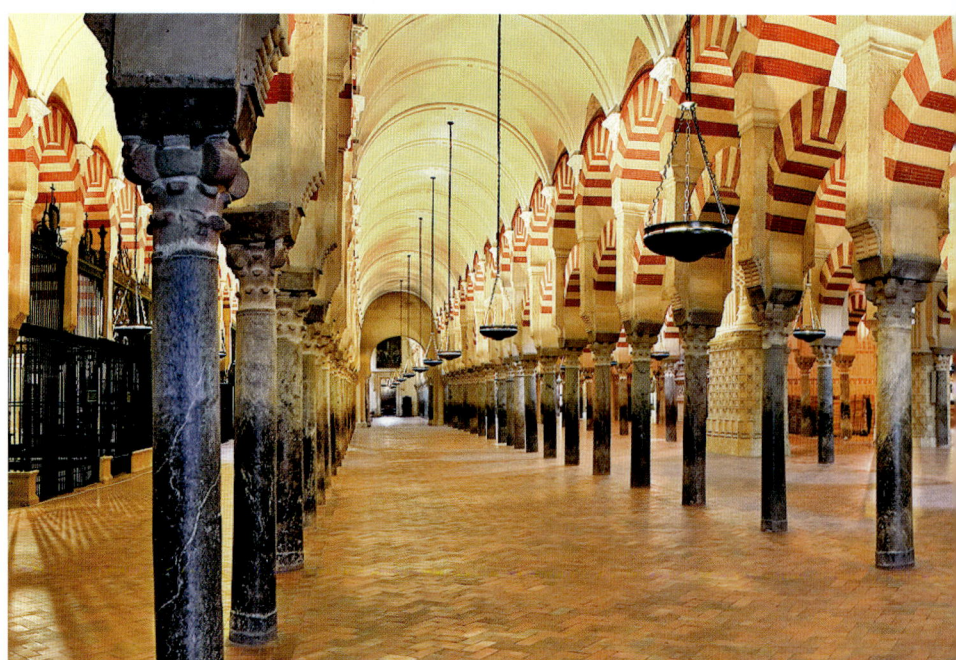

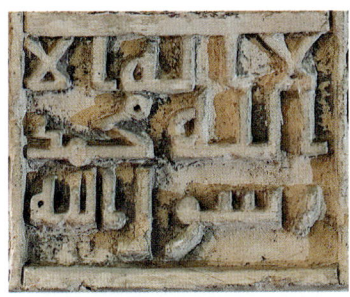

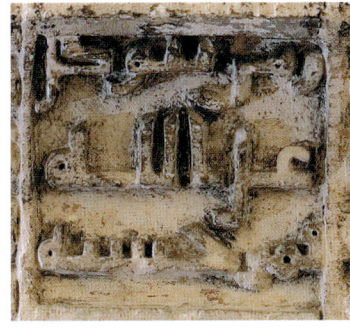

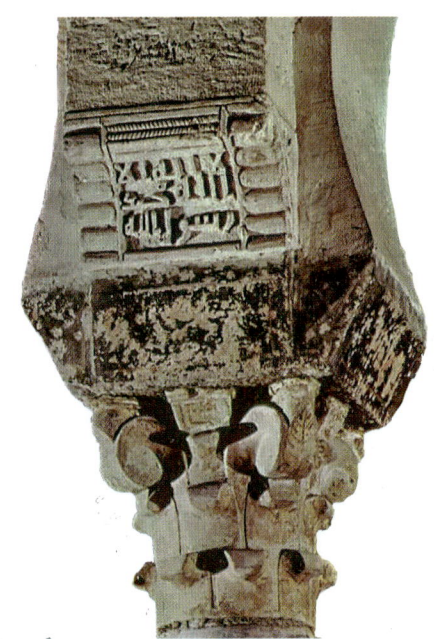

Los capiteles de la ampliación de Almanzor son corintios y compuestos parecidos entre sí y diseminados sin un orden evidente. En el arranque de algunos arcos, sobre los capiteles, hay inscripciones coránicas en un cúfico muy sencillo, sin ornamento y talladas dentro de cuadrados; en ellas leemos la *shahada* o Profesión de Fe Islámica, "No hay dios excepto Dios, Muhammad es el Enviado de Dios": «لا إلَهَ إلا الله. محمد رسول الله» (fotos superiores) y "A quien confía en Dios, Él le basta": «ومن يتوكل على الله فهو حسبه» (Corán 65, 3) (foto lateral inferior). Por el estilo y el modo en que las cartelas epigráficas están talladas sobre los modillones de rollo debieron de realizarse en época almorávide o almohade.

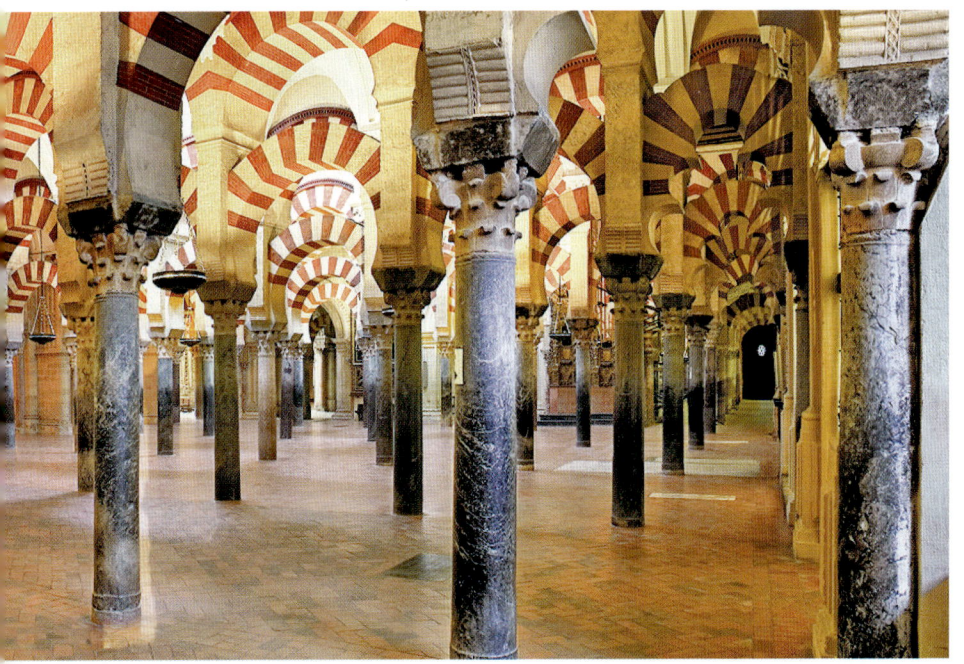

Restos de las puertas de al-Hakam dentro de la ampliación de Almanzor

Al acceder a la zona de la sala de oración correspondiente a la ampliación de Almanzor se ven perfectamente fragmentos de las puertas del muro oriental de la ampliación de al-Hakam. En este muro oriental se abrieron cuatro grandes arcos para ensanchar la sala de oración con ocho arquerías sobre lo que hasta entonces había sido calle y viviendas. La primera puerta se abre desde la alquibla, que aquí ya no tiene doble muro, sino únicamente el muro exterior al sur de la Mezquita; de esta puerta se conserva la parte central de su fachada convertida en la entrada al museo "Tesoro de la Catedral". Junto a ella, tenemos restos de las fachadas de las demás puertas orientales de la ampliación de al-Hakam, en las que perviven excelentes diseños geométricos "cuadrados" rojiblancos, representaciones en yeso del árbol de la vida en las albanegas de los arcos, cenefas y paños con roleos de atauriques de grueso tallo e inscripciones coránicas en elegante cúfico florido.

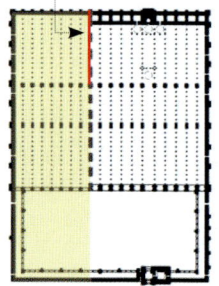

Muro oriental de la ampliación de al-Hakam

La ampliación de Almanzor

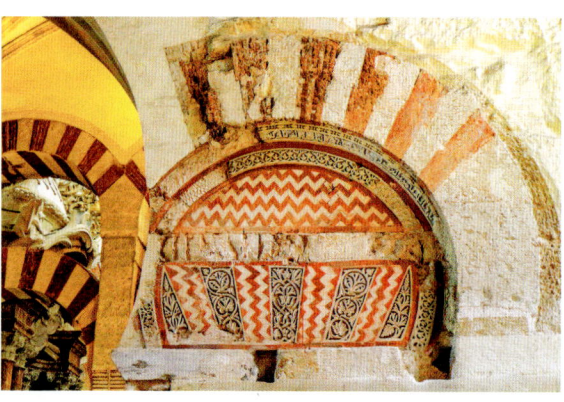

En este otro arco del muro oriental de al-Hakam contemplamos motivos decorativos en zig-zag rojo sobre fondo blanco, verticales y horizontales, junto con atauriques y este fragmento coránico en cúfico y mutilado que perfila la curva del arco: "[...] Dios prescribe la justicia, la beneficencia y la liberalidad con los parientes. Prohíbe [la deshonestidad, lo reprobable y la opresión...] (Corán 16, 90).«[...] إِنَّ اللَّهَ يَأْمُرُ بِالْعَدْلِ وَالْإِحْسَانِ وَإِيتَاءِ ذِي الْقُرْبَىٰ وَيَنْهَىٰ [...]».

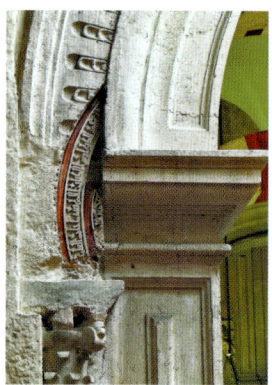

Fragmento de arco de herradura de la fachada oriental de la ampliación de al-Hakam embutido en uno de los arcos de la Catedral. Su epígrafe coránico dice: «[Aquéllos] a quienes se dió la *Escritura* no se opusieron unos a otros, por rebeldía mutua, sino después de haber recibido la Ciencia [...]» (Córan 3, 19).

«[...] وَمَا اخْتَلَفَ الَّذِينَ أُوتُوا الْكِتَابَ إِلَّا مِن بَعْدِ مَا جَاءَهُمُ الْعِلْمُ [...]».

A la izquierda, muro oriental de la ampliación de al-Hakam con los restos de sus puertas vistas desde la ampliación de Almanzor.

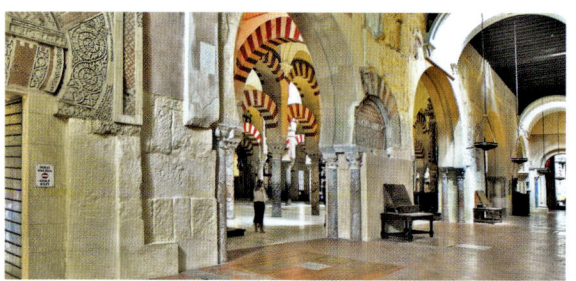

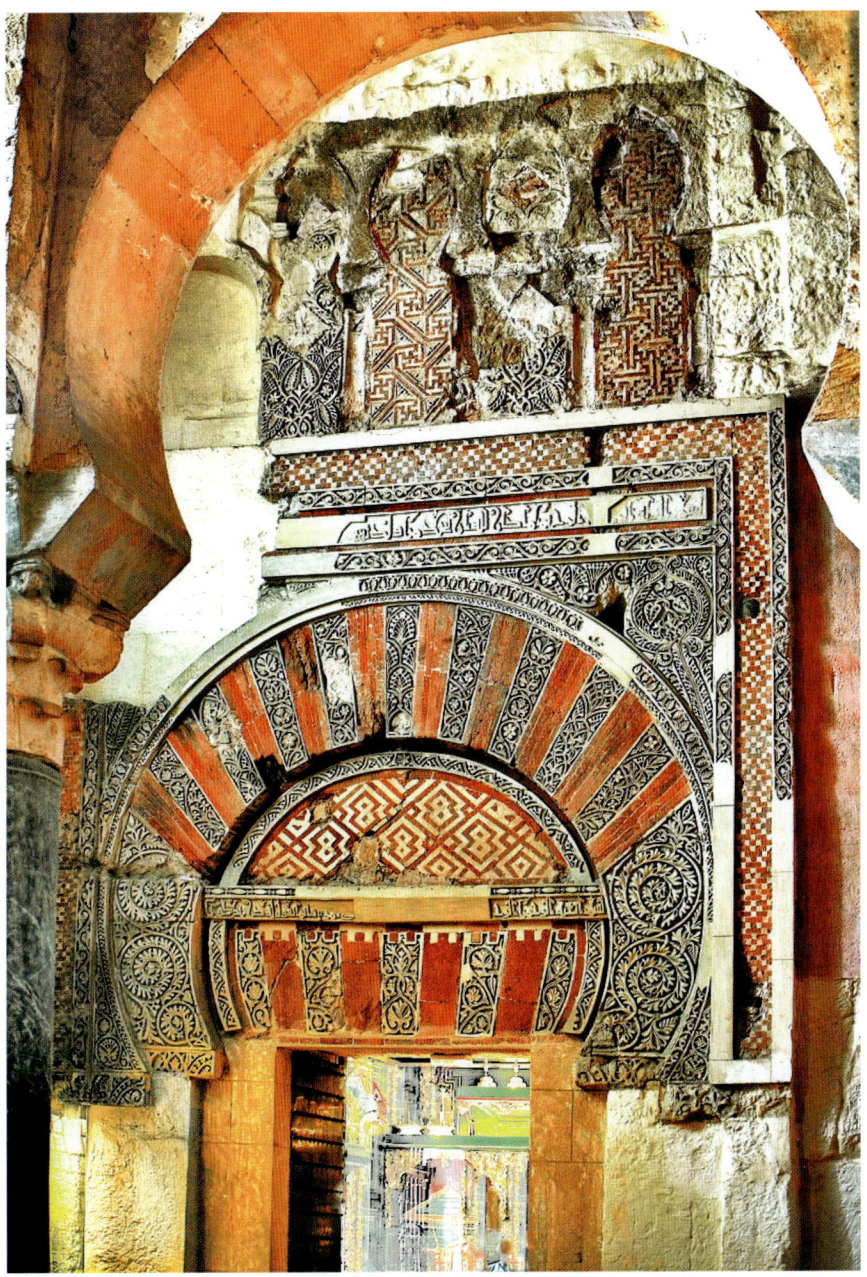

Restos de la fachada de la puerta situada en la parte este de la alquibla y perpendicular a ella, justo al final del que fue *bayt al-mal* o "Tesoro" de la ampliación de al-Hakam II. En la actualidad es la salida del museo "Tesoro de la Catedral" hacia el ala añadida por Almanzor. Esta puerta conserva parte de su decoración geométrica y vegetal, y de su epigrafía en cúfico florido. Por encima del arco, en la cenefa horizontal del alfiz, leemos: "*Basmala*. Es im-

propio de Dios adoptar un hijo. ¡Gloria a Él! [...] (azora «María»: Corán 19, 35). En árabe:

«بسم الله الرحمن الرحيم، مَا كَانَ لِلَّهِ أَن يَتَّخِذَ مِن وَلَدٍ سُبْحَانَهُ».

Y en el dintel interior del arco: "[...]. *Basmala*. [... cuando decide algo], le dice tan sólo: «¡Sé!» y es". Árabe: «بسملة. [...] فَإِنَّمَا يَقُولُ لَهُ كُن فَيَكُونُ»

Con esta frase finaliza la aleya 35 de la misma azora «María», alusiva a la no divinidad del Mesías cristiano.

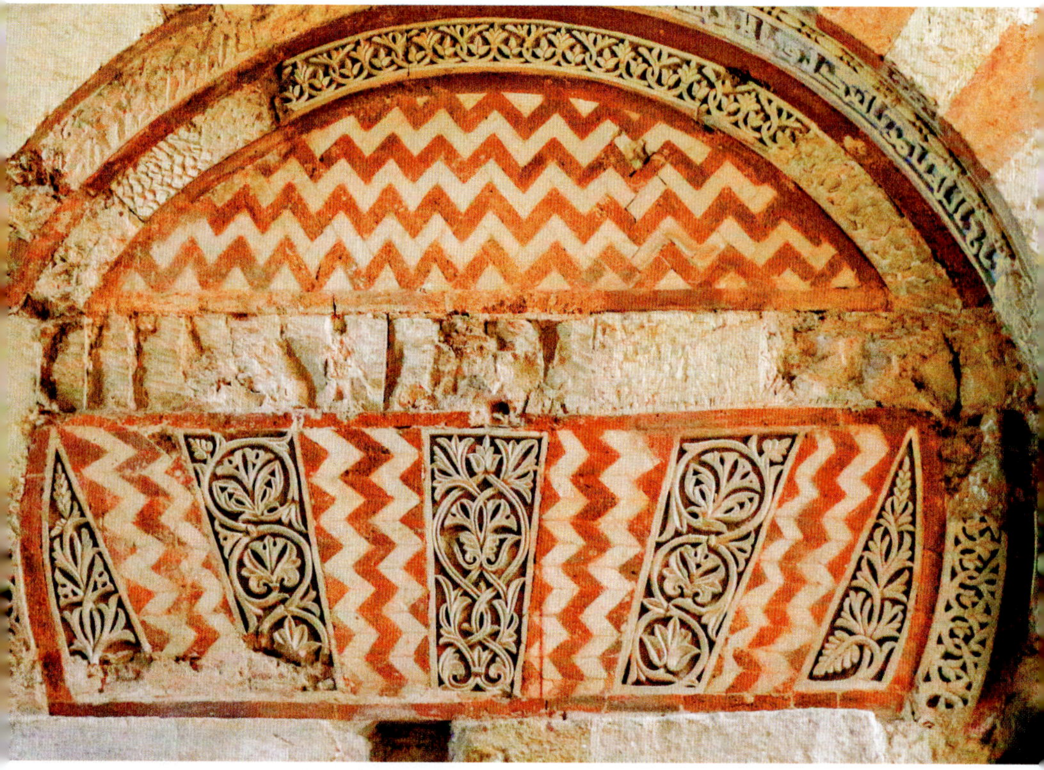

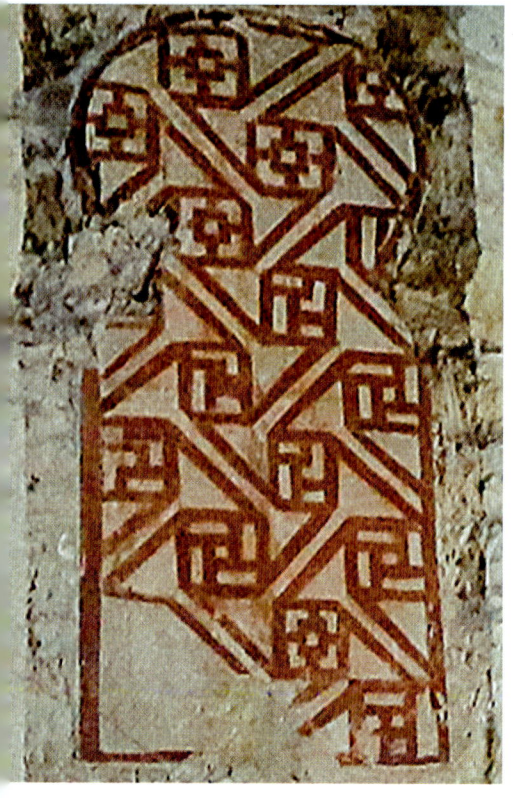

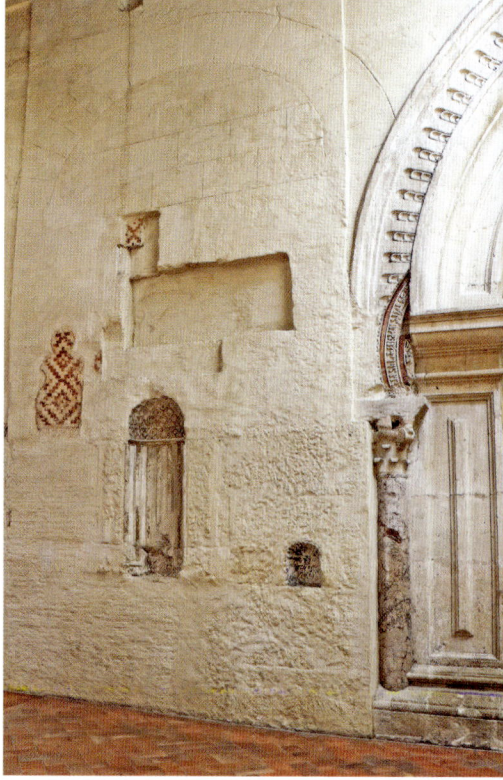

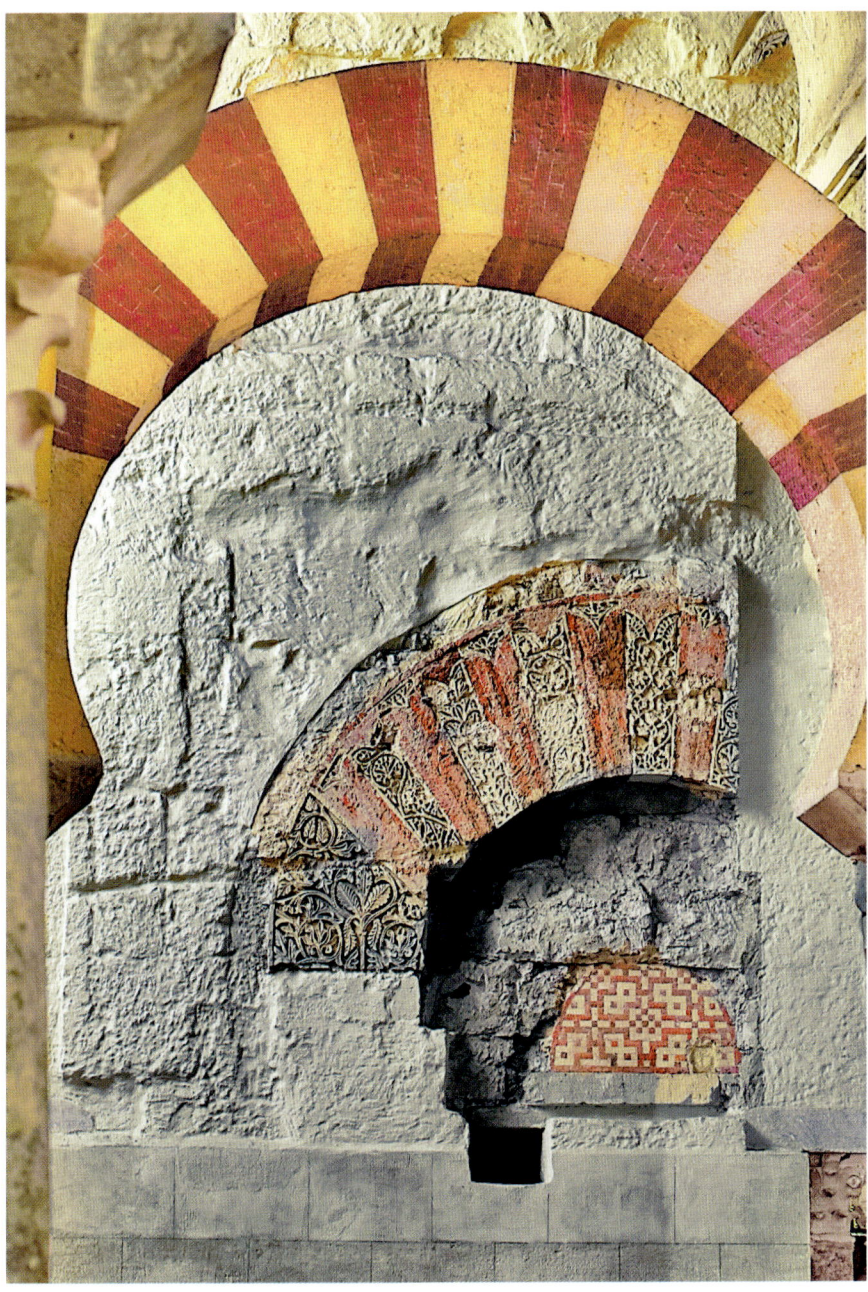

A pesar de la desaparición y transformación de la arquitectura y ornamentación de las puertas orientales de la ampliación de al-Hakam, todavía sorprenden los restos que perviven de sus dibujos geométricos en rojo almagra sobre fondo rojo por la elegancia y variedad de sus formas, unos en zig-zag, otros con cuadrados o ajedrezados, otros, en fin, con diseños de "hueso" o "clavos" girados 45º a derecha e izquierda, que se alternan con dovelas, cenefas y paños de magníficos atauriques con tallos y hojas dispuestos axialmente y formando roleos y entrelazamientos, con el fin de conferir a estas fachadas la imagen de perfección y suntuosidad del Califato.

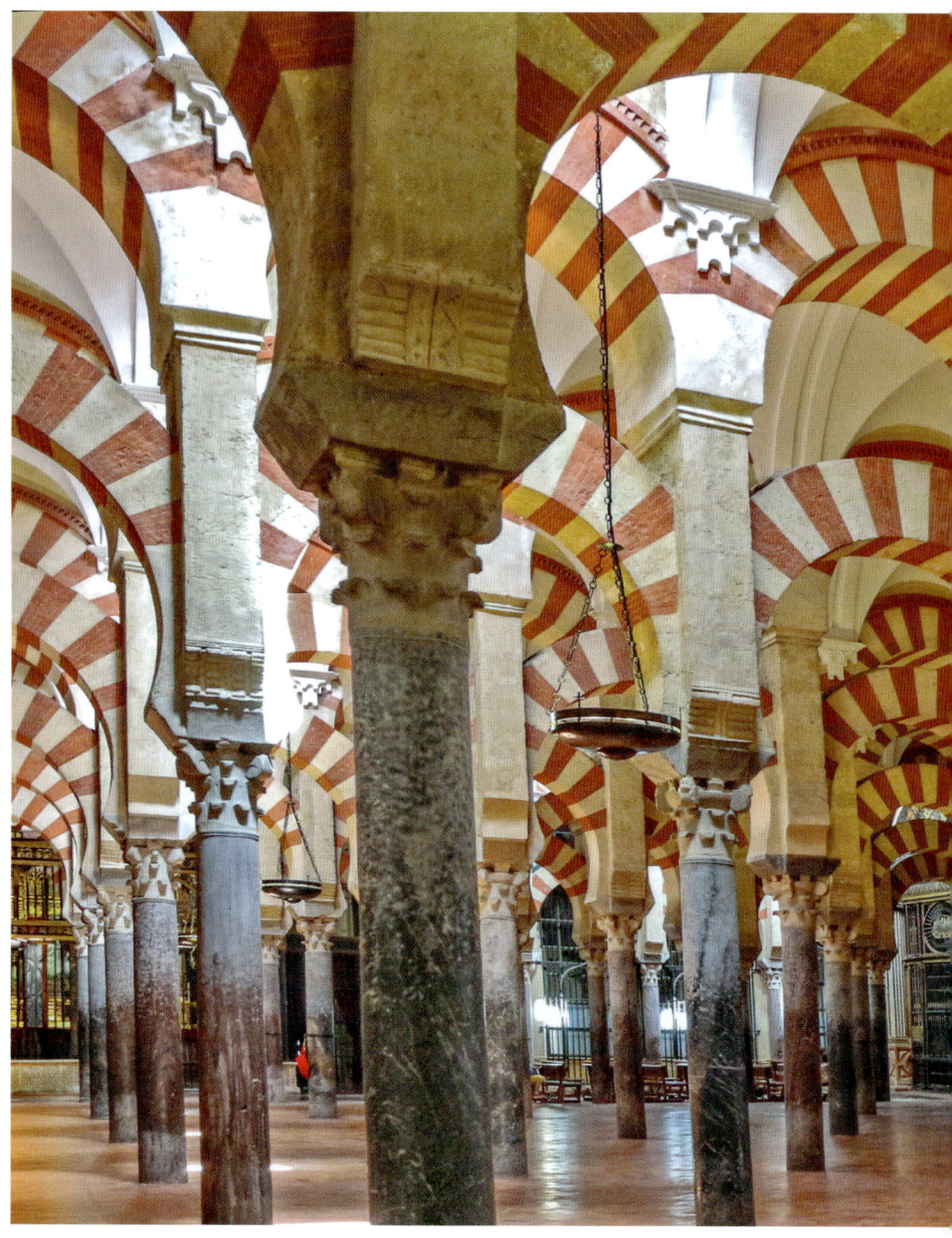

Sala de oración de la ampliación de Almanzor vista hacia el este. Aunque los arquitectos de Almanzor se contentaron con aplicar el diseño de arcos encabalgados ideado para la Mezquita de 'Abd al-Rahmán I, con esta ampliación se dio una gran amplitud y sensación de infinitud a la Mezquita de Córdoba, y se la convirtió en la de mayores dimensiones del occidente islámico hasta el siglo XX.

Ibn Gálib al-Andalusí (s. XIV) señala, al tratar sobre las campañas militares contra Córdoba llevadas a cabo por los castellanos a mediados del siglo XII, que "los cristianos entraron en esta venerada Mezquita al llegar a Córdoba en 540 H. (=1146 d. C.), que fue cuando se desató la segunda guerra civil (*fitna*). Luego, Dios Altísi-mo concedió que saliesen a los nueve días más o menos, pero se llevaron las manzanas (esferas) de oro y plata que había en el alminar, así como la mitad del púlpito (*minbar*) aproximadamente, dejando lo demás. Se llevaron también las lámparas de plata. La puerta de oro que había en la *maqsura* fue hecha botín igual que

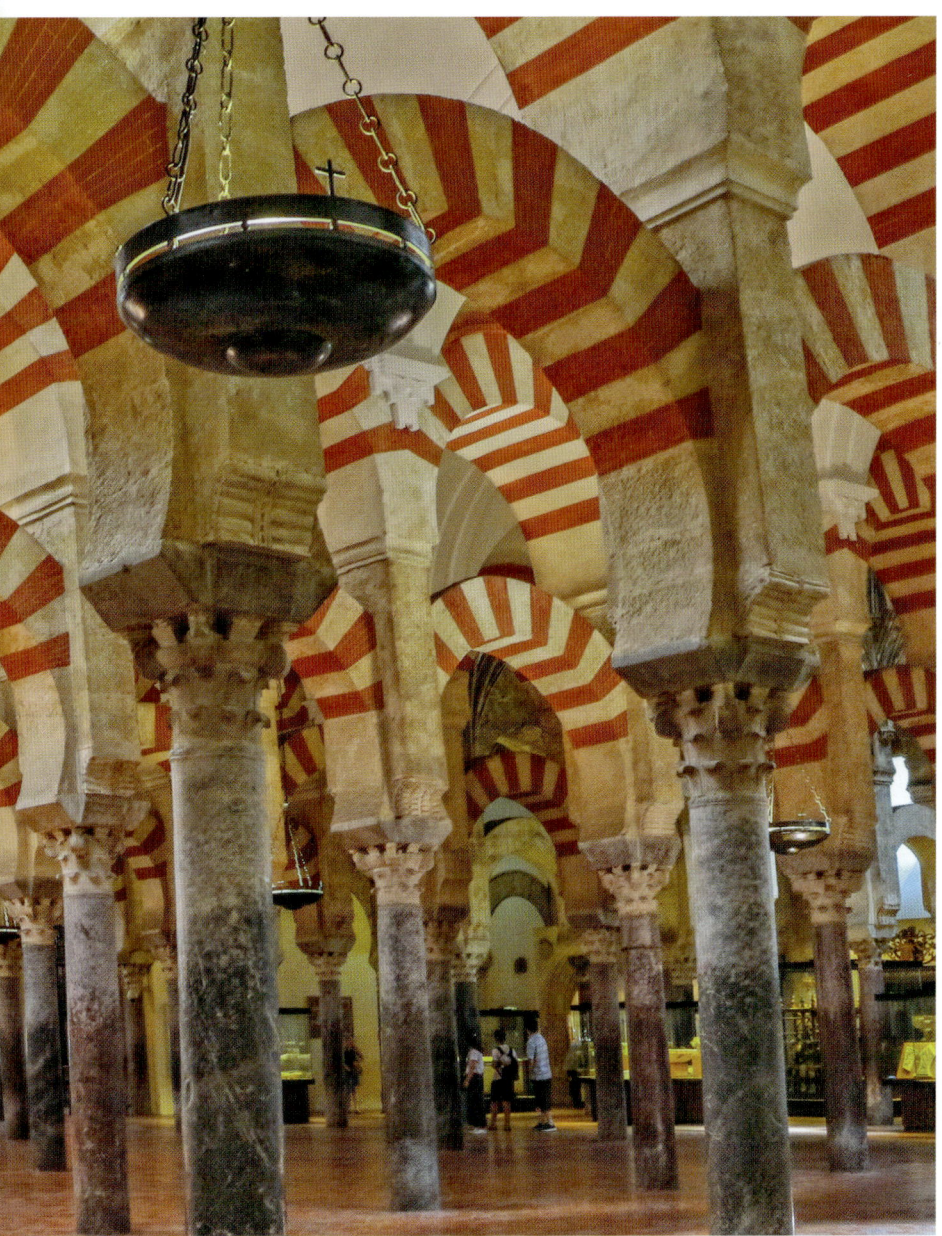

la cámara delTesoro de la Mezquita durante la primera guerra civil. Uno de los más fiables cordobeses me dijo que entró con un grupo en la Mezquita al segundo día de irse los cristianos de Córdoba y que reunieron lo que quedaba del púlpito, pero al ir a sacarlo vieron que debajo de él había como la carga de dos acémilas de tierra blanca cual polvo de plata; decidieron quitarla y limpiar aquel sitio, pero alguien les dijo que era arena de Galicia -que Dios la destruya- traída por Ibn Abi 'Amir [Almanzor], por lo que la de-

jamos allí" (*Farhat al-anfus*, p. 30). Conocida es la tradición que atribuye a Almanzor el robo de las campanas y puertas de la Catedral de Santiago y su traslado por prisioneros cristianos para fabricar lámparas para la Mezquita de Córdoba. También se dice, por contra, que el rey Fernando III ordenó fundir las lámparas y planchas metálicas de las puertas de la Mezquita de Córdoba para hacer las campanas de la nueva iglesia que estableció en la esquina sureste tras la conquista de la ciudad en 1236.

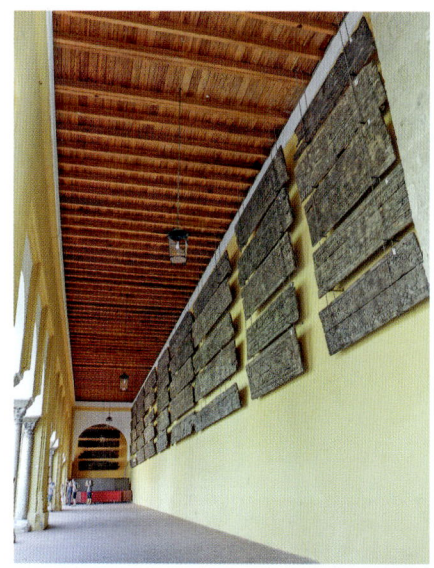

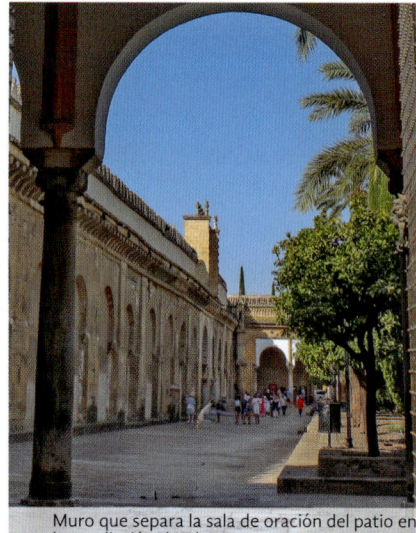

Muro que separa la sala de oración del patio en la ampliación de Almanzor.

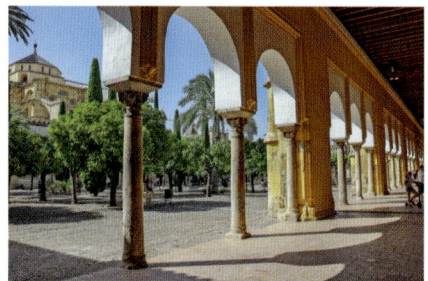

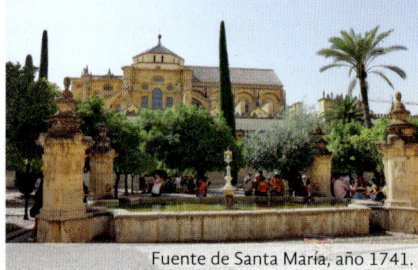

Fuente de Santa María, año 1741.

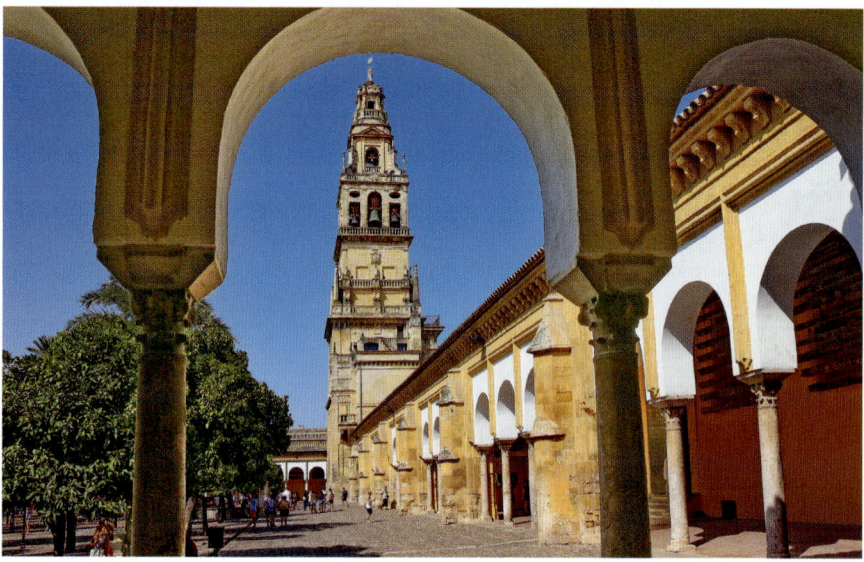

Vistas de la galería del patio de la Mezquita en la ampliación de Almanzor. En sus paredes y en las de las demás galerías del patio se han colgado vigas de madera y tablas procedentes de los techos de la sala de oración y extraídas de su lugar de origen en sucesivas cambios y arreglos de las cubiertas.

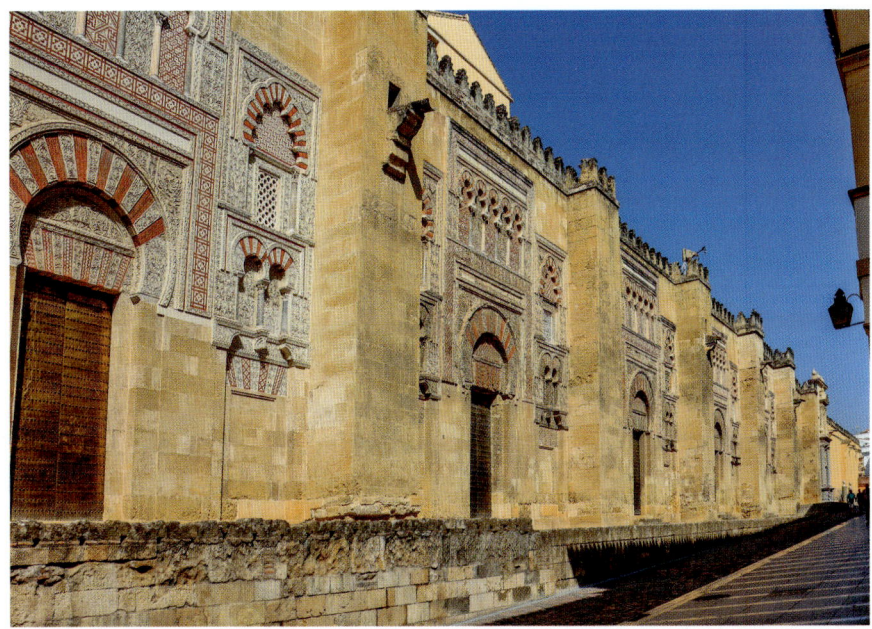

La ampliación de Almanzor incluye todo el muro oriental, que se ha conservado de manera más uniforme y completa que el occidental, como se aprecia en la perspectiva de dicho muro oriental en dirección norte que muestra esta fotografía. Entre las torres adosadas al muro pueden verse las puertas de la ampliación de Almanzor, que conservan, como veremos, bastantes restos ornamentales y buena parte de su epigrafía coránica, a pesar de las muchas restauraciones que han recibido.

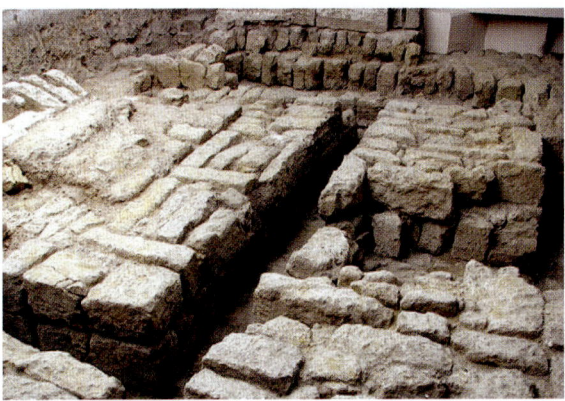

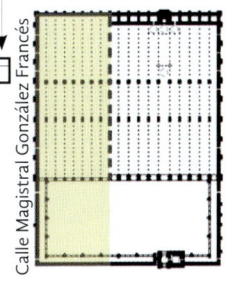

Fuente de abluciones de época Almanzor

Calle Magistral González Francés

En 1998 se descubrió la pila de abluciones de época de Almanzor en las excavaciones realizadas por Alberto Montejo en el borde oriental de la calle Magistral González Francés. Con la ampliación de Almanzor se anuló la pila de abluciones antigua y se construyó, por orden del propio Almanzor, una nueva el año 390 H. (990-1000), según se recoje en la crónica anónima *Dikr bilád al-Andalus*. Los restos de esta pila de abluciones se encuentran frente a las puertas del Sagrario y de San José, y se componía de un vestíbulo y un patio con surtidor de agua y letrinas, que a decir de la citada crónica árabe, fueron 60 letrinas. Hace unos años, los restos de esta pila de abluciones, que fue única en su género en Europa por su obra y dimesiones, se incorporaron al nuevo Hotel Conquistador, donde se conservan y pueden visitarse. Tiene sólidos y anchos muros de piedra y numerosas conducciones de agua, y su planta se extiende hasta parte del edificio contiguo al hotel, que pertenece a la administración de la Catedral. Su superficie fue al menos de 16 m. de largo por 28 m. de ancho, y no se excavó en su totalidad.

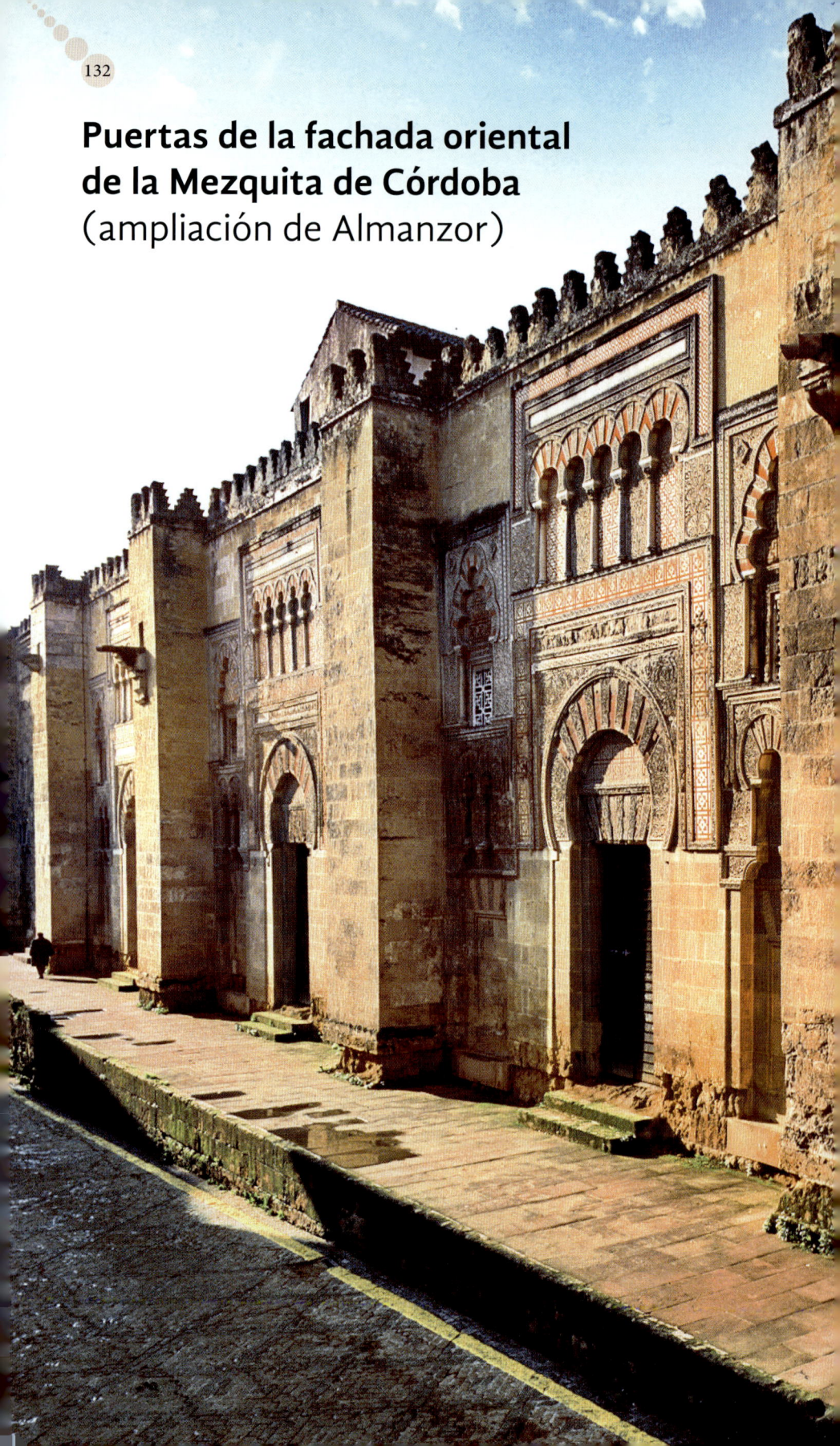

**Puertas de la fachada oriental
de la Mezquita de Córdoba**
(ampliación de Almanzor)

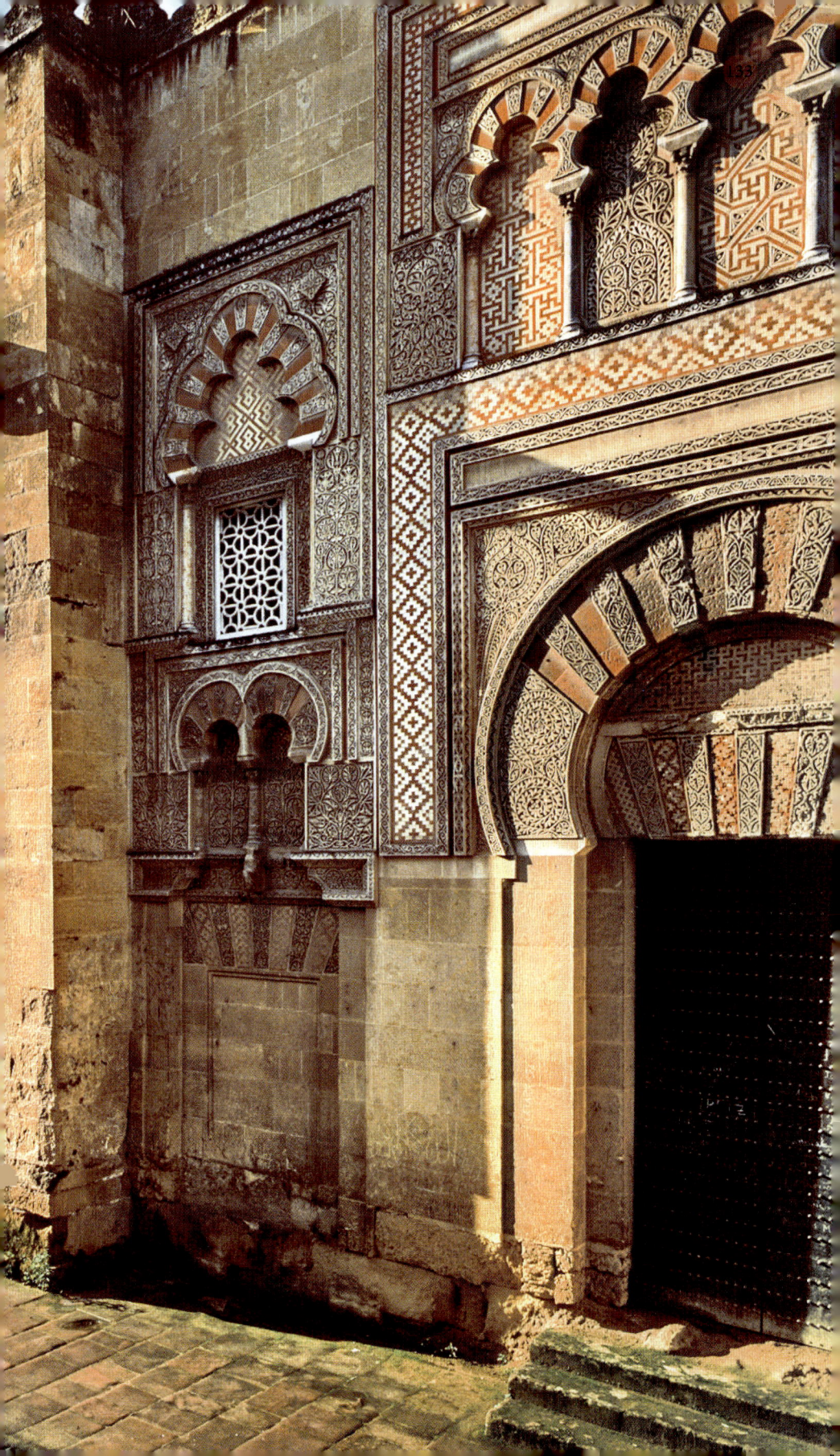

Puertas de la amplición de Almanzor

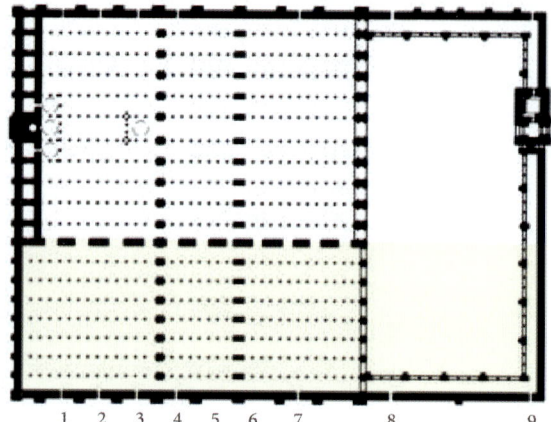

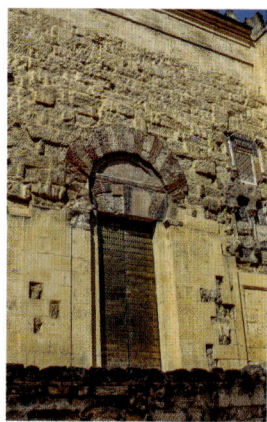

1 Puerta de Jerusalén

2 Puerta del Sagrario

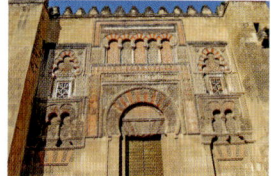

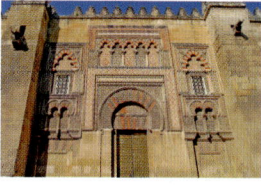

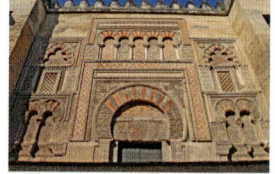

5 Puerta de San Nicolás

6 Puerta del Baptisterio

7 Puerta de San Juan

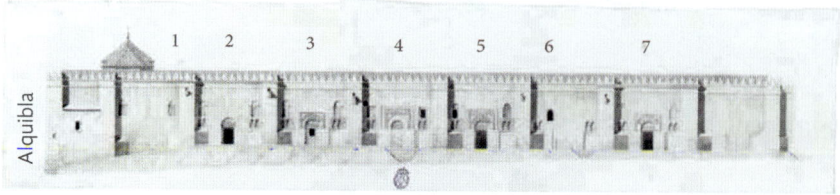

Dibujo de Ricardo Arrendo, 1876-1878.

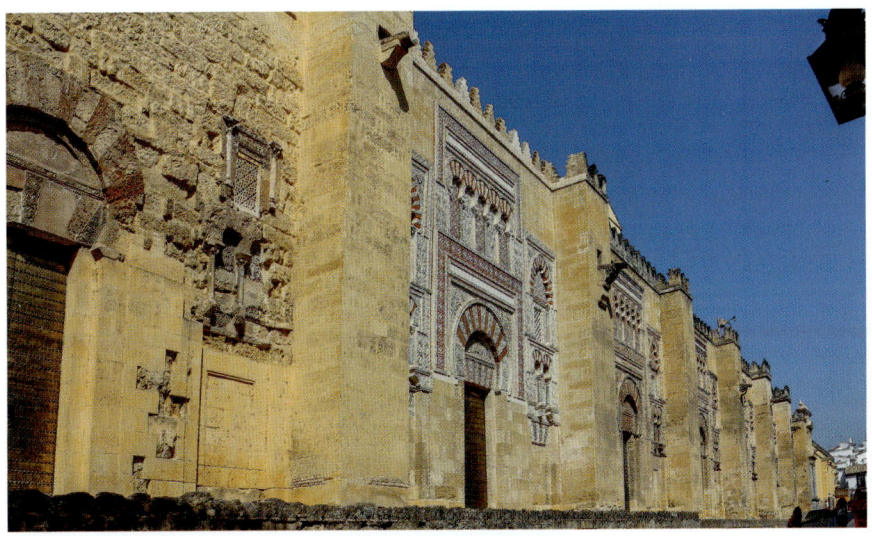

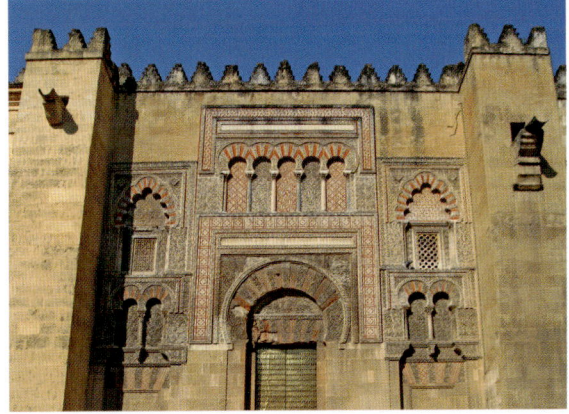

3 Puerta de San José

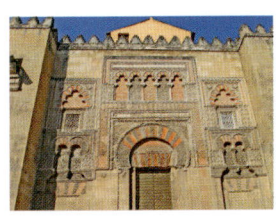

4 Puerta de la Concepción

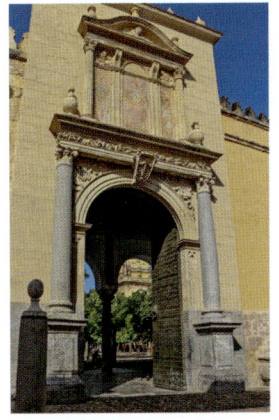

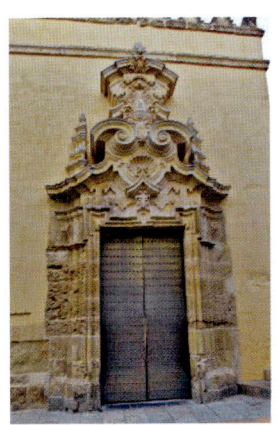

8 Puerta de Santa Catalina ca. 1567

9 Puerta de la Grada Redonda, 1726

Restos epigráficos en las puertas de la fachada oriental

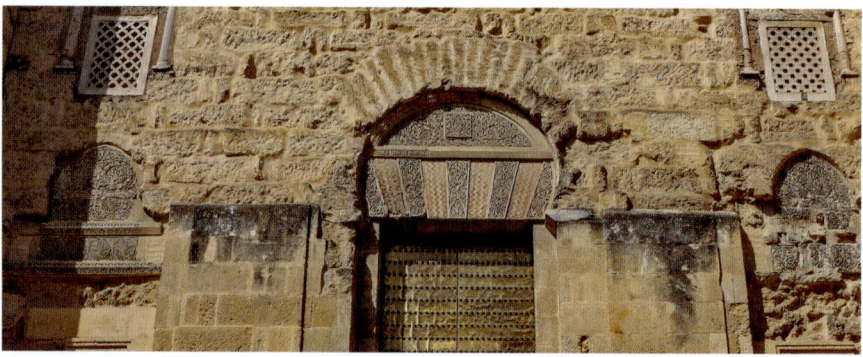

🔴 Puerta de Jerusalén

Inscripción detoriorada e incompleta. Curva del arco: «[*Basmala*. Dios y sus ángeles] bendi[cen al Profeta. ¡Creyentes bendecidle» (Corán 33, 56).

En el dintel: «[*Basmala*. Di: Él es Dios, Uno, Dios, el Eterno. No ha engendrado ni ha] sido engendrado. No tiene par» (azora La fe pura, Córan 112).

«[بسملة. إن الله وملائكته] يصـ[ـلون على النبي يا] أيها الذين آمنوا صلوا عليه».

«[بسملة. قُلْ هُوَ اللَّـهُ أَحَدٌ. اللَّـهُ الصَّمَدُ. لَمْ يَلِدْ وَلَمْ يُولَدْ. وَلَمْ يَكُن لَّهُ كُفُوًا أَحَدٌ».

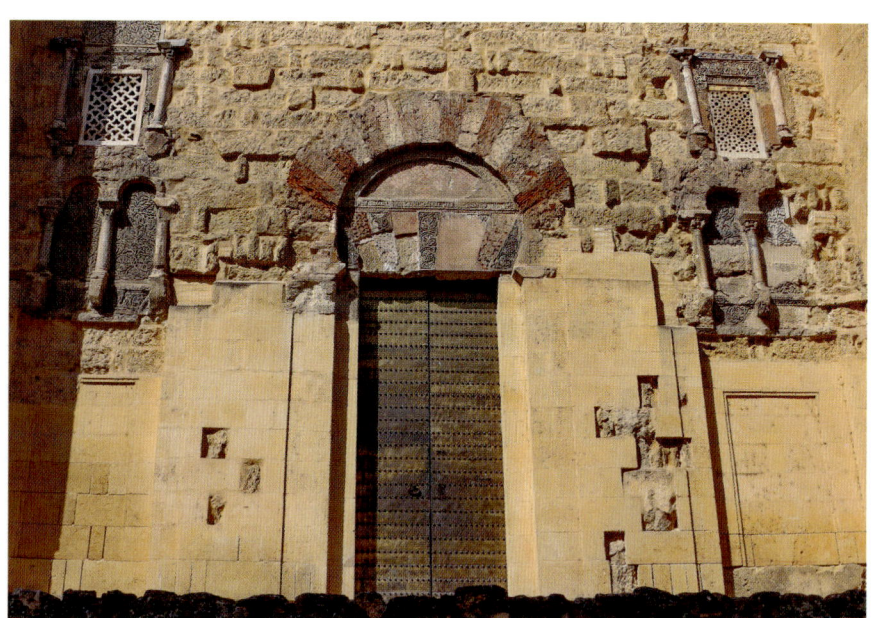

🔴 Puerta del Sagrario

«*Basmala*. Dios atestigua, y con Él los ángeles y los hombres dotados de ciencia, que no hay más dios» / «que Él, Que vela por la equidad. No hay más dios que Él el Poderoso, el Sabio. Ciertamente, la Religión, para Dios, es el islam. Aquéllos a quienes se dio la [*Escritura*]» (Córan 3, 18-19).

«بسملة. شَهِدَ اللَّهُ أَنَّهُ لَا إِلَـٰهَ إِلَّا هُوَ وَالْمَلَائِكَةُ وَأُولُو الْعِلْمِ قَائِمًا بِالْقِسْطِ لَا إِلَـٰهَ» / «إِلَّا هُوَ الْعَزِيزُ الْحَكِيمُ إِنَّ الدِّينَ عِندَ اللَّهِ الْإِسْلَامُ وَمَا اخْتَلَفَ الَّذِينَ أُوتُوا [...]».

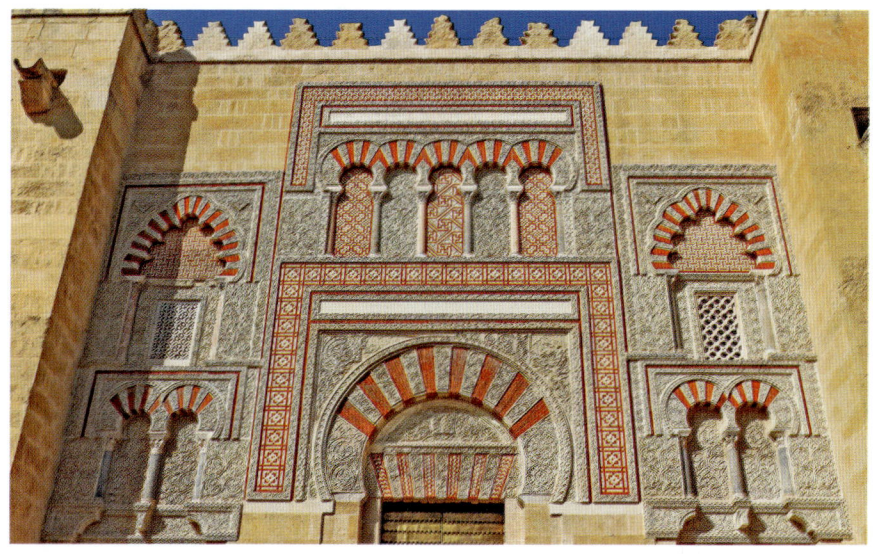

3 Puerta de San José

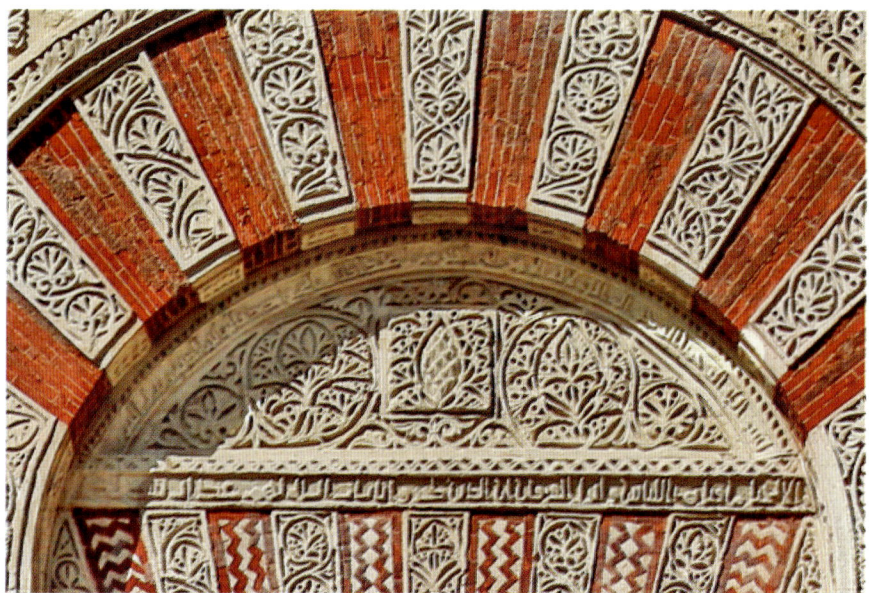

En la curvatura interior del arco y el dintel: «*Basmala*. ´Im. ¡Dios! No hay más dios qué Él, el Viviente, el Subsistente. Él te ha revelado la *Escritura* con la Verdad, en confirmación de los mensajes anteriores. Él ha revelado la Tora y el Evangelio antes, como dirección para los hombres, y ha revelado el Criterio. Quienes no crean en los dignos de Dios tendrán un castigo severo [...]» (Córan 3, 1-4).

Curva del arco:

«بسملة. الم اللَّهُ لَا إِلَهَ إِلَّا هُوَ الْحَيُّ الْقَيُّومُ نَزَّلَ عَلَيْكَ الْكِتَابَ بِالْحَقِّ مُصَدِّقًا لِمَا بَيْنَ يَدَيْهِ وَأَنزَلَ التَّوْرَاةَ /

Continuación en el dintel:

وَالْإِنجِيلَ مِن قَبْلُ هُدًى لِّلنَّاسِ وَأَنزَلَ الْفُرْقَانَ إِنَّ الَّذِينَ كَفَرُوا بِآيَاتِ اللَّهِ لَهُمْ عَذَابٌ شَدِيدٌ [...]».

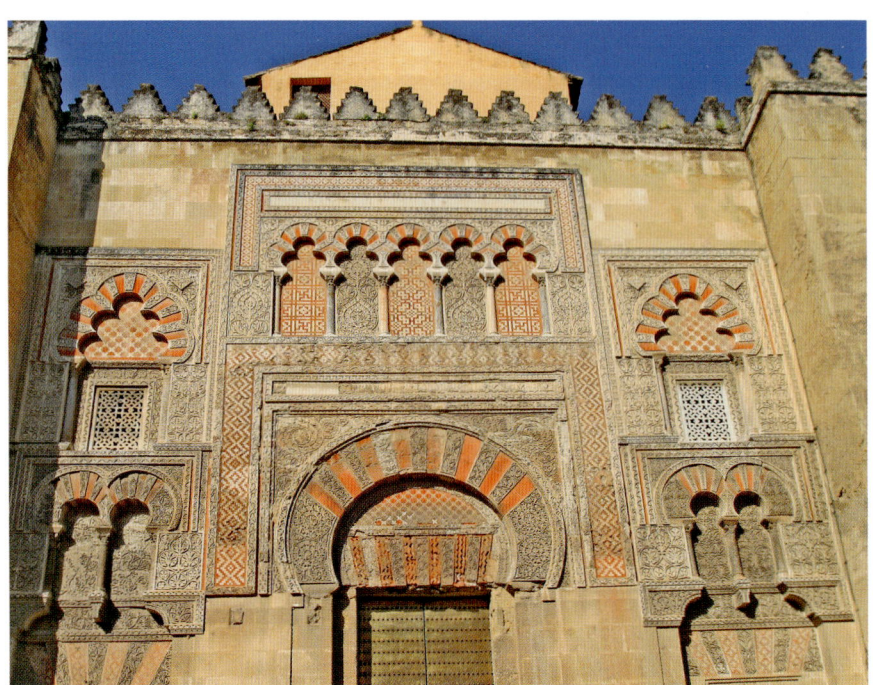

4 Puerta de la Concepción

En la cenefa superior y exterior del arco, cúfico grande: «*Basmala*. Nos propone una parábola y se olvida de su propia creación. Dice: ¿Quién dará vida a los huesos, estando podridos? Di: Les dará vida Quien los creó una vez primera— Él conoce bien toda creación—».(Córan 36, 78-79). Seguido de un fragmento de la *tasliya*: «Ruegue Dios] por Muhammad».

«بسملة. وَضَرَبَ لَنَا مَثَلًا وَنَسِيَ خَلْقَهُ قَالَ مَن يُحْيِي الْعِظَامَ وَهِيَ رَمِيمٌ قُلْ يُحْيِيهَا الَّذِي أَنشَأَهَا أَوَّلَ مَرَّةٍ / «و [صلى الله] على محمد».

Interior de la curvatura del arco central y dintel: «*Basmala*. ¡Siervos míos! ¡No tenéis que temer hoy! ¡Y no estaréis tristes! Los que creísteis en Nuestros signos y os sometisteis ¡entrad en el jardín junto con vuestras esposas, para ser regocijados! Se harán circular entre ellos platos de oro / y copas, que contendrán todo lo que cada uno desee, deleite de los ojos. Estaréis allí eternamente».(Córan 43, 68-71). Le sigue la *tasliya*: «Dios bendiga a Muhammad».

«بسملة. يَا عِبَادِ لَا خَوْفٌ عَلَيْكُمُ الْيَوْمَ وَلَا أَنتُمْ تَحْزَنُونَ الَّذِينَ آمَنُوا بِآيَاتِنَا وَكَانُوا مُسْلِمِينَ ادْخُلُوا الْجَنَّةَ أَنتُمْ وَأَزْوَاجُكُمْ تُحْبَرُونَ يُطَافُ عَلَيْهِم بِصِحَافٍ مِن ذَهَبٍ» / «وَأَكْوَابٍ وَفِيهَا مَا تَشْتَهِيهِ الْأَنفُسُ وَتَلَذُّ الْأَعْيُنُ وَأَنتُمْ فِيهَا خَالِدُونَ» «وصلى الله على محمد».

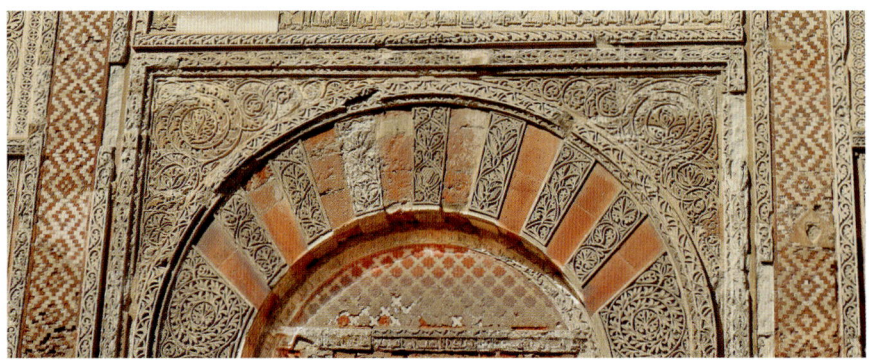

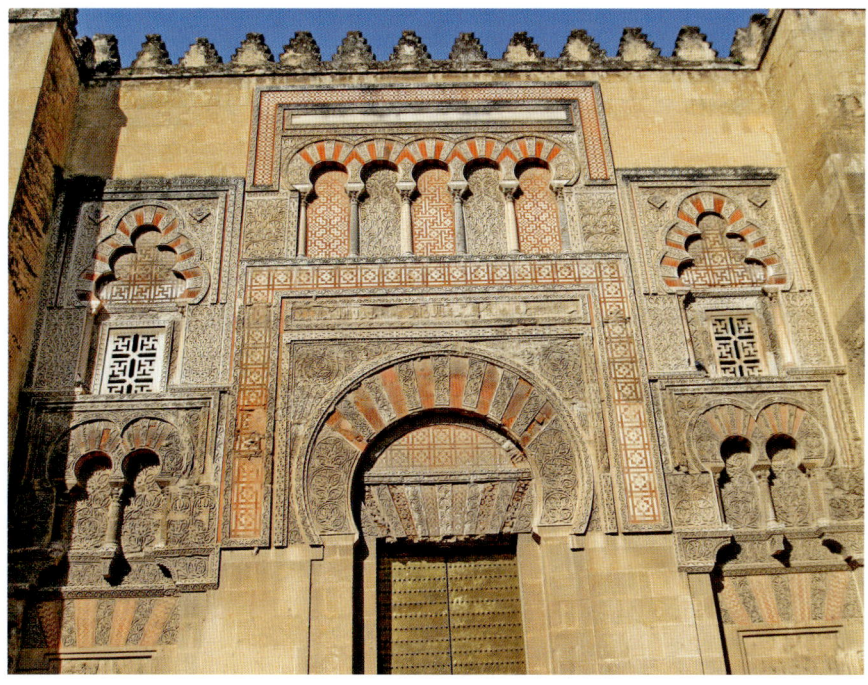

5 Puerta de San Nicolás

«*Basmala*. Dí: «¡Siervos Míos que habéis prevaricado en detrimento propio! ¡No desesperéis de la misericordia de Dios! / Dios perdona todos los pecados. Él es el Indulgente, el Misericordioso» (Córan 39, 53).

«بسملة. قُلْ يَا عِبَادِيَ الَّذِينَ أَسْرَفُوا عَلَى أَنْفُسِهِمْ لَا تَقْنَطُوا مِن رَّحْمَةِ اللَّهِ». «إِنَّ اللَّهَ يَغْفِرُ الذُّنُوبَ جَمِيعًا إِنَّهُ هُوَ الْغَفُورُ الرَّحِيمُ» / «حسبي الله».

«*Basmala*. Esto es un comunicado dirigido a los hombres para que, por él, sean advertidos, para que sepan que Él es un Dios Uno y para que los dotados de intelecto se dejen amonestar». (Córan 14, 52). Le sigue la *tasliya*: «Dios bendiga a Muhammad».

«بسملة. هَذَا بَلَاغٌ لِّلنَّاسِ وَلِيُنذَرُوا بِهِ وَلِيَعْلَمُوا أَنَّمَا هُوَ إِلَهٌ وَاحِدٌ وَلِيَذَّكَّرَ أُولُو الْأَلْبَابِ»/ «وصلى الله على محمد».

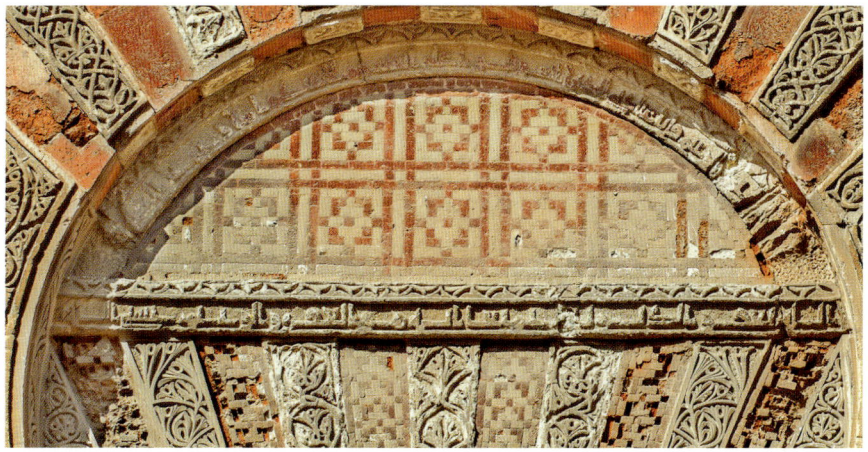

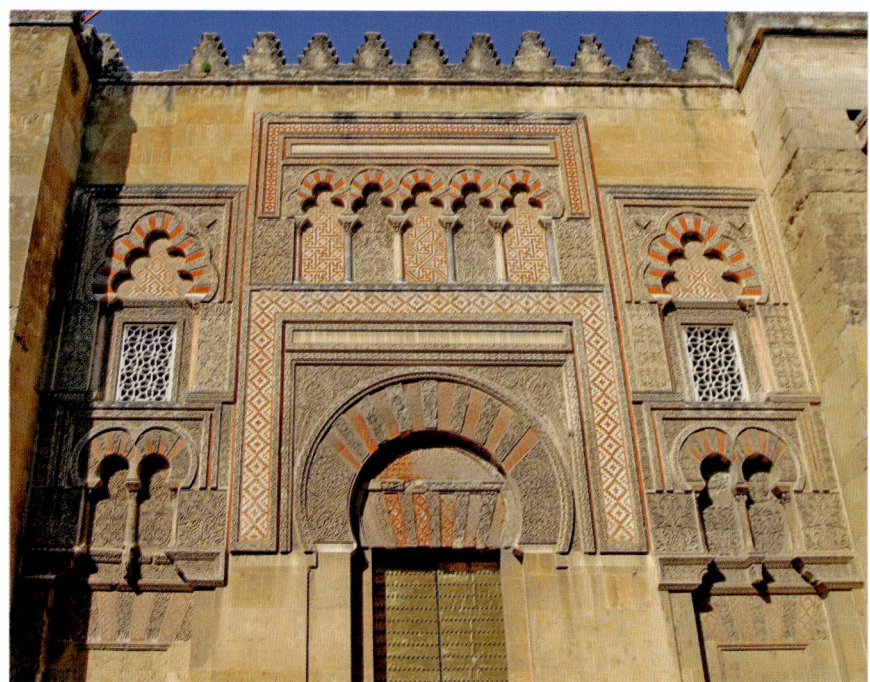

6 Puerta del Baptisterio

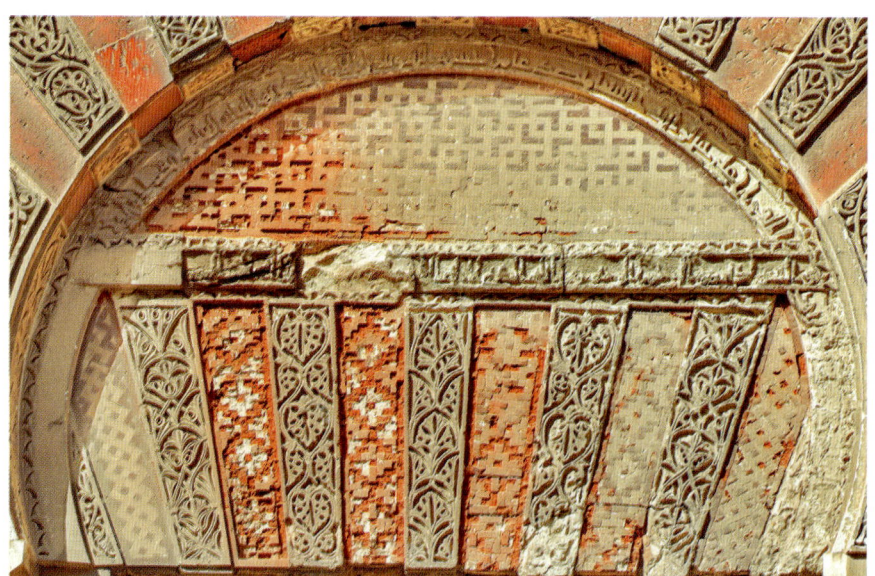

En la curvatura del arco: «[Si hubiéramos hecho descender] este Corán en una montaña, habrías visto a ésta humillarse y henderse por miedo a Dios. Proponemos a los hombres estos símiles. Quizás, así, reflexionen» (Corán 59, 21). En el dintel queda una *basmala* y huellas ilegibles de palabras.

«[... لَوْ أَنزَلْنَا هَٰذَا] الْقُرْآنَ عَلَىٰ جَبَلٍ لَّرَأَيْتَهُ خَاشِعًا مُّتَصَدِّعًا مِّنْ خَشْيَةِ اللَّهِ وَتِلْكَ الْأَمْثَالُ نَضْرِبُهَا لِلنَّاسِ لَعَلَّهُمْ يَتَفَكَّرُونَ [...]». بسم الله الرحمن الرحيم...».

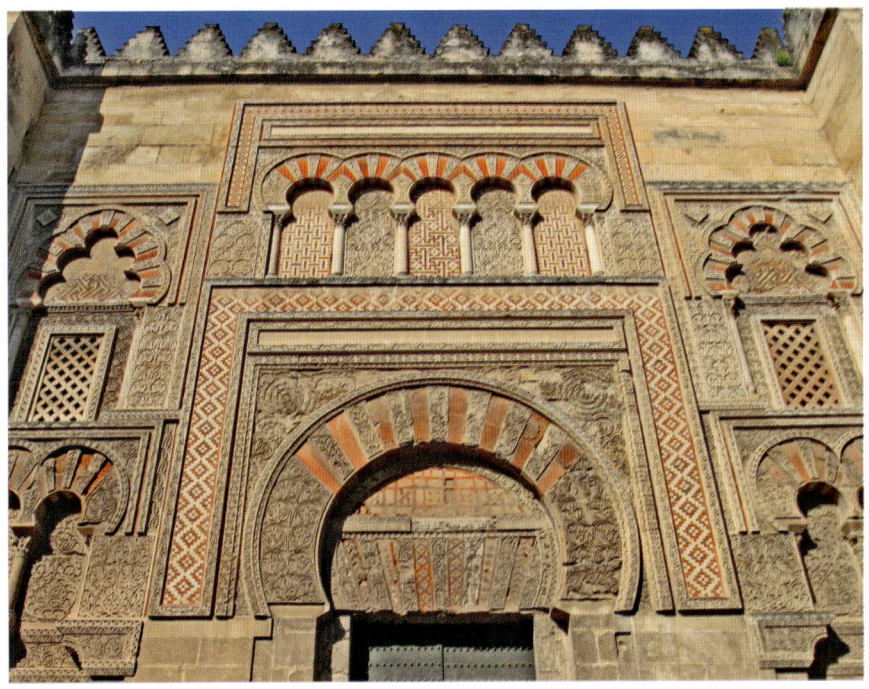

7 Puerta de San Juan

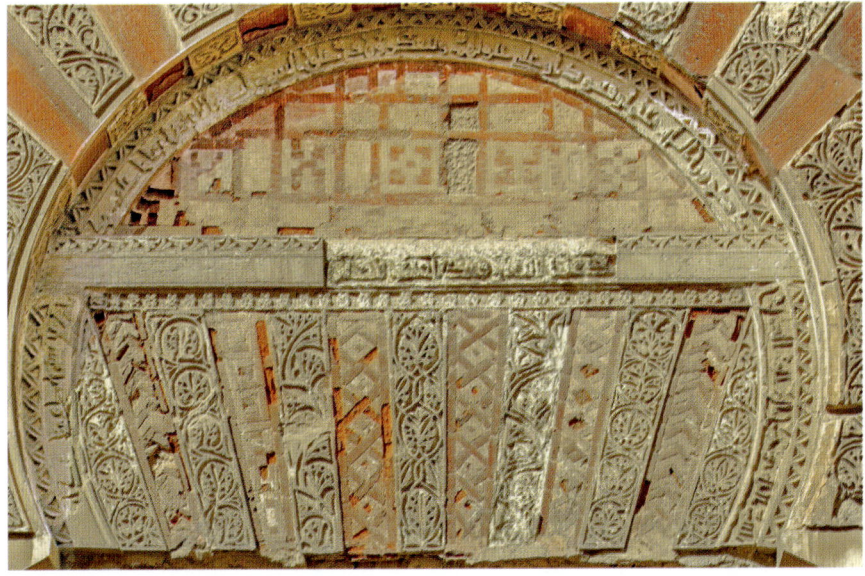

Curvatura del arco: «Basmala [...] que recuerdan a Dios de pie, sentados o echados, y que meditan en la creación de los cielos y de la tierra: «¡Señor! No has creado todo esto en vano. ¡Gloria a Ti! ¡Presérvanos del castigo del Fuego!». Continúa en el dintel: «¡Señor! Tú cubres de oprobio a quien introduces en el Fuego [Los impíos no tendrán quien les auxilie]» (Córan 3, 191-192).

«بسملة. الَّذِينَ يَذْكُرُونَ اللَّهَ قِيَامًا وَقُعُودًا وَعَلَى جُنُوبِهِمْ وَيَتَفَكَّرُونَ فِي خَلْقِ السَّمَاوَاتِ وَالْأَرْضِ رَبَّنَا مَا خَلَقْتَ هَذَا بَاطِلًا سُبْحَانَكَ فَقِنَا عَذَابَ النَّارِ / رَبَّنَا إِنَّكَ مَن تُدْخِلِ النَّارَ فَقَدْ أَخْزَيْتَهُ [وَمَا لِلظَّالِمِينَ مِنْ أَنصَارٍ]».

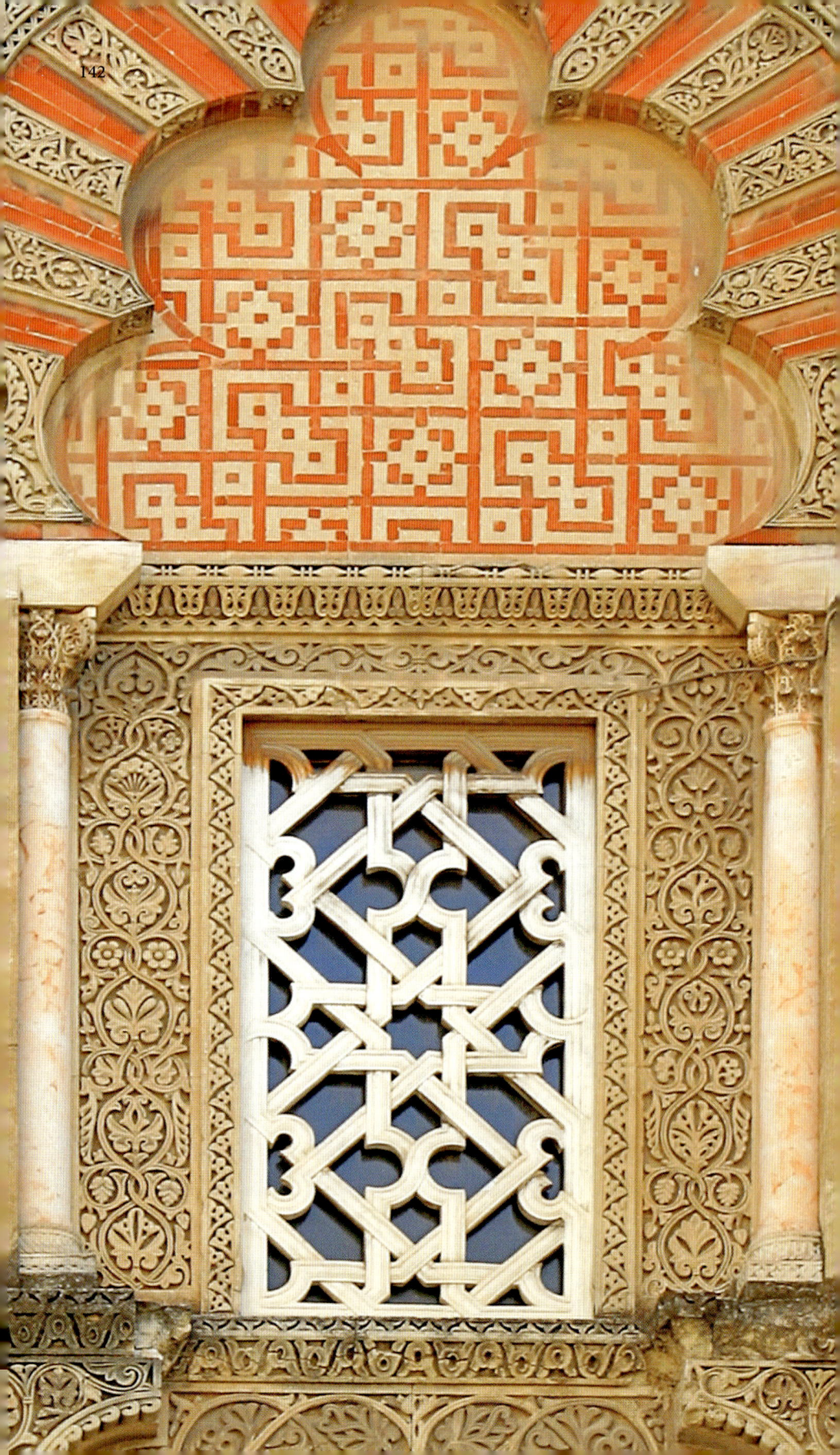

Celosías exteriores de la Mezquita de Córdoba

El conjunto de celosías exteriores conservadas en la Mezquita aporta nuevos diseños a sus antecedentes en la arquitectura omeya oriental. Las celosías cordobesas sorprenden por la aparente sencillez de sus tramas rectilíneas, curvilíneas y mixtas, alguna con motivos vegetales insertos, otras con lacería de estrellas de ocho puntas, que producen, sin repetirse, hermosos y variados juegos visuales. En la fachada occidental de la Mezquita se perdieron varias celosías y se sustituyeron modernamente por copias de las existentes en la fachada oriental, en la que quedan 11 de las 14 celosías originales que tuvo.

Muestras de celosías de la fachada occidental

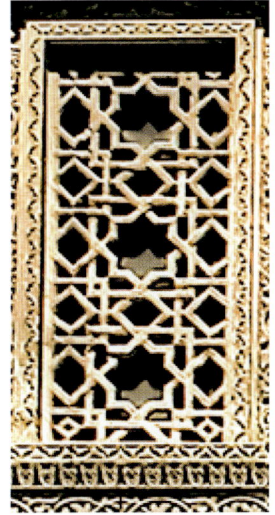

Puerta del Espíritu Santo

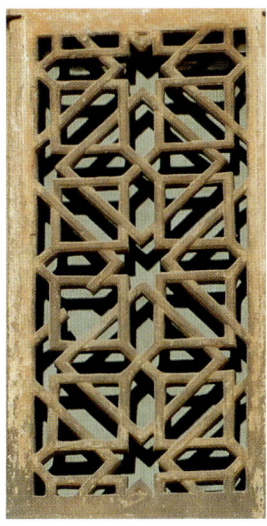

Portillo del Palacio

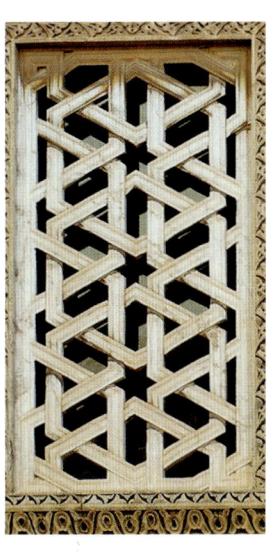

Puerta de San Ildefonso
(celosía izquierda)

Puerta de San Esteban

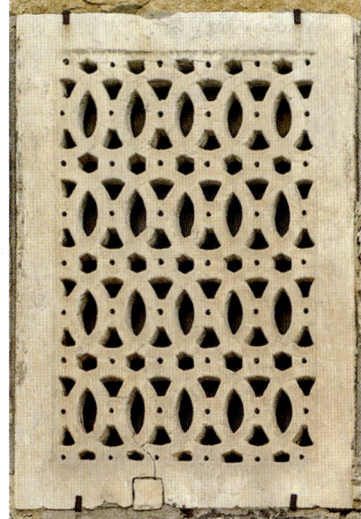

A la izquierda: Puerta de San Ildefonso (celosía derecha).

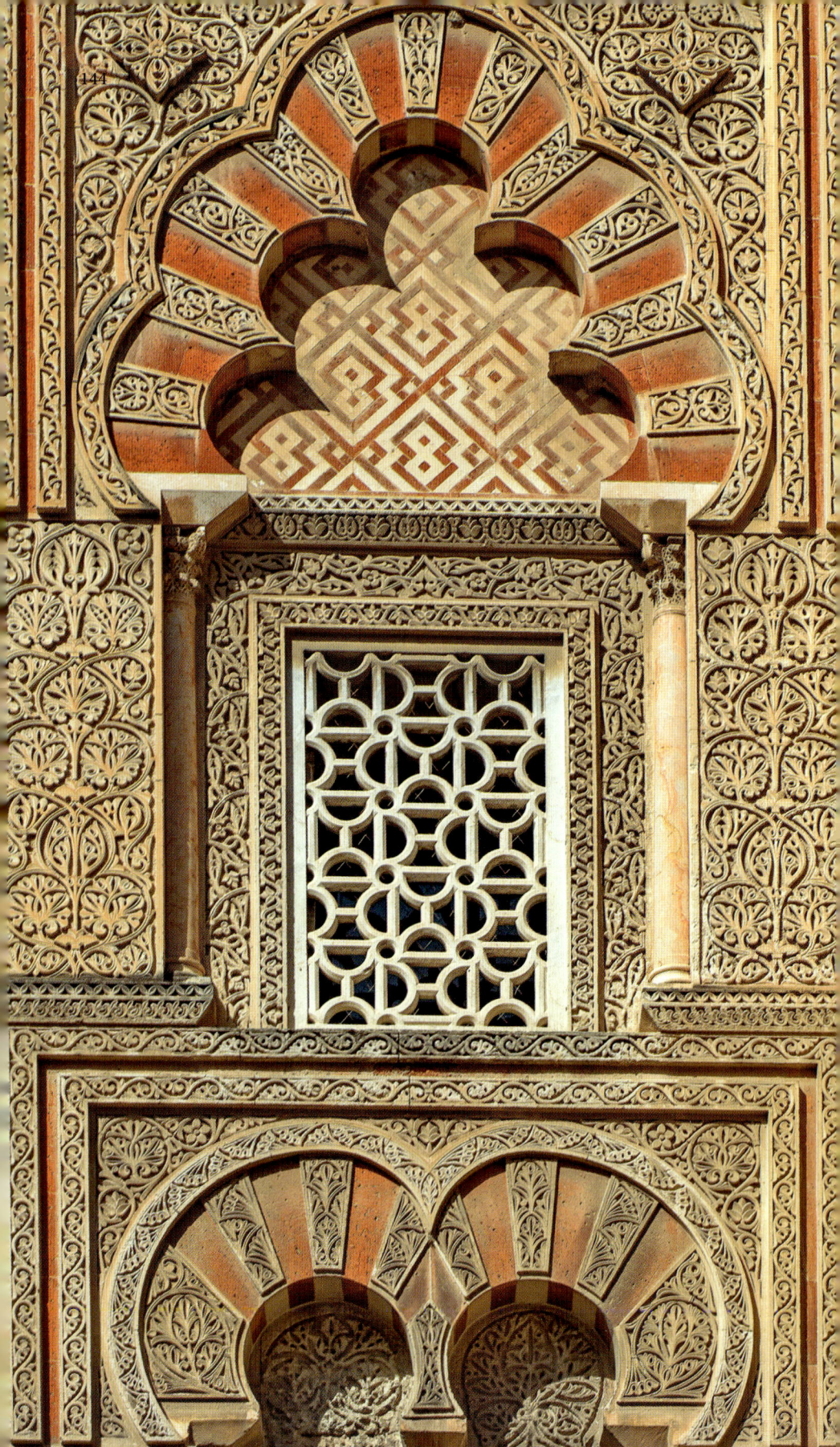

Muestras de celosías de la fachada oriental

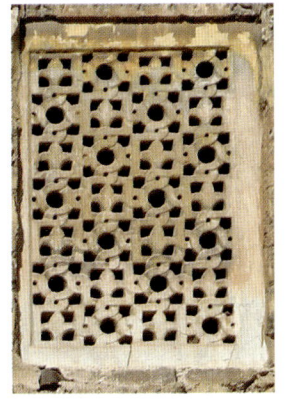

Puerta del Sagrario

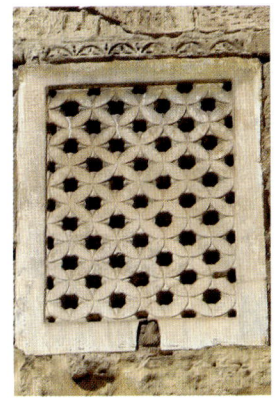

Puerta de Jerusalén

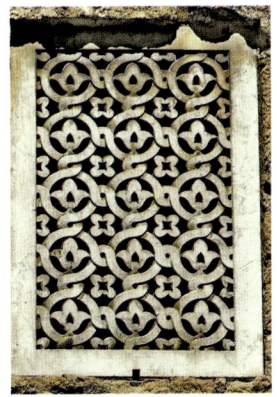

Puerta de San José

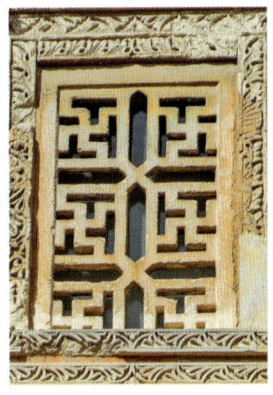

Puerta de San Nicolás

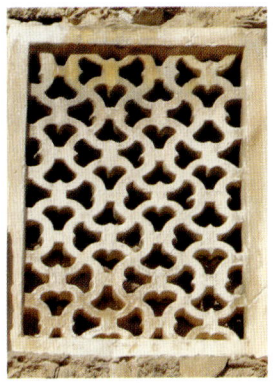

Puerta del Sagrario

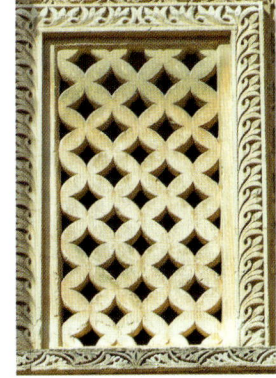

Puerta de San Juan

A la izquierda: Puerta del Baptisterio

Los museos, la Catedral y el Campanario

Aseos, en la esquina suroeste dentro de la Mezquita

Fachada occidental

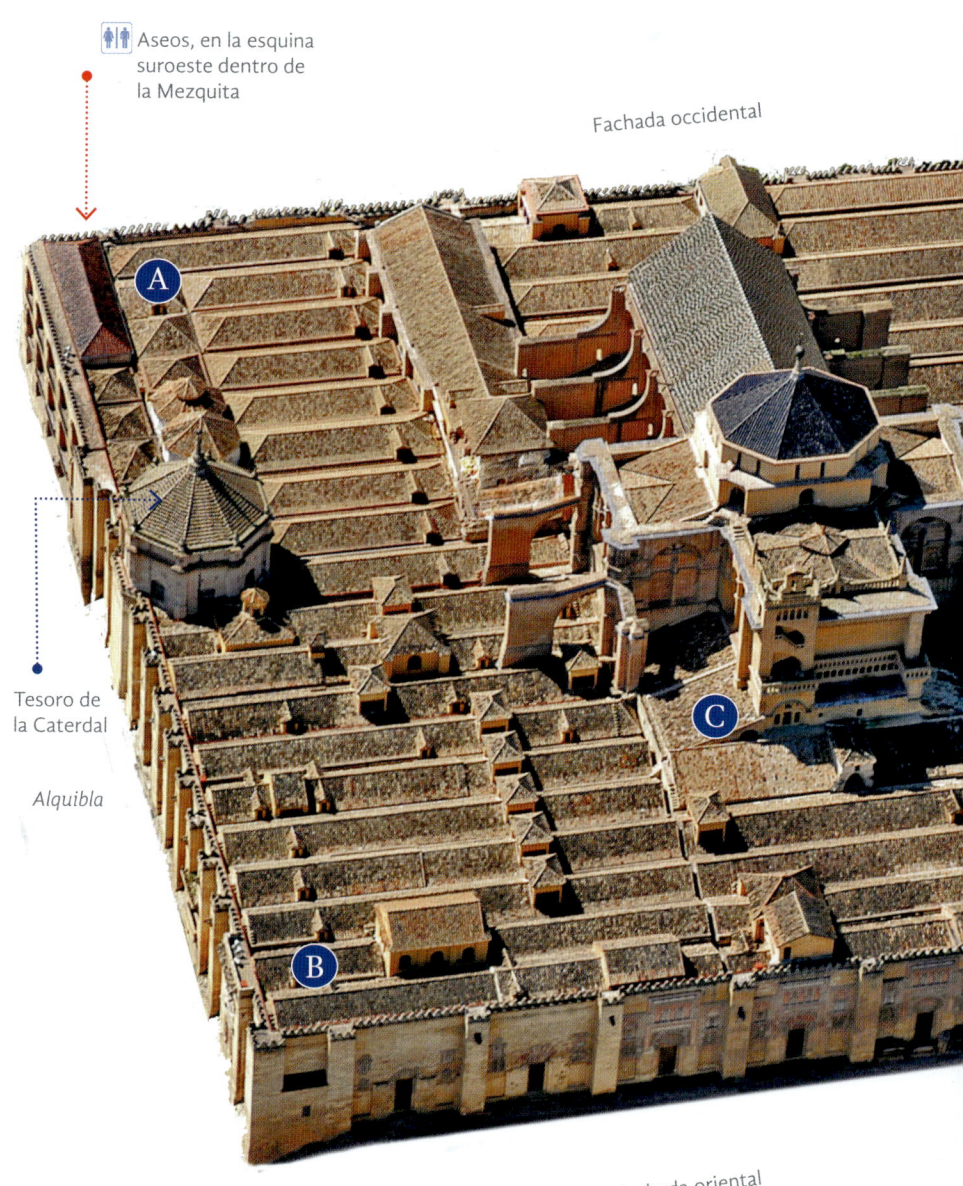

Tesoro de la Caterdal

Alquibla

Fachada oriental

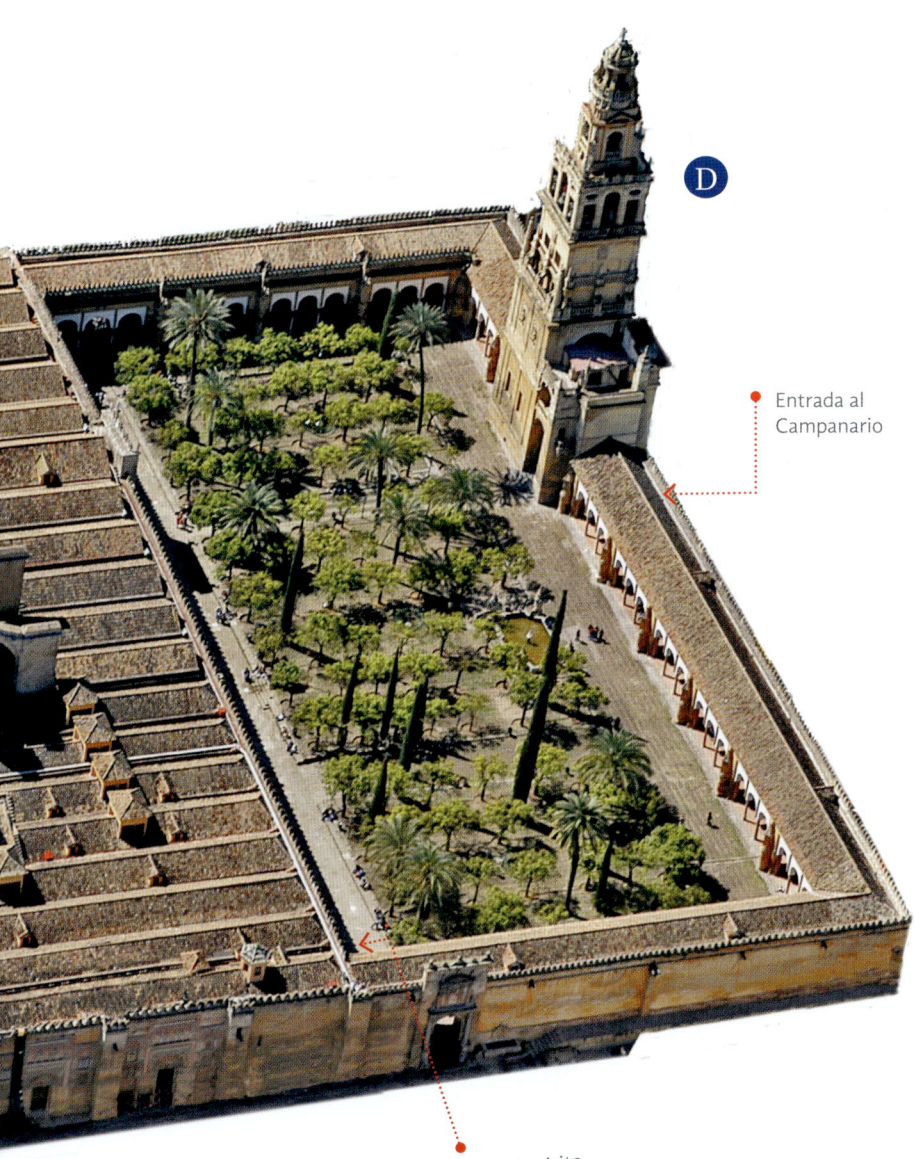

D

Entrada al
Campanario

Salida del final de la visita

Ⓐ Museo de San Vicente (piezas cristianas) y Tesoro de la Catedral
Ⓑ Museo de San Clemente (piezas islámicas)
Ⓒ Catedral
Ⓓ Campanario

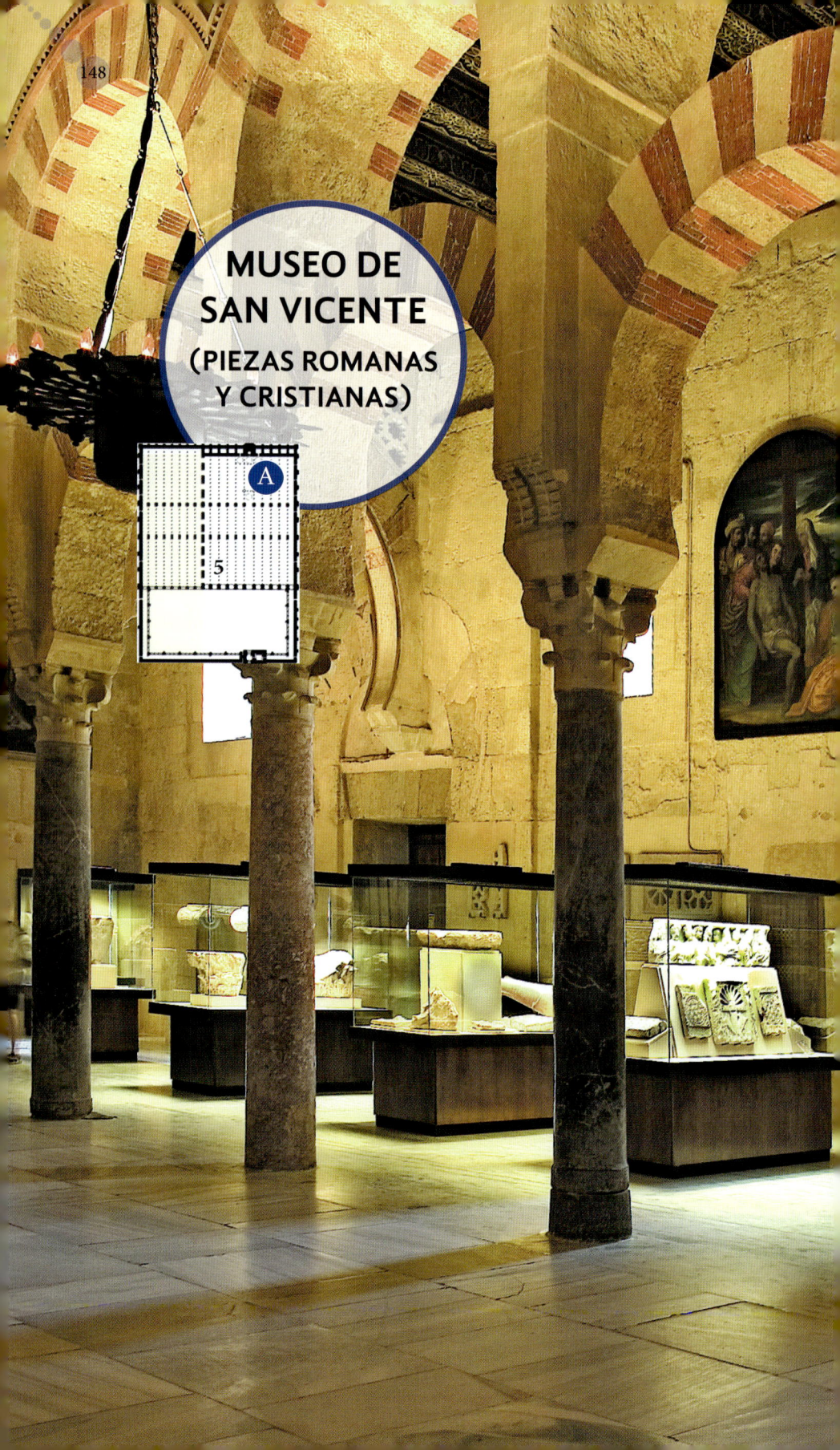

MUSEO DE SAN VICENTE

(PIEZAS ROMANAS Y CRISTIANAS)

A

5

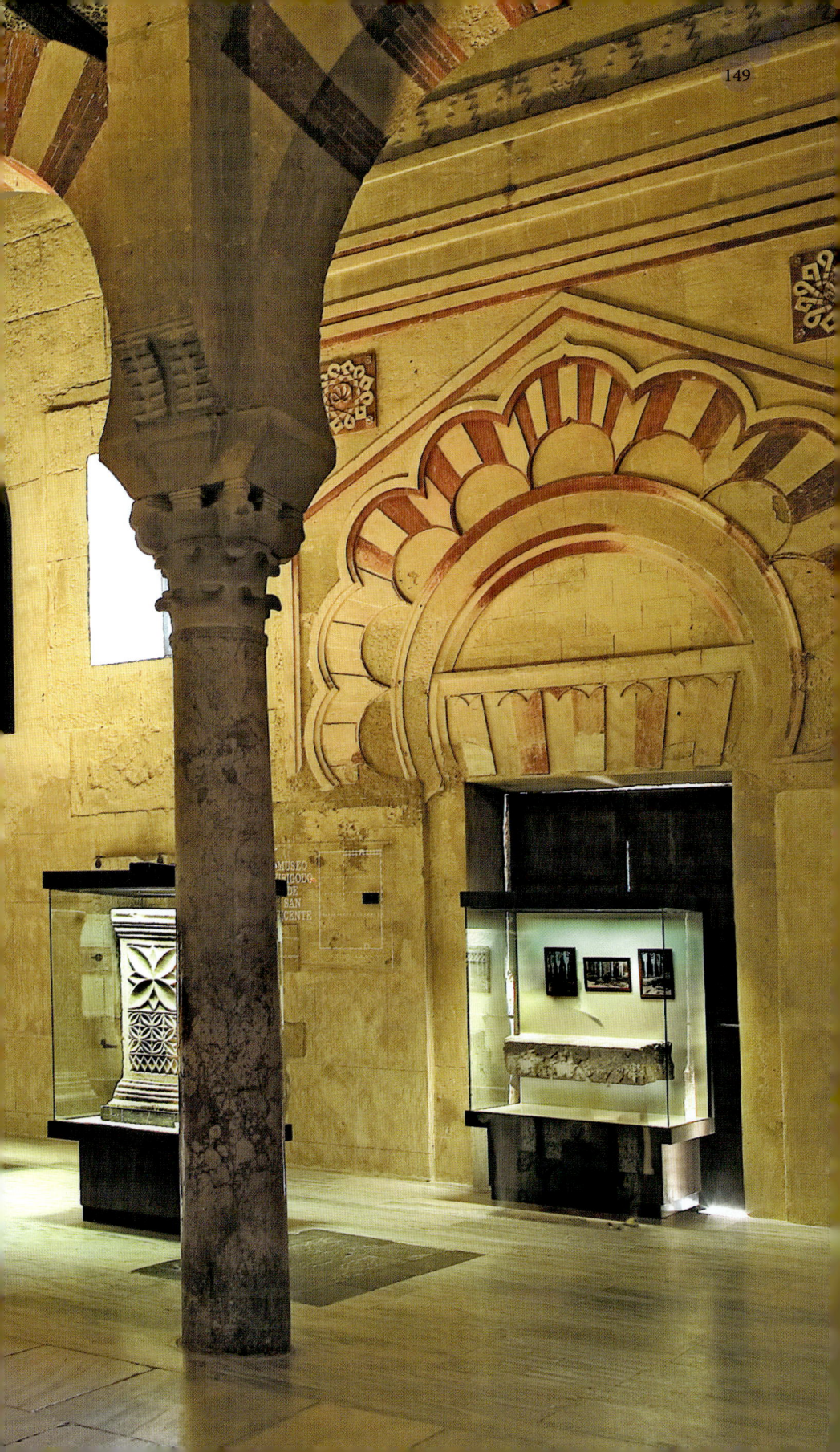

En este "Museo Nacional de San Vicente" se exponen algunas piezas halladas en el subsuelo de la sala de oración de época de 'Abd al-Rahmán I. De ellas, mostramos aquí un capitel jónico romano y fragmentos de un sarcófago cristiano del siglo IV, placas decorativas visigodas y dos piezas de altar visigodo fechables en los siglos VI-VII, que suelen atribuirse a la supuesta Iglesia de San Vicente.

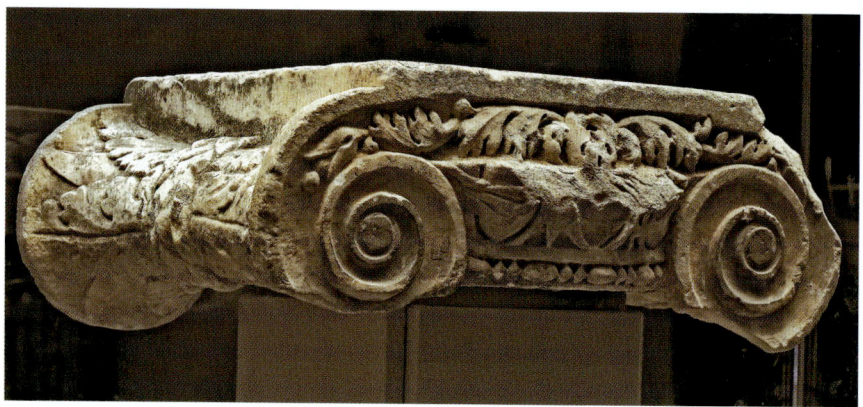

Capitel de estilo jónico simple, siglo I d. C.

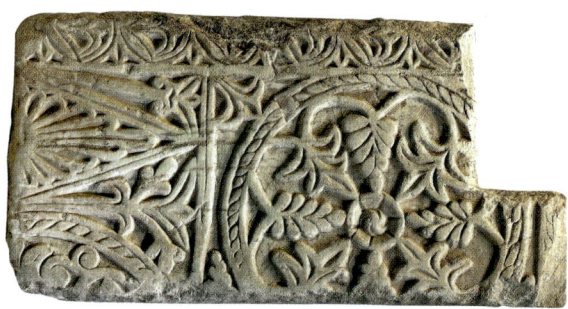

A la izquierda, placa decorativa visigoda con formas vegetales no muy alejadas de las que caracterizarán luego al ataurique omeya cordobés.

Abajo vemos un fragmento de altar cristiano con dos motivos circulares insertos en sendos cuadrados y con ocho radios cada uno; el panel fue ahuecado para ser usado como celosía en la Mezquita.

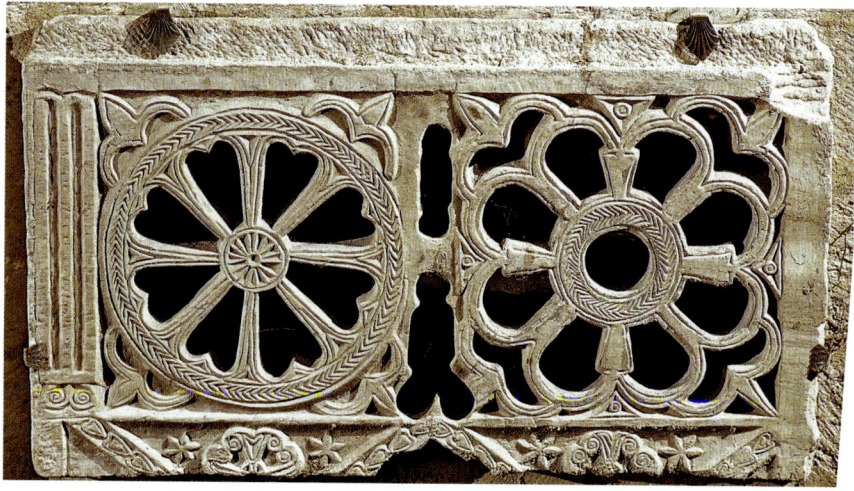

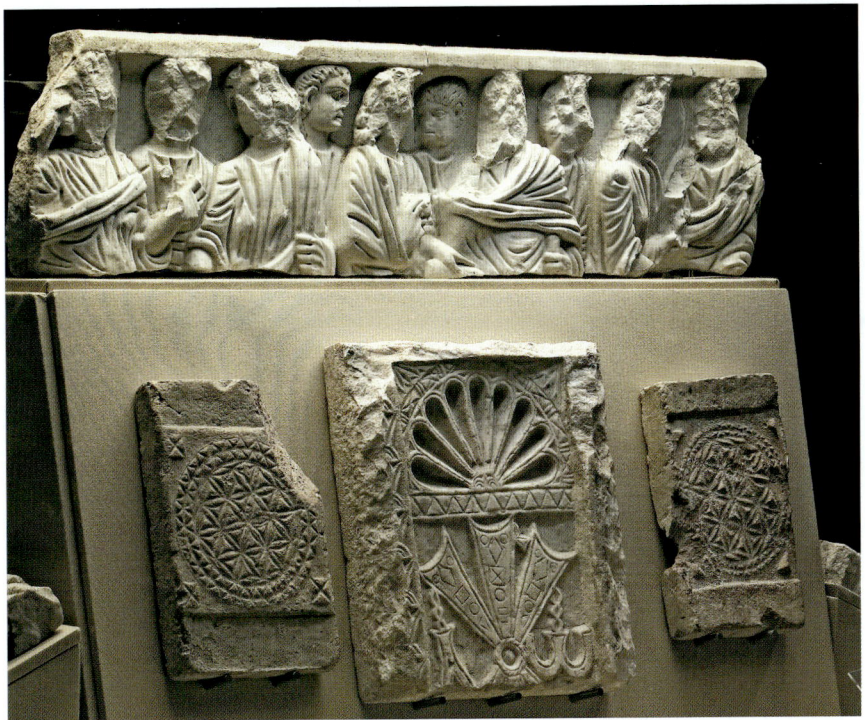

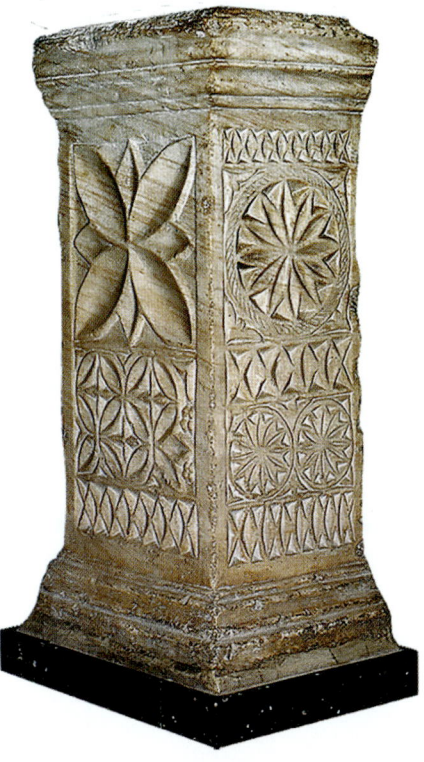

En la foto superior puede verse un sarcófago cristiano fabricado hacia 330 ó 335 d. C. y, bajo él, placas decorativas visigodas, la central con una venera tallada, que será un símbolo utilizado en la propia Mezquita (*mihrab*) y en el arte andalusí posterior.

Frontal del tenante de un altar visigodo (s. VI) encontrado en el área de la sala de oración de 'Abd al-Rahmán I, donde algunos sitúan la Iglesia de San Vicente.

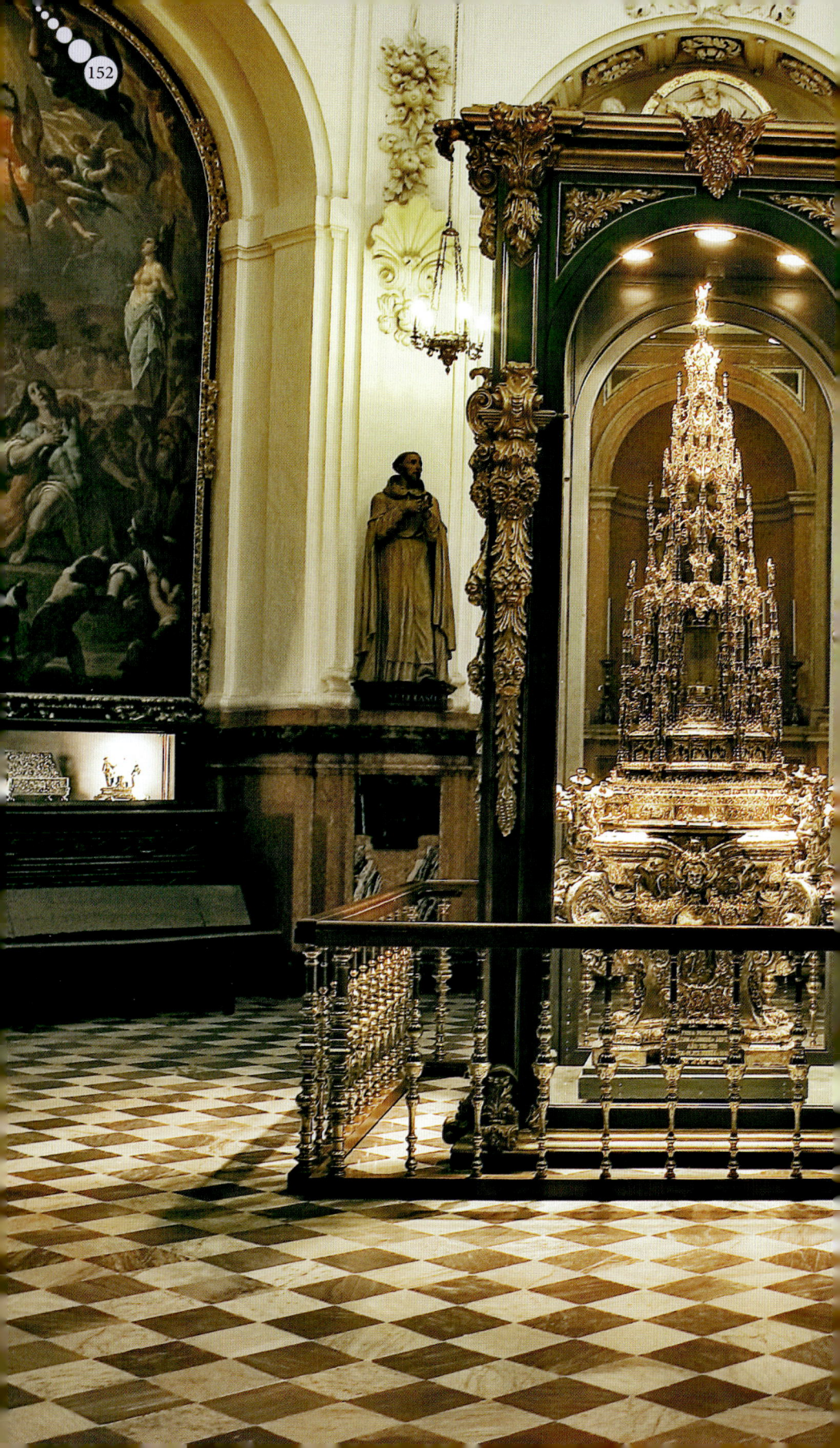

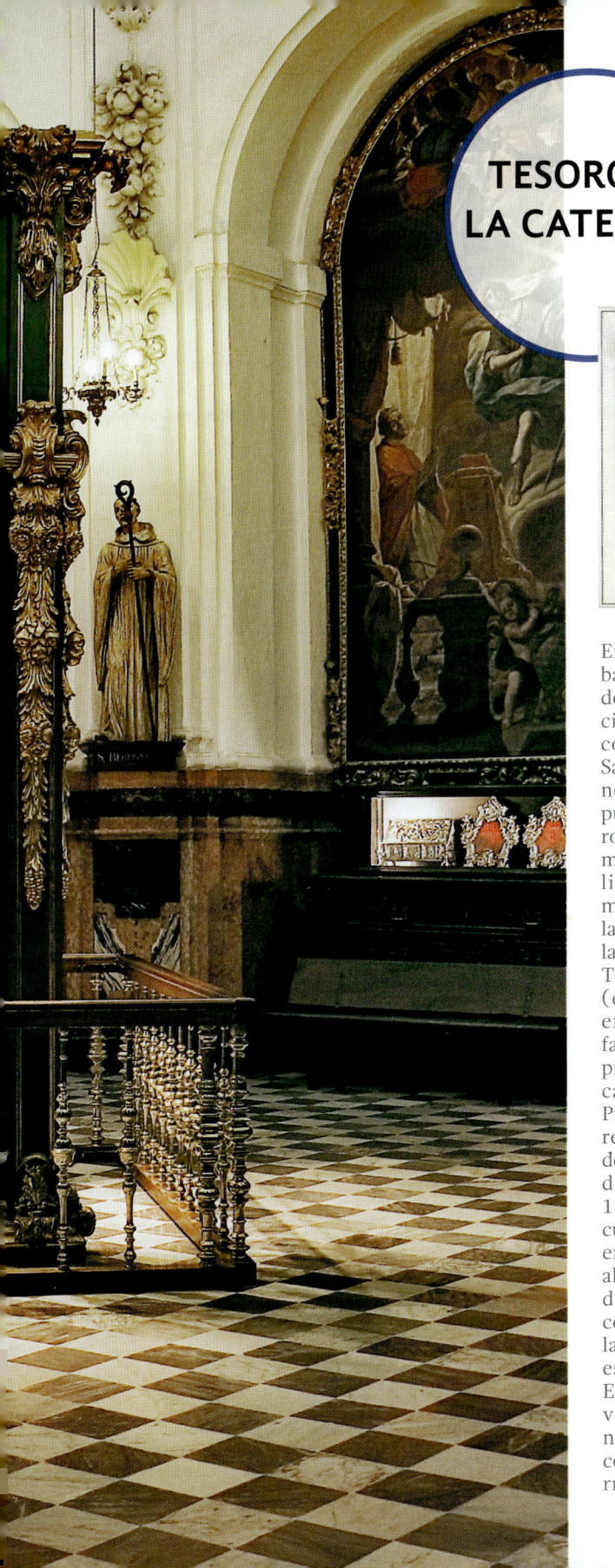

TESORO DE LA CATEDRAL

En el espacio que ocupaba el *bayt al-mal* (cámara del Tesoro) de la ampliación de al-Hakam II, se construyó la Capilla de Santa Teresa y habitaciones contiguas que después albergaron el Tesoro de la Catedral. De esta manera el tesoro catedralicio sustituyó, en el mismo lugar, al Tesoro de la Mezquita califal. Entre la multitud de piezas del Tesoro de la Catedral (esculturas, cuadros, enseres de la Catedral fabricados con metales y piedras preciosas), destaca la enorme Custodia Procesional del Corpues realizada por el platero de origen alemán Enrique de Arfe entre 1514 y 1518. Esta excepcional custodia, forjada y tallada en plata, mide 2,26 m. de altura y centra la Capilla de Santa Teresa al comienzo del Tesoro de la Catedral. La adornan esculturas relativas a la Eucaristía y otras sobre la vida de Cristo, que culminan en la parte superior con una figura de la Resurrección.

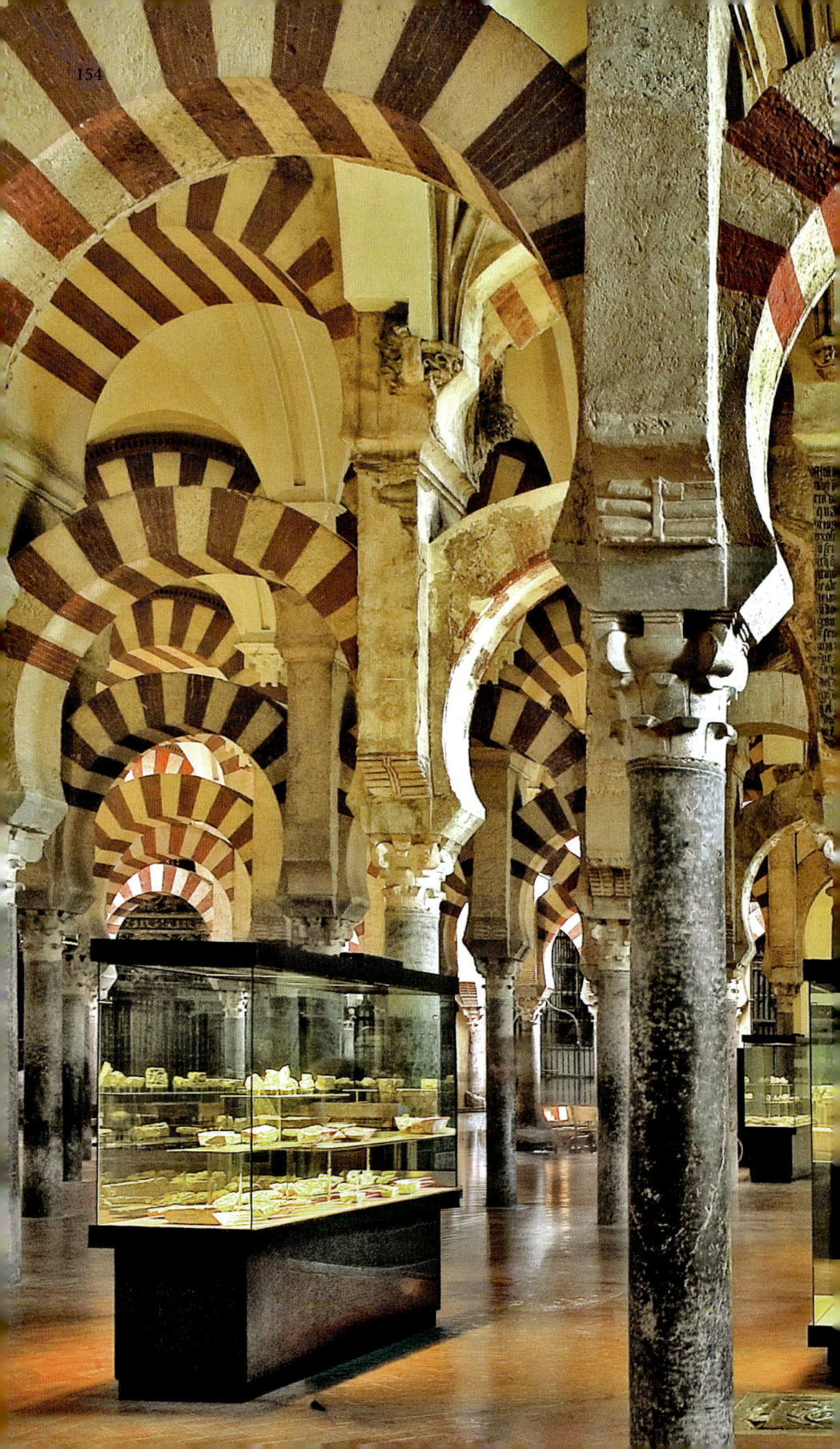

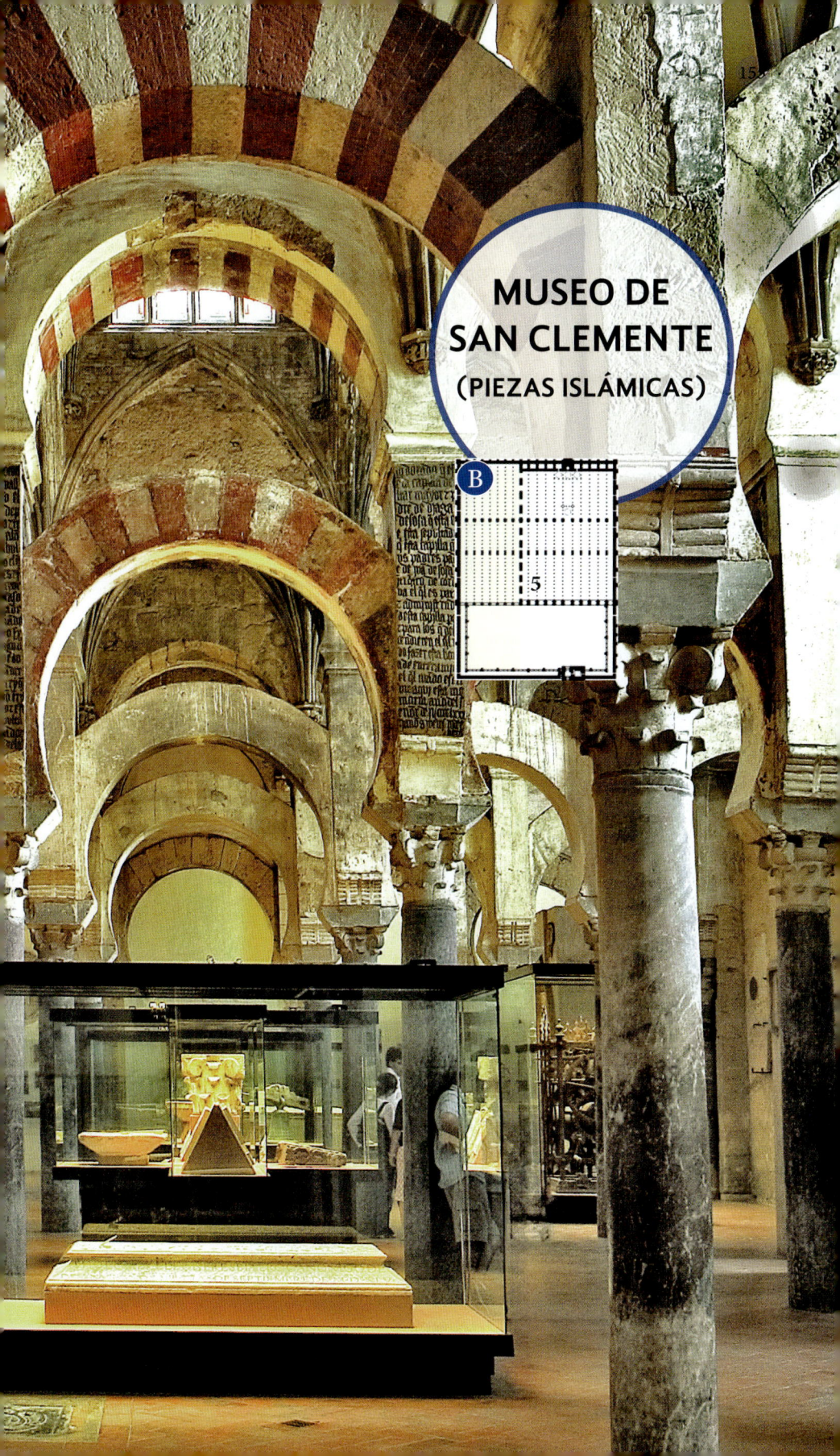

MUSEO DE SAN CLEMENTE
(PIEZAS ISLÁMICAS)

B

5

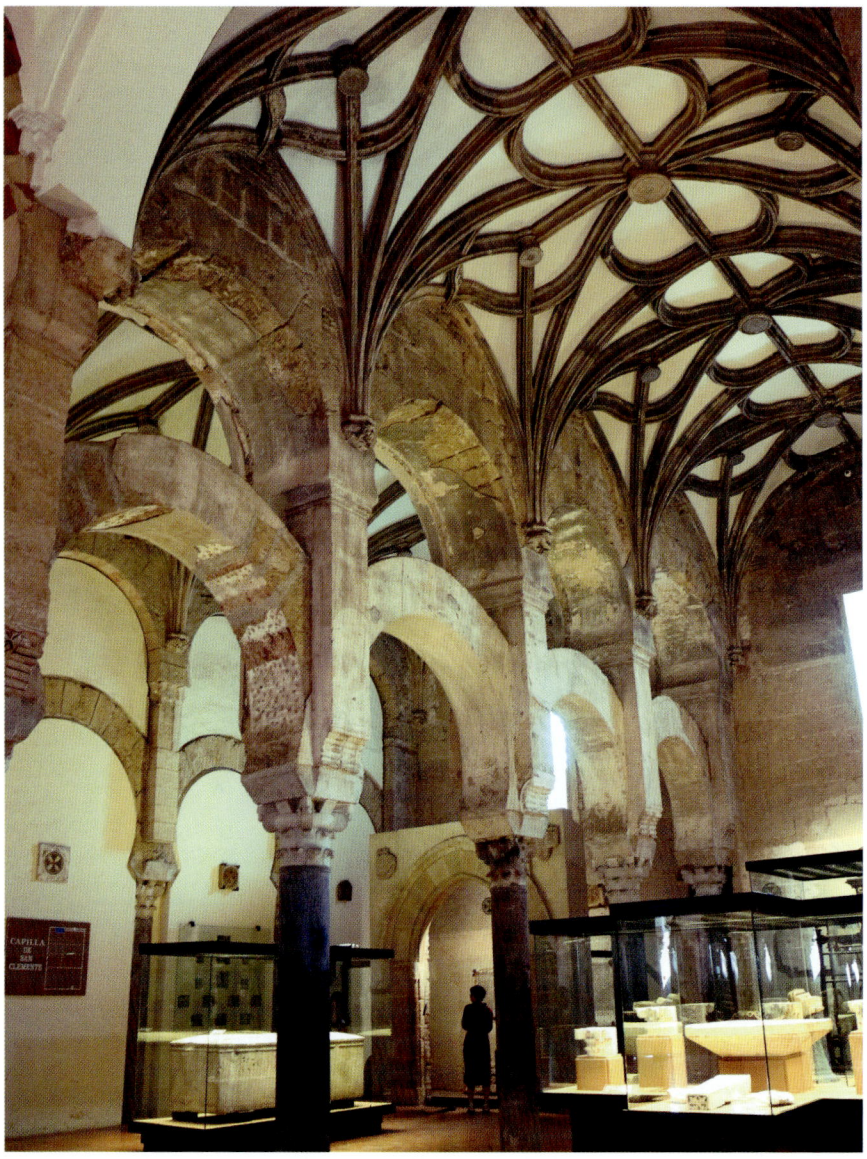

En 1996 se inauguró un museo dentro de la Mezquita, retomando una idea propuesta por Félix Hernández en 1932, que quedó dividido en dos partes: una para el "Museo Visigodo de San Vicente", situado en el ángulo suroeste de la alquibla, con una exposición antes comentada de piezas cristianas, y la otra para el "Museo de San Clemente", en el ángulo suroeste, con mayoría de piezas islámicas andalusíes. En la imagen, puede verse el Museo de San Clemente y la cubierta gótica que se elevó sobre arcos encabalgados omeyas en lo que fue una primera y sencilla catedral construida dentro de la ampliación de Almanzor, tras la conquista de la ciudad por Fernando III en 1236. La obra, realizada en una época en que gran parte de la población cordobesa seguía siendo musulmana, apenas alteró la Mezquita.

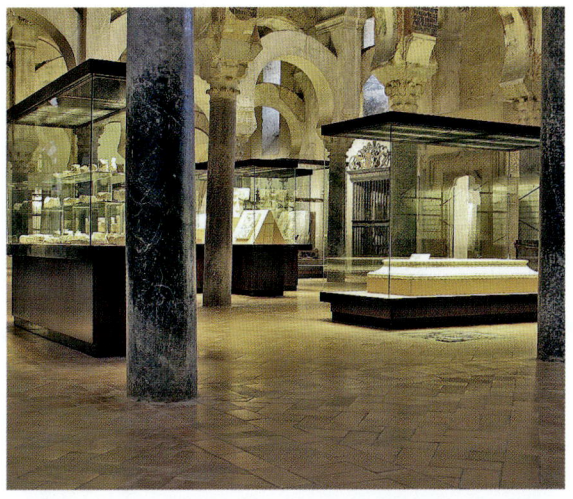

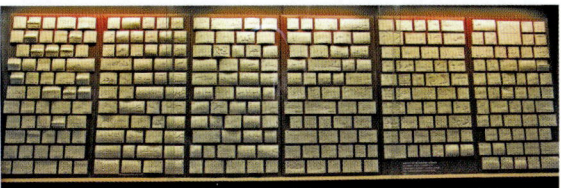

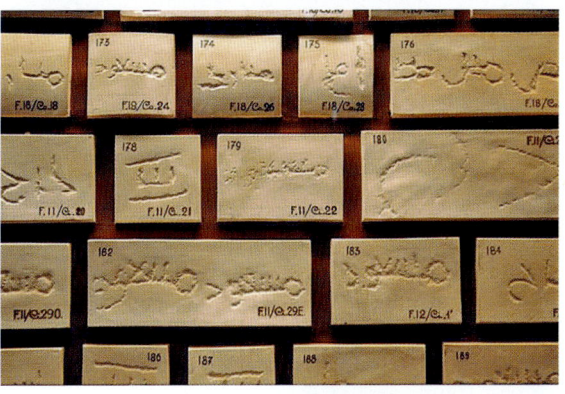

Firmas de los tallistas

En el Museo de San Clemente puede verse una colección de firmas de canteros vaciadas en tabletas de escayola tomadas de las basas de las ampliaciones de al-Hakam II y Almanzor que quedaron bajo el pavimento. Estos moldes fueron realizados por Félix Hernández y Manuel Ocaña en 1932.

Una característica de las artes omeyas andalusíes es que suelen incorporar los nombres de muchos tallistas (*naqqashin*) y artesanos con letra sencilla a modo de firma con el fin de marcar la pieza ejecutada y obtener un salario, como es el caso de estas firmas. En las inscripciones fundacionales, se escribía también el nombre de los jefes del taller, sea en los edificios, en los elementos columnarios o en las piezas suntuarias (marfiles, cerámicas, tejidos, etc.).

En la Mezquita de Córdoba se han localizado más de setecientas marcas y nombres de tallistas, como Mas'ud, Mubarak, Nasr, Qasim, Badar, Aflah, y otros, calcados en las tabletas aquí expuestas y visibles en fustes y en otros elementos columnarios

Nombres de algunos tallistas grabados en dos columnas de la ampliación de Almanzor. En el fuste de la derecha leemos *'Amal Fath* (Obra de Fath) en cúfico tosco, y a su lado tenemos la misma firma pero en cursiva. En el fuste de la izquierda se lee *Jalaf al-'Amiri* y en la foto inferior, que es una basa de la ampliación de al-Hakam II, puede verse la firma *'Amal Rashíq* (Obra de Rashíq) (cf. Souto, 2010).

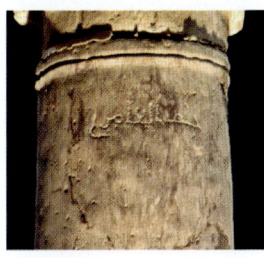

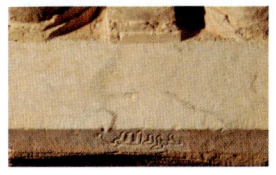

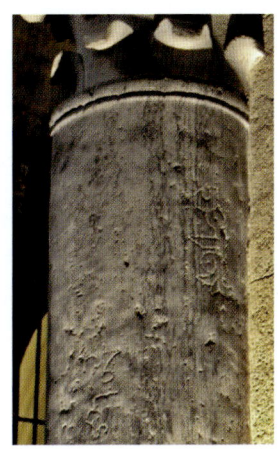

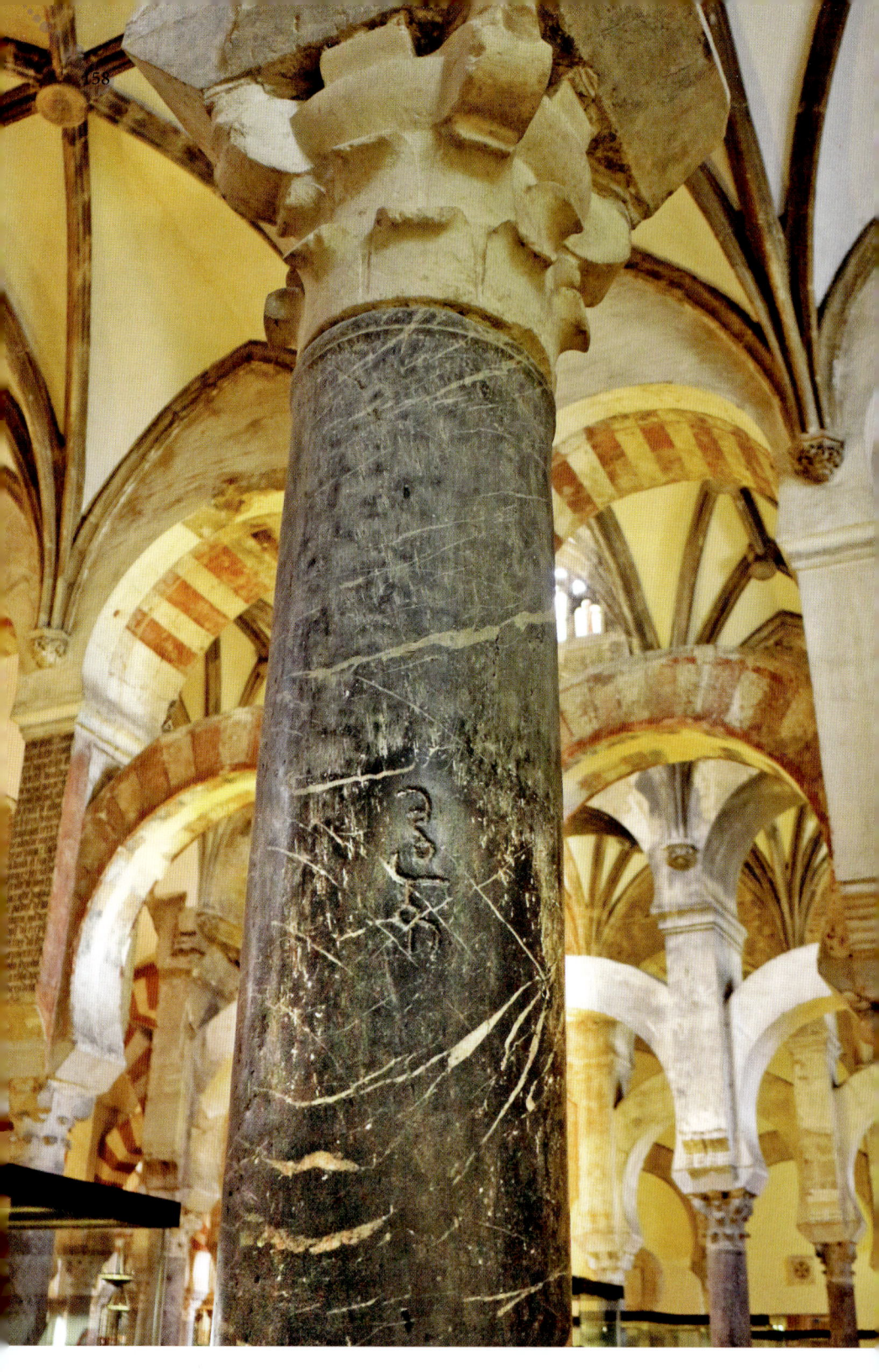

Columna situada en la ampliación de Almanzor justo al lado de la vitrina con los moldes de las firmas de tallistas en el Museo de San Clemente; en su fuste lleva grabado " 'Amal ¿Fath?" (Obra de ¿Fath?), donde el nombre no ofrece una clara lectura.

Lápida conmemorativa de al-Hakam, 968-969

Entre las piezas del Museo de San Clemente se cuenta esta lápida conmemorativa descubierta por Velázquez Bosco en 1886 dentro de la Mezquita, donde se reutilizó para sepulcro del canónigo Juan de Castro (s. XVI). Nieto Cumplido (2007, p. 188) sugiere que pudo traerse, junto con otros materiales, desde Madinat al-Zahra'. El cúfico de este epígrafe fue considerado por Manuel Ocaña el más extraordinario por su tamaño y calidad de letra de los conocidos de época de al-Hakam II, por lo que seguramente tuvo que corresponder a un edificio importante. Y dice así:

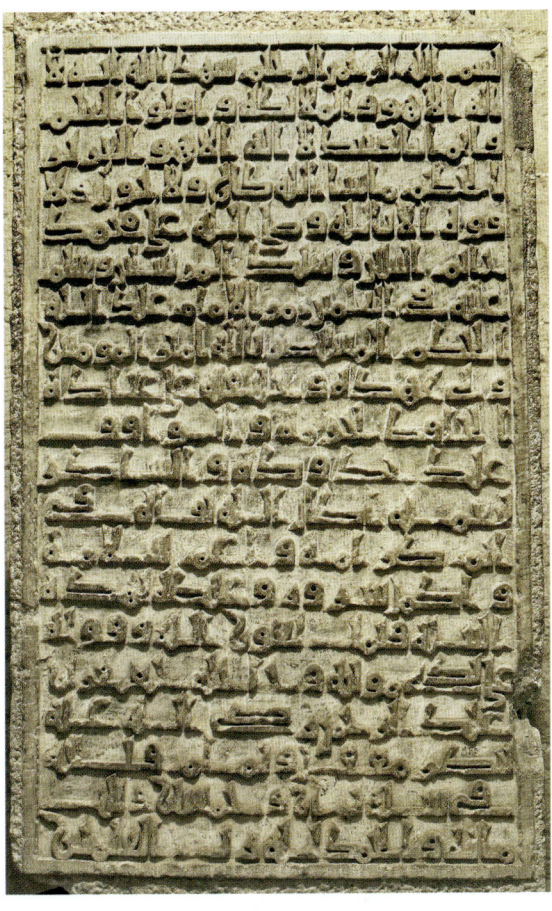

"*Basmala*. "Dios atestigua, y con Él los ángeles y los hombres dotados de ciencia, que no hay más dios que Él, Que vela por la equidad. No hay más dios que Él, el Poderoso, el Sabio" [Corán 3, 18]. ¡Lo que Dios quiere es! ¡No hay fuerza ni poder sino en Dios! ¡Dios bendiga a Muhammad, sello de los profetas y señor de los enviados! El imán, siervo de Dios, al-Hakam al-Mustansir bi-Llah, príncipe de los Creyentes, responsable de Su pacto [con Dios], Su vicario ante sus siervos, el observador de Su prohibición (*haram*), el cumplidor de Sus leyes y el agradecido por Su beneficio, ¡Que Dios prolongue su existencia en la más completa dignidad, la mejor salud y la más plenas dichas y alegría!, ordenó hacer esta construcción. Y fue terminada con la ayuda de Dios y Su poder bajo la dirección de su liberto y chambelán (*háyib*) Ya'far ibn 'Abd al-Rahmán, ¡Que Dios esté satisfecho de él!, con la supervisión de Ma'qil y Tammam, sus *fatà*-s, en el año trescientos cincuenta y ocho (358 H./968-9 d. C.). "¡Alabado sea Dios Señor del Universo [Corán 1, 2]!"

(Sigo la lectura de Ocaña, 1988-1989, p. 20, aunque en la traducción hago leves modificaciones de estilo).

«بسملة. شَهِدَ اللهُ أنهُ لا إلهَ إلا هو والملائكةُ وأولوا العلم قائماً بالقسطِ لا إلهَ إلا هو العزيزُ الحكيم». ما شاء الله كان ولا حول ولا قوة إلا بالله وصلّى الله على محمد خاتم النبيين وسيّد المرسلين وسلّم عليه في العالمين. أمر الإمام عبد الله الحَكَم المستنصر بالله أمير المؤمنين وليّ عهده وخليفته على عباده الحافظ لحرمه والواقف عند حدوده والشاكر لنعمته، أطال اللهُ بقاءه في أتمّ كرامة وأعمّ سلامة وأكمل سرور وغبطة بهذه البنية. فتمّت بعون الله وقوّته على يدَي موليه وحاجبه جعفر بن عبد الرحمن، رضي الله عنه، بنظر معقل وتمّام فتيَيه، في سنة ثمان وخمسين وثلثمائة [9-968 م]. «والحمد لله ربّ العالمين».

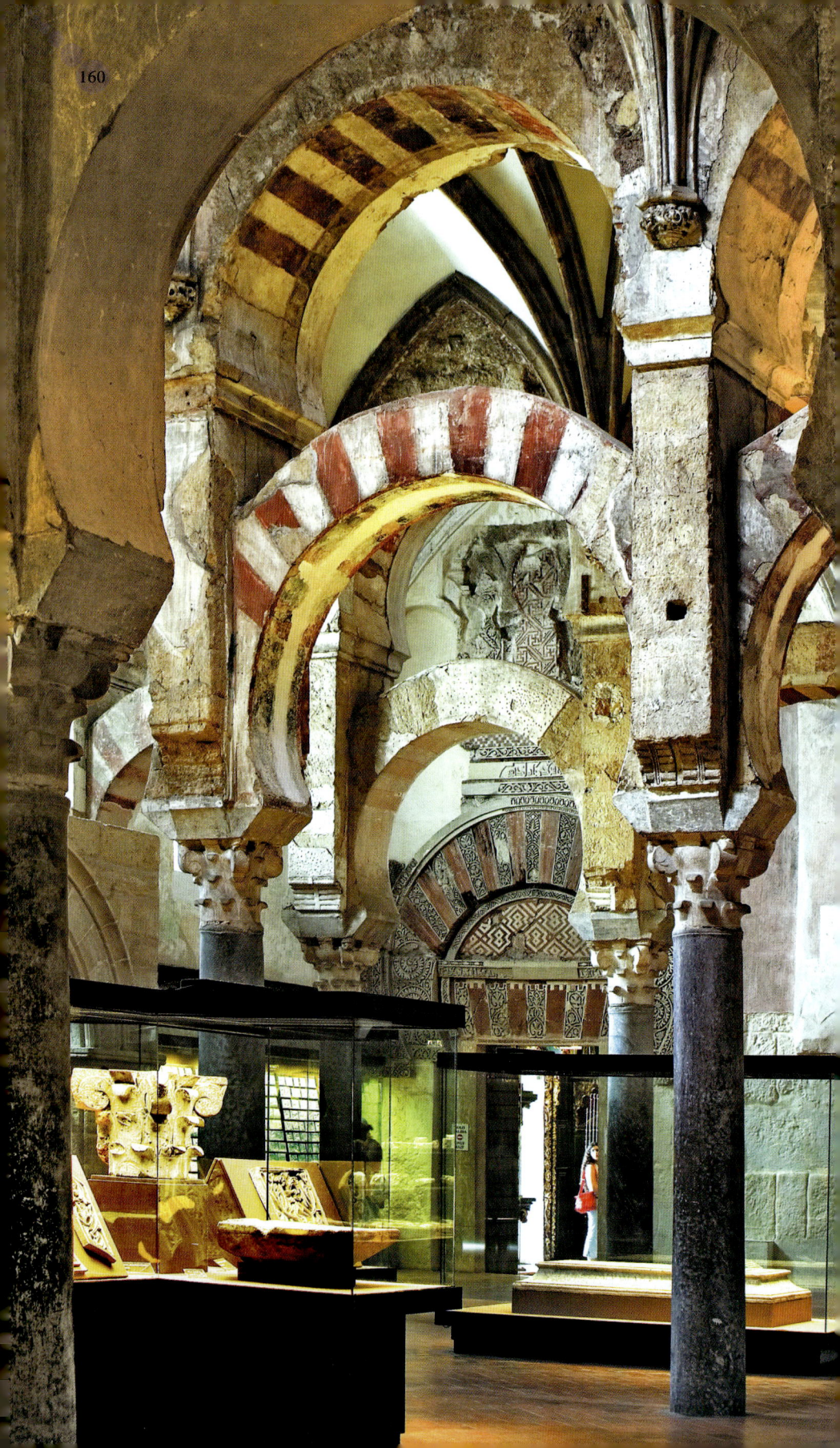

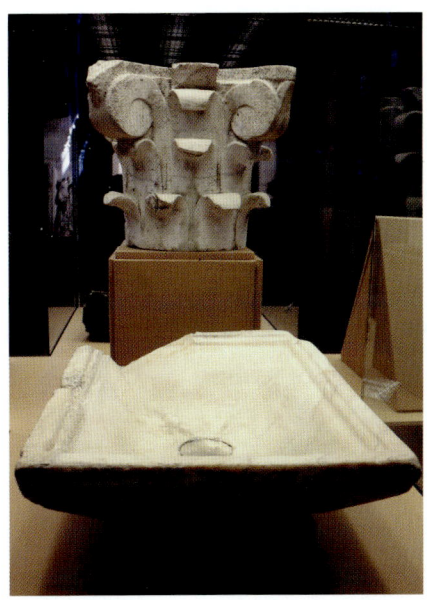
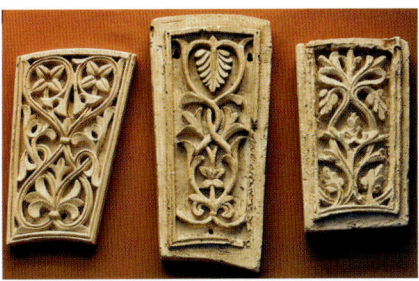
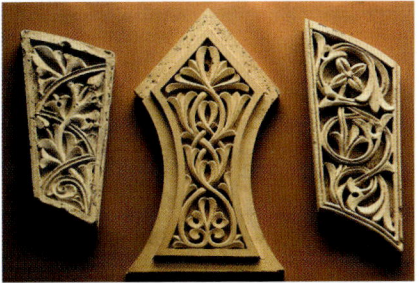

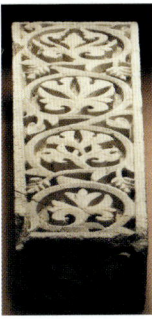
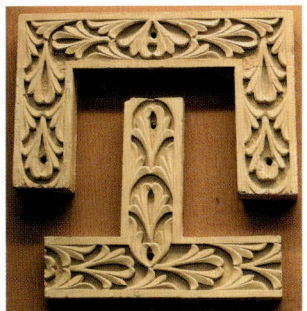
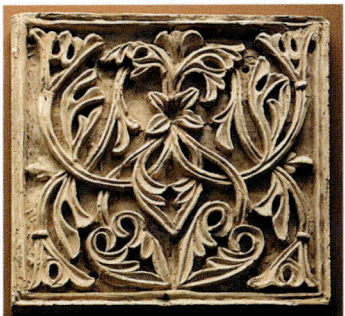

En el Museo de San Clemente se exponen fragmentos de la decoración exterior de algunas puertas que fueron encontrados por Velánquez Bosco y vaciados en yeso de atauriques de la Mezquita realizados por el citado arquitecto. También puede verse aquí un capitel original de la ampliación de Almanzor y una pila rectangular de piedra de época de al-Hakam II encontrada en el baño del Alcázar Califal vecino de la Mezquita.

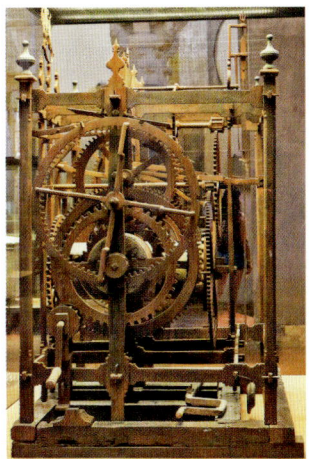
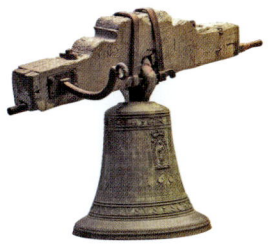

En el mismo museo se exhiben también algunas piezas no islámicas, como el mecanismo de un reloj instalado en el Campanario de la Catedral en 1742 y una de sus campanas.

Etapas de la transformación de la Mezquita de Córdoba en templo cristiano

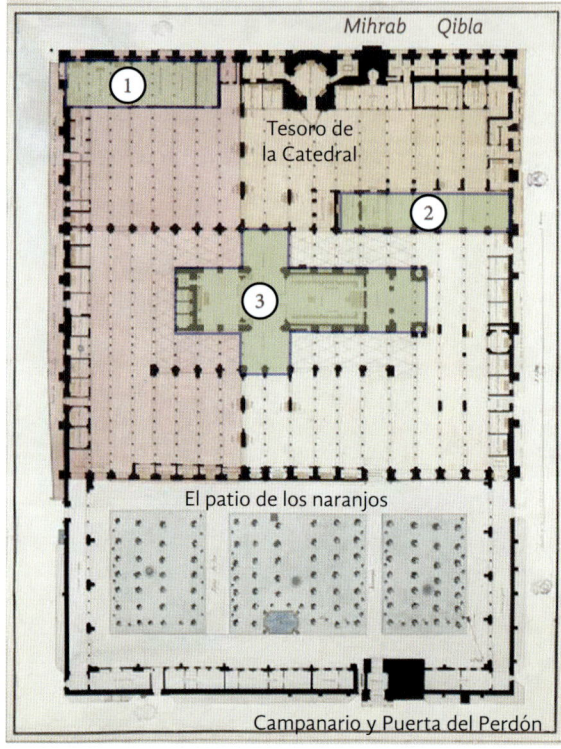

Tras la conquista castellana de la ciudad por Fernando III el Santo en 1236, las nuevas autoridades realizaron cambios de poca envergadura en la Mezquita con el fin de establecer en su interior una iglesia o catedral gótica de reducidas dimensiones. Después, su hijo Alfonso X el Sabio construyó una capilla mayor entre 1257 y 1260 para lo que eliminó dos filas de columnas en paralelo a la alquibla, entre el final de la ampliación de 'Abd al-Rahmán II y la de al-Hakam II. Y en 1523 se decidió, cuando las guerras civiles de Granada estaban en un momento álgido, construir una catedral más amplia en el centro de la Mezquita omeya, con lo que el conjunto monumental adquirió una forma absolutamente singular, cuyos principales elementos describimos a continuación.

1. Iglesia de San Clemente: fue la primera obra cristiana tras la conquista de la ciudad de Córdoba por el rey Fernando III el Santo en 1236.
2. Iglesia gótica construida por el rey Alfonso X el Sabio a partir de 1260; en 1286 se le añadió la Capilla Real, que fue terminada por orden del rey Enrique II en 1372 (véase p. 174).
3. Inicio de la construcción de la Catedral en el centro de la Mezquita Omeya en 1523 por orden del emperador Carlos V.

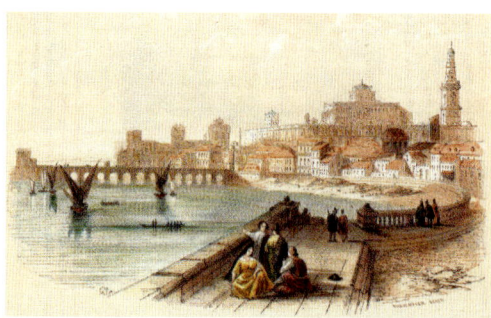

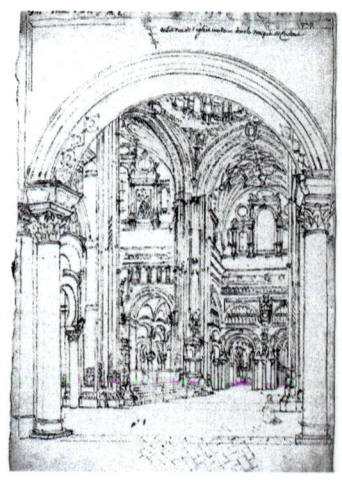

Arriba, vista de la Catedral de Córdoba desde una orilla del río; grabado del artista belga Alophe François Pannemaker, ca. 1870. A la derecha, interior de la Catedral según el pintor, escritor y viajero francés Laborde, 1801-1803.

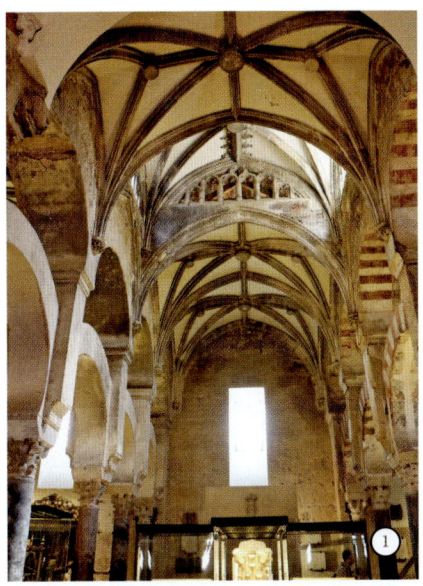

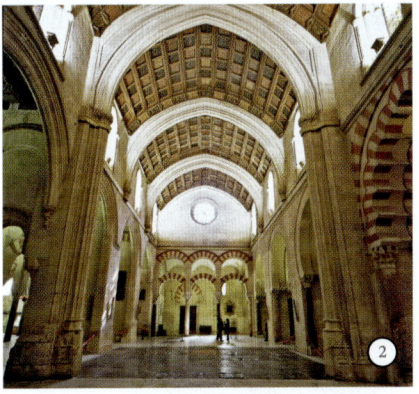

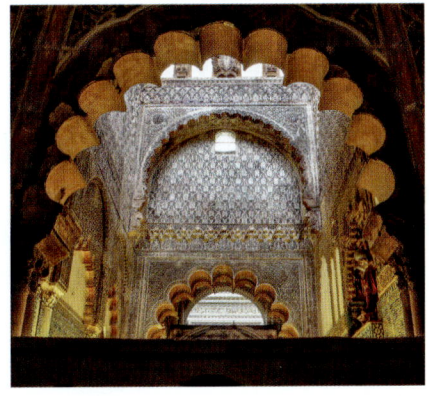

1. Arriba, Iglesia de San Clemente
2. En el centro, Iglesia mandada construir por Alfonso X (izqda.) y Capilla Real contigua a ella (a la dcha.)
3. Abajo, crucero de la Catedral

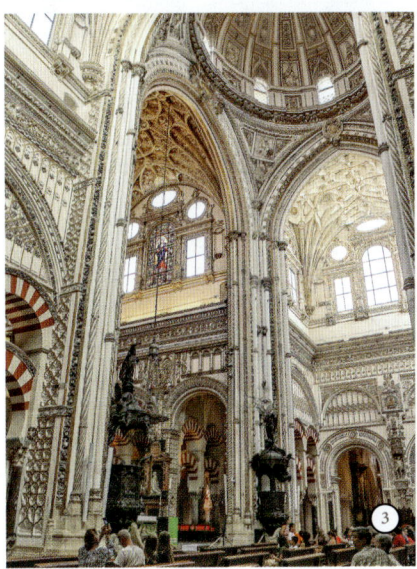

Capilla Real

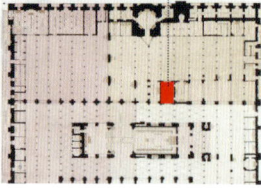

Alquibla   Capilla Real

La Capilla Real cobra especial importancia en las transformaciones realizadas por la corona de Castilla para transformar la Mezquita de Córdoba en templo cristiano y adecuarlo como lugar de representación de la dinastía reinante. Para ello, el rey Enrique II de Trastámara mandó fundar esta capilla en 1372 anexa a la Capilla de Villaviciosa, justo al comienzo de la ampliación de al-Hakam II, con el propósito de manifestar su poder y de colocar allí los sepulcros de su abuelo Fernando IV y de su hijo Alfonso XI, los cuales serían trasladados en el siglo XVIII a la Iglesia de San Hipólito. La Capilla Real, que no está abierta en la actualidad a la visita turística, tiene una cúpula de ocho arcos cruzados de ladrillo, construida en armonía con las cuatro cúpulas de arcos cruzados de la ampliación de al-Hakam, y yeserías con formas almohades y nazaríes: paños de *sebka* (romboidales), arcos polilobulados y de lambrequín, mocárabes, caligrafías y azulejos similares a los de la Alhambra de Granada. Para dignificar este lugar de representación del rey castellano en el centro de la Mezquita se colocó una estatua de Fernando III, bajo un arco de mocárabes, así como escudos de Castilla y León e inscripciones mayoritariamente árabes; también se incluyeron epígrafes regios latinos en la parte superior de algunos zócalos de azulejos.

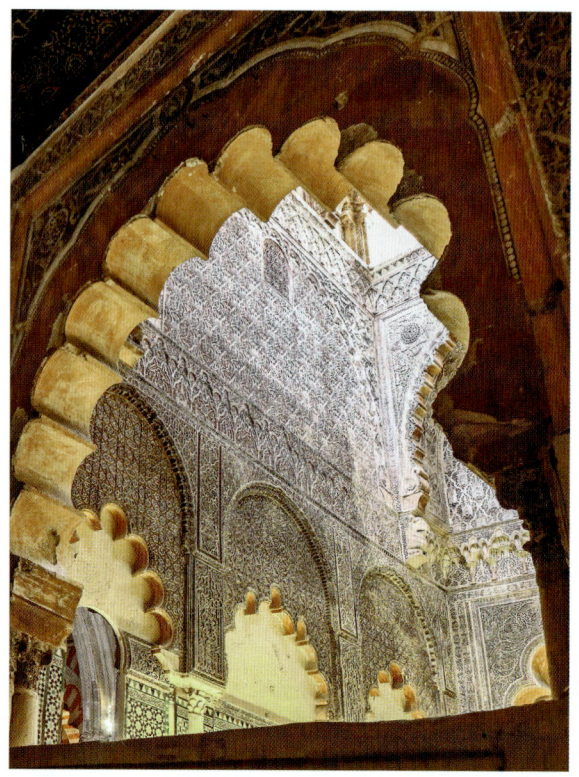

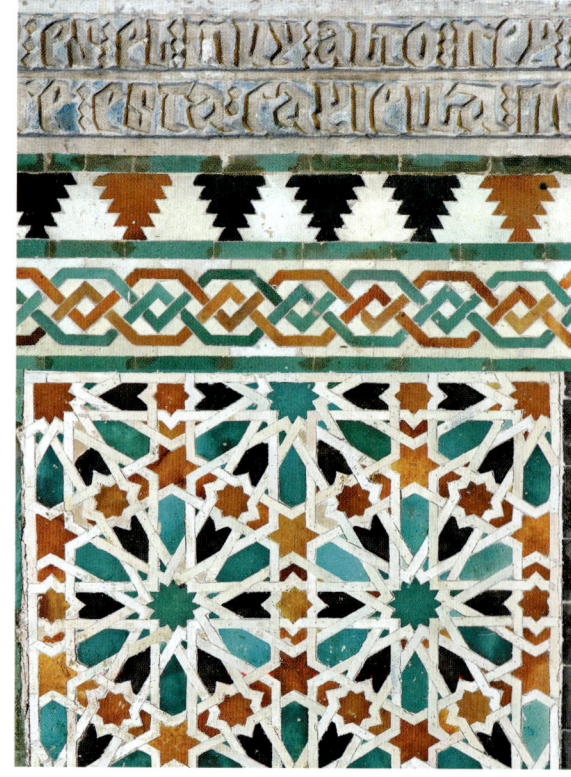

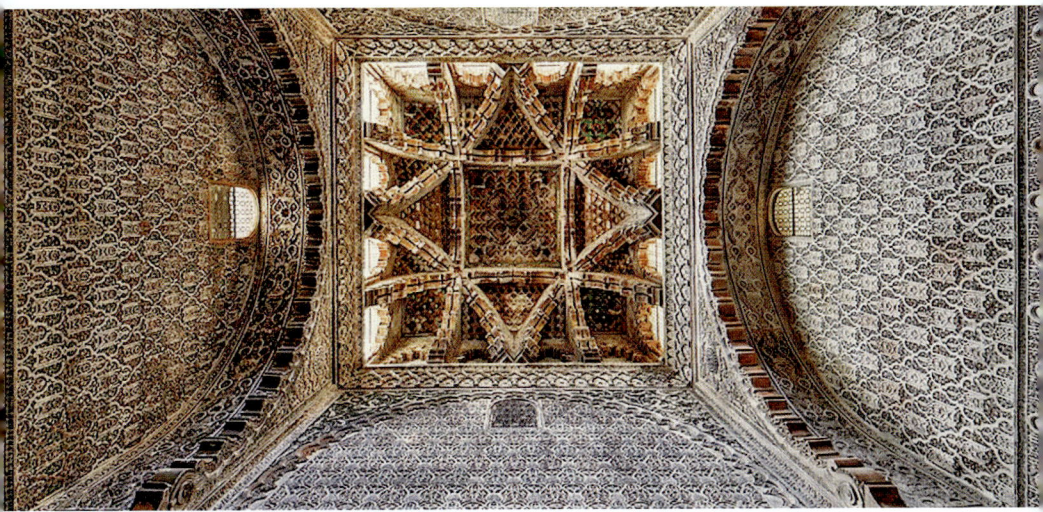

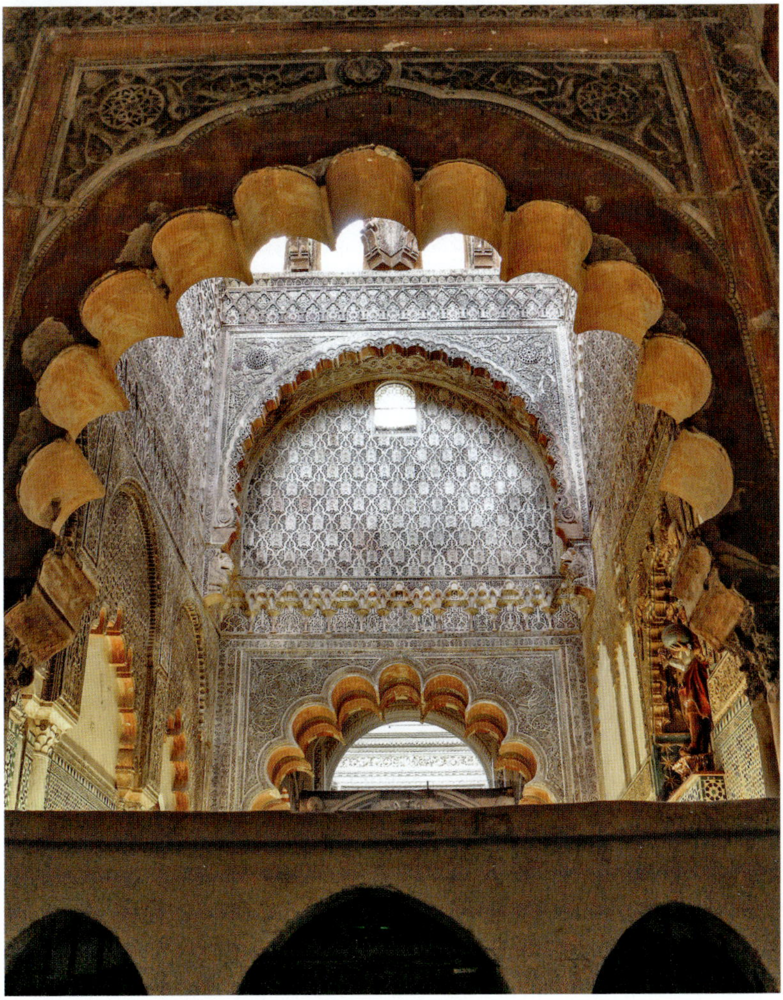

Vista de la Chapilla Real desde la *maqsura* de al-Hakam II.

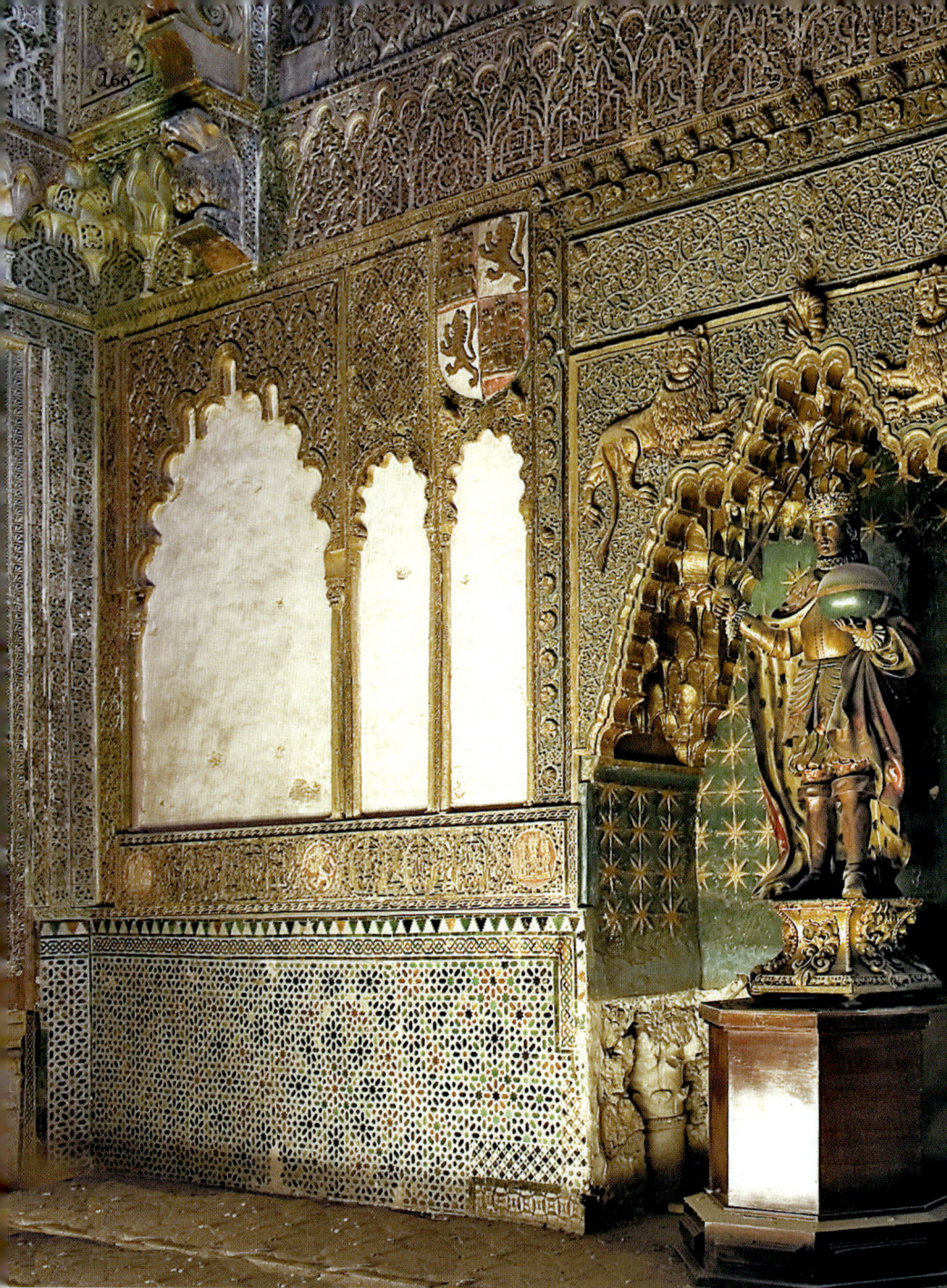

Sobre los azulejos de diseño, estilo y técnica nazaríes se suceden cartelas circulares con el escudo de los reinos de Castilla
y León intercalándose caligramas cúficos
de *al-Yumn* (La ventura) en caracteres
cúficos y desdoblados en espejo dentro
de cartelas rectangulares. En otras partes
de la capilla leemos palabras y expresio-
nes árabes como *Allah rabbi* (Dios es mi
Señor) y *al-Mulk li-Llah* (La soberanía
pertenece a Dios), ambas en cursiva,
Baraka (Bendición) en cúfico, y otras
inscripciones similares a las de la Alhambra. Por encima de la estatua destacan dos
grandes escudos de Castilla con el escudo
de León en su interior como símbolo de la
unión entre ambos reinos.

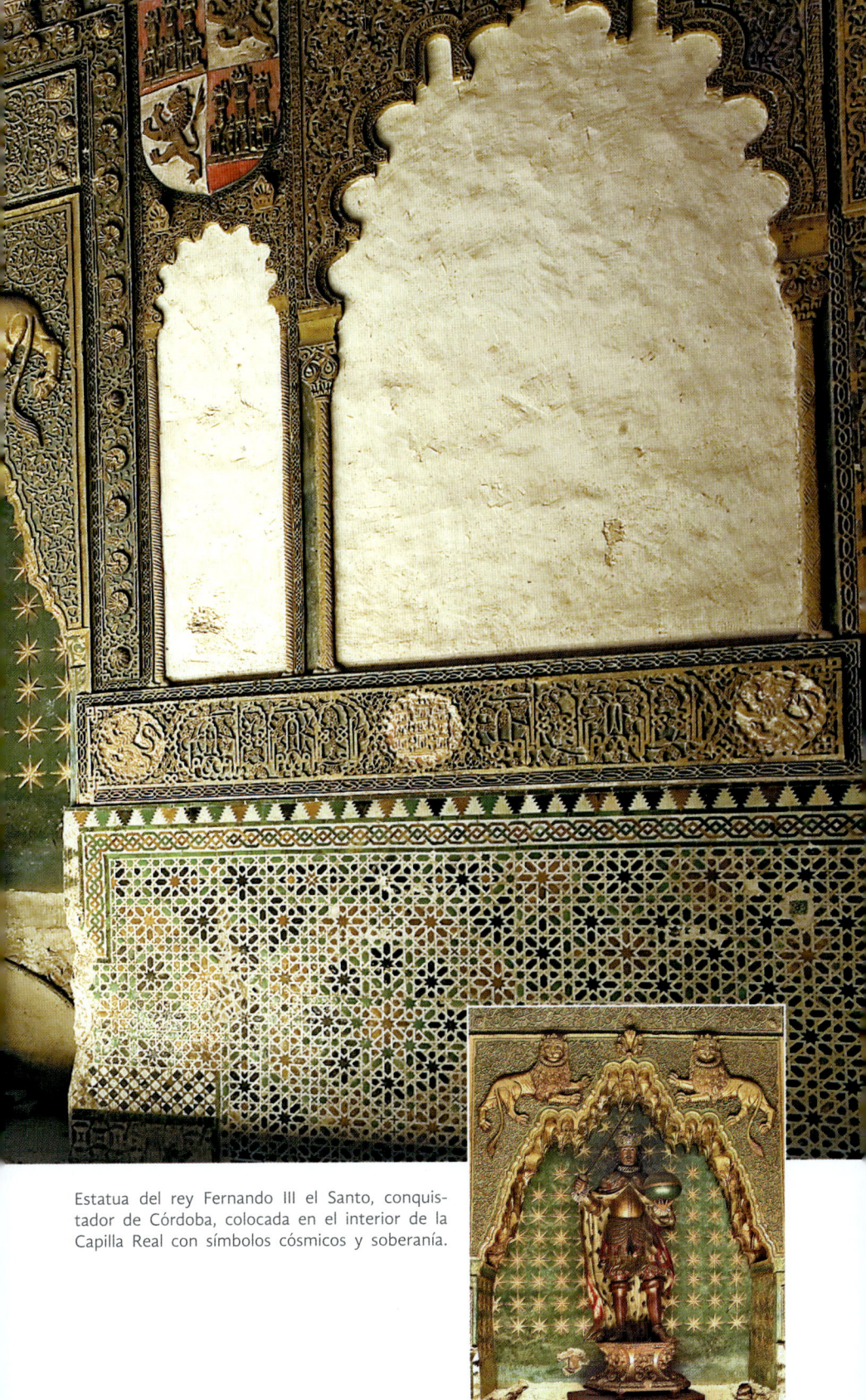

Estatua del rey Fernando III el Santo, conquistador de Córdoba, colocada en el interior de la
Capilla Real con símbolos cósmicos y soberanía.

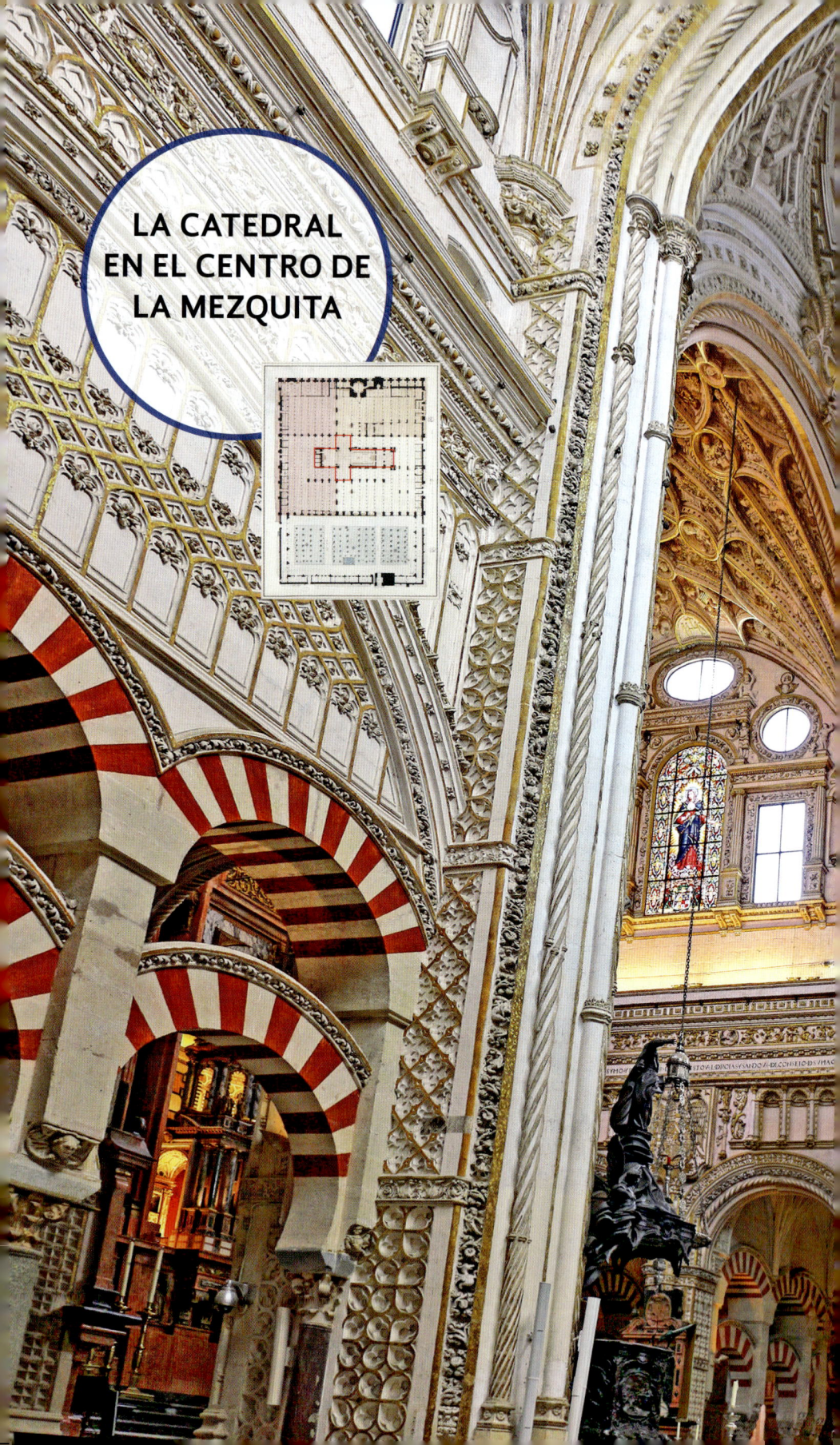

LA CATEDRAL EN EL CENTRO DE LA MEZQUITA

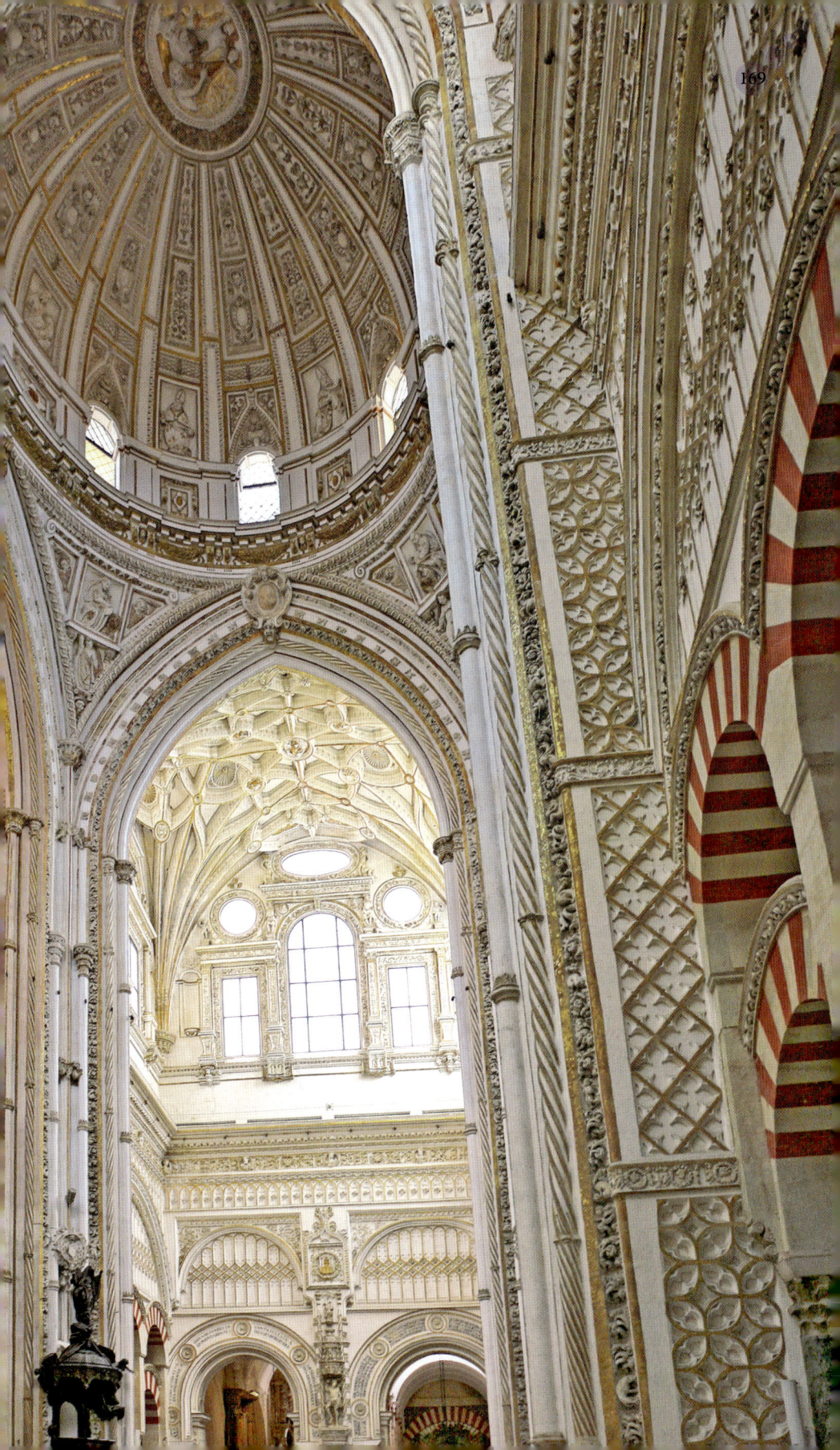

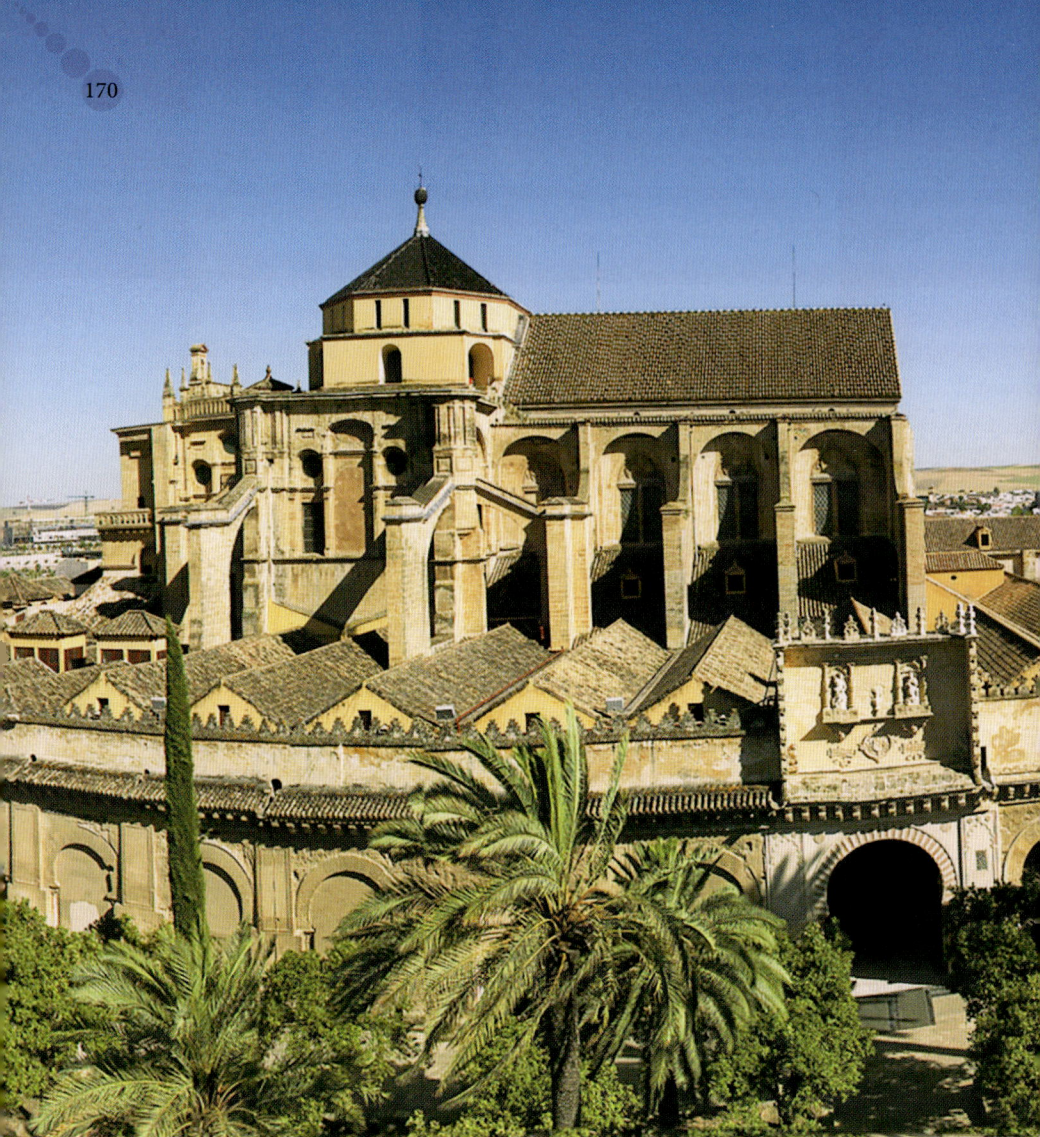

La Catedral de Córdoba

Al emperador Carlos V se le propuso la idea de levantar una catedral en el corazón de la Mezquita de Córdoba cuando en España se había generalizado un ambiente hostil contra el islam, a raíz de las guerras de Granada contra los moriscos y de la lucha contra los otomanos por el control del Mediterráneo. Tras discutirse la idea entre los partidarios y contrarios de construir allí la Catedral, el emperador dio finalmenete permiso para hacerla. Las obras comenzaron en 1534 bajo las órdenes del obispo Alonso Manrique, quien era también político e inquisidor general. De la construcción se hizo cargo el gran arquitecto Hernán Ruiz padre (1500-1547) quien conjugó elementos góticos y renacentistas, y fue sustituido en la dirección de obras por su hijo Hernán Ruiz (ca. 1514-1569), quien terminó por darle un aspecto completamente renacentista. Según el arzobispo de la catedral, políglota y escritor Bernardo de Alderete, cuando Carlos V vio la catedral se arrepintió de haber permitido su construcción y dijo: "habéis destruido lo que era único en el mundo y habéis puesto en su lugar lo que se puede ver en todas partes". La polémica sobre la oportunidad o no de la construcción de la

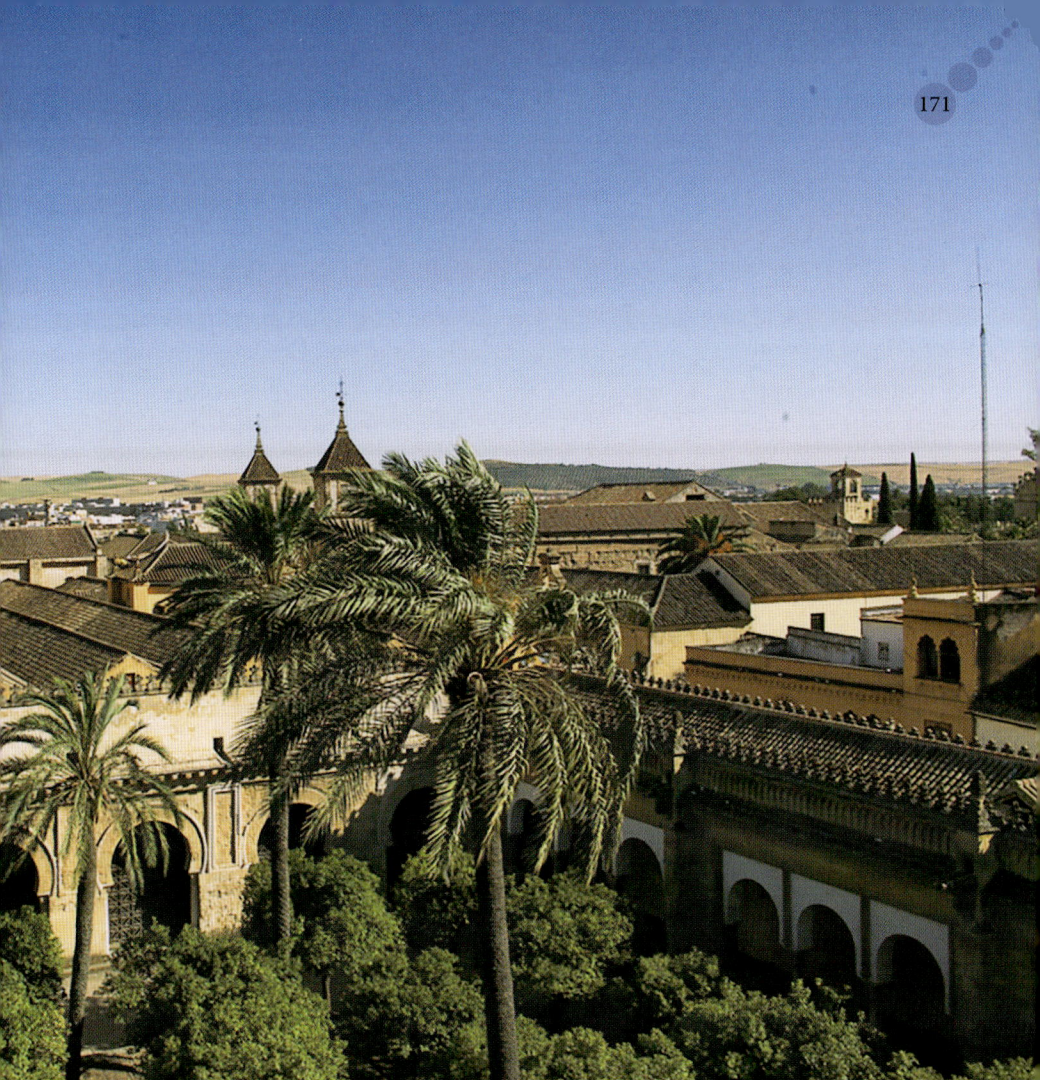

Vista exterior de la Catedral de Córdoba desde el Campanario.

Catedral ha estado viva hasta nuestros días entre quienes llegaron a proponer su eliminación y quienes la consideran una obra de sumo ingenio arquitectónico. Arquitectos como Rafael Moneo resaltan la habilidad de Hernán Ruiz padre para ajustar estructuralmente la débil retícula de columnas de la Mezquita y su sentido horizontal con la elevación de una Catedral gótica. Para lograrlo, el arquitecto sevillano, que estudió con detalle los elementos constructivos de la obra omeya, se vio obligado a eliminar 63 columnas de la Mezquita, y aprovechó la solidez de los cimientos de los muros de las dos alquiblas de 'Abd al-Rahmán I y 'Abd al-Rahmán II eliminadas, a la vez que renunció a darle a la Catedral la elevación que hubiera sido exigible y conservó las arquerías y la *maqsura* de la Mezquita rodeando el templo cristiano y como continuación del mismo. De este modo se salvó también la principal Mezquita del Occidente islámico, cuyas formas siguen todavía llamando la atención de visitantes de todo el mundo por la creatividad y sutileza de su decoración y arquitectura cercanas al gusto moderno.

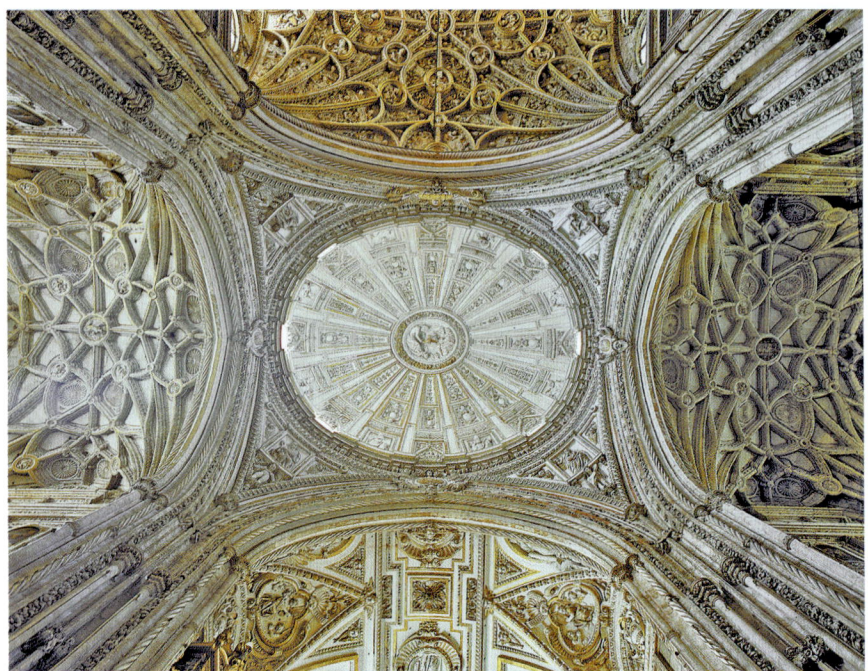

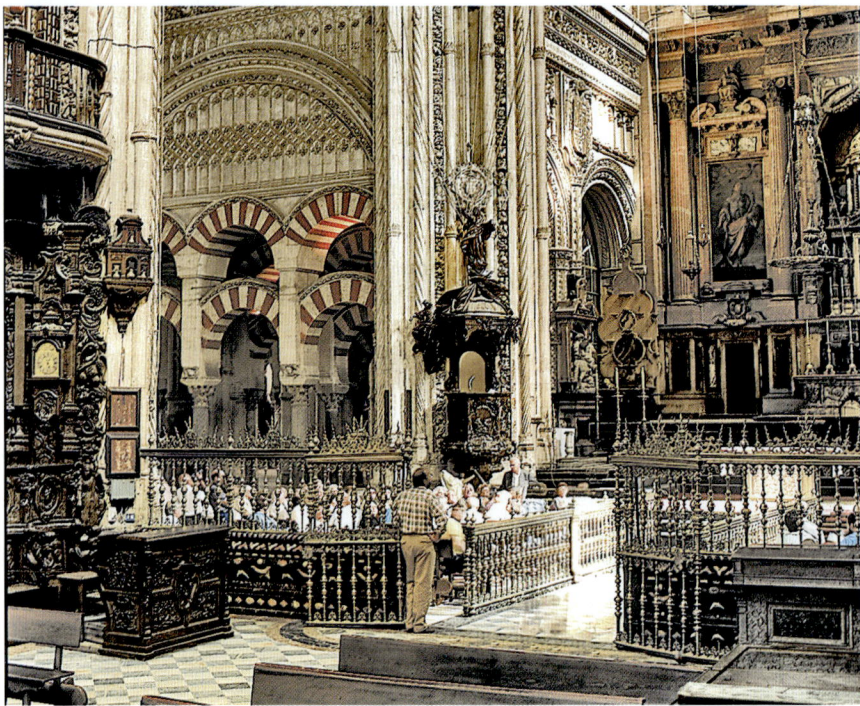

Cúpula principal de la Catedral de Córdoba coronando el crucero. Bajo ella, podemos ver el suelo del crucero, con sillas para los fieles para seguir los oficios religiosos ante el altar mayor. Véanse los arcos omeyas cordobeses sobre los que se apoyan parte de los muros de la Catedral y la apertura de esta hacia las galerías de la Mezquita. A la derecha, Altar Mayor de la Catedral, con el Sagrario al pie de un crucifijo. El Altar Mayor se sitúa en la cabecera de la Catedral, la cual está orientada hacia el este, como es habitual en los templos cristianos.

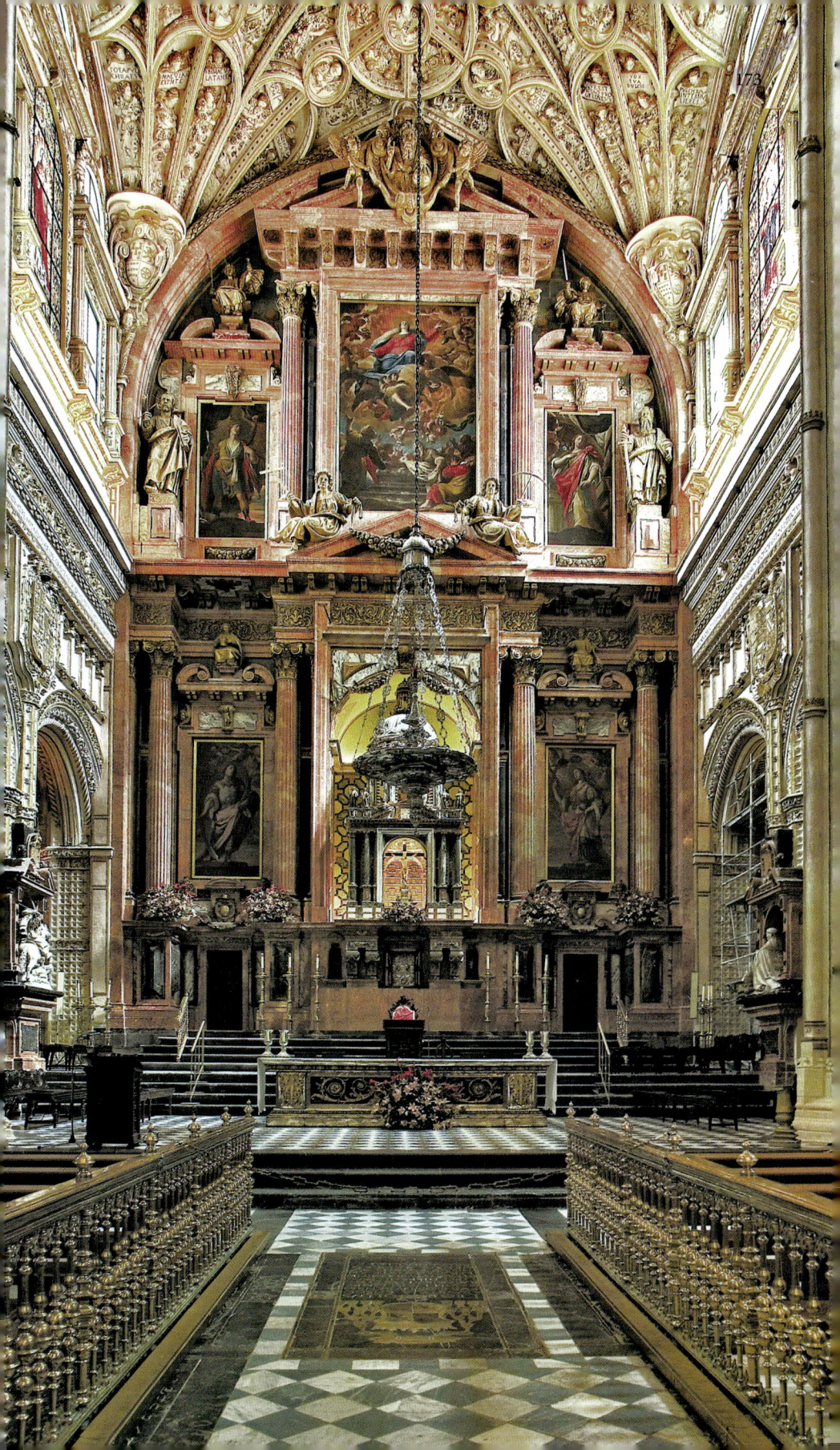

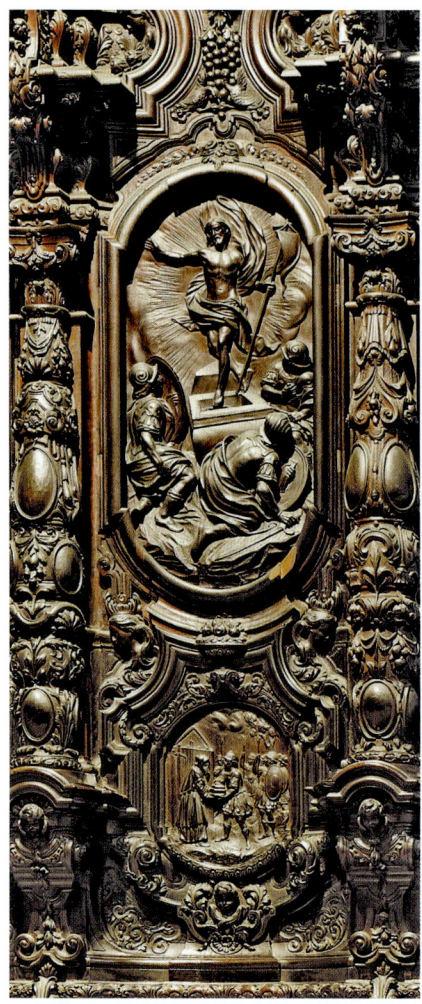

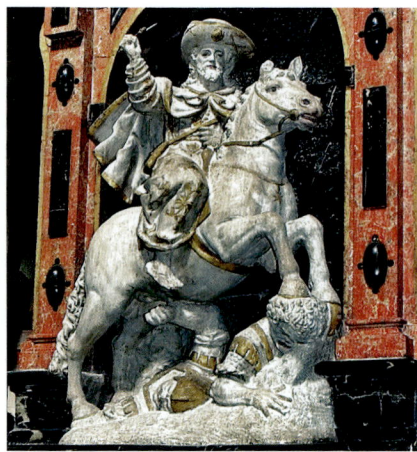

Arriba, estatua de Santiago "Matamoros" (pr. s. XVII) junto al Altar Mayor de la Catedral. Como se sabe, al apóstol Santiago se le considera fundador de la iglesia española, y durante las guerras medievales adquirió la simbología de un caballero con espada derrotando a los musulmanes, extendiéndose su figura en las artes de España.

Frente al Altar Mayor se encuentra una de las joyas indiscutibles de este templo, cual es la Sillería del Coro de la Catedral con los asientos para los obispos, tallada en caoba por el gran escultor sevillano Pedro Duque Cornejo entre 1748 y 1757. Consta de 67 sillas altas y 47 bajas, talladas con episodios de la vida de Cristo que subyugan por el virtuosismo del escultor y por la creatividad de las escenas. A la izquierda, detalle de uno de los sitiales con la escena de la Resurrección.

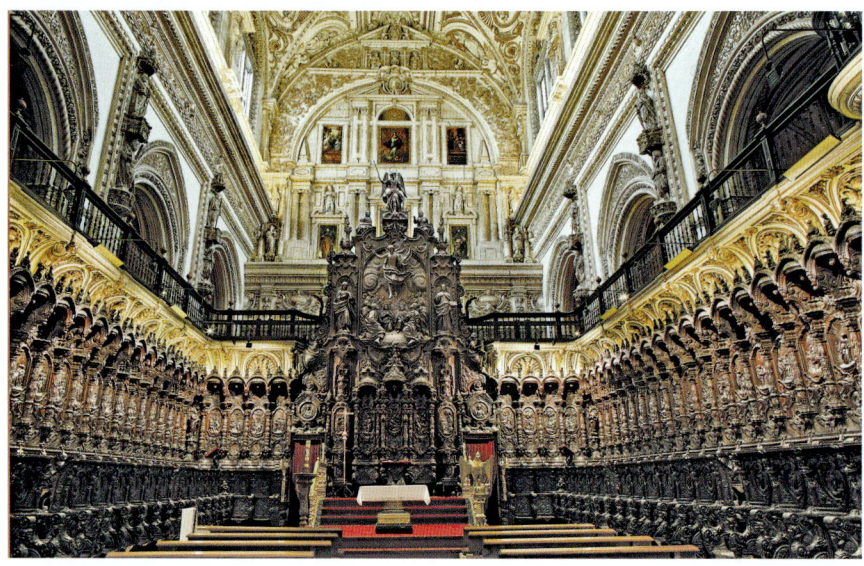

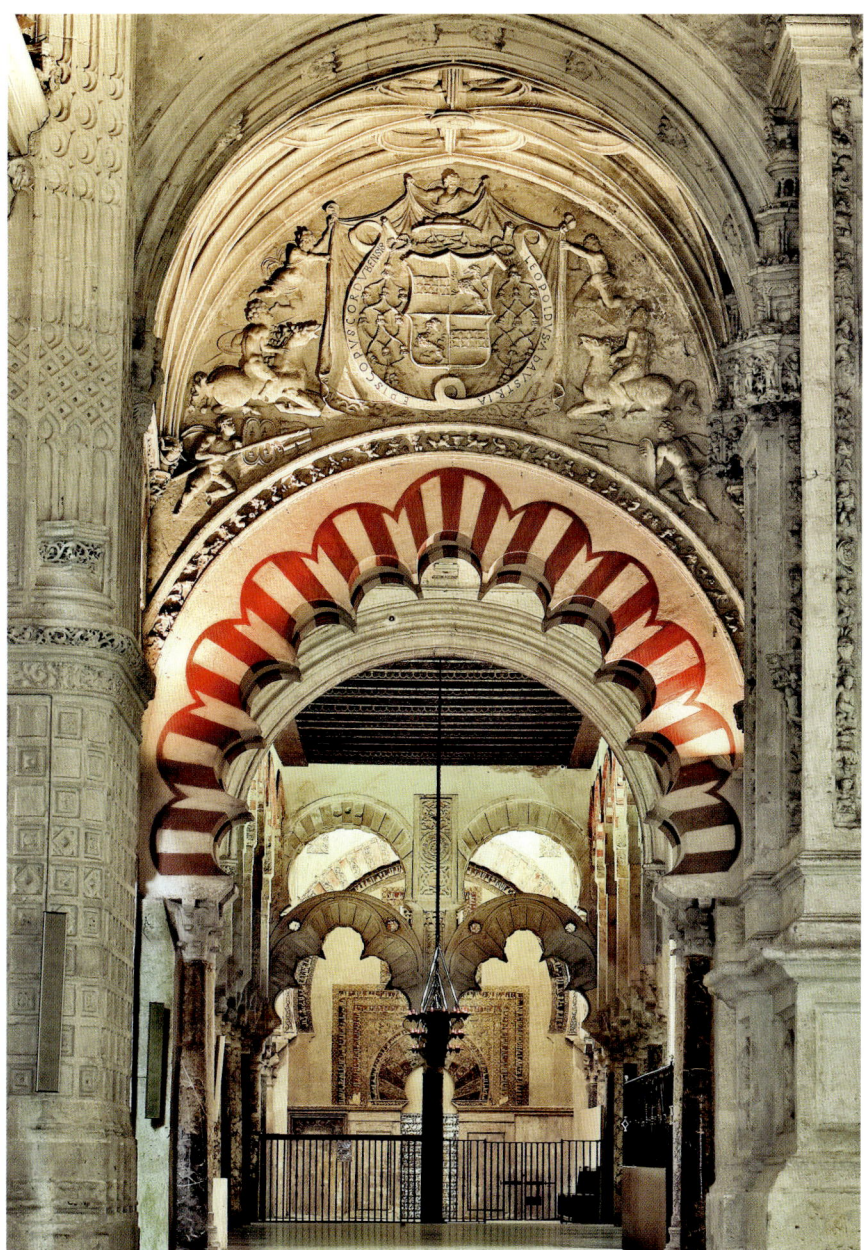

Uno de los más interesantes logros del arquitecto Hernán Ruiz padre fue la de encajar la Catedral con la Mezquita Omeya de manera diáfana y abriéndose un edificio al otro y por todos los lados de ambos. De esta manera, tanto la Mezquita como la Catedral mantienen su especificidad y la confrontación de estilos y gustos. En esta imagen podemos ver, desde el interior de la Catedral y al fondo, la puerta del *bayt al-mal* (Tesoro) de la ampliación de al-Hakam II. Encima del gran arco polilobulado omeya, se superpuso un arco ciego ojival con el escudo del obispo Leopoldo de Austria (ca. 1515-1557), quien hizo notables esfuerzos por que se terminara de construir la Catedral. Este obispo, era hijo ilegítimo del emperador Maximiliano de Austria y tío del emperador Carlos V, y acompañó a éste en su visita a Córdoba animándole para que se construyera allí la Catedral. Leopoldo de Austria falleció en Córdoba y su sepulcro se conserva dentro del mismo recinto catedralicio

Las capillas y sepulcros esparcidos dentro de la Mezquita-Catedral

Cualquier visitante a la Mezquita-Catedral de Córdoba se ve sorprendido por la cantidad de capillas que se fueron construyendo sucesivamente en todos los rincones de la sala de oración desde su transformación en templo cristiano. Desde un primer momento de la conquista, se levantaron altares y capillas en honor a Cristo, la Virgen María y diversos santos, y algunas de ellas se utilizaron para sepultar a obispos, nobles y personalidades relevantes. En la actualidad existen cerca de 40 capillas y 11 altares en la zona de la sala de oración de la Mezquita, y otras 8 capillas y 2 altares dentro de la Catedral.

En el área de la sala de oración de 'Abd al-Rahmán I, en el muro que se abre hacia el patio, tenemos las capillas de San Esteban, de San Miguel, y otras, además de las capillas de Nuestra Señora la Antigua y de la Concepción que, junto a otras, se sitúan en el muro occidental; y en el mismo muro occidental, pero en la ampliación de 'Abd al-Rahmán II, se suceden capillas como las de la Santísima Trinidad o la de San Antonio.

Dentro de la ampliación de al-Hakam II, están las capillas de Villaviciosa, San Bartolomé, Santa Teresa o la Capilla Real, cuya importancia representativa de la realeza castellana ya ha sido mencionada.

Y en el área de la ampliación de Almanzor llega a haber unas 20 capillas, debido a la amplitud que aquí adquiere la sala de oración del templo islámico; algunas de ellas están dedicadas a la Virgen María en cualquiera de sus advocaciones y otras a diversos santos de la Cristiandad.

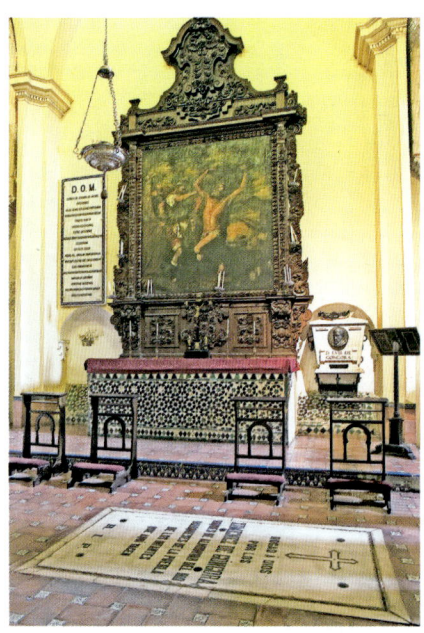

Capilla de San Bartolomé en la alquibla de al-Hakam II, en la que destaca el cuadro que representa el martirio de San Barolomé y la lápida de la tumba del célebre poeta cordobés Luis de Góngora (1561-1627).

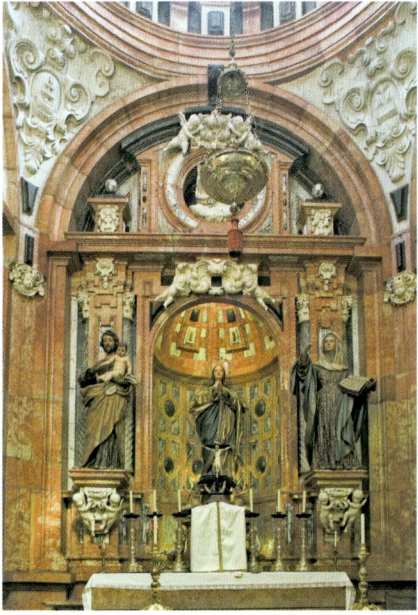

Capilla de la Concepción (muro occidental, área de la Mezquita de 'Abd al-Rahmán I), en la que pueden contemplarse esculturas del gran escultor Pedro de Mena (1628-1688).

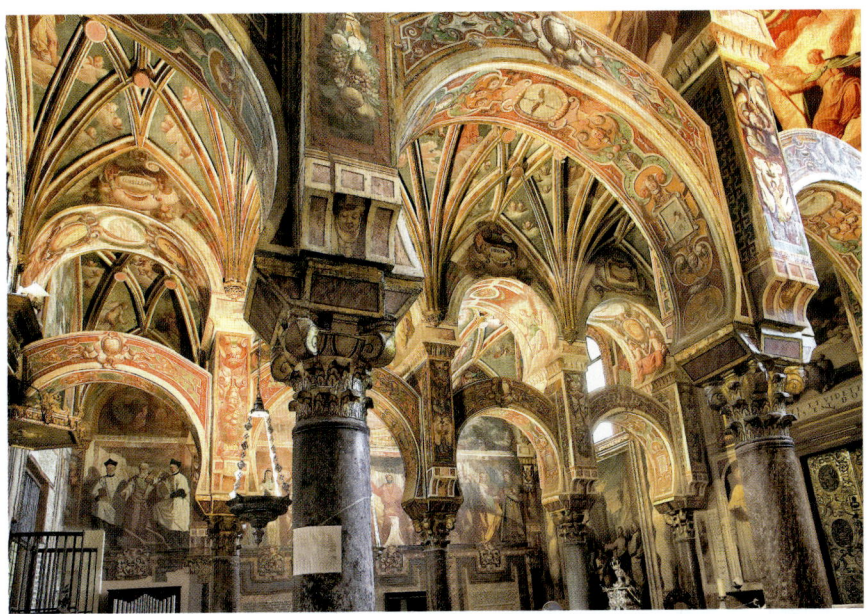

Vista general de la Capilla del Sagrario situada en la alquibla en el área de la ampliación de Almanzor. Impresiona aquí la presencia de columnas, capiteles y arcos omeyas de época de Almanzor y cómo se eleva desde ellos la cubierta gótica construida al ser tomada la ciudad por Fernando III en 1236. Después, los muros de esta obra fueron cubiertos con pinturas del artista renacentista italiano César Arbasia (1547-1607) por orden del obispo Antonio de Pazos y Figueroa.

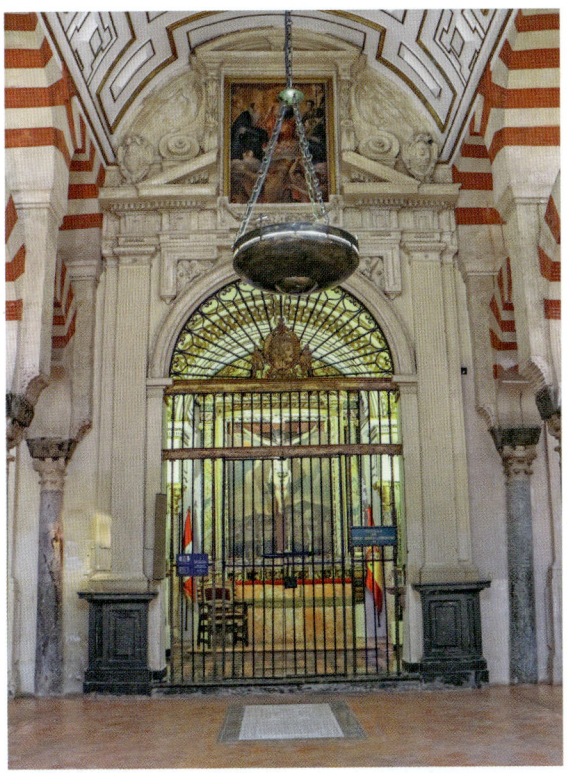

En la Capilla de la Concepción, en el muro oriental de la ampliación de Almanzor, volvemos a ver la conjunción de los arcos omeyas con obras cristianas posteriores. Esta capilla se distingue por ser una donación realizada por el Cabildo de la Catedral al escritor e historiador El Inca Garcilaso de la Vega, concretamente el día 29 de octubre de 1612. Este célebre autor nació en Cuzco (Perú), hijo de noble español y mujer inca, y es considerado "el primer mestizo de sangre y de espíritu". Se le llamó "príncipe de los escritores del nuevo mundo" y en su juventud se trasladó a España, donde prosiguió su vida literaria y se unió al ejército que luchó contra los moriscos en la Alpujarras granadinas. Falleció en Córdoba en 1616, y fue sepultado en esta capilla, en cuyo retablo hay una gran estatua de Cristo sobre una una panorámica de Jerusalén pintada de fondo.

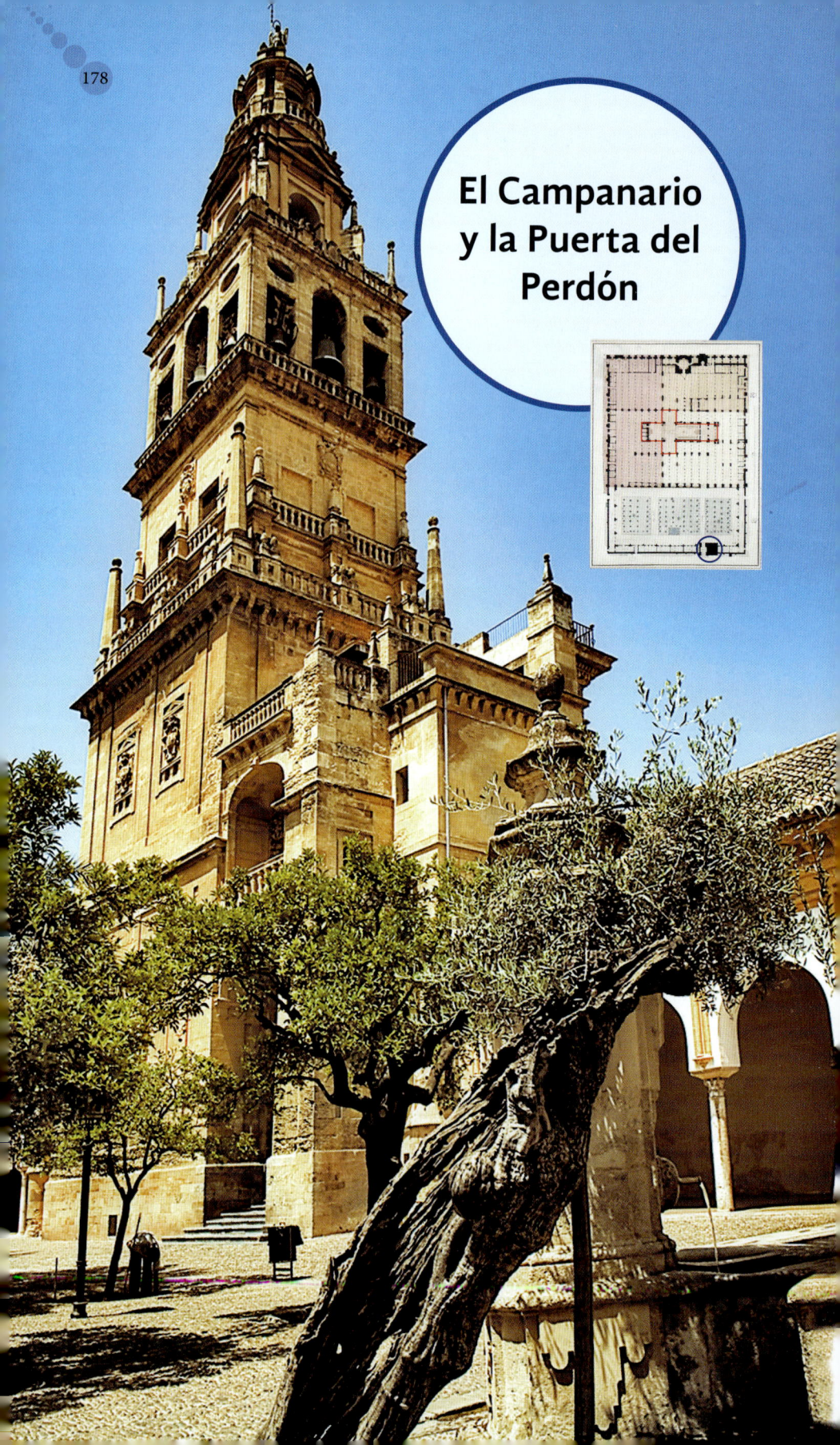

El Campanario y la Puerta del Perdón

La Puerta del Perdón

El Campanario y la Puerta del Perdón contigua a él se construyeron sobre el alminar de 'Abd al-Rahmán III y su puerta anexa (ver pp. 60-62). La Puerta del Perdón es la puerta principal de la Catedral y se renovó en 1377 dentro del programa representativo de la monarquía castellana, como lo muestra la inscripción conmemorativa situada en el alfiz del arco de su fachada exterior, en la que se atribuye la obra al rey Enrique II, hijo de Alfonso. No obstante, en el siglo XVII fue restaurada y se le añadió la estatua del Padre Eterno en la parte superior, y en el siglo XVIII se restauraron las pinturas de la Ascensión flanqueada por los ángeles San Miguel y San Rafael que ahora vemos dentro de los tres arcos lobulados por encima de la puerta.

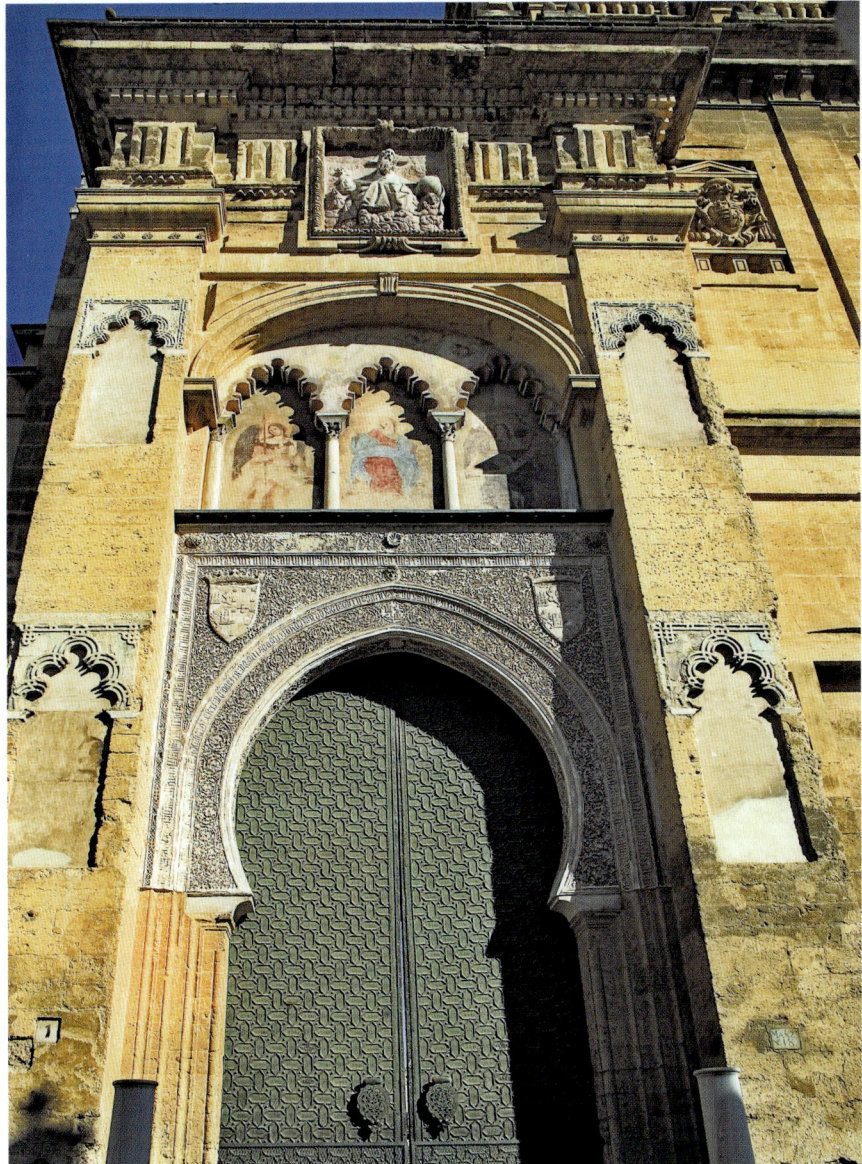

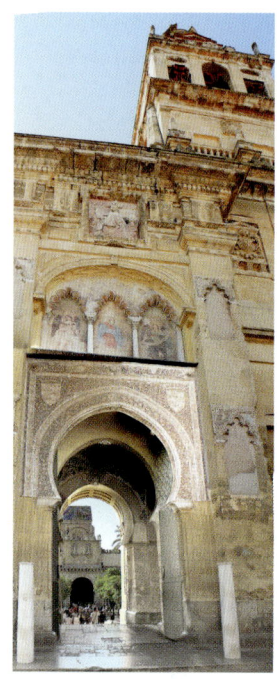

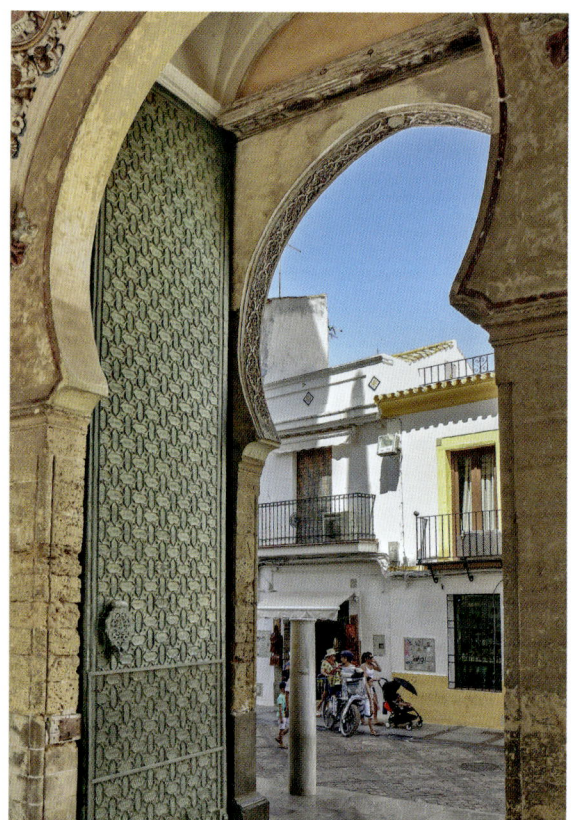

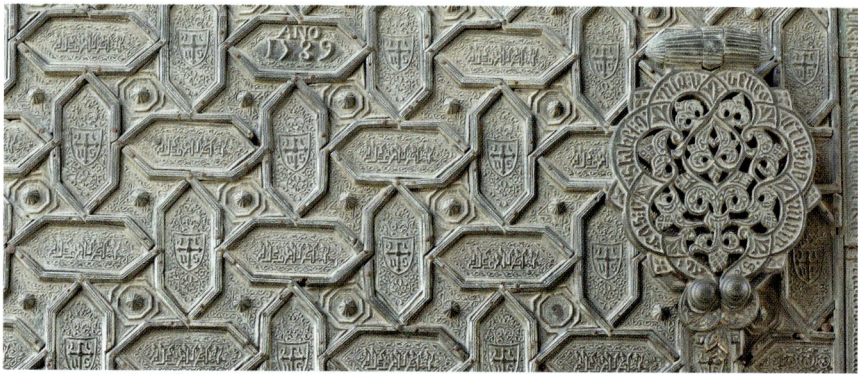

Las hojas de la Puerta del Perdón, cuya altura es de unos 10 metros, están hechas de madera de pino cubiertas por planchas de bronce con diseño y grabados inspirados en la Puerta del Perdón de la que fue Mezquita Mayor almohade de Sevilla, y luego gran Catedral de dicha ciudad. En los hexágonos horizontales se ha grabado la expresión *Al-Hamdu li-Llahi wah-da-Hu* (Alabado sea Dios Único) en caracteres cúficos, igual que en la puerta de la citada Mezquita Mayor de Sevilla, cuyas hojas de puertas originales almohades se conservan. Sin embargo en los hexágonos verticales de la Puerta del Perdón de la Catedral de Córodba se ha grabado un escudo con una Cruz en el centro con la palabra "Deus" (Dios) en latín rodeándola. Ambas puertas llevan escrito asimismo el año de realización, 1739, cuando el obispo Pedro De Salazar estaba al frente de la Catedral. En la cenefa que perfila las dos aldabas, que también imitan las de la Mezquita almohade de Sevilla, se ha grabado una frase en latín en honor al Mesías como Señor y Rey que ha venido a salvar a sus siervos.

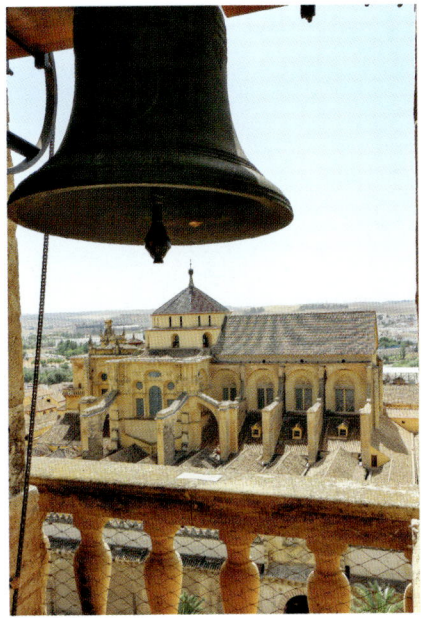

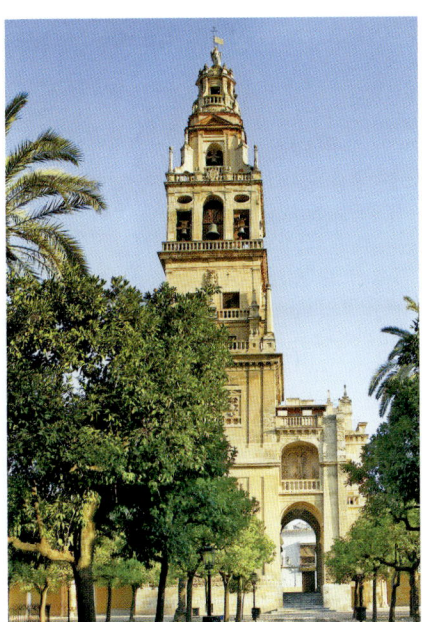

Con la Puerta del Perdón, el rey Enrique II completó su proyectó para realizar los símbolos de su monarquía en la anterior Mezquita de Córdoba en una época en la que el arte mudéjar era el predominante en España. Dicho arte emplea técnicas y formas islámicas andalusíes en las obras cristianas al servicio de la monarquía o de la iglesia. Esta puerta se sitúa en eje con la nave central de la Mezquita y con la Capilla Real construida por el mismo rey Enrique II cinco años antes que la Puerta del Perdón. En la imagen (arriba dcha.) vemos la Puerta del Perdón desde dentro del Patio de los Naranjos, y en la página anterior la misma puerta de dentro hacia fuera (dcha.) y desde la calle hacia dentro (izqda.).

Esta fotografía está tomada desde la parte superior del Campanario construido en el siglo XVI. Bajo una de sus campanas, vemos elevarse el crucero de la Catedral y el río Guadalquivir y la vega de Córdoba al fondo. Entre 1593 y 1606, Hernán Ruiz tercero, "el nieto", desmontó la cámara del almuédano en la parte superior del alminar de 'Abd al-Rahmán III y conservó el prisma inferior de la torre hasta unos 22,5 metros de altura para sostener el Campanario. Luego, se hicieron reformas en el Campanario con el fin de colocar en la cúspide, en 1664, una estatua de San Rafael, patrón de Córdoba. Con esta estatua, el Campanario alcanza los 54 m. y es la torre más elevada de la ciudad.

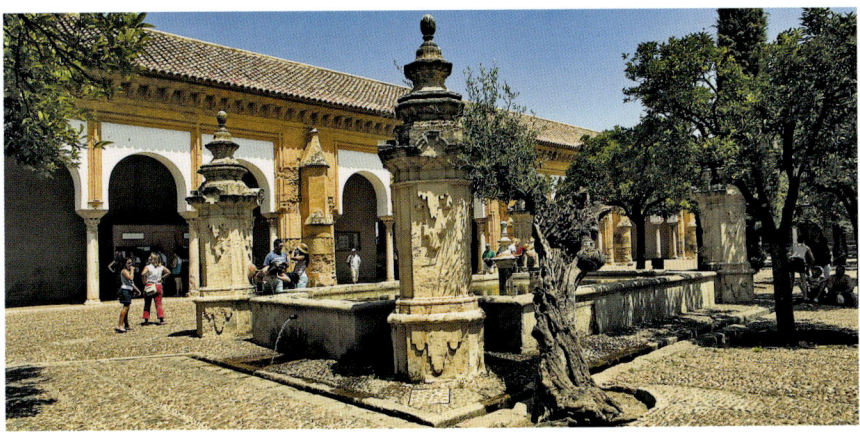

Fuente de Santa María, construida en 1741 en piedra negra, situada en el Patio de los Naranjos; en cada esquina presenta una pequeña torrecilla con un caño de agua.

Fachada norte de la Mezquita-Catedral

En la fachada norte, además del Campanario y de la Puerta del Perdón, quedan los restos de una puerta situada entre el patio de 'Abd al-Rahmán III y el de Almanzor, que fue hallada por Félix Hernández en 1929 y la marcó en el muro en 1932; se la conoce por "Puerta de Nuestra Señora del Pilar" y pudo ser la puerta de las mujeres que atribuyen algunas fuentes andalusíes a la Mezquita.

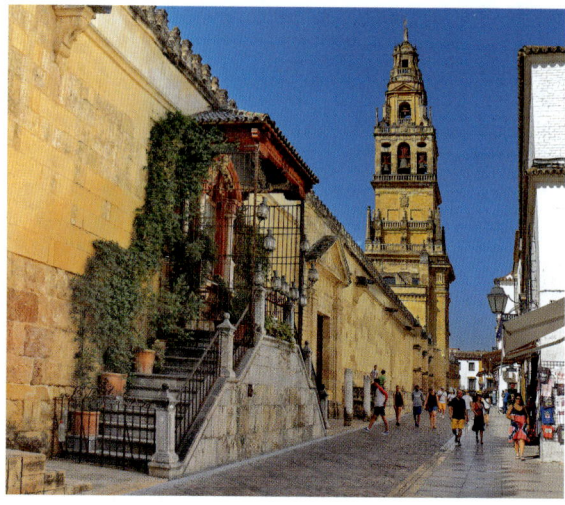

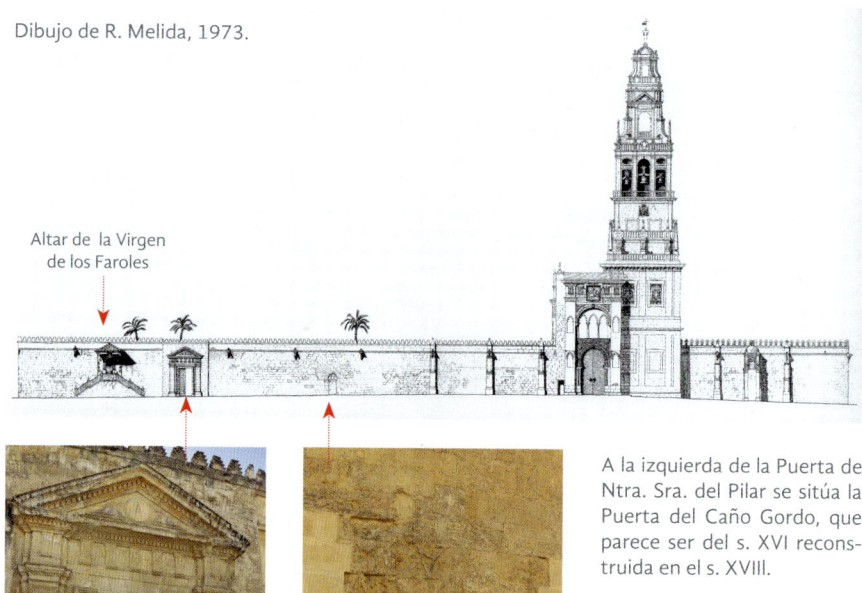

Dibujo de R. Melida, 1973.

Altar de la Virgen
de los Faroles

A la izquierda de la Puerta de Ntra. Sra. del Pilar se sitúa la Puerta del Caño Gordo, que parece ser del s. XVI reconstruida en el s. XVIII.

Finalmente, el "Altar de la Virgen de los Faroles" (s. XVIII y arreglos posteriores) se levanta en el extremo oriental de la fachada norte, sostenido por un podio con dos escaleras encima de la acera.

Puerta del Caño Gordo

Puerta de Ntra. Sra. del Pilar

Fachada sur de la Mezquita-Catedral

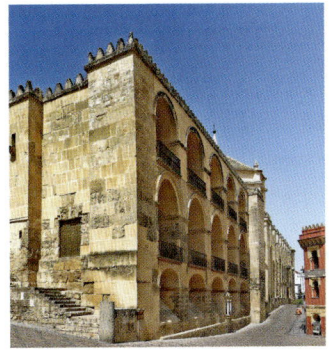
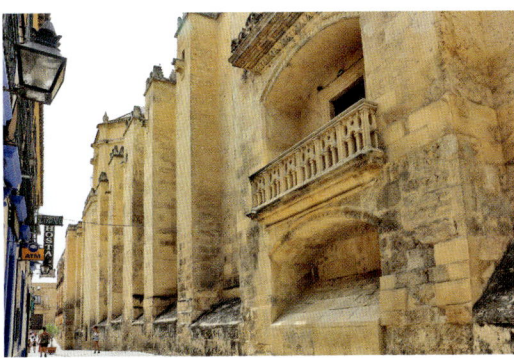

La fachada sur, el muro de la alquibla, es la única fachada carente de puertas. En su extremo occidental hay tres pisos cada uno con cinco grandes arcos construidos en el siglo XVIII para mejorar, con balcones, la iluminación de las habitaciones y oficinas que estableció el Cabildo en esta área de la mezquita. Entre los cinco arcos del piso central hay una serie de escudos de la Catedral pintados alternándose con el escudo de Pedro de Salazar, obispo de Córdoba entre 1687 y 1706. En la parte oriental del muro de la alquibla, se ven las pequeñas torres originales que sostenían el muro sur de la Mezquita a los que se han añadido algunos pocos elementos decorativos pertenecientes a la Catedral.

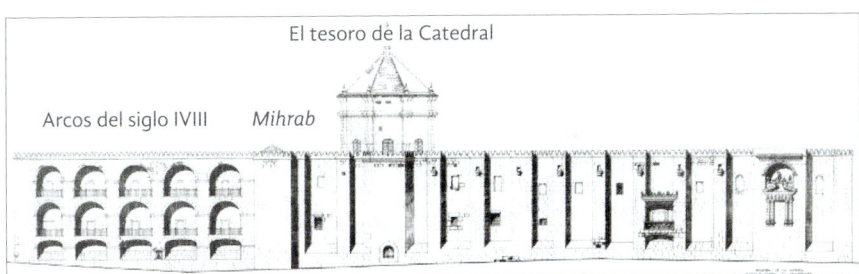

El tesoro de la Catedral

Arcos del siglo IVIII   *Mihrab*

Dibujo de Víctor Caballero.

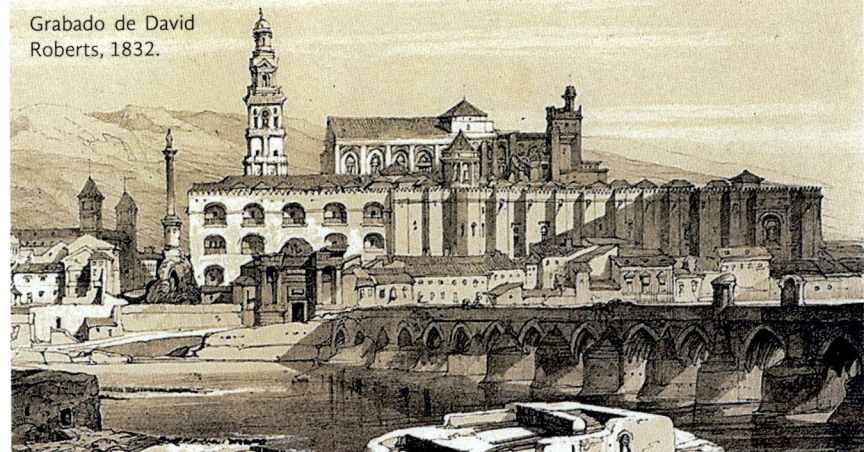

Grabado de David Roberts, 1832.

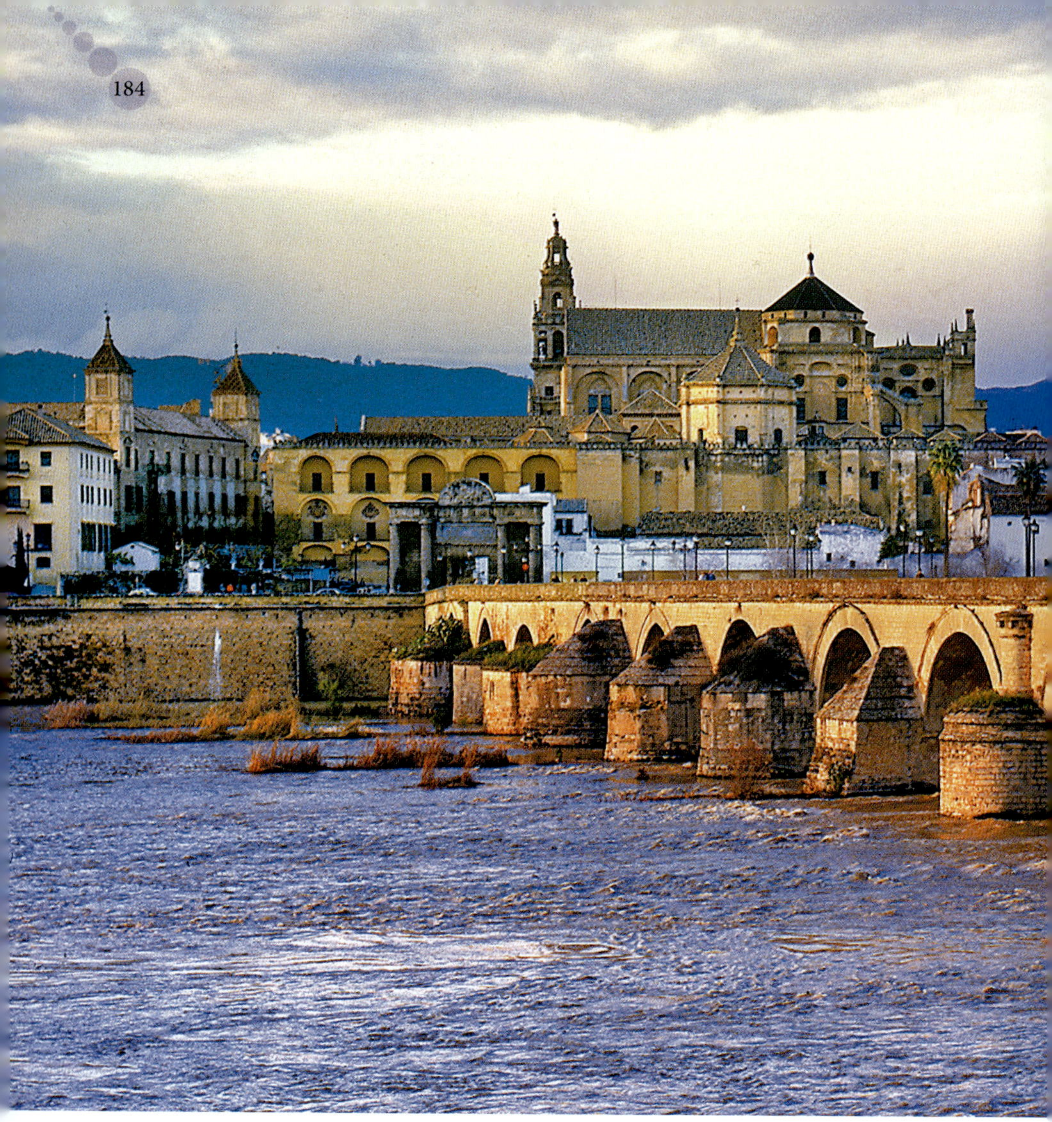

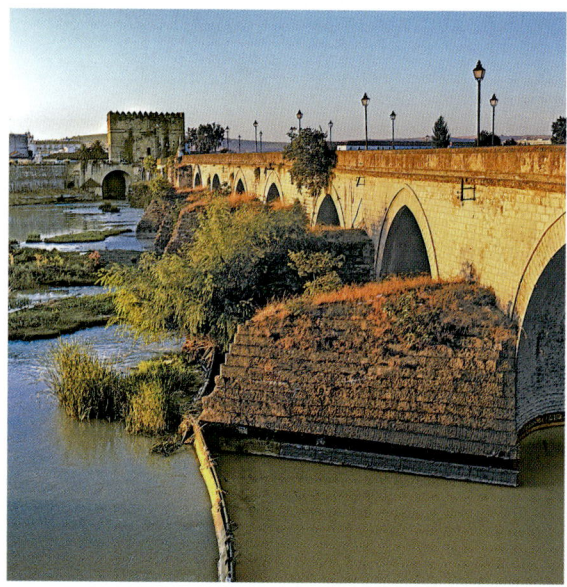

Arriba, Puente de Alcántara sobre el río Guadalquivir con la Mezquita-Catedral al fondo. A la izquierda, el mismo puente pero en dirección a la Calahorra, torre andalusí construida para proteger el puente; modernamente ha sido restaurada y alberga el Museo Vivo de al-Andalus.

A la derecha, calcografía de Nicolas Chapuy, 1840, con una panorámica de Córdoba en la que aparece el Puente de Alcántara visto desde la Calahorra, la Mezquita-Catedral y el Palacio Arzobispal junto a ambos. El artista representa también, en primer plano, los restos de un antiguo molino dentro del Guadalquivir.

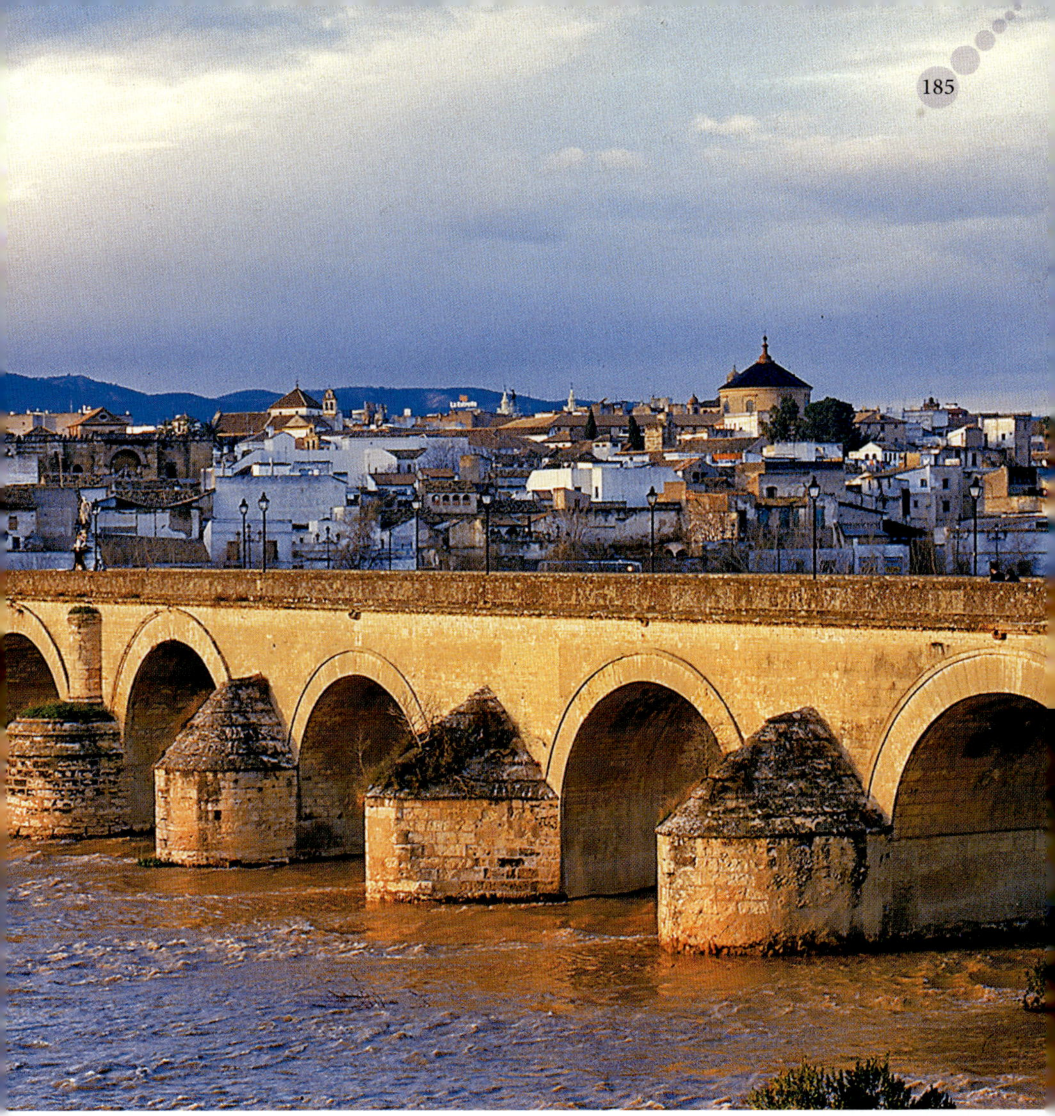

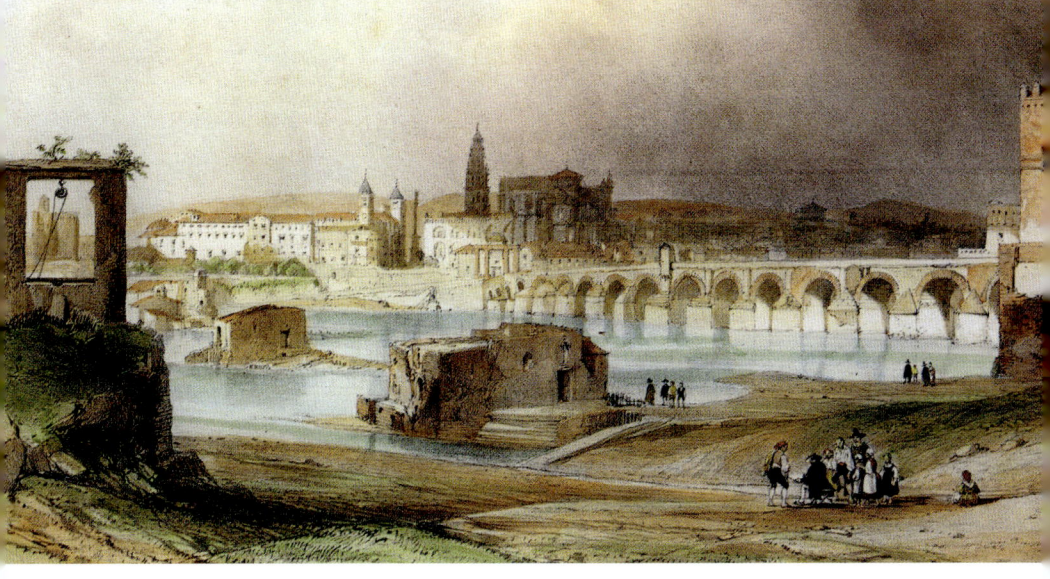

Sabios y sabias de la Córdoba andalusí

Las continuas guerras y conflictos que vivió la Córdoba andalusí no impidieron que la capital disfrutara de un esplendor científico y literario parejo al de otras grandes urbes islámicas. La llamada por al-Razi "Sede de al-Andalus, Madre de las Ciudades, Morada del Califato y Casa Real", Córdoba, "no estuvo falta de sabios notables, señores de mérito, comerciantes pudientes dueños de grandes sumas y amplias posibilidades, que poseían brillantes barcos y elevadas intenciones", a decir de al-Idrisi. Célebre es la afirmación del gran filósofo Averroes en presencia del califa almohade Ya'qub al-Mansur, según la cual "si fallecía un sabio en Sevilla y querían venderse sus libros, había que llevarlos a Córdoba, pero que si fallecía un músico en Córdoba y se deseaba vender sus instrumentos musicales había que llevarlos a Sevilla. Córdoba es -concluye Averroes- la mejor ciudad de Dios en cuando a libros se refiere" (al-Maqqari, *Nafh al-tib*, I, p. 155). Las ciencias y la filosofía fueron ampliamente aceptadas, incluso por muchos alfaquíes, entre los que destacó el citado Averroes, que era nieto de un gran alfaquí, y él mismo fue cadí supremo de Córdoba y de Sevilla, ya en época almohade, a la vez que uno de los mayores filósofos musulmanes, defensor de la razón, la equidad y el respeto al pensamiento ajeno.

Los soberanos cordobeses supervisaban la elección del "imán de la oración del viernes", que era también cadí supremo y solía pertenecer a una familia erudita con raíces en Oriente. Los jueces de Córdoba se conocieron por atender las costumbres del pueblo, por su sencilla forma de vestir y su trato natural. Celebraban juicios dentro de la Mezquita Mayor sin pompa y en presencia de las partes interesadas.

Desde el emirato de 'Abd al-Rahmán I, la familia omeya andalusí fomentó la importación, copia y fabricación de libros y la formación de bibliotecas. El interés bibliófilo de 'Abd al-Rahmán II hizo que el emperador bizantino Constantino le regalase una lujosa copia de la obra médica de Dioscórides, decorada con abundantes imágenes. Pero la bibliofilia omeya alcanzó su ápice con al-Hakam II, cuando hubo en Córdoba un barrio de los "pergamineros" dedicado a la fabricación de libros y un equipo de 127 mujeres dedicadas a la copia de coranes. Al-Hakam II reunió, asimismo, la mayor biblioteca conocida en al-Andalus partiendo de la de sus antepasados y la de su hermano Muhammad a las que sumó los libros que mandó adquirir hasta en Bagdad o fabricar en los talleres estatales. Así, la "Biblioteca del Saber" (*al-Jizana al-`Ilmiya*) de al-Hakam llegó a tener 400.000 volúmenes registrados en 44 tomos de índices, de 20 folios cada uno, según anota el autor de *El collar de la*

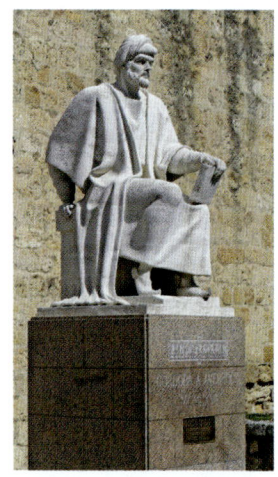

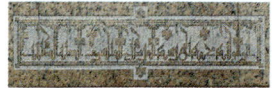

Estatua en honor a "Abu l-Walid Ibn Rushd [Averroes] de Córdoba, filósofo, alfaquí y médico", por el escultor Pablo Yuste, 1967. Letrero en árabe y español.

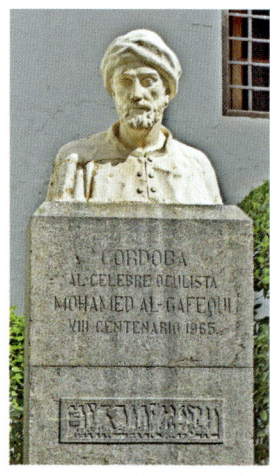

"Córdoba, al célebre oculista Mohamed Al-Gafequi. VIII centenario 1965", escultura de Miguel Arjona en honor del cíentífico y médico cordobés al-Gáfiqi (m. 1165).

paloma, Ibn Hazm de Córdoba (994-1064), que es uno de los mayores teólogos y polígrafos del islam. Por desgracia, la biblioteca de al-Hakam fue vendida casi al completo por Almanzor durante el cerco bereber a Córdoba, y cuando los bereberes entraron en la ciudad saquearon lo que quedaba de ella (*Nafh al-tib*, I, p. 389).

Para al-Hakam II trabajó el literato y lexicólogo cordobés Muhammad al-Fihri que también fue copista y mejoró obras de al-Qali (893-967), importante lexicólogo de Bagdad, que recaló en Córdoba y fue maestro de numerosos andalusíes. Tenemos noticia, asimismo, de numerosas "sabias de al-Andalus" por su condición de *kátibas* (escribas y/o calígrafas), que solían ser esclavas, algunas libertas, que escribían la correspondencia y otros documentos oficiales. Para 'Abd al-Rahmán II sirvió, en calidad de esclava cantora, literata y amanuense, Qalam (Cálamo), que era de origen vasco y, después de formarse y aprender canto en Medina, fue adquirida por este emir y brilló en Córdoba por su saber, poesía y caligrafía. Incluso una hija de 'Abd al-Rahmán II llamada Baha' (Esplendor) (m. dic. 917) llevó una vida ascética consagrada a la copia de coranes, que donaba como bienes hábices; y por su piedad, la mezquita del arrabal de al-Rusafa llevó su nombre. Para 'Abd al-Rahmán III trabajaron diversas esclavas ponderadas en las fuentes por sus destrezas caligráficas: Rádiya, Kitmán, Muzna, Zumurrud. Desde la Bagdad abasí llegaron asimismo a Córdoba amanuenses, como Sitt Nasim al-Bagdadiya, a quien 'Abd al-Rahmánn III empleó, por su pericia para imitar su letra, cuando el califa cordobés perdió facultades ópticas por culpa de la vejez.

Y entre las esclavas de al-Hakam II preparadas para la música, las letras y la caligrafía mencionaremos a Bint al-Sabulari y Lubnà (m. 984-6), que al-Hakam heredó de su padre, y era experta en gramática, métrica y contabilidad, así como poetisa y magnífica calígrafa; también la cordobesa Fátima bint Zakariya (m. 1036), hija de un secretario de al-Hakam II y de su *háyib* Ya'far; ella misma fue secretaria y excelente calígrafa y polígrafa; falleció con 94 años y fue enterrada multitudinariamente en el cementerio de Umm Saláma de Córdoba. Para Hishám II trabajó Nizám al-Kátiba en el Alcázar Califal, sabia especialista en misivas, siendo ella la autora de la carta con que se dio el pésame a 'Abd al-Malik al-Muzaffar por la muerte de su padre, Almanzor, y en la que se le nombraba sucesor suyo en *Shawwál* del año 392 (=agosto-septiembre de 1002).

Periclitado ya el Califato, las fuentes andalusíes siguen mencionando calígrafas cordobesas, caso de `Aysha' ibn Qadím de Córdoba (m. 400=1009/10), que fue liberta y autora de panegíricos para varios gobernantes andalusíes; llegó a reunir una gran fortuna y una buena biblioteca, siendo influyente, además, aunque

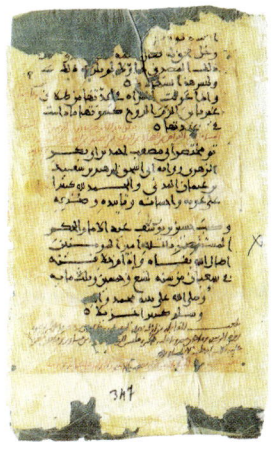

Colofón de un manuscrito en pergamino perteneciente seguramente a al-Jizana al-'ilmiya (Biblioteca del Saber) de al-Hakam II, Biblioteca al-Qarawiyin de Fez. En el mismo (fol. 347) se lee que aquí termina la obra el *Mujtasir* (Compendio) de Ibn Mus'ab Ahmad ibn Abu Bakr, cuya copia fue realizada por Husayn ibn Yusuf para el imán al-Hakam al-Mustansir bi-Llah Príncipe de los Creyentes, Dios le haga perdurar y haga eterno su Califato, en *sha'ban* del año 359 (junio—julio de 970).

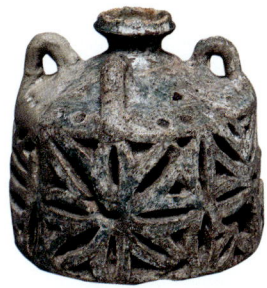

Tintero de cerámica vidriada con decoración calada (10 x 10,5 cm), Córdoba, siglo X, encontrado en la calle Antonio Maura de Córdoba. Museo Arqueológico de Córdoba.

soltera, en las esferas de gobierno. O Tuna bint 'Abd al-`Aziz (s. XI-pr. XII), alumna de importantes eruditos cordobeses y esposa de un predicador de la Mezquita de Córdoba, a la que ella misma transmitía sus conocimientos; se apreciaron sobremanera la hermosa caligrafía y la precisión con que realizaba sus copias.

Muestra del esplendor del libro cordobés es el corán (18 x 18,8 cm.) fabricado en vitela en la Córdoba bajo dominio almorávide conservado en la Biblioteca de la Universidad de Estambul (A6755); su guarda (folio 3a) está decorada con un hermoso diseño en trama de líneas curvas y rectas de ancha cinta del color del pergamino, que de inmediato nos remite a las celosías y trazados geométricos de la Mezquita, y que se expande hasta formar un cuadrado exterior, a través de ocho círculos entrelazados intermedios, y partiendo de una estrella de ocho puntas central en la que se inscribe un octógono dorado con un trenzado a modo de estrella de ocho en azul claro sobre fondo azul oscuro, que recuerda la cúpula de mosaicos situada ante el *mihrab* de al-Hakam II, incluso en el contraste de colores áulicos, oro y azul. El resto de la superficie es un jardín de finos atauriques dorados sobre el azul oscuro del fondo, y el verde y el rojizo con que se perfilan simétricamente los motivos vegetales. Y en el colofón (folio 145b y 146a), en cúfico oriental azul perfilado en oro, que ha sido caligrafiado dentro de un ancho marco cuadrado de lacería rellena de roleos vegetales dorados y generando una estrella de ocho puntas en cada esquina, leemos, antes de la *tasliya* (fórmula en honor del Profeta) y de la fecha de conclusión, el año 548 (=1143/4): "Todo el Corán se terminó con la ayuda y la providencia divinas en la ciudad de Córdoba, que Dios la proteja".

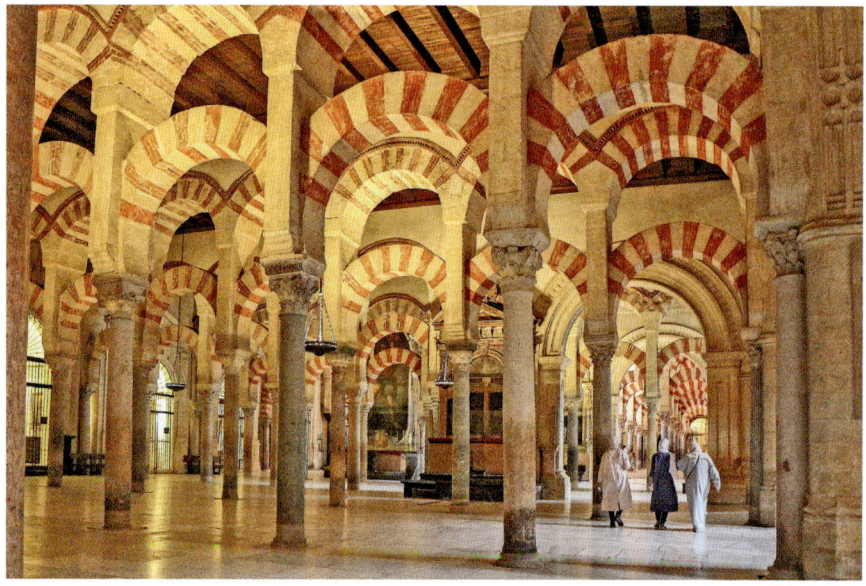

Sala de oración de la Mezquita de Córdoba desde la nave central hacia el este, 6 agosto 2018.

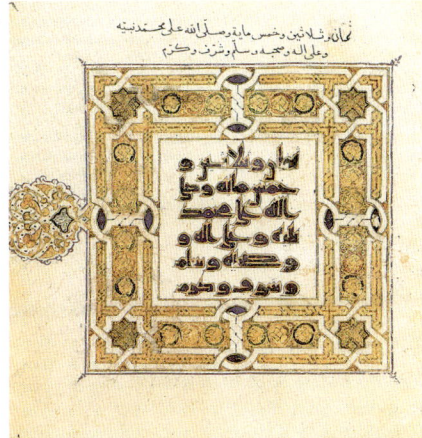 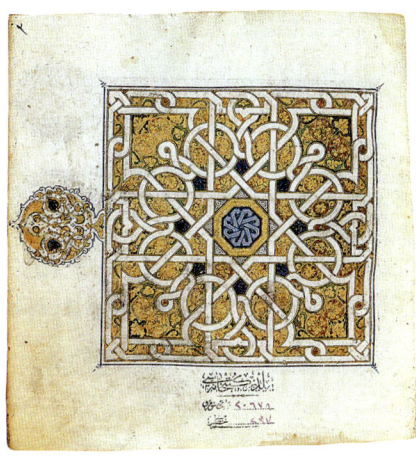

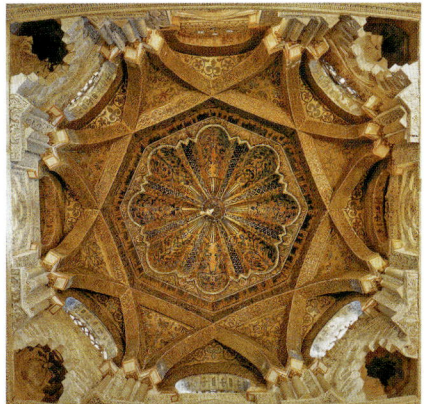

Las dos páginas de comienzo y final de este corán fabricado en Córdoba el año 1143/4, Biblioteca de la Universidad de Estambul (nº A6755).

A la izquierda, cúpula de mosaicos frente al *mihrab* de la Mezquita de Córdoba.

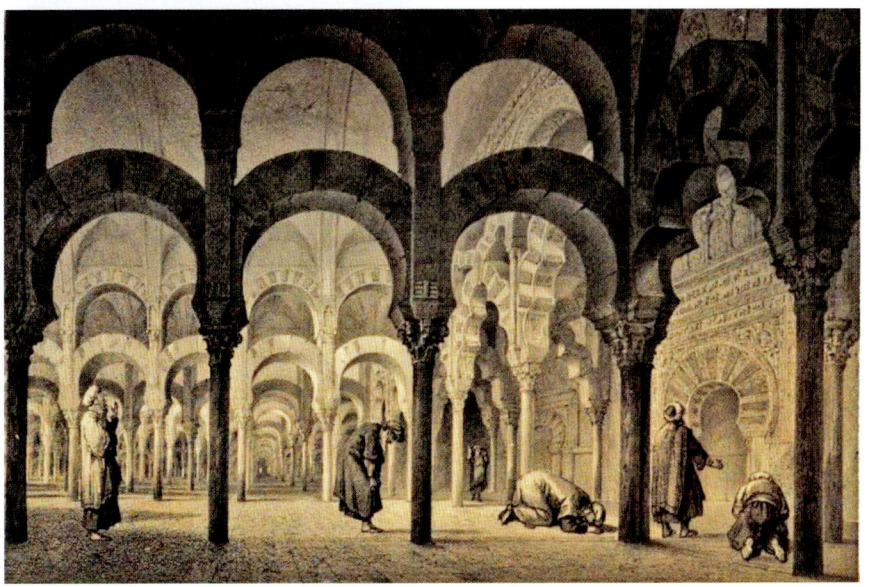

Dibujo del *mihrab* y la *maqsura* de la Mezquita de Córdoba, por Francisco Javier Parcerisa, 1855.

Fuentes árabes

Dikr bilád al-Andalus (Una descripción anónima de al-Andalus), ed. y tr. de Luis Molina, Madrid, CSIC, 1983, 2 vols.

IBN 'ABD AL-RABBIHI, *al-`Iqd al-faríd*, Beirut, 1987 (9 vols.).

IBN BASSAM, *al-Dajira fi mahásin ahl al-Yasira*, ed. Ihsán `Abbas, Beirut, 2000, 4 vols.

IBN AL-FARADI, *Tarij `ulama' l-Andalus*, ed. de al-Abyari, El Cairo-Beirut, 1989.

IBN GÁLIB, *Farhat al-anfus fi ajbar al-Andalus*, El Cairo, 1985.

IBN HAYYÁN, *al-Muqtabis* II, ed. de Mahmud `Ali Makki, Riad, 2003.

IBN HAZM, *Tawq al-hamama* (El collar de la paloma), ed. de Ihsán `Abbas, en *Rasa'il Ibn Hazm al-Andalusí*, I, Beirut, 1980.

IBN IDARI, *al-Bayán al-mugrib*, ed. de Colin y Lévi-Provençal, Beirut, 1988, vol. II.

MAQQARI (AL-), *Nafh al-tib*, ed. de Ihsán `Abbas, 1978-1980 (8 vols.).

IBN SA'ID, *Tabaqát al-umam*, Beirut, 1985.

IDRISI (AL-), *Nuzhat al-mushtáq fi jtiráq al-afáq*, El Cairo, 2002, vol. I, pp. 575-579.

Bibliografía

AMADOR DE LOS RÍOS, Rodrigo (1880): *Inscripciones árabes de Córdoba*, Madrid, 2ª ed.

ÁVILA, Mª Luisa (1989): «Mujeres 'sabias' de al-Andalus», en AA. VV., *La mujer en al-Andalus*, Madrid, Universidad Autónoma, 139–184.

BLOOM, Jonathan (1992): *The Minbar from the Kutubiya Mosque*, Nueva York, Met.

CALVO CAPILLA, Susana (2000): «El programa epigráfico de la Mezquita de Córdoba en el siglo x: un alegato a favor de la doctrina ortodoxa malikí», *Qurtuba*, nº 5, 17–26.

— (2010): «Justicia, misericordia y cristianismo: una relectura de las inscripciones coránicas de la Mezquita de Córdoba en el siglo x», *Al-Qantara*, XXXI–1, 149–187.

Corán, El, ed. y tr. Julio Cortés, Barcelona, Herder, 1999.

CRESSIER, Patrice (1984): *Les chapiteaux de la Grande Mosquée de Cordoue*, Mainz.

CRESWELL, K. A. C. (1958), *A short Account of Early Muslim architecture*, ed. A. Jiménez, Sevilla, 1979, 317-333.

EWERT, Christian (1995): «La Mezquita de Córdoba: santuario modelo del occidente islámico», en *La arquitectura del islam occidental*, en R. López Guzmán (coord.), Granada, El Legado Andalusí, 53–68.

FERNÁNDEZ-PUERTAS, Antonio (2009): «Excavaciones en la Mezquita de Córdoba», en *Arte y cultura. Patrimonio Hispanomusulmán en al-Andalus*, ed. en colaboración con P. Marinetto Sánchez, Granada, Editorial Universidad de Granada, 9–132.

— (2009): *Mezquita de Córdoba. Su estudio arqueológico en el siglo XX*, Granada, Universidad de Granada.

GÓMEZ MORENO, Manuel (1951): *El arte árabe español hasta los Almohades. Arte mozárabe*, vol. III de *Ars Hispaniae. Historia Universal del Arte Hispánico*, Madrid.

HERNÁNDEZ GIMÉNEZ, Félix (1975): *El alminar de 'Abd al-Rahman III en la mezquita mayor de Córdoba. Génesis y repercusiones*, Granada, Patronato de la Alhambra.

KHEMIR, Sabiha (1992): «Corán manuscrito», en *Al-Andalus. Las artes islámicas en España*, ed. by J. Dodds, Madrid, 304–305.

KING, David A., *"La Mekke centre du monde"*, en *Encyclopédie de l'Islam*. Nouvelle édition, Leiden-Paris, t. VI (1987), pp. 164-70.

— «La alquibla en la Córdoba medieval y la orientación de la Gran Mezquita», *Awraq*, nº 16 (2018) [en prensa].

JIMÉNEZ, Alfonso (1994): «La Qibla extraviada», *Cuadernos de Madinat al-Zahra'*, 3, 189-209.

LÉVI-PROVENÇAL, E. (1931): *Inscriptions arabes d'Espagne*, Leyden–París, 2 vols.

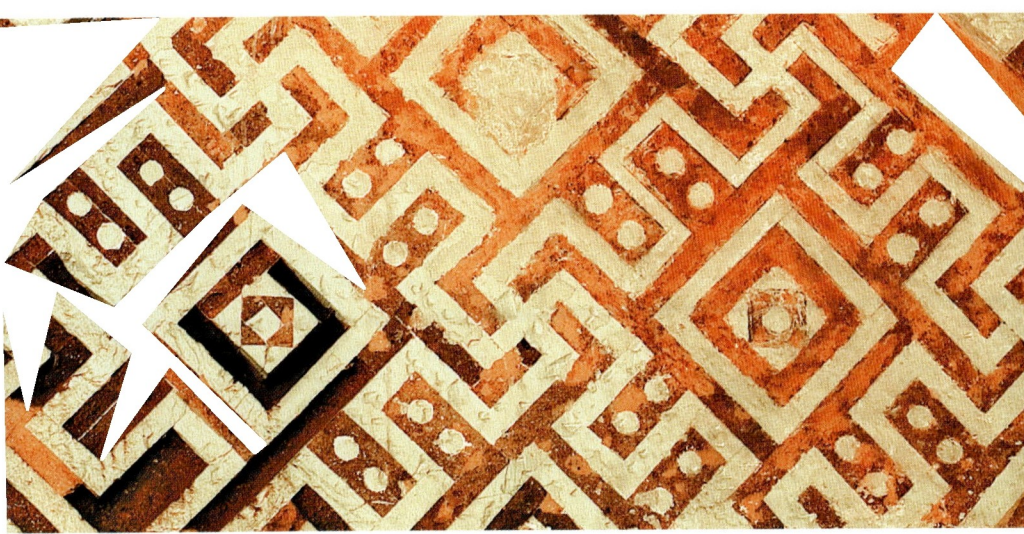

MARFIL, Pedro (1998): *Arqueología en la mezquita de Córdoba*, www.ciberjob. org/suple/arqueologia/mezquita, 1998.

MARTÍNEZ NÚÑEZ, Mª Antonia (2001): «Sentido de la epigrafía omeya de al-Andalus», en *El Esplendor de los omeyas codobeses*, Mª Jesús Viguera-Concepción Castillo (coord.), Granada, 408–417.

MONEO, Rafael (1985): «La vida de los edificios. Las ampliaciones de la Mezquita de Córdoba», *Arquitectura*, nº 256, 26–36.

NIETO CUMPLIDO, Manuel (2007): *La Catedral de Córdoba*, Córdoba, Caja Sur (2ª ed.).

NIETO CUMPLIDO, Manuel y RECIO MATEO, Luis (2005): *La Mezquita Catedral de Córdoba. Patrimonio de la Humanidad*, Granada, Edilux.

OCAÑA JIMÉNEZ, Manuel (1959): *El cúfico hispano y su evolución*, Madrid, IHAC.

— (1986): «Arquitectos y mano de obra en la construcción de la gran Mezquita de Occidente», *Cuadernos de la Alhambra*, nº 22, 55–85.

— (1988-1990): «Inscripciones fundacionales de la Mezquita-Catedral de Córdoba», *Cuadernos de Madinat al-Zahra'*, vol. 2, 1–24.

PIZARRO BERENGERA, Guadalupe (2013): «Los pasadizos elevados entre la Mezquita y el Alcázar omeya de Córdoba. Estudio arqueológico de los *sabatat*»,

Archivo Español de Arqueología, nº 86, 233–249.

PUERTA VÍLCHEZ, José Miguel (2007): *La aventura del cálamo. Historia, formas y artistas de la caligrafía árabe*, Granada, Edilux.

— (2015): *El sentido artístico de Qurtuba / The Artistic Sense of Qurtuba*, Madrid-Granada, Casa Árabe- Edilux.

RIUS, Mónica (2000): *La alquibla en al-Andalus y al-Magrib al-Aqsà*, Barcelona.

RUBIERA MATA, Mª Jesús (1988): *La arquitectura en la literatura árabe*, Madrid, Hiperión.

SOUTO, Juan Antonio (1997): «La práctica y la profesión del artista en el islam: arquitectos y constructores en el al-Andalus omeya», *Espacio, Tiempo y Forma*. Serie VII, t. 10, 11–34.

— (2007): ̈La Mezquita Aljama de Córdoba», *Artigrama*, nº 22, 37–72.

— (2010): ̈Siervos y afines en Al-Andalus omeya a la luz de las inscripciones constructivas», *Espacio, Tiempo y Forma*. Serie III, t. 23, 205–263.

STERN, Henri, OCAÑA JIMÉNEZ, Manuel, y DUDA, Dorothea (1976): *Les mosaïques de la Grand Mosquée de Courdoue*, Berlín, 1976.

VIVES Y ESCUDERO, A. (1998): *Monedas de las dinastías arábigo-españolas*, Láminas. A. Ed. Canto García y Tawfiq Ibrahim, Madrid.

*Cf. pág. oficial de la Mezquita-Catedral de Córdoba: www.mezquita-catedraldecordoba.es

Glosario

abasí: dinastía califal fundada por Abu l-Abbás, quien destronó a los omeyas de Damasco en 749; su principal capital fue Bagdad.

ablución: lavado ritual anterior a la oración.

acanto: planta imitada en la decoración de los capiteles corintios y compuestos.

alarife: maestro de obras, arquitecto.

albanega: espacio triangular entre el arco y el alfiz.

aleya: cada uno de los versículos en que se dividen las azoras o capítulos del Corán.

alfaquí: experto en ley islámica.

alfarje: techo plano de madera labrada.

alfiz: recuadro del arco árabe que arranca desde las impostas o desde el suelo.

almagra: óxido rojo de hierro empleado como colorante en la pintura y en la cerámica.

aljama: mezquita mayor o congregacional.

alminar: torre de una mezquita desde la que se llama a la oración.

almohades: dinastía bereber con dominio en el Magreb y al-Andalus entre los s. XII y XIII.

almorávides: dinastía bereber sahariana que gobernó en el Magreb y al-Andalus entre los s. XI y XII.

alquibla: muro de la mezquita orientado, con diversos grados de exactitud, hacia La Meca.

ataurique: decoración con formas vegetales.

azalá: "oración", obligatoria para los musulmanes.

azora: cada uno de los 114 capítulos del Corán.

basa: parte inferior de la columna.

basmala: fórmula "En el nombre de Dios, el Compasivo, el Misericordioso", que encabeza todas las azoras del Corán menos la 9ª.

bayt al-mal: cámara del tesoro de la mezquita.

califa («sucesor» del Profeta): título de la suprema autoridad islámica adoptado por soberanos de distintas épocas y países.

Califato: dignidad de califa; Estado o período de gobierno de un califa o dinastía califal.

capitel: elemento sobre el fuste de la columna o pilar en el que apoya un arco, pared o dintel.

celosía: panel calado de madera, yeso u otro material, que tamiza la luz.

cimacio: pieza estrecha añadida sobre el capitel.

clave (de arco): dovela central de un arco.

codo: patrón de medida; en la Mezquita de Córdoba se usó el codo ma'muniya de 47,1 cm.

cúfico: caligrafía empleada en la ciudad de Cufa (Iraq) a comienzos del islam; se diversificó en cúfico simple, florido, ajedrezado, etc.

cúpula: bóveda semiesférica.

cursivo: estilos caligráficos diferentes al cúfico, derivados de la escritura de los copistas.

dinar: moneda de oro.

dintel: elemento horizontal apoyado en columnas, pilares, jambas o muros que soporta una carga.

dirham: moneda de plata.

dovela: pieza en forma de cuña que, unida a otras en disposición radial, forman un arco.

emir: príncipe.

Emirato: dignidad de emir; Estado o período de gobierno de un emir o dinastía de emires.

extradós: plano externo y convexo de un arco.

fatà: paje; ministro.

fatimí: dinastía califal shií (909-1171) fundadora de El Cairo (969) y adversaria de los omeyas cordobeses.

gallón: segmento cóncavo de algunas bóvedas, o fuentes, a las que se llama «gallonadas».

fuste: parte de la columna entre la basa y el capitel.

hadiz: dicho o hecho atribuido al Profeta.

háyib: chambelán o alto cargo que en al-Andalus llegó a ser como un primer ministro.

ibn, pl. banu: hijo (s) de; del linaje o tribu de...

imán: líder religioso.

imposta: hilada de sillares que sustenta un arco.

intradós: superficie interior de un arco.

jamba: cada pieza vertical que sostiene el arco o dintel de una puerta o ventana.

Kaaba: primer lugar sagrado del islam, situado en La Meca y hacia el que se dirigen las oraciones.

kátib (fem. kátiba): escriba, secretario (a), calígrafo (a).

maqsura: espacio de la mezquita ante el mihrab reservado al califa o el imán.

malikismo: doctrina jurídica del islam contraria al shiísmo y predominante en al-Andalus.

mida't: pila de abluciones.

mihrab: nicho en el muro de la alquibla que ayuda a marcar la dirección del rezo.

minbar: púlpito.

modillón de rollos: especie de ménsula sobre la que se asienta un arco, cornisa o alero; adornado con molduras escalonadas, fue típico de la arquitectura omeya cordobesa.

mudéjar, es: musulmanes que permanecieron en territorio cristiano hispano; arte de la España cristiana con formas y técnicas de tradición islámica.

muladíes: cristianos islamizados.

Ozmán, califa (g. 644-656): tercer sucesor del Profeta y quien ordenó recoger por escrito el texto coránico.

pechina: cada uno de los cuatro triángulos curvilíneos sobre los que se sustenta una cúpula.

qubba: cúpula.

sabat: pasadizo por el que el califa accedía a la mezquita desde palacio.

shahada: fórmula "No hay más dios que Dios, Muhammad es su Enviado"; es la profesión de fe islámica.

shiíes, shiísmo: rama del islam cuya legitimidad se funda en la familia del Profeta, a través de su hija Fátima y de su primo y yerno Alí.

sufíes, sufismo: misticismo islámico.

tasliya: fórmula "Dios bendiga y salve a Muhammad"; fórmula piadosa en honor del Profeta.

visir, es: ministro, s.

yamur: adorno en la cúspide del alminar que suele estar formado por un vástago con esteras de diferente tamaño.